【이름 짓는 법】

再修訂
增補版

姓名學

작명作名과 해명解名

南水源 著

명문당

머 리 말

　성명학의 학문으로서의 바탕은 고대중국에서 비롯된 심오한 陰陽五行思想과 《周易》에서 淵源한 數理學, 여기에다 音靈學·統計學 등이 종합됨으로써 특색 있는 다른 이론이 포함된 가운데 전체적인 체계를 잡아 온 것이다.
　漢文文化圈에서 오랜 문화 전통을 쌓아 온 우리로서, 그 절대다수가 한자 이름을 사용하는 터이므로 성명학을 일러 말하기에 앞서 한자의 특수성을 알지 않으면 안 된다.
　모든 表意文字가 그러하듯이 한자는 표의문자와는 달리 그 한자 한 자가 고유의 靈性과 生命力을 갖는 것으로서 하나의 한자가 갖는 뜻은 그 뜻대로 영향력을 행사하는 것이다. 이는 현대 과학 방법으로 실증할 수는 없으나 그의 엄연함은 先驗的으로 우리가 받아 들이고 있다. 이것은 또한 「死物이란 없다」고 보는 동양사상의 진수와도 상통하는 것으로 이 〈성명〉 역시 榮枯盛衰의 運을 갖는 生命體로 보고 선인들은 탐구해 왔다.
　다음으로 중요시해야 할 것은 數理의 靈性이다. 만물은 숫자로 조직되고 표현되고 숫자로 셈할 수 있으며, 그리고 숫자의 지배를 받는다. 숫자는 계산의 척도로서의 숫자일 뿐만 아니라 이를 초월하는 포괄적인 뜻을 갖는다는 것은 「一」이 完全·綜合·眞理·純粹를 뜻하며, 「二」는 調和와 對立·發展·鬪爭·分離를 뜻하고, 「三」은 安定·完成·多量·窮極을 뜻하는 점에서도 살필 수 있는 것이다. 그리하여 畫數로 조직된 하나의 한자는 그 글자가 지닌 뜻과 함께 그 획수가 그 한자의 고유한 개성을 이루는 것이다.

그러나 오늘날까지의 성명학은 이 수리에 피상적으로 얽매어 이것에 고식적 태도를 견지해 온 폐단이 있었다. 즉, 吉數와 凶數를 확연히 구분해 놓고서는 길수의 吉祥의 뜻과 흉수의 음흉한 뜻에만 눈이 붙들린 나머지 길수에 잠재하는 부정의 뜻과 흉수에 暗藏된 吉慶의 뜻을 캐내는 데는 소홀했던 점이 바로 그것이다.

그러나 이 세상의 만물 가운데 완전한 것은 하나도 없는 것으로 사물을 보다 진실되이 파악하기 위해서는 그 이면의 내용을 인식하는 데 수고를 아끼지 말아야 할 것이다.

그리하여 이 책에서는 전해 내려온 성명학의 일반적인 이론을 현대화함에 그치지 않고 피상적인 觀法이 범할 수 있는 오류를 없애기 위해 최선을 다했으며 필자 독자적 연구의 결실인 音靈五行・字形・한자의 氣 등을 실었다.

이 책이 완벽하다고는 자신할 수 없으나 성명학 연구에 뜻을 둔 분들에게 작은 도움이라도 될 수 있기를 빈다.

저 자 씀

차 례

머리말 ······ 1

I 성명학의 기초지식   7

이름으로 이루어진 세계　　　　　······ 8
성명의 특수성　　　　　　　　　······ 8
성명은 하나의 생명체　　　　　　······ 10
성명의 유도암시력　　　　　　　······ 11
이름을 바꾸면 운세도 바뀐다　　　······ 12
성명학은 결코 어렵지 않다　　　　······ 13
어떤 이름이 길명(吉名)인가　　　　······ 14
성명 글자의 뜻　　　　　　　　　······ 15
성명이 담고 있는 뜻　　　　　　　······ 17
성명의 자형(字形)　　　　　　　　······ 19
글자의 분위기　　　　　　　　　······ 20
성명의 조직　　　　　　　　　　······ 21
성명의 획수　　　　　　　　　　······ 21

Ⅱ 음양오행과 수리   23

성명의 음양 …… 24
오행이란 무엇인가 …… 27
성명학의 오행 …… 28
　성명 수리의 계산 / 가성假成에 대해서 / 숫자와 오행 /
　오행의 길흉
오행의 길흉 해설 …… 32
음령오행(音靈五行) …… 49
　음령오행이란 무엇인가 / 음령오행과 질병
수리(數理) …… 52
　성명학상의 수리 / 사격四格의 뜻
81수의 영력과 암시 …… 57
인격부로 본 성공운 …… 77

Ⅲ 작명과 해명의 요점   85

작명상의 유의점 …… 86
　뿌리 · 꽃 · 열매 / 돌림자 / 부모의 소원과 의지
통계에 나타난 성명학의 급소 …… 89
수리암시의 속과 겉 …… 92

성명 속의 병과 약 94
여자 이름의 요점 95
성명과 사주와의 관계 97
성명학상의 불길문자 99

● 부 록

Ⅰ 영수술(靈數術)　　104

　부록 머리에 104
　프롤로그 - 영수술의 신비 107
　1. 영수가 조종하는 운명 107
　　인간의 행복과 불행을 가름하는「운」...... 107
　　인간과 떨어질 수 없는「숫자」 108
　　최초의 문자는 숫자였다 108
　　복잡한 뜻을 지닌「숫자」 110

　2. 이 책의 사용법 112
　　당신의 영수를 알아 낸다 112
　　이 책으로 무엇을 점칠 것인가 113
　　靈 數 1 115
　　성격 * 운세 * 애정운 * 직업운

靈數 2 125
　　성격 * 운세 * 애정운 * 직업운
靈數 3 137
　　성격 * 운세 * 애정운 * 직업운
靈數 4 149
　　성격 * 운세 * 애정운 * 직업운
靈數 5 161
　　성격 * 운세 * 애정운 * 직업운
靈數 6 173
　　성격 * 운세 * 애정운 * 직업운
靈數 7 183
　　성격 * 운세 * 애정운 * 직업운
靈數 8 193
　　성격 * 운세 * 애정운 * 직업운
靈數 9 203
　　성격 * 운세 * 애정운 * 직업운

Ⅱ 인명용 한자와 그 해설　　214
　　대법원 발표「인명용 한자(8,319자)」수록

Ⅲ 인명용 한자의 부수별 색인　　464

Ⅳ 주요 인명 한자의 획수별 색인　　525

I
성명학의 기초지식

이름으로 이루어진 세계

이 우주의 삼라만상은 모두 이름이 있다. 형태를 가진 모든 사물은 물론 추상의 관념·개념·사상까지도 이름이 있다.

인류가 문화를 계승, 발전시킬 수 있었던 것도 온갖 사상(事象)에, 다른 사상과의 구분을 가능케 하는 이름이 붙어 있기 때문이다. 이 세계는 어쩌면 이름에 의해서 이루어지고 이름에 의해서 질서를 유지하며 발전하고 있다고도 하겠다.

이름이란 사물의 구별의 필요성에서 생긴 것이다. 잡다한 사물을 구별하여 이름을 붙여 놓지 않으면 기억하기가 심히 곤란하다. 따라서 문화 발전의 출발은 사물에 이름을 붙이기 시작한 때부터라고 하겠다.

그런데 사물의 구별의 필요성과 의사·사상·감정의 전달 수단으로서 생성된 언어와 이름은 장구한 세월에 걸쳐 인간 생활의 내용을 담아 정리되어 오는 동안 그것은 한 사회의 집단적 잠재의식 속에 하나의 독자적 성격과 생명력을 갖게 된 것이다. 즉, 문자와 언어와 이름에는 시공(時空)을 초월한, 영원이라고 해도 좋을 생명력이 있는 것이다.

성명의 특수성

성(姓)이란 한 겨레붙이, 즉 같은 혈족임을 나타내는 공통 기호이다. 이는 안으로는 혈족간의 우애와 단결을 도모하는 데 있어 구심적(球心的) 역할을 하며, 밖으로는 배타성과 방어적인 성격을 띠고 있다.

성은 천부적인 것이며 운명적인 것이다. 이는 한 인간이 탄생됨과 동시에 선택의 여지 없이 주어지는 것이다. 그리하여 성명학상의 운명은 이 성에서부터 비롯되는 것이다.

성이 정애적 단체(혈족)의 일원임을 나타내는 것임에 반해 이름은 개체성(個體性)을 나타낸다. 성이 선택의 여지 없이 운명적으로 주어진 것임에 반해 이 이름은 본인·부모·친지·작명가 등에 의해서 임의로 지을 수 있는 가변성(可變性)이 있는 것이다. 그리하여 성과 이름으로써 이 하늘과 땅 사이에 오직 하나뿐인 나를 대표하는 기호로 삼는다.

현대 심리학에서는 성명을 연장 자아(延長自我)라고 부르고 있다. 다시 말하여 성명은 자아의 연장이며 인격의 분신이라는 것이다. 이는 이름이 단순한 글자의 조합(組合)이 아니라 그의 독자적인 호흡과 영력(靈力)을 갖는 생명체로 간주한 것이라고 볼 수도 있다. 비즈니스맨이나 정치가로서 성공하려면 많은 인사(人士)의 이름을 정확히 기억할 수 있어야 한다고 한다. 어떤 사람이 몇 년이 지났는데도 나의 이름을 기억하고 있다는 것은 곧 나의 인격과 존재를 인정한다는 뜻을 포함하고 있다. 그리하여 서로의 성명을 기억함으로써 두 사람 사이에는 견고한 유대감이 형성되는 것이다. 이와는 반대로 남이 나의 이름을 잘못 부르거나 잘못 표기했을 때는 인격을 모독 당한 느낌마저 든다.

그러기에 유가(儒家)에서는 명체불리(名體不離)라 했고, 불가

(佛家)에서는 명전기성(名詮基姓)이라 하여 성명의 가치성과 중요성을 높이 평가했던 것이다.

또한 예수도「귀한 자녀에게 재산과 논밭을 물려 주느니보다 좋은 이름과 건강을 물려 주라」고 하였으니 옛 성인들도 성명에 깊은 관심을 가지고 있었음을 짐작할 수 있다.

성명은 하나의 생명체

성명은 하나의 생명체이며 소우주이다. 하나의 성명 속에는 우주의 구성 요소인 음양(陰陽)과 오행(五行)이 있고 수리(數理)가 있으며, 음령(音靈)과 역상(易象)이 있기 때문이다.

또한 성명에는 형언하기 어려운 영력이 있어서 각자 특유의 자력(磁力)을 발산한다. 흉명(凶名)에서는 파괴의 파장(波長)이, 길명(吉名)에서는 조화와 생육의 파장이 끊임없이 발산된다. 이를 성명의 영력이라 한다.

성명은 통계학적 입장에서 체계화한 것이고 그 비결은 오랫동안의 경험에서 얻어진 것이다. 그리고 우주의 생성과 변화의 원리를 직관적으로 파악한 학문인《주역(周易)》에서도 그 이론의 뒷받침을 받고 있다.

왜 길명은 길운을 부르고 흉명은 흉운을 부르는가에 대해 이론적으로 따지고들기 전에 이 책을 읽은 다음에 얻어진 지식으로 주변 인물들의 성명을 풀이해 보라. 그 신비한 적중률 앞에 놀라움을 감추지 못할 것이다.

성명의 유도암시력

 성명은 유능한 최면술사의 목소리와 같은 유도력(誘導力)을 가지고 있다. 최면술사가 암시어(暗示語)로써 피시술자를 최면에 유도하는 것처럼 성명은 그의 독자적인 자력을 발산하여 그 성명의 주인공을 이름에 합당한 운명의 지역으로 끌고 간다. 이를 성명의 유도 암시력(誘導暗示力)이라 한다.
 따라서 흉명(凶名)=흉운(凶運)이라고는 볼 수 없다. 다만 흉명은 흉운을 유도할 뿐이다.
 인간의 운명을 나무에다 비유하고 흉명의 유도 암시력을 벌레에 비유해 보자. 이 벌레는 야금야금 이 나무의 뿌리를 갉아먹고 있다고 생각하자. 그런데 이 벌레에 의한 나무의 피해는 각각 다르게 나타난다. 어떤 나무는 단시일 내에 말라 죽고, 어떤 나무는 꺼떡도 하지 않으며, 또 어떤 나무는 상당히 오래 버티다가 쓰러지기도 하는 등 벌레는 같아도 침해 받는 나무에 따라 그 피해 양상은 각각 다른 것이다.
 또한 소음이 극심한 곳에서 사는 사람 가운데는 신경 쇠약이나 불면증 등에 시달리는 사람이 있는가 하면 별탈없이 잘 견디는 사람도 있다.
 이와 같이 성명의 유도 암시력은 길이든 흉이든, 사람에 따라 각각 다르게 나타난다.
 그러나 나무가 생장하는 데 있어서 최적의 조건은 병충해(病蟲害)가 없으며 적당한 온도·수분·양분이 구비되는 것이다. 또,

한 아무리 신경이 무디고 몸이 튼튼하다 한들 소음이 없는 곳에서 사는 것이 건강에 유익할 것은 말할 나위 없는 일이다. 때문에 우리들은 흉명을 피하고 길명을 얻어 좋은 유도 암시력을 받고자 하는 것이다.

이름을 바꾸면 운세도 바뀐다

데뷔한 지는 오래 되었으나 빛을 보지 못하던 연예인들이 개명을 함으로써 각광을 받기 시작한 사례는 한두 가지가 아니다. 池○星이라는 여자 탈렌트는 방송가에 발을 들여 놓은지 사 오년이 지나서도 빛을 보지 못하고 시시한 단역이나 맡으면서 예명(藝名)을 다섯 번이나 바꾸었는데 池○星으로 개명하면서부터 클로즈업 되었다. 그리하여 그녀의 개명의 유랑도 그친 것이다.

재능있는 중견 탈렌트 한 사람은 널리 알려진 金○世란 이름을 金○世이라 고치는 대담성을 보였다. 이는 개명이 아니라 본명에로의 귀향이라는 것이다.

이름은 많이 불리고 사용됨으로써 영향력을 발휘하는 것이므로 법적 수속을 밟아 호적에까지 고치려고 할 필요는 없다. 흉명을 버리고 길명을 얻어 줄기차게 꾸준히 사용하는 동안 흉명으로 인한 악운은 차츰 사라지고 이윽고 길운이 깃들 것이다.

연예인이나 문필가 등이 성명의 영향력을 보다 직접적으로 강력하게 받는 것은 매스컴을 통하여 널리 알려지고 많은 사람의 입에 오르내리며 기록·기억되기 때문이다.

따라서 별로 쓰지 않는 이름은 사화산(死火山)이나 노쇠한 짐승 같아서 별로 영향력을 나타내지 못한다.

성명학은 결코 어렵지 않다

성명학의 판단은 관상이나 수상에 비해서 매우 간단하다. 즉 자획(字畫)을 세어서 그것을 자수(字數)의 길흉(吉凶)과 대조하여 보면 곧 판명되므로 누구나 쉽게 감별할 수 있는 것이다. 성명학은 몇 천만의 성명을 조사하고 거기에서 확고한 법칙을 발견하여 만들어진 것이므로 수(數)에 대한 엄연한 신비와 운세가 뚜렷이 나타나 있는 것이다.

오늘날 개명(改名)에 의하여 운세가 나아졌다는 사례는 얼마든지 있다. 물론 호적상의 이름을 고치지 않더라도 다른 이름을 본명(本名)처럼 사용하여도 된다는 것을 알아 둘 것이다. 그러나 거듭 말하거니와 성명이 인간의 운세 모두를 지배하는 것은 아니지만 양명(良名)과 악명(惡名)의 관계가 인간 처세에 중대한 영향을 주는 것은 부인할 수 없는 일이며, 선천적 조건이 좋은 사람이 좋은 이름을 가지면 금상첨화격(錦上添花格)으로 더욱 좋은 것이고, 선천적 조건이 나쁘더라도 좋은 이름으로써 악운(惡運)을 극복할 수 있다는 데서 오늘날 성명학이 중요시된다.

"그렇게 건강하던 사람이 설마…"라고 생각했는데 병약(病弱)에 시달리게 되거나, "글쎄, 어떨까……"라고 생각되던 사람이 의외로 성공하는 예가 많은데, 이것도 따지고 보면 성명학의 원리에서 생기는 운세가 그 원인이 된 것으로 볼 수 있다.

  우리나라 호적법(戶籍法)에 의하면 이름을 변경코자 할 때에는 그 본적지 또는 주소지의 관할 법원에 신청하여 허가를 얻도록 되어 있다. 이것에는 사유가 명백해야 하는데, 가령 친척간에 같은 이름으로 인한 폐단이 극심하다든가 호적 기재 사항이 잘못되었다든가, 일본식 이름이라든지 항열(行列)에 벗어났다든지 하는 따위이다.

어떤 이름이 길명인가

  이름은 첫째 부르기 좋고 듣기 좋아야 한다. 이것이 좋은 뒤에야 수리(數理)·오행(五行)·자의(字意) 등을 따지게 되는 것이다.

  음은 처음이 높고 뒤가 낮은 것(先高後低)보다 처음은 낮으나 뒤가 높은 것(先低後高)이 좋다. 또 처음은 맑으나 뒤가 탁한 것(先淸後濁)보다 처음은 탁하나 뒤가 맑은 것(先濁後淸)이 좋다. 소리가 순평(順平)하게 들리되 끝맺는 음이 운(韻=리듬)이 있는 듯이 들려야 하는 것이다.

  음이 혼탁(混濁)하고 무기력한 것은 그 사람의 기질과 인품을 흐리게 하고 무기력하게 하는 것이니 이는 곧 이름이 인간 생활에 무형적(無形的)인 암시를 주기 때문이다.

  또 남성의 이름과 여성의 이름에 있어서도 그 리듬은 구별되어야 한다. 남성은 대체로 돈후장중(敦厚莊重)함을 주로 하고 여성은 경쾌 명랑한 느낌을 주는 것이 좋다. 다시 말하여 바위 사이를 흘러나오는 물소리와 같이, 또는 쟁반에 구슬을 굴리는 듯한 소리와 같이 맑아야하는 것이다. 그러나 이와 같은 것은 대체적인 이론이고 그 사람의 기질에 어느 정도 부합시키는 것이 일반이다.

이외에 수리와 오행에 대해서는 따로 장을 설정하여 상세히 설명하겠다.

성명 글자의 뜻

우리 동양에서는 오랜 옛날부터 한자의 이름을 사용해 오고 있다. 한자는 그 글자마다 뜻을 가지고 있는데 문자는 언어의 그릇이고, 언어는 마음의 표현으로서 상징적이나 그 영향은 자못 큰 바가 있다.

이러한 까닭에 작명에는 천하고 흉한 뜻의 글자를 피하는 동시에 일반이 알기 힘든 벽자(僻字)나 쓰기 어려운 난자(難字) 등은 피해야 한다. 말할 것도 없이 이름은 그 자신을 대표하는 것이므로 그 이름이, 또는 성명 전체를 통하여 그 글자의 뜻이 불확실하며 요령을 얻지 못한 모호한 것이어서는 안 된다.

이름을 짓거나 풀이하는 데 있어서 가장 중요시되어야 할 것은 물론 수리(數理)와 음양오행(陰陽五行), 그리고 음령(音靈)이다. 그러나 이에 못지 않게 충분히 배려되어야 할 것은 하나의 이름이 담고 있는 뜻과 글자의 뜻, 그리고 이자 동음(異字同音)

이다.

　수리와 오행이 성명 속에서 생동(生動)하여 독자의 운명 유도력(運命誘導力)과 영향력을 발휘하고 있는 것에 못지 않게 하나의 이름이 담고 있는 전체적인 뜻과 성명자 한자 한자가 담고 있는 글자의 뜻은 끊임없이 그 성명의 주인에게 영향력을 발휘하는 것이다. 강건한 뜻은 강하게 미약한 뜻은 미미하게, 온유한 뜻은 부드럽게 작용한다. 이러한 뜻은 본인이 느끼지 못하는 사이에 하나의 강력한 암시가 되고 이미지화(心像化)하여 그 이름의 주인공에게 깊이 작용한다.

　靜·淳 등의 글자를 이름에 쓰고 있으면 그 수리와 오행의 영향력에 앞서 그 글자가 담고 있는 뜻이 작용하여 그 성격을 차분하고 안정감 있게 이끌게 된다. 이와 대조적으로 傑·昌·泰·燦·輝 등의 글자를 쓰면 진취의 기상과 활력은 넘치나 침착성이 없으며 허황된 일을 벌이기도 한다.

　성명학상의 불용문자(不用文字)의 항에서 따로 설명을 하겠지만 이름을 짓거나 풀이하는 데는 그 글자가 가지고 있는 본래의 글자의 뜻에 유의하지 않으면 안 된다.

　그러나 뜻이 좋아야 길운(吉運)을 만난다고 하여 무작정 고귀하고 유복한 뜻을 가진 글자를 고르는 것도 위험한 일이다. 왜냐하면 음(陰)이 극도에 달하면 양(陽)이 시작되고 양기(陽氣)가 최고도에 달한 직후에 음기(陰氣)가 시작되는 이치와 같이 지나치게 좋은 뜻은 흉한 뜻을 동반(同伴)하기가 쉽기 때문이다. 따라서 福·貴·聖·幸·眞·善·美·明 등의 글자는 가능한대로 피하는 것이 좋다.

천부적으로 왕성한 운세를 타고 난 사람은 글자의 강한 뜻을 이겨낼 수 있기 때문에 더욱 발전할 수 있지만 그렇지 못한 사람은 이를 견디지 못하여 오히려 해를 보게 된다.

성명이 담고 있는 뜻

성명의 뜻은 그 사람의 인격과 풍모를 나타내는 것으로서 심원우아(深遠優雅)하고 웅대호방(雄大豪放)하면서도 고상한 뜻을 가져야 할 것이다. 남성의 이름이 여성적이어서는 안 되며 여성의 이름이 남성적인 것도 좋지 않다. 그러므로 이름은 그 사람의 선천적 능력의 대소를 참작하여 강대한 능력의 소유자에게는 될 수 있는 대로 웅장한 맛이 있게, 또 기질이 약한 사람에게는 그 격에 알맞는 뜻의 이름을 짓도록 한다. 기질이 나약한 사람에게 격에 맞지 않는 웅장한 이름을 붙여 준다는 것은 넌센스이다. 그렇다고 무기력한 뜻의 이름을 지으라는 것은 아니다.

그러나 우리 주변 인물들의 이름을 살펴보면 무지·무감각·무성의한 사람에 의해서 지어진 졸열한 이름이 너무도 많다.

좋지 못한 뜻이나 놀림감이 되기에 안성마춤인 이름을 예로 들어 보자.

「治國」이란 〈나라를 다스린다〉는 뜻이다. 아마도 대통령이 되라고 지었을는지도 모른다. 그러나 여기에다 성자「金」을 보태면「김치국」이 된다. 이런 이름을 가진 사람은 친구나 친지들로부터 〈김치국 김치국〉하고 불려 심심찮게 놀림을 받았을 것이다. 이런 고약한 이름의 예를 몇 개 더 들어보자.

　　高生萬──苦生만 하는 인생

　　禹東集──우동집 심부름꾼

　　具滿斗──군만두

　　孫秉信──손 病身

　李聖敎란 이름은 어떤가.「聖人의 敎育」이란 뜻이니 얼마나 고귀한가마는 이는「性交」와 음이 같기 때문에 야릇한 느낌을 주게 된다. 따라서 불쾌·추악·수치심을 환기시키거나 연상하게 하는 뜻이나 음과 글자는 성명에서 피해야만 한다. 그러한 이름을 쓰면 아무리 좋은 운세를 타고난 사람일지라도 알지 못하는 사이에 악운으로 유도당하게 되는 것이다.

　이상은 부정적인 경우의 한예이다. 이와는 반대로 좋은 뜻을 담은 이름은 본인에게 항상 긍정적·진취적·낙관적 암시를 주게 되고 드디어는 성공과 복을 누리는 길로 인도하게 된다. 그리고 성과 이름이 합치면 뜻을 담은 문장(文章), 또는 어구(語句)를 이루는 것이면 더욱 바람직하다.

　예를 든다면,「柳根昌」이란 이름은 〈버드나무 뿌리가 힘차게 벋다〉라는 뜻을 담고 있으며「金振興」이라는 이름은 그야말로 〈금은(金銀)을 일으켜 흥성(興盛)하게 한다〉는 뜻을 담고 있으니 우선 성명의 뜻에서부터 길운을 약속받고 있는 것이다.

　또 과거의 유명한 역사적 인물의 이름을 그대로 따서 지어 주는 예가 가끔 있는데 이것은 의식적으로 그러한 인물을 따르라고 의도한 것임은 알 수 있으나 그것은 옳지 않은 일이다. 자고로 〈대성(大姓)은 부재(不再)하고 대명(大名)은 무우(無又)〉라는 말도 있거니와 역사적으로 보더라도 유명한 이름의 인물이 두 사람 있는 예가 없는 것이다. 그러므로 역사적인 유명한 인물의 이름을 따는 것은 삼가야 하며, 자신의 운명을 개척할 수 있는 능력을 기르도록 하고 그에 알맞는 이름을 지어야 한다.

성명의 자형

 참으로 신비스럽게도 성명을 한자로 표기해 놓고 보면, 그 성명 석자의 생김(字體 또는 字形)은 그 사람의 용모나 체형(體形)과 닮아 있는 것에 놀랄 것이다.
 한자의 자체는 몇 가지 유형으로 분류할 수 있다.
 첫째는 정방형(□)으로 國·同·鍾·洋·河·活·敦·根·鎭 등이다. 이 글자들은 그 자체에서 안정감을 느낄 수 있다.
 둘째는 장방형(▯)으로 勇·吉·圭·重·夏·利·集·貴 등으로 날렵함과 유장(悠長) 함을 느낄 수 있는 글자들이다.
 셋째는 원형(○)의 글자로 鶴·婉·嬉·學 등이다.
 넷째는 삼각형(△)으로 生·必·由·全·允 등으로 안정감은 있으나 짧은 인상을 주는 글자들이다.
 다섯째는 역삼각형(▽)으로 甲·享·守·午 등이다.
 여섯째는 사형(斜形)으로서 한쪽으로 기울어졌거나 찌그러진 글자들이다. 秀·少·夕·彦·涉 등은 곧 옆으로 쓰러질 것같아 불안한 글자들이다.
 자체와 용모·체구와의 연관을 예로 들어 보자. 伯栢伯栢

「李相伯」이란 이름의 소유자는 우선 키가 크다는 것을 알 수 있다. 얼굴도 긴 편이며 안색도 흰편인 귀골임을 알 수 있다.

「朴興元」이란 이름의 소유자는 키가 작고 똥똥하며 목이 굵고 중년기 초반부터 배가 튀어나올 것이며 피부 색깔은 검붉어 탁한 느낌을 줄 것이며, 얼굴도 광대뼈가 발달한 둥근 얼굴임을 직감할 수 있다.

여자 이름에 흔히 쓰이는 賢珠라는 이름도 張賢珠는 키가 크고 얼굴 넓고 둔부도 발달하며 살집도 꽤 있는 사람이 대부분이다. 李賢珠는 키가 크고 여위며 얼굴이 화사한 편이다. 金賢珠는 얼굴이 야무지며 키가 별로 크지 않다는 것을 알 수 있다.

이는 그 이치를 따지기 전에 주변 인물의 이름을 한자로 바르게 써 놓고 그 사람의 생김과 비교해 보면 거의 완벽하게 부합하고 있다. 이와 같이 글자의 유도 암시력은 놀라운 것이다.

글자의 분위기

조금의 과장도 없이 글자 특히 한자에는 각각의 독자적인 영혼이 살아 움직인다고 보겠다. 하나의 한자는 각각 특유의 분위기를 가지고 있다. 뜻에 관계 없이 따뜻한 느낌을 저는 것, 찬 느낌을 주는 것, 나약한 느낌을 주는 것 등등으로 각 글의 분위기가 있다.

興·烈·活·恒·愛·昌·春·杓·媛·盛·惠·煥·榮 등은 열기(熱氣)를 발산하는 글자들이다.

이와 반대로 銀·澈·眞·淸·純·鎭 등은 찬 느낌을 주는 글자들이다.

따라서 좋은 이름을 지으려면 글자가 지닌 고유한 특성을 파악하지 않으면 안 된다.

그리고 탁한 느낌을 주는 것, 너무 찬 느낌을 주는 것, 너무 메마른 느낌을 주는 것, 쓸쓸하고 빈약한 느낌을 주는 것 등은 피하는 것이 좋다.

성명의 조직

성명의 조직은 형식면과 내용면으로 나누어 생각할 수 있다.

형식(외형) 면에서의 성명은 성과 이름으로 이루어진다. 그러나 성명학상 성명의 조직이라 하면 곧 내용의 조직을 뜻하는 것으로서 수리(數理)·음양(陰陽)·오행(五行)·음령(音靈)·자의(字意) 등을 뜻한다.

따라서 작넝과 해명에 들어가기 전에 수리·음양·오행·음령·자의에 대해서 지식을 갖추어 두지 않으면 안 된다.

성명의 획수

글자, 특히 한자에는 정자(正字)와 속자(俗字)가 있는데 이름에는 정자를 쓰는 것이 원칙이다.

그런데 획수를 정하는 데 있어서 왈가왈부 되는 것은 四·九·六 등의 숫자와 변(邊)의 획수이다. 물수변(氵)은 실제로 3획이니 3획으로 보아야 한다는 주장도 있으나 이는 한자가 상형문자(象形文字)로서 뜻글이며 뜻글에는 영력(靈力)이 살아 움직인다는 점을 모르는 소치이다. 뜻글자인 한자의 획수는 뜻이 주가 되므로 원래의 글자를 찾아 그 원자(原字)의 획수를 따라야 한다. 즉「氵」은「水」에서 변성(變成)된 것이므로 원자의 4획수가 됨이 옳다.

숫자 역시 六은 실제론 4획이나 그 뜻은 여섯을 가리키므로 6획으로 보아야 하며, 九는 실제로 2획이나 뜻을 따라 9획으로 봐야 한다. 그러나 百·千·萬·億 등의 숫자는 실제의 획수를 따라야 한다.

일반적으로 많이 쓰이는 변과 그 원자를 간추려 본다.

◆ 본부수 및 획수(왼쪽은 약부수, 오른쪽은 본부수)

扌(3획)+1…手(4획),　　忄(3획)+1…心(4획)
氵(3획)+1…水(4획),　　犭(3획)+1…犬(4획)
礻(4획)+1…示(5획),　　王(4획)+1…玉(5획)
艹(4획)+2…艸(6획),　　衤(5획)+1…衣(6획)
月(4획)+2…肉(6획),　　罒(5획)+1…网(6획)
辶(4획)+3…辵(7획),　　耂(4획)+2…老(6획)
(左)阝(3획)+5…阜(8획), (右)阝(3획)+4…邑(7획)

성명에 속자는 쓰지 않는 것이 원칙이나 본인이 의도적으로 속자를 쓸 때에는 속자의 획수를 따라야 한다.

一·二·三 대신 계약서나 증서 따위에 쓰는 壹·貳·參 등으로 썼을 때도 실제의 획수를 따라야 한다.

II
음양오행과 수리

성명의 음양

역(易)에 이르기를 〈일음 일양(一陰一陽)은 곧 도(道)라〉하였다. 우주의 삼라만상(森羅萬象)이 모두 음양의 이치로 생성한 것인즉, 모든 존재에는 음양이 있고, 따라서 성명학에도 이 음양이 배합되지 않을 수 없는 것이다.

인간의 흥망성쇠는 음양의 조화 여하에 따라 좌우되는 것으로 무릇 순천자(順天者)는 흥하고 역천자(逆天者)는 망하는 것이 천지의 섭리요 상도(常道)라는 것이다.

우주간에 있어서 하늘은 양이요 땅은 음이며, 남성·위(上)·바깥(外)·열(熱)·낮(晝)은 양이요, 여(女)·아래(下)·속(內)·냉(冷)·밤(夜)은 음이다. 어떠한 생명체라도 음양이 조화를 이룸으로써 생성·발전·진화하는 것이며, 이 음양의 조화를 잃으면 건강과 균형을 잃고, 그 극도에 달하면 사멸하게 된다.

성명도 하나의 상징적인 생명체이므로 그 속에 음양이 조화를 이루고 있어야 길하다. 만약 성명 석 자가 모두 양격(陽格)으로 되거나 모두 음격(陰格)인 경우는 음양의 균형을 잃은 것이므로 길명으로 볼 수 없다.

성명학에 있어서의 음양격을 잡는 방법은 성명 석 자, 혹은 두 자 내지 넉 자의 그 한 자씩을 획수로 따져서 짝수(偶數=2·4·6·8·10)인 경우에는 음격이며, 홀수(奇數=1·3·5·7·9)인 경우에는 양격이 된다.

10이상의 획수일 때는 10 또는 20을 제하고 그 나머지 수로써 계산하면 된다.

```
   (陽)    (陰)    (陰)
    9       4       2
    ‖       ‖       ‖
   19      14      12
    鄭      壽      童
```

성명의 음양격으로서의 길상(吉象)은 다음과 같다.

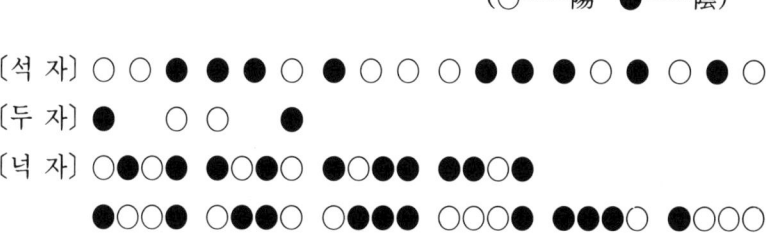

이와 같은 음양 조화는 만사가 순조롭게 진행되며, 모든 운세를 길하게 한다. 혹자는 음양음(●○●)·양음양(○●○)과 같이 가운데에 「음」이나 「양」이 끼게 되면 좋지 않다고 하나 이는 근거없는 우매한 소론이다. 성명의 음양격으로서 흉상(凶象)은 다음과 같다.

〔석 자〕   ○○○   ●●●
〔두 자〕   ○ ○   ● ●
〔넉 자〕   ○○○○   ●●●●

이와 같은 음양 배치는 성명학상으로 그리 환영을 받지 못하는 것이니, 태약(太弱) 혹은 태강(太强)한 운세를 나타내는 것으로 일시 남이 따르지 못할 만큼 큰 성공을 거두는 자가 있더라도 끝내는 불행이나 실패로 돌아가기 쉽다. 특히 오행(五行)의 관계와 맞지 않는 경우는 대단한 흉상(凶象)으로 된다.

어쨌든 이 상(象)은 대흉(大凶)인 동시에 대길(大吉)을 내포하고 있기는 하나, 양극(陽極)을 나타내는 것인만큼 사주(四柱)·오행(五行)에 맞으면 크게 성공을 할 것이지만, 그렇지 못한 경우에는 흉변재액(凶變災厄)을 초래하므로 매우 꺼려하는 것이다.

우리 나라 해방 후의 명사(名士)들 가운데서 비명(非命)에 쓰러지거나 뜻하지 않게 중절(中折)하신 분들의 이름을 예로 들어본다.

○	○	○		○	○	○		○	○	○
成	三	問		張	德	秀		申	翼	熙
7	3	11		11	15	7		5	17	12
●	●	●		●	●	●		●	●	●
金	東	仁		盧	天	命		金	來	成
8	8	4		16	4	8		8	8	6

이 음양의 배합으로 그 길흉을 판단하기는 너무나 우연의 일치인 것 같은 느낌을 주나, 역대 인물들의 허다한 예로써 더욱 그 적중률에 오히려 신비감을 느낄 정도이다.

오행이란 무엇인가

　오행(五行)이란「木」「火」「土」「金」「水」의 다섯 가지로서, 동양에서는 옛날부터 자연계의 동정변화(動靜變化)를 음양과 이 오행으로 고찰하였으며, 그 상대(相對) 및 상생(相生)·상극(相剋)에 의하여 일체의 생성과 변화를 관찰하였던 것이다.
　현대 물리학에서는 이 세상 모든 물체의 구성 요소를 수소·산소·우라늄 등의 백여 가지의 원소(原素)라든가 전자(電子) 같은 것으로 설명하고 있다. 그러나 옛날에는 천지(天地)가 개벽되지 않고 건곤(乾坤)이 미분(未分)해 있을 때 태역(太易)에 생수(生水)하고 태초(太初)에 생화(生火)하고 태시(太始)에 생목(生木)하고 태소(太素)에 생금(生金)하고 태극(太極)에 생토(生土)하여 천지 만물이 형성되었다고 말하고, 이「水火木金土」를 오행이라 하여 어떠한 존재이건 이 오행으로 설명하였다.
　과학만이 최고의 진리인 것으로 생각하는 물질 문명의 신도(信徒)들은 〈이 복잡 오묘한 우주와 세계를 그 따위 글자 다섯 자로 설명하려는 것은 가소로운 시도가 아닌가. 그건 너무 유치하다〉고 말할는지 모른다.
　그러나 동양의 철학은 직관(直觀)의 철학인 만큼 분석과 실증의 학문인 과학과는 그 차원이 다른 것이다. 동양의 성인(聖人)들은 우주 신비의 오묘한 뜻에 직입하여 그 기본적인 대령(大領)을 세운 것이니 이것이 바로 음양 오행설(陰陽五行說)이다.

오행은 종합적이고 포괄적인 철학이므로 물질 세계·정신 세계·인체·우주 등에 그 원리를 적용하여도 조금의 막힘도 없다.

五行	五方	五時	五氣	五常	五色	五臟
木	東	春	仁愛	仁	靑	肝
火	南	夏	剛猛	禮	赤	心臟
土	中央	季節	寬宏	信	黃	脾
金	西	秋	殺伐	義	白	肺
水	北	冬	柔和	智	黑	腎

이 오행은 서로 생(生)하여 살리고 도와 주는 경우와, 극(剋)하여 해를 끼치며, 상하게 하는 경우가 있는데 이를 상생(相生)·상극(相剋)이라 한다. 이 밖에 생하지도 극하지도 않는 상비(相比)가 있다.

○五行相生……金生水　水生木　木生火　火生土　土生金
○五行相剋……金剋木　木剋土　土剋水　水剋火　火剋金
○五行相比……木比木　火比火　土比土　金比金　水比水

성명학의 오행

① 성명 수리의 계산

성명학의 오행에 들어가기 전에 먼저 성명 수리의 계산법을 알아야 한다.

  성명학상의 수리는 각 성명자의 획수가 아니라 일정한 방식에 의해서 산출되는 자획의 합수(合數)를 뜻한다.

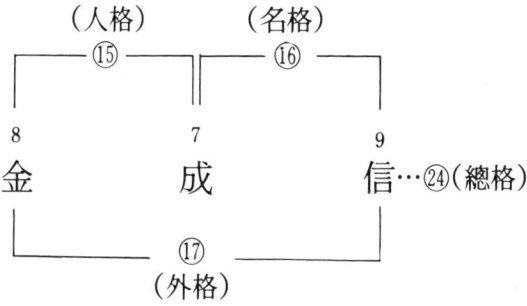

  위의 성명 金成信의 경우, 金은 8획, 成은 7획, 信은 9획인데 이들 획수는 성명자의 음양을 논할 때에만 소용될 뿐 성명의 오행과 수리에서는 뜻이 없다. 즉 金(8획)과 成(7획)이 합쳐져 나온 인격(人格)의 15획수, 成과 信이 합쳐져 나온 명격(名格)의 16획수 金과 信이 합쳐 나온 외격(外格) 17획수, 총획수인 총격(總格) 24획수가 수리와 오행의 대상이 된다.

② 假成에 대해서

  성명의 오행은 木火土, 土金水 등으로 세 개의 오행이 모여 이루어지는데 마지막 오행은 명격(名格)의 수에서 나오고, 중간 오행은 인격(人格)의 수에서 나온다. 그러면 처음 오행은 어디서 나오는가. 그것은 성자(姓字)의 획수에다 선천수(先天數)인 1을 보태어 만드는 것인데 이를 가성(假成)이라 한다.

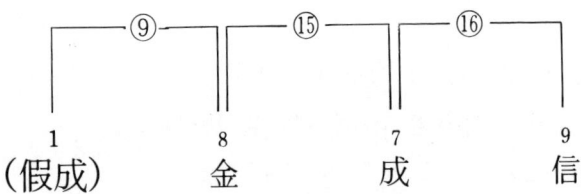

이와 같이 성명으로서 金成信의 성명 오행은 9·15·16에서 나오는 것이다.

③ **數字와 五行**

1·2·3·4·5·6·7·8·9·10은 기본 숫자이다.

이 열 가지의 기본 숫자는 각각 다른 방식에 의해서 결합되고 조합(組合)됨으로써 수 천만, 수 억만의 숫자까지 만들어 낼 수 있는 것이다. 그래서 성명학에서는 기본 숫자만을 다루게 되는데 기본 숫자를 넘는 것은 그 여수(餘數), 즉 15의 숫자라면 10을 뺀 5의 숫자를 문제 삼게 된다.

기본 숫자 1~10은 오행 木火土金水에다 두 개씩 배분(配分)하게 되는데 이는 역(易)의 모체(母體)인 《하도(河圖)》와 《낙서(洛書)》에서 나온 것이다.

  1· 2는 木(東方)
  3· 4는 火(南方)
  5· 6은 土(中央)
  7· 8은 金(西方)
  9·10은 水(北方)

이에 의해서 金成信의 오행은 다음과 같이 水土土가 된다.

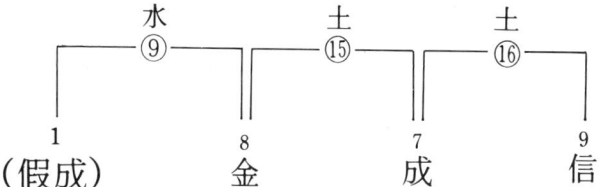

4 五行의 吉凶

성명도 영력(靈力)이 생동하는 하나의 생명체이므로, 성명의 오행이 조화를 이루어 순생(順生)하면 사계(四季)의 기상(氣象)이 순조로운 것과 같아서 호운(好運)을 맞고, 상극되어 서로 싸우고 해치면 파란과 장애에 부딪히는 것이다.

• 수리 오행의 길한 배합

金土水	金水土	金火土	金木水	金金金
木火水	木金水	木水火	木木木	木土火
水火木	水土金	水金木	水水水	水木金
火金土	水水木	火木土	火土木	火火火
土水金	土金火	土木火	土土土	土火金

〈주〉이와 같은 배합은 다른 음양격의 좋고 나쁨에 따라 영향을 받는 것이므로 다른 조화가 잘 맞으면 크게 성공하나, 그것이 조화를 이루지 못하면 크게 실패한다.

• 수리 오행의 흉한 배합

金火木	金土木	金木火	金水火	木金土
木火金	木水土	木土金	水木土	水金火
水火土	水土火	火木金	火土水	火水金
火金水	土木水	土金木	土水木	土火水

오행의 길흉해설

金金金 —— 孤獨災難
돌발 사고로 목숨을 잃거나 형액을 당하게 되며 재산을 잃고 병고로 신음하게 된다.

金金木 —— 家庭不和·病苦
집안에 불화가 잦고 처자와 이별하는 수가 있으며 사지(四肢)에 횡액을 당하여 불구가 되기 쉽다.

金金水 —— 發展向上
천품이 강직하고 두뇌가 명석하여 적수공권으로 성공한다. 부모 형제의 덕도 있고 가정도 화목하나 때로는 급전직하의 비운(悲運)에 빠질 수도 있다.

金金土 —— 大志大業
성공이 순조로워 일이 잘 풀리며 외교의 수완도 뛰어나 두령의 운은 있으나 분수에 넘치는 일로 고생하는 수도 있다.

金金火 —— 敗家辛苦
신경·뇌의 질환이 오기 쉬우며 폐결핵도 염려된다. 두뇌는 명석하나 침착성이 없고 지구력도 없다.

金木金 —— 流轉失敗
고향을 일찍 떠나 혈혈단신으로 만난 신고를 당하며 수족에 흠결이 있기 쉽다.

金木木 —— 疾病辛苦
모든 일에 장애가 생기며 부모 형제간에 불화가 잦고 신경통·류마티스 등의 병에 시달리기 쉽다.

金木水 ── 諸事難成

모든 일이 매듭지어질 단계에서 어긋나며, 부부의 화합(和合)은 있겠으나 분주다망한 생활을 하게 된다.

金木火 ── 一成一敗

성공과 실패가 무상하다. 조실부모(早失父母)하거나 타향을 전전하기 쉬우나 자손의 덕은 있을 것이다.

金木土 ── 心身過勞

배다른 형제를 갖게 되며 한 때 발전이 있다. 그러나 심신이 모두 고달프며 신경쇠약에 시달린다.

金水金 ── 順風罫帆

상하 좌우의 도움으로 모든 일이 형통하게 되며 맨손으로 일어나 공명(功名)을 얻게 된다.

金水木 ── 發展成功

선조의 덕을 입어 성공하게 되며 부모형제가 화합하고 명성을 사해(四海)에 떨치게 된다.

金水水 ── 發展平安

모든 사람들의 신망을 얻어 순조로운 발전을 하게 된다. 반면에 자기 실력을 과시하거나 태만에 빠지는 결점이 있다.

金水火 ── 善功無德

부모의 유업을 지키지 못하고 산재(散財)하게 되며 초·중년은 순탄하나 말년에는 순환기 계통의 병으로 고생한다.

金水土 —— 不意災難

일시의 성공과 발전이 있긴 하나 오래 가지 못하며 불의의 재난과 위장병의 암시가 짙다.

金火金 —— 疾病敗失

화금(火金)이 상전(相戰)하니 심신이 과로하여 병난(病難)과 처자를 극하는 불행이 따른다. 기관지 천식·치질 등의 질병도 우려된다.

金火木 —— 慾求不滿

세사(世事)에 대한 불평·불만으로 마음을 안정시키지 못하며 신경을 과민하게 씀으로 과로하여 천부의 재능을 발휘하지 못하고 만다. 뇌와 폐를 조심해야 한다.

金火水 —— 災厄疾病

부모 형제운·자손운·성공운 모두 불길하며 뇌일혈, 폐결핵 발광 등의 우려가 있다.

金火火 —— 病苦呻吟

두뇌가 지나치게 영민(英敏)하나 포부를 펴보지 못하며 만성 감기·천식 등의 호흡기 질환과 신경 과민으로 고생한다.

金火土 —— 七顚八起

명석한 두뇌와 백절불굴(百折不屈)의 투지로 만난(萬難)을 돌파한다. 그러나 일시의 부주의가 재액을 불러오므로 매사에 신중과 철저를 기해야 한다.

金土金 —— 意外得財

뜻밖의 재물이 생기며 부모 형제의 덕이 많고 가정도 화목하다. 그러나 항상 과욕을 삼가야 할 것이다.

金土木 —— 家庭風波

부모 형제와 불목(不睦)하고 부부 불화하며 사지불구(四肢不具) 또는 위장병으로 신음하게 된다. 그러나 재운은 좋은 편이다.

金土水 —— 遭難

성공의 마지막 단계에서 공든 탑이 무너진다는 암시가 있다. 만사에 근신하며 음덕(陰德)을 베풀면 액을 면할 수도 있다.

金土火 —— 萬事順成

재운·관운·가정운·자식운·건강운 모두가 길하다. 조업(祖業)을 물려받지 않고 두뇌가 우수하지 않아도 천부의 후덕(厚德)으로 성공한다.

金土土 —— 寡黙眞實

매사에 침착하고 겸손한 성품으로 주위의 인망을 한 몸에 받으며 상하 좌우의 조력을 받아 순조로이 성공한다.

木金金 —— 不和爭論

천성이 완강하여 시비를 잘하며 인화(人和)를 하지 못한다. 조혼(早婚)하면 자손으로 인한 고생이 많으므로 만혼(晩婚)하는 것이 좋으며 각수(脚手)의 부상을 조심해야 한다.

木金木 —— 骨肉相爭

조난과 불구의 우려가 있다. 조실부모하여 타향에서 신고(辛苦)하며 초혼에 실패하기 쉽다.

木金水 —— 萬事不成
부모 덕으로 초년에는 평안하게 지내나 중년에 접어들면서 재난과 비운이 닥쳐 말년까지 고생스럽다.

木金火 —— 獨座嘆息
신경·뇌·호흡 기관의 병으로 시달리기 쉬우며, 부모 형제·처자와의 인연이 박하여 항상 고독하다.

木金土 —— 初失後得
분발심이 부족하여 성공하기 어려우므로 이 점을 유의하여 분투 노력하면 어느 정도의 성공은 거둘 수 있다.

木木金 —— 苦難辛苦
성공운과 재능은 있으나 장애와 모략이 심하고 교통 사고나 호흡기 질환이 두렵다. 이웃과의 화합도 어렵다.

木木木 —— 立身出世
입지적 기반은 부실하나 견고한 의지력과 끈기로 성공을 쟁취한다. 혈육간의 정의도 두터우며 건강하다.

木木水 —— 和順繁昌
기반이 충실하며 부모 형제의 덕이 후하다. 재운과 명예운도 좋아서 순조로운 발전을 하게 된다.

木木火 —— 發展向上
부모의 여덕(餘德)을 기반 삼아 이름을 널리 떨치게 된다. 이 오행은 재벌급이나 유위(有爲)한 정치가에 많다.

木木土 —— 苦難辛苦
모든 일이 순조롭지 못하여 도모하는 일마다 힘겹게 이루어진다. 운은 평길(平吉)하나 가정 불화가 잦으며 늦게 일자(一子)를 두게 된다.

木水金 —— 成敗浮沈

혈육의 덕과 상하 좌우의 조력으로 성공하나 실패도 잦으며 의외의 재난으로 역경에 처하게 되는 수가 있다.

木水木 —— 富貴兼全

뜻하는 일마다 순조로우며 천성이 고매한 대인군자(大人君子)의 인격을 갖춘다. 수명도 장수를 누린다.

木水水 —— 大富大貴

겸양의 덕과 온유한 성품으로 뭇사람의 인망을 한 몸에 받으며 판단력과 추진력이 뛰어난다.

木水火 —— 速成速敗

일시적인 성공운은 있으나 기초가 부족하여 뜻하지 않은 재난을 만나 역경에 몰린다. 심장(心臟)·신장(腎臟)의 병도 조심해야 한다.

木水土 —— 早起晚敗

초년은 부모의 덕으로 안락하나 중년 이후는 위장 질환과 사업 실패로 신고(辛苦)하게 된다.

木火金 —— 平地風波

혈육의 덕이 없으며 우수한 지혜를 발휘할 데가 없다. 호흡기 질환의 병이 두려우며 자손을 갖기도 어렵다.

木火木 —— 鳳飛萬里

맨손으로 출발하여 거재(巨財)를 이루거나 선망받는 지위를 차지한다. 부부 금실도 좋으며 영귀(英奇)한 자손을 두게 된다.

木火水 —— 疾病災難
초년에는 부모의 유산으로 안락을 누리나 중년부터 쇠퇴운에 접어들며 신장(腎臟)의 질환으로 고생한다.

木火火 —— 枯木逢春
모든 일이 순조로와 고생을 모르는 생애를 보내나 허영과 사치를 즐기며 비현실적인 일을 벌여 당황하는 일이 있다.

木火土 —— 大業成就
영민(英敏)한 재질과 중후(重厚)한 인품으로 이상을 성취하여 후세에 길이 남을 위대한 업적을 세운다.

木土金 —— 一得一失
초년에는 약간의 발전이 있으나 육친(六親)이 무덕하여 항상 외로우며 속병을 오래 앓게 된다. 그러나 명예운은 있다.

木土木 —— 四顧無親
부모 형제와 불화 반목이 잦으며 소화 기관의 병이 떠나지 않는다. 초혼에 실패하기 쉬우며 자손의 근심도 있다.

木土水 —— 枯木落葉
조업(祖業)을 오래 지키지 못하며, 선계(善計)는 세우나 추진할 능력이 부족하다. 양부모(養父母)를 모시기 쉽다.

木土火 —— 一喜一悲
기초운이 좋기 때문에 성공운이 항상 따르나 의외의 장애를 자주 맞는다. 순환기 계통 질환을 조심해야 한다.

木土土 —— 努力成功
줄기찬 노력과 인내·의지력으로 만난을 뚫고 상당한 성

공을 이룩한다.

水金金 ―― 順風野帆
착실하게 재산을 모아 부(富)를 이룩하며 천성이 영명(英明)하여 큰 명예도 얻는다.

水金木 ―― 暗夜行人
어두운 밤길을 걷는 격이니 모든 일에 근심과 고통이 따르게 된다. 처자를 극하지 않으면 불구가 우려된다.

水金水 ―― 積小成大
고기가 변하여 용(龍)이 되는 격으로 보잘 것 없는 출신에서 몸을 일으켜 상당한 지위와 부를 얻는다.

水金火 ―― 病難辛苦
난치병으로 고생하거나 요절(夭折)하기 쉽고 초혼에 실패하게 된다. 신경질이 있으나 두뇌는 우수하다.

水金土 ―― 萬事如意
천품이 온후 독실하여 점진적인 발전을 보게 되며 주위의 조력을 항상 받는다. 부부운·자손운도 최상이다.

水木金 ―― 一吉一凶
성공과 실패가 엇갈리는 일생을 보내게 된다. 의지력만 견고하면 만난(萬難)을 뚫고 성공하는 수도 있다.

水木木 ―― 平坦大路
외유 내강한 성품으로 착실한 발전을 거두게 된다. 부부가 화목·해로하며 많은 자식을 두게 된다.

水木水 ―― 春風開花
봄바람에 꽃이 피는 격으로 큰 노력 없이도 성공을 거둔다. 때문에 태만하고 안일한 사고 방식을 갖는 결점이 있다.

水木火 —— 上下人助
연삼생(連三生)의 오행으로 웃사람의 덕을 입어 순조롭게 발전한다. 일생을 통하여 가슴 태우는 일을 당하지 않는 최길운.

水木土 —— 先富後貧
부모의 여덕으로 초년에는 태평하게 지내나 중년 이후 불행한 재앙이 거듭 닥쳐 신고(辛苦)하게 된다.

水水金 —— 强氣固執
견고한 의지력과 뛰어난 판단력으로 매사를 유능하게 처리하나 겸양의 덕이 부족하여 동료·이웃의 비난을 받기 쉽다. 수리(數理)가 나쁘면 흉하다.

水水木 —— 枯木逢春
나날이 새롭게 발전 향상하여 부귀(富貴)를 얻는다. 부모의 덕이 없어 초년은 고생하나 자력으로 성공한다.

水水水 —— 寒水汎濫
찬물이 둑을 넘쳐 흐르는 격이니 자제와 절제를 모르는 성품 때문에 실패하게 된다. 15, 16, 24 등의 안정과 중후를 뜻하는 수리(數理)를 만나면 의외의 성공을 거두기도 한다.

水水火 —— 孤獨短命
모든 일에 실패와 고난이 따른다. 일시적 성공을 거두기도 하나 불건강 때문에 좌절된다. 중년 이후에는 심장 마비·

뇌일혈 등을 조심해야 한다.

水水土 —— 每事障碍

가정불화 또는 건강 상실로 고생하게 된다. 혈육간에 불목(不目)이 그치지 않으며 위궤양·소화불량 등으로 고생한다.

水火金 —— 波瀾萬丈

불같은 성격 때문에 영민(英敏)한 두뇌도 소용없게 만든다. 심장병과 호흡기 질환으로 급사할 우려가 짙다.

水火木 —— 病難流浪

변동이 심하여 한 곳, 한 직장, 하나의 배우자에 안착(安着)하지 못하며 심장과 신장병으로 고생한다.

水火水 —— 短命夭折

최흉(最凶)의 오행으로 생사의 기로를 몇 번이나 헤매거나 급사(急死)하게 된다. 꾀하는 모든 일도 허사로 돌아간다.

水火火 —— 失明之難

왕성한 화기(火氣)가 약한 물을 고갈시키니 장님이 될까 두렵다. 뇌일혈·심장마비도 염려된다.

水火土 —— 急變急災

의외의 재난을 당하여 몰락하는 오행이다. 초운(初運)은 평탄하나 중년 이후는 재앙이 중첩하여 일어난다.

水土金 —— 先困後泰

악전고투하여 50여세까지 분주 노력하여 노후는 평길(平吉)할 것이다. 부부운은 만혼함으로써 길하다.

水土木 —— 風前燈火

위장병으로 고생하거나 가정 불화가 잦다. 모든 일에 곤고(困苦)와 장애가 따르고, 자식을 두지 못하기도 한다.

水土水 —— 病苦艱難

부모 형제가 뿔뿔이 흩어져 정의가 없으며 자손으로 인한 수심이 깊다. 위장병이 떠나지 않는다.

水土火 —— 鬪志滿滿

불퇴전(不退轉)의 투혼과 의지력으로 겹쳐오는 역경을 돌파한다. 그러나 일생 쟁론과 불화가 그치지 않는다.

水土土 —— 江上風波

신장병(腎臟病) 또는 신경통으로 고생한다. 모든 일에 장애가 많으며 변화가 무쌍하여 안정할 수 없다.

火金金 —— 四顧無親

모든 일에 장애가 많으며 뇌신경을 과로하게 하며 폐에도 흠이 있다. 신경질이 많으며 처자를 극한다.

火金木 —— 開花風亂

꽃이 피자 뜻밖에 돌풍이 불어오는 격으로 모든 일이 성사 단계 일보 전에서 실패를 보는 운이다.

火金水 —— 急災急死

두뇌 명석하고 부모의 덕도 있으나 의외의 재난이 닥쳐와 일패도지(一敗倒地)하거나 급병(急病)으로 목숨을 잃는다.

火金火 —— 多事多難

최흉(最凶)의 오행으로서 혈육의 인연도 없으며 신경·

뇌·폐의 질환이 그치지 않는다.

火金土 —— 先困後吉
초년의 고생·병고·가난은 가혹한 시련이나 이를 돌파하면 비약적인 발전을 가져온다.

火木金 —— 始終疾苦
고결한 성품으로 문학에 뛰어난 재질이 있으나 건강의 뒷받침이 없어 대성할 수 없다.

火木木 —— 順坦大路
문재(文才)가 탁월하고 성품이 순정(順淨)하여 순운(順運)을 타고 큰 발전을 하게 된다.

火木水 —— 上下人和
젊어서는 두터운 부모 덕을 입고 결혼해서는 부부 화락하며 늙어서는 자손 덕을 보는 최상운.

火木火 —— 日就月將
성공운이 순조롭고 도와주는 사람이 많으나 겸양의 덕이 없고 큰 소리를 잘하며 침착하지 못한 결점이 있다.

火木土 —— 春日和暢
순조로운 발전과 향상을 하다 의외의 장애에 부딪치는데 이를 잘 감내하면 더욱 발전하게 된다.

火水金 —— 外華內貧
겉은 화려하나 내실이 없다. 인덕이 없어 배신을 잘 당하며 심장병으로 급사할 우려가 있다.

火水木 —— 意外災難
역경을 뚫고 한 때의 성공을 거두나 의외의 재변(災變)으로 수포로 돌아간다. 그러나 훌륭한 자녀는 두게 된다.

火水水 —— 疾病苦厄

심장이 허약하여 자손과 부부운에도 암운(暗雲)을 드리우는 병난(病難)의 오행이다.

火水火 —— 秋風落葉

초혼에 실패하고 재혼을 하게 되나 이 역시 화평치 못하며 안질(眼疾) 또는 신장병(腎臟病)으로 고생한다.

火水土 —— 錦衣夜行

항시 파란이 따르며 병약하기까지 하여 긴 수명을 누리지 못한다. 자손운·부부운도 좋지 않다.

火火金 —— 有頭無尾

출발은 호랑이를 잡을 듯하나 끝내 토끼 한 마리도 잡지 못하는 격이다. 왕화(旺火)가 약금(弱金)을 녹이니 건강도 좋지 못할 것이다.

火火木 —— 勇旺邁進

명석한 두뇌와 열화(熱火)같은 추진력으로 매사를 속결(速決)하나 원모심려(遠謀深慮)가 없으며 침착하지 못하다.

火火水 —— 平地風波

횡액의 오행이다. 변사수(變死數)가 있거나 파산의 우려도 있다. 뇌일혈·심장마비·실명(失明)도 두렵다.

火火火 —— 不安不定

불안정한 운기로서 급변 급사의 우려가 있으며 급진적인 발전이 있으나 경솔하기 때문에 실패한다.

火火土 —— 和合有德
혈육이 화목하고 일생동안 큰 파란을 만나지 않으며 사회 공익 사업을 일궈 후세에 이름을 남긴다.

火土金 —— 花柳長春
최길운(最吉運)의 하나. 순탄한 길을 걸어 빠른 시일에 성공을 거둔다. 재운·관운·가족운 모두 최상.

火土木 —— 先吉後困
부모 덕으로 별탈없이 지내다가 중년의 끝 무렵부터 운기가 쇠퇴하여 고생한다. 부부의 금슬은 좋으나 자식이 귀하다.

火土水 —— 大海片舟
일시적 성공을 거두기도 하나 불의의 재난을 만나 몰락하거나 단명하다.

火土火 —— 上下助力
아래 위로부터 도움을 받아 여유작작한 일생을 보낸다. 이는 심덕(心德)이 후하고 욕심이 적은 연유이다.

火土土 —— 溫厚篤實
심신이 모두 건실하여 항상 화기(和氣)가 감돈다. 인품이 장중(壯重)하여 군자(君子)의 풍이 있다.

土金金 —— 幽谷回春
성격이 강하여 마찰을 자주 일으키나 성실성과 노력으로 상당한 성공을 거둔다.

土金木 —— 岐路彷徨
초년은 명성을 드날리나 중년부터는 운수가 막혀 처자와

헤어질 것이다.

土金水 —— 意外災難

주위에 도와주는 사람이 많아 순탄하게 성공하나 만심(慢心)하게 되면 급전직하로 몰락한다.

土金火 —— 再起無力

선조의 여덕(餘德)으로 일시적인 안락은 있겠으나 고향을 등지고 유랑한다.

土金土 —— 日光春風

인품이 중후(重厚)·영민(英敏)하여 모든 사람의 존경을 받으며 부모 형제의 우애가 두텁다.

土木金 —— 小事難成

이루어지는 일이 하나도 없어 유랑 전전하게 된다. 애써 가정을 이룬다 하여도 화목하지 못하다.

土木木 —— 虛名無實

겉으로 강해 보이나 속은 약하고 빈격으로 처자를 극하며 건강도 좋지 못하다.

土木水 —— 有頭無尾

초년운은 좋으나 점차 쇠퇴운에 접어들어 신경 쇠약·위장병 등의 질환이 있다.

土木火 —— 雲中之月

만난(萬難)을 뚫고 역경을 돌파하여 성공을 거두게 된다. 의지력만 견고하다면 큰 성공을 거두는 오행.

土木土 —— 辛苦無限

성공과 실패의 부침(浮沈)이 많고 변동이 잦으며 간장과 위장의 질환도 있다.

土水金 —— 百事不成
　포부는 크나 겹치는 장애에 봉착하여 뜻을 이루지 못한다. 동분서주하며 애쓰나 얻는 것이 적다.

土水木 —— 勞而無功
　이곳에서 성공하면 저곳에서 실패하며 돈이 벌리면 건강이 좋지 않고, 가정이 화목하면 가난하다.

土水水 —— 四顧無親
　선천의 운은 평길(平吉)하나 파란과 재액으로 모든 일이 허사로 돌아간다. 혈육간의 정의도 부족하다.

土水火 —— 風波萬丈
　불의의 재난으로 재산을 잃고 가정이 파탄되며 급성병으로 생명을 잃기 쉽다.

土水土 —— 敗家亡身
　부모 형제가 무정하여 분산하게 되며 부부운도 좋지 못하다.

土火金 —— 苦難自成
　두뇌는 영민하나 신경질이 있다. 만난을 뚫고 상당히 성공한다.

土火木 —— 日光春城
　발전과 향상이 용이하며 처덕(妻德)을 크게 입어 입신 출세한다.

土火水 —— 進退兩難
　일시적 발전은 있으나 기초가 불안하여 불상사가 생기며

질병으로 급사할 우려가 있다.
土火火 —— 春日芳暢
성공운은 양호하나 인내력과 침착성이 부족한 것이 큰 결점이다.
土火土 —— 誠實一貫
허욕(虛慾)을 갖지 않으며 요행도 바라지 않는다. 오로지 분수를 지켜 점진적 발전을 꾀한다.
土土金 —— 古園回春
성품이 온후(溫厚)하여 대기만성(大器晚成)하는 격이다. 혈육이 유정하다.
土土木 —— 弱質辛苦
가는 서까래가 무거운 흙에 짓눌려 부러지는 격이다. 능력부족으로 매사를 그르친다.
土土水 —— 四顧無親
일시적인 성공은 있겠으나 기초가 부실하여 오래 지속시키지 못한다.
土土火 —— 過慾愼之
기초운이 착실하여 좋은 출발을 하나 지나친 욕심을 부려 능력 밖의 일을 벌여 고생한다.
土土土 —— 一慶一苦
한편으로는 기쁨이요, 한편으로는 근심이 따르나 의식 걱정은 없다.

音靈五行

1 음령오행이란 무엇인가

옛날부터 동양에서는 소리를 오음(五音)으로 분류하여 이를 오행(五行)에 배대(配對)해 왔다. 오음(五音)이란 어금니 소리(牙音)·혓소리(舌音)·목구멍 소리(喉音)·잇소리(齒音)·입술 소리(脣音)를 말하는데, 이 오음(五音)을 음(音)의 오행에 맞추면 다음 표와 같다.

이 음령 오행(音靈五行) 역시 오행 상생 상극(五行相生相剋)의 원칙에 의해서 木生火·火生土·土生金·金生水·水生木으로 연결되면 상생되어 길하고, 木剋土·土剋水·水剋火·火剋金·金剋木하면 상극되어 흉하다.

이를 다시 설명하면 ㄱ+ㄷ은 木+火이므로 木生火하여 길하고, ㄱ+ㅅ은 金剋木하여 흉한 것이다. 이 음령 오행은 음(音)으로써만 결정되는 것이므로 한글로 표기하여 보아도 된다. 다음에「김수한」의 이름을 음령 오행으로 풀이해 보자.

아음(牙音)	ㄱ ㅋ	木 聲
설음(舌音)	ㄴ ㄷ ㅌ ㄹ	火 聲
후음(후음)	ㅇ ㅎ	土 聲
치음(齒音)	ㅅ ㅈ ㅊ	金 聲
순음(脣音)	ㅁ ㅂ ㅍ	水 聲

　　　　김　　　　수　　　　한
　　　　木水　　　金　　　土火

　이 이름은 아래에서 위로 순생(順生)하여 막힘이 없는 매우 좋은 음령 오행으로 구성되어 있다. 즉 火生土·土生金·金生水·水生木하여 순탄하게 성장하는 나무와도 같은 길명(吉名)이다.
　이렇게 순탄하게 상생되는 음령 오행으로 조직된 이름은 부르기 좋고 듣기 좋으며 청각적으로 좋은 인상을 준다. 따라서 좋은 운세를 약속 받는 것이다.
　이와 반대로 상극되는 음령 오행은 어떠한가. 그 예를 하나 들어 보자.

　　　　최　　　　광　　　　명
　　　　金　　　　木土　　　水土

　이 이름은 위에서부터 아래로 상극되는 음령 오행으로 구성되어 있다. 金剋木·木剋土·土剋水·水剋土하여 음오행(音五行)의 생기(生氣)가 조금도 없다.
　이런 이름은 우선 딱딱한 인상을 주며 발음하기도 힘들다. 이런 사람은 대개 성격이 까다롭고 고집 불통이며, 성격에 시원스런 맛이 없다. 따라서 운세도 순탄하지 못하여 막힘이 많다.
　그러므로 작명을 할 때 이 음령 오행은 가장 중요시되어야 한다. 왜냐 하면 이름이란 우선 듣기 좋아야 하고 부르기 쉬워야 하기 때문이다.
　이 음령 오행법에는 단식(單式)으로 보는 방법도 있으나 이는 신빙성이 그다지 없는 것이다. 단식법(單式法)이란 성명 석자의 두음(頭音)의 오행만을 보고 받침(末音)은 문제삼지 않는다.

  (ㄱ) (ㅅ) (ㅎ)
  김   성   한
  木   金   土

따라서 「김성한」의 음오행(音五行)은 木金土가 되는 것이다. 그러나 음오행 역시 수리(數理)와 마찬가지로 연결과 조합(組合)에 의의가 있는 것이므로 받침을 도외시한다는 것은 합당하지 않다.

② 음령오행과 질병

모든 생명 현상은 일정한 리듬을 가지고 있다. 이 생명의 리듬이 순조로우면 건강하고 자연스러운 것이며, 이 리듬이 흐트러지고 깨어지면 건강을 잃고 추악하게 되는 것이다.

음(音)은 곧 리듬이다. 성명학에서 수리(數理) 못지 않게 음을 중요시하는 것은 성명을 발음했을 때 나타나는 음은 듣는 이에게 청각적으로 혹은 좋게 혹은 나쁘게 영향력을 발휘하기 때문이다.

또한 음의 리듬은 인간에게만 작용하는 것이 아니라 동식물에도 영향을 준다. 인도의 식물학자는 풀과 나무도 음의 영향을 받는데, 감미로운 음악을 들려주면 성장이 촉진된다고 발표한 바 있다. 또한 젖소에게 조용하고 상쾌한 음악을 들려 주었더니 젖의 생산량이 늘어 났다는 보고도 있을 정도이다.

이름은 살아 있는 동안 자기를 대표하는 간판 같은 것이고 죽어서는 후세에 남기는 등, 인간은 이 이름에 매우 중요한 뜻을 부여하고 있는 만큼 이에 비례하여 성명의 음의 리듬이 성명의 주인에게 끼치는 영향은 크나큰 것이다.

그리하여 동양 고래의 음양 오행설과 현대 과학적인 통계학이 종합되어 음오행(音五行)에 의한 성명의 질병론(疾病論)이 나오게 된 것이다.

인체의 가장 중요한 기관인 오장(五臟)은 심장·간장·비장(脾臟)·신장(腎臟)·폐장(肺臟)인데, 이 오장을 오행(五行)으로 분류하면 간장은 木, 심장은 火, 비장은 土, 폐장은 金, 신장은 水가 된다. 이에 따라 수리 오행(數理五行)이나 음오행(音五行)의 상생 상극을 살핌으로써 질병을 알아 낼 수 있는 것이다.

즉 그 오행이 金剋木이면 간장의 질환, 水剋火면 순환기 질환, 火剋金이면 호흡기 질환, 水剋土면 소화 기관 질환을 나타낸다.

그런데 水剋火의 경우를 예로 든다면 火가 水를 만나 심장의 질환이 있다고 보는 것이지만, 만약 火의 세력이 강하여 火水火이거나 火火水의 경우에는 오히려 水가 공격을 당하여 신장(腎臟)의 질환을 가져오는 것이다. 다른 경우도 같다.

數 理

1 성명학상의 수리

모든 글자와 숫자에는 고유의 영력(靈力)과 유도 암시력(誘導暗示力)이 살아 움직이고 있다. 따라서 「三」이란 숫자를 쓰면 三

이 발산하는 고유의 영향을 받게 된다는 것이 성명수리론(姓名數理論)의 기본이다.

그런데 만물은 결합·교류·관련을 가짐으로써 뜻을 갖는 것이므로 성명의 수리 역시 각 성명자 획수의 합산으로써 따지게 된다. 그것은 바로 다음의 사격(四格)으로 분류된다.

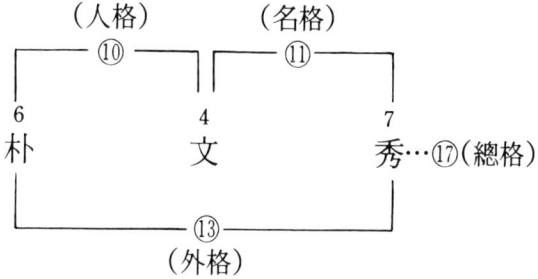

2 四格의 뜻

명격(名格) —— 이름자의 획수를 합한 것으로서 주로 초년의 운세와 가정 환경 등을 나타낸다.

인격(人格) —— 성자와 이름 첫자의 획수를 합한 것으로서 그 사람의 사회 신출운·지능·성격을 대표하는 가장 중요한 뜻을 갖는다. 이 인격은 수리의 가장 중심적인 위치를 차지한다.

외격(外格) —— 성자와 이름 끝자 획수를 합한 것으로서 애정운·배우자운·감정 등을 나타내는 것으로서 인격과의 연관성이 깊다. 전체적인 운세의 면에서는 보조적인 역할을 한다.

총격(總格) —— 성명자의 모든 획수를 합한 것으로서 주로 중년 이후의 운세와 함께 전 생애에 걸친 운세를 나타낸다.

　이상과 같이 성명학의 운명은 네 가지로 크게 분류되는데, 필자의 견해로는 인격이 길수(吉數)가 못되더라도 명격(名格)·총격(總格)이 좋으면 무관한 것이고, 겸하여 외격(外格)이 좋으면 행운을 지닌 것으로 볼 수 있다.

　또 성명이 넉 자(성 두자, 이름 두자)인 경우는 성(姓) 두 자를 합산하면 되고, 이름이 외자로서 성명이 두 자만인 경우는 외격과 인격과 총격이 동일하게 된다. 이런 경우는 명격과 총격만이 있는 셈인데, 이 두 자만으로 감별해도 좋다.

　그런데 일부에서는 이름 맨 아래에 「1」을 더하여 성명 석자와 같이 판별하려는 경향이 있으나 일본식 감별법을 인용한 것이며, 우리의 성명학에는 고려의 여지가 없는 것이다.

　또 이름자가 외자이기 때문에 「외격」내지 「인격」의 구별이 곤란하므로 성(姓)을 「외격」, 이름 외자를 「인격」으로 구분하는 수도 있으나 이는 성명 감별에 보조적 해설을 가하는 데에 뜻을 줄 수 있을 뿐이다. 그러나 이것도 구태여 외격·인격으로까지 구분할 것 없이 「명격」과 「총격」만으로 판단해도 족하다. 그것은 성명 두자 내지 석 자(이름은 외자)에 모든 운세가 집중되어 있는 이유로, 그에 의하여 총체적인 판단을 내릴 수 있기 때문이다.

　그러나 전문가가 아닌 독자로서는 그러한 판단이 곤란할 터이므로 알기 쉽게 외자 이름인 경우엔 통례에 따라 「외격」「인격」으로 구분해도 무방한 것이다.

　여기서는 독자들의 편의를 고려하여 그러한 통례에 따랐다.

〈성 두자 · 이름 두자인 경우〉

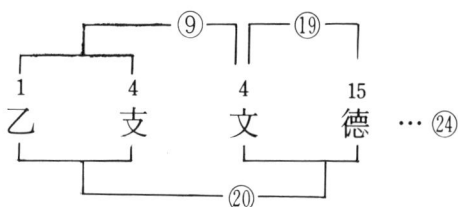

　인격 9는 공리(功利)가 헛되는 역운(逆運)의 수이며 명격의 수는 육친의 정이 없고 의외의 재난을 받을 것이나 이러한 수는 무인(武人)으로서는 적격이다. 총격 24는 공을 인정받아 행운을 찾을 수이며, 전체의 운세를 뒷받침한다. 이 수는 극단적 운이므로 대의(大義)를 위하여 나갈 때는 크게 명성을 떨친다.

〈성 한자 · 이름 석자인 경우〉

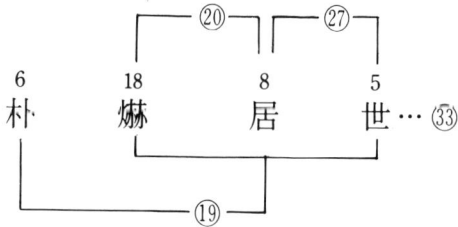

　인격 20은 육친과의 이별이 있고 고독에 빠질 수이며 명격 27은 너무 자신이 세어 자칫하면 비난을 받는 수가 있다. 외격 19는 탁월한 두뇌의 소유자임을 말하나, 일생 부침(浮沈)을 겪을 수이다. 그러나 총격 33은 융창운(隆昌運)으로서 권위와 명성을 떨쳐 천하를 호령한다. 그러나 범인(凡人)으로서 이런 수는 오히려 불운을 초래하는 것이다.

〈이름이 외자인 경우〉

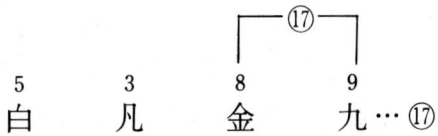

　인격 17은 의지가 강하고 만난을 돌파하는 격이나 고집이 세며, 외격 8은 고집이 지나쳐 조난을 당할 수이고, 명격 9도 역시 역운(逆運)을 초래하는 수로서 세 격의 조화가 파란과 급변을 포함한다. 아호(雅號)의 8도 조난의 운이 있고, 총격 17 역시 고집과 불화(不和)를 나타낸다. 본인이 아호(雅號)를 상용하는 경우라면 그 쪽의 운세가 강할 것이다.

〈이름이 한글로 된 경우〉

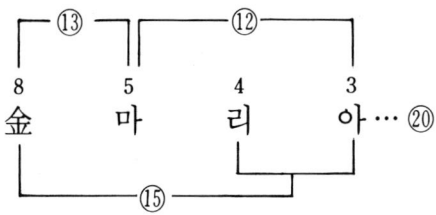

　인격 13은 재주가 비상하고 의지가 굳세며 명격 12는 너무 지나친 양심으로 일이 중도에 좌절되기 쉽다. 외격 15는 두령격(頭領格)이고 발전이 있어 그 부족을 보충하나 총격 20은 그 운을 파괴할 염려가 있다. 여성으로서는 팔자가 세며 과부의 격이다. 그러나 「馬里亞」따위 한문자를 상용함으로써 운을 극복하는 수도 있다.

81수의 영력과 암시

1 畫數 ── 두령격(頭領格)으로서 만물의 기초가 되는 길상(吉祥)의 암시가 있다.

　대자연의 생기(生氣)를 받아 초목의 싹이 틈과 같이 희망이 이루어지고 부귀 영화를 누릴 길수(吉數)이다. 그러나 부덕(不德)에 흐르면 그 반동으로 흉수(凶數)로 변할 것이며, 덕을 쌓고 수양하면 좋은 경사(慶事)를 계속 보게 될 것이다.

2 畫數 ── 만물을 육성(育成)하는 뜻이 있으며 모태(母胎)의 암시가 있다.

　명예·지위·재산을 쌓아 올려서 일대의 영화를 누리기도 하지만 그 반면에 말할 수 없는 고난에 부딪친다. 음극수(陰極數)이기 때문에 탐욕·완고·독선에 흘러 몰인정한 인간이란 평을 듣기 쉽다. 분리·동요·불안의 뜻을 지니고 있기 때문에 좋은 환경의 혜택을 받기 어렵다.

3 畫數 ── 음양이 조화되어 길상(吉祥)·행복의 암시가 있다.

　재치와 적극성을 띠었으나 명랑 활달한 성격은 자칫하면 호탕하면서도 끈기가 부족하기 쉽다. 또 이지(理知)가 예민하고 통찰력이 뛰어난 점은 침착하면서도 박정에 치우치는 경향이 있다. 어쨌든 운기(運氣)가 강하여 행운수를 타고 났지만 혹 자기 도취에 빠져 의외의 함정에 몰입하는 수도 있으니 조심해야 한다.

4 畫數 ── 곤궁·결핍의 암시가 있다.

처음은 만사가 순조롭게 진행되어 이젠 안심이라고 생각될 때 뜻밖의 재난을 초래할 운수이다. 다른 수의 관계에 의하여 단명·변사·발광 등 좋지 않은 일이 생기기 쉬우며 그렇게까지 되지 않더라도 신경 쇠약 또는 병고(病苦)에 시달리게 된다. 또 건강하더라도 항상 번민과 우울증에 걸려 생기를 잃고 만다. 그러나 성명수의 조화를 이룰 때에는 열녀·효자 또는 일대의 성공자로서 이름을 떨칠 길운(吉運)이 되는 것이다.

5 畫數 ── 음양이 화합하여 복(福)과 수(壽)를 겸비한 암시가 있다.

겉으로는 온화하고 내심은 강직하지만 사교술이 능하므로 신망이 두텁고 육체적으로도 강인하며 질병에 대해서 저항력이 강하다. 성명의 조화가 맞으면 수복(壽福)을 누리지만 성명수의 조화를 얻지 못하면 융통성이 없고 상식이 있는 듯하면서 의외로 무식한 것이 결점이며, 그때문에 스스로 고독에 빠지고 만다.

6 畫數 ── 천덕지상(天德地祥)의 암시가 있다.

자연의 은혜와 조상의 음덕(陰德)을 입어 부귀 영화를 누린다. 성명의 조화를 보지 못하면 중년에 역경에 빠지는 수도 있으나 대체로 평생을 안락하게 보낸다. 여성의 경우는 원만한 가정을 이루며, 살림의 주도권을 쥐게 된다.

7 畫數 ── 독립·독행의 암시가 있다.

활동력이 풍부하여 자신을 가지며, 남의 의견을 받아들이지 않고 독립하는 경향이 있다. 자수성가하여 가문을 일으킨다.

또 여성은 고집이 세고 팔자가 센 편으로 성명수의 조화가 잘 되면 현처(賢妻)가 되나 성명수의 조화가 이룩되지 못하면 소위 악처(惡妻)의 지탄을 받는다. 남성이건 여성이건 이 운수를 지닌 사람은 화합하는 정신을 기르도록 수양할 일이다.

8 畫數 —— 인내와 진취의 암시가 있다.

사교성이 뛰어나고 다소 외고집인 면이 있으나, 의지가 굳세어 곤란을 무릅쓰고 목적을 달성한다. 끈기가 세고 사회 생활에도 혜택을 입는데, 다만 성명수의 배합에 따라서는 조난(遭難)·검난(劍難)을 당할 염려가 있다.

9 畫數 —— 예측하지 못한 재난을 당할 암시가 있다.

병약·단명·역경의 운수로서 이러한 재난이 본인에게 직접 나타나지 않을 경우는 간접적으로 배우자나 자식들에게 나타난다. 또 성명수의 배합에 따라서는 우수한 기획성(企畫性)을 가지고 있어서 사회적으로 크게 성공하는 수도 있지만 어떤 비운(悲運)에서 고민할 것이다.

10 畫數 —— 소득이 없는 공허의 암시가 있다.

九획수와 같이 불운한 수로서 부잣집에 태어났더라도 재산을 탕진하기 쉽고 일가 친척이 많아도 고독한 생활을 보내게 되며, 또 자포 자기에 빠지거나 범죄를 저지르는 사람이 되기 쉽다. 혹 사회적으로 큰 성공을 거두는 수가 있으나 대체로 九획의 경우와 같다.

11 畫數 —— 봄을 만나 꽃을 피우는 암시가 있다.

순조롭게 발전하여 차츰 부귀 영달을 누릴 운수이다. 또 일가(一家)를 재흥(再興)할 운세를 가지고 있어서 둘째나 셋째로 태어났더라도 가장(家長)의 구실을 하게 되는데, 남의 집 양자나 양녀로 들어가서 성명에 이 수를 얻으면 더욱 길하다.

12畫數 —— 중도에서 좌절할 암시가 있다.

큰 뜻을 품고 무리하게 발전하려고 하기 때문에 역량 부족으로 실패하고 만다. 사교술에도 능하여 처세에 있어서 훌륭한 솜씨를 보이지만 너무 조급한 나머지 일에 실패를 거듭한다. 사람에 따라 경박하고 허영심이 강하며 성실성이 없고 신용을 지키지 않는 경향이 있다. 다만 성명수의 배합이 길하면 말년에 윗사람의 도움을 받아 무난한 생애를 마친다.

13畫數 —— 지달적(知達的) 능력이 많음을 암시한다.

풍부한 상식과 종횡무진한 재치로써 어떠한 곤란도 곧잘 개척해 나아가 성공의 길을 걷는다. 또 예능 방면의 소질도 풍부하여 윗사람의 사랑을 받는다. 그러나 성명수에 조화를 잃으면 얕은 지식으로 경거 망동하는 성격을 갖는다.

14畫數 —— 이산·파멸의 암시가 있다.

가족운이 박약하여 고독 번민에 빠질 운수인데; 그것도 이기적인 자기의 성질이 다분히 영향되어 있기 때문이다. 꼼꼼하고 의리에 밝은 점은 찬양할 일이나 너무 인색하고 타인에게 대하여 지나치게 냉엄하기 때문에 친하기 어려운 감을 준다. 성명수의 배합이 좋으면 한 번은 성공하나 그래도 부족한 점이 많고, 그 성공도 그리 오래 가지 못한다.

여성은 생활비를 바짝 줄이는 사람이 많고 또 정신적으로는 남편을 압박하여 가정 생활을 불화하게 하며 파탄에 이끌기가 쉽다.

15畫數 —— 복수(福壽)를 겸비한 암시가 있다.

　친화성이 있고 윗사람을 잘 섬기기 때문에 인망이 두터우며 성공과 번영을 누린다. 다소 강정(强情)한 면이 있으나 상식이 풍부하기 때문에 처세에 원만하고 사회적 지위도 올라 최후의 행복을 얻는다.

　가족운도 좋으며 자식복도 있는 수로서 여성은 온후하고 시부모를 잘 섬겨 현모 양처가 된다.

16畫數 —— 상서(祥瑞)가 발생하는 암시가 된다.

　남의 어려운 처지를 보살펴 주는 성격이 있고 항상 친절을 베풀어 덕망을 얻으며, 크게 성공한다. 그러나 때로 무리하게 일을 꾸며 나가려는 기질이 있다. 여성은 온후하여 수복(壽福)을 누려 안락한 생활을 보낸다.

17畫數 —— 적극적·진취적인 암시가 있다.

　七획수와 비슷한 수로서 자기의 신념을 강력히 추진시키려는 경향이 있으므로 곤란을 초래하기 쉽다. 활동적이며 의지가 강한 점이 특성이나 지나칠 때에는 급진적인 성질을 나타내므로 이 점을 주의해야 한다. 이 수는 행운수이지만 노력에 의하여 길조(吉兆)를 보여 준다.

　여성은 기승(氣勝)스러운 면이 있어서 집안 일보다도 때로는 남편을 능가할 만큼 밖에서 활동하는 경우도 있다.

18畫數 —— 강건·발전의 암시가 있다.

　의지가 굳세어 만난(萬難)을 물리치고 명리(名利)를 얻을 수 있지만 자아심이 세어 도량이 좁기 때문에 고립되기 쉬운 결점이 있다. 사격(四格)의 배합이 좋으면 사회적인 지지로써 지위에 오르고 출중한 인물이 되지만 그 배합이 좋지 못할 경우는 신경쇠약 또는 발광 등 불의의 재난을 당하는 수가 있다.

여성은 활동적이지만 지나치게 강정(强情)하여 팔자가 센 경향이 있다.

19 畫數 —— 비극적인 암시가 있다.

두뇌가 명석하고 활동력이 풍부하여 일시적으로 성공을 거두더라도 유종의 미를 거두지 못하는 결함이 있다. 천재적인 재능을 갖추고 있으나 인생의 파란을 겪게 되고, 육친(肉親)과의 인연이 박약한 경향이 있다.

또 명이 짧거나 자살하는 사람도 있으며, 여성은 색난(色難)으로 인하여 파경에 이를 우려가 있다.

20 畫數 —— 실의·낙담의 암시가 있다.

활동가이긴 하지만 도량이 좁고 의지는 있어도 역량이 부족한 결함이 있다. 양친과의 인연이 박하고 처자(妻子) 때문에 고생이 많으며 말년에는 고독·낙담 속에서 번민한다. 병약·단명이 아니면 불의의 재난을 당하며 마음이 편안할 때가 없다.

여성은 이성과의 관계에 의하여 전락되는 수가 있다.

21 畫數 —— 존영(尊榮)의 암시가 있다.

남을 위하여 성실을 다하는 성격이며 부귀 공명으로써 사회적으로 높은 지위에 올라 명예를 얻을 격이나 처음에는 고생을 겪고, 나중에 복록을 누린다.

또 이성(異性)과의 문제로 번민하는 수가 있으며 여성에게 이 수가 있으면 남편의 운세를 눌러 남편과 사별(死別)하든가, 또는 자기 자신의 명이 짧아지기 쉽다. 그러나 남편을 얻지 않고 직업 전선에서 활약한다면 과부운이 아니며, 두령운으로써 작용하므로 별 지장이 없다.

22 畫數 ── 입지 중절(立志中折)의 암시가 있다.

초년에는 남부럽지 않게 행복한 운이라도 중년 이후는 차츰 쇠운(衰運)에 빠질 경향이 있다. 또 처음부터 병약·무기력한 사람도 있으나 기력이 왕성하여 매우 활동적인 사람도 있다. 그러나 대체로 말년은 매우 고독한 격이다.

23 畫數 ── 융창·발전할 암시가 있다.

빈곤 속에서 노력하여 지위·재산을 쌓을 호운(好運)으로서 드디어는 두령으로 입신할 격이다. 말하자면 사환이나 혹은 낮은 신분으로 입사하여 중역에까지 출세할 수인바 기력이 왕성하고 재치가 있어서 남의 눈치를 보는 데 빠르며 기민하다.

여성에게 이 수가 있으며 21획수와 같이 과부운으로서 작용하며 부부 중 어느 한쪽이 불치의 병에 걸리든가 사별할 팔자이다.

24 畫數 ── 무(無)에서 유(有)를 만드는 암시가 있다.

재주가 뛰어나고 금전운·물질운 모두 좋으며 빈주먹으로 재산을 모아 말년에는 크게 번영한다. 또 염복가(艷福家)로서 이것이 또한 행운과 복덕을 가져온다.

25 畫數 ── 영민 편굴(英敏偏屈)의 암시가 있다.

두뇌가 좋고 재치가 있으며 개성이 강하여 절도가 있는 사람이지만 말씨에 부드러움이 없어서 그 무뚝뚝함으로 인하여 경원받기 쉽다. 이때에 성공운을 가졌으면서도 그것을 충분히 발휘하지 못하므로 모든 면에 신중을 기하여야 한다. 고집을 세우는 것은 자기 스스로 행운을 깨뜨리는 결과가 된다.

여성의 경우도 꽤 똑똑한 며느리라는 평을 들으면서도 시어머니와의 사이가 좋지 않으므로 인하여 이별의 불행을 맛보는 수가 있다.

26 畵數 —— 파란이 많을 암시가 있다.

지사(志士)·괴걸(怪傑)의 명칭이 붙는 운수인 바, 대체로 실력·재능을 과신하여 자기 도취에 빠지며, 말년은 별로 행복하지 못하다. 부부운·자식운도 좋지 못하며 한 때의 성공을 회상하면서 말년을 쓸쓸히 보낸다. 또 소경이 되거나 도벽(盜癖)·황음(慌淫)에 빠질 우려도 있다.

27 畵數 —— 비난·중절의 암시가 있다.

지모(智謀)와 노력에 의하여 중년까지는 순조롭게 발전하지만 자아심(自我心)이 강하기 때문에 비난을 받고 불화를 조성하기 쉬우므로 발전에 지장을 준다. 온화한 성격이지만 은근히 악평을 받으며, 성명수의 배합에 따라 고독·형난(刑難)·조난(遭難) 등 재난이 있다. 여성은 팔자가 세어 남편을 대신해서 활동을 하게 되지만 그 노력을 평가받기 보다는 구설을 듣는 수가 많다.

28 畵數 —— 처자로 인한 고생이 많을 암시가 있다.

발전 성공운을 타서 한 때는 왕성한 운으로 크게 뻗어나가지만 인생의 부침·변동이 많아서 남의 오해를 받기 쉽고 괜한 일로 신용을 잃기도 한다. 또 배우자의 인연이 박하고 생이별 또는 사별이 있을 것이며, 혹은 처자가 병약하기 때문에 마음

걱정이 그치지 않는 경향이 있다.
　이 수는 27획수와 비슷하며 지나치게 강정(强情)하고 화합이 없어 고독·형벌·살상(殺傷)의 암시를 띤다.

29畫數 —— 불평·불만의 암시가 있다.
　지모(智謀)가 뛰어나고 활동적이며 재력(財力)도 충분하고 눈치를 잘 살피어 처세술에 능하기 때문에 영화를 누릴 길조(吉兆)가 있으면서도 항상 불평·불만을 품고 있어서 그로 인하여 앞길을 그르칠 염려가 있다. 그러나 자중하여 일을 잘 꾸미면 말년에 부귀 영화를 누린다.

30畫數 —— 길흉 반반의 암시가 있다.
　춘몽 부침운(春夢浮沈運)으로서 길흉을 예측하기 어려운 수다. 신분에 넘치는 야망을 안고 흥망의 극단을 걷는 모험을 한다. 요행 운수가 들어맞아서 성공을 거두는 수가 있는 반면에 또 크게 실패하여 파경에 이르는 수도 있다. 그러므로 투기적인 사업에는 신중을 기할 것이며, 만일 성공했을 때는 손을 떼고 물러나 자기 위치를 지키도록 하지 않으면 자신도 모르는 사이에 성공을 잃고 만다.

31畫數 —— 대업(大業)을 성취할 암시가 있다.
　의지가 견고하고 굽힘이 없으며 날카로운 명찰력(明察力)으로 사물을 판단하여 대세(大勢)를 그르치는 일이 없다. 지(知)·인(仁)·용(勇)의 삼덕(三德)을 구비하여 두령이 될 소질이 있으며 대중의 지지를 얻어 높은 자리에 오를 덕망을 갖추었다. 부귀·영달의 길수(吉數)이다.

32畫數 —— 요행(僥倖)의 암시가 있다.

찬스를 얻어 일약 성공할 수이다. 단, 상사(上司)의 원조·후견(後見)에 힘입는 바 많으므로 자기의 역량을 과신하여 오만하게 된 나머지 남의 경원을 받게 되면 성공의 기초도 무너지기 쉽다. 자만심을 삼가며 겸양의 미덕을 쌓으면 부귀 영화를 누릴 수 있다.

33 畫數 —— 길흉 표리(吉凶表裏)의 암시가 있다.

타고난 복운(福運)과 호탕한 기풍으로 명성을 천하에 떨칠 길운수이지만, 한편 자칫하면 전락의 운명을 걸을 위험이 있다. 운수가 매우 왕성하기 때문에 범인으로는 벅찬 수이며, 여성으로서 이 수가 있으면 남편의 운을 깨뜨려 불행하게 된다. 그러므로 선천운(先天運)과 조화를 맞추도록 할 것이다. 종교가·예능가에게는 길수이다.

34 畫數 —— 암흑·파멸의 암시가 있다.

불운수로서 심기(心氣)의 소모, 운기(運氣)의 침체, 이밖에 여러 가지 재난을 당하기 쉬우며, 성명수의 배합에 따라서는 일시적인 성공을 보는 수도 있지만, 얼마 안가서 고난과 병마에 시달려 쇠망하고 만다. 또 기인(奇人)이 많고 단명·병약·발광 등 불행을 가져올 운수이다.

35 畫數 —— 온순·태평의 암시가 있다.

학자·연구가·문학가·교육자에게는 길조(吉兆)의 수로서 이름을 널리 떨치는 사람이 많으며, 그밖의 직업으로서는 기력과 위세를 떨치지 못할 것이다. 대 사업을 일으키려는 데는 담력과 계략이 부족하다. 여성에게 이 수가 배치된 경우는 집안 일을 잘 돌보아 내조의 공을 세운다.

36 畫數 —— 협기(俠氣)·파란의 암시가 있다.

영웅운으로서 인생의 부침이 많으며 남을 위한 정의(情義)가 두터워 때로는 일세의 풍운아로서 군림하는 수도 있으나, 움직이면 움직일수록 파란 곡절을 겪어 유전(流轉)이 심하다. 성명수의 배합에 따라서는 단명·병약·재액을 만날 수이다.

37 畫數 —— 권위·성실의 암시가 있다.

독립·독행으로 신망을 모아 만난(萬難)을 물리치고 대업(大業)을 달성하여 평생 부귀와 영화를 누린다. 그러나 한편 한 가지 일에만 너무 열중하여 다른 일은 돌보지 않기 때문에 고립되는 입장에 빠지기 쉽다.

38 畫數 —— 평범 무난(平凡無難)의 암시가 있다.

대망을 품고 있으나 두령격이 못되기 때문에 큰 뜻을 이루지 못한다. 의지는 있으나 힘이 부족한 점이 있어 무리를 하면 도리어 재난을 당한다. 자기 역량의 한도를 예측하고 분수를 지키면 후반생(後半生)을 편안히 지낼 수 있다. 이 운수는 정계·재계 쪽으로는 가망이 없고, 문학·기술·예능 쪽으로 움직이면 이름을 떨칠 수가 있다. 여성은 정녀(貞女)·현부인(賢夫人)이 될 격이다.

39 畫數 —— 장수(長壽)의 암시가 있다.

변동을 겪은 다음은 운기(運氣)가 평탄하여 재력(財力)과 덕망을 얻고, 더욱이 권력을 갖추어 뭇사람을 거느리며 위세를 떨친다. 그러나 극성(極盛) 중에도 극쇠(極衰)의 운을 포함하기 때문에 매우 경계해 할 운세이다. 여성에게 이 수가 붙으면 운기가 지나쳐서 남편의 운세를 깨뜨린다. 21·22·23의

수와 함께 이 수도 여주인공을 나타낸다.

40 畫數 —— 부침 유전(浮沈流轉)의 암시가 있다.

재주와 지혜가 많고 담력에 뛰어나 투기 사업에서 크게 성공하는 수도 있으나 오래 가지 못한다. 대체로 성격이 불손하기 때문에 인망을 얻지 못하며 득세할 때는 남이 따르지만 한 번 몰락하면 누구나 상대해 주지 않는다.

41 畫數 —— 순양 길경(純陽吉慶)의 암시가 있다.

인품이 뛰어나고 담력과 지모(智謀)를 갖추어 큰 뜻을 이룬다. 사물을 분별하는 데 선견지명이 있어 뭇사람의 위에서 지도적인 인물이 된다. 중년에는 다소의 파란을 겪을 것이나 감히 이겨 나아가 명리(名利)를 얻는다.

42 畫數 —— 고행 실의(苦行失意)의 암시가 있다.

박식(博識)하고 취미나 예능의 소질이 있어서 무엇이나 능하지만 깊이가 없어서 팔방미인 정도에서 그치는 경향이 있다. 대체로 의지가 박약하고 남의 말에 현혹(眩惑)되기 쉬우며 항상 마음이 편하지 못하다. 그러나 단단히 결심하고 열심히 일을 해 나아간다면 어느 정도 성공을 거둘 수도 있다.

43 畫數 —— 산재(散財)·고뇌(苦腦)의 암시가 있다.

의지가 박약하여 재주는 있으나 뜻대로 되는 일이 없고 산재(散財)가 많으며, 아무리 벌어도 재산을 모으지 못한다. 겉으로는 행복하게 보여도 내면적으로 고민이 많고 이성(異性) 관계로 인하여 방탕에 흐르기 쉬우며 전락의 길을 걷게 된다.

44 畫數 —— 비운(悲運)의 암시가 있다.

지능(知能)이 예민하여 수재(秀才)·발명가가 나올 수이나 한 번 방향을 잘못 잡으면 사기 또는 횡령으로써 스스로 신세를 망치게 되며, 가족과의 이별·병고(病苦)·조난(遭難) 등의 재난으로 고생한다. 성명수의 배합에 따라서는 실명(失明)·발광(發狂)·단명(短命) 등 흉운(凶運)에 빠지기 쉽다.

45 畫數 —— 순풍(順風)에 돛을 단 암시가 있다.

두뇌가 명석하고 재치가 뛰어나 능히 큰 뜻을 이루어 대성할 운수이나 성명수의 배합이 좋지 않으면 기회를 기다리지 못하고 무리로 움직여서 운수를 역전시키는 수가 있다. 또 사람에 따라서는 어딘지 서먹서먹한 감을 주기도 하나 사귀고 보면 친절하고 성실한 면이 있다.

46 畫數 —— 불여의(不如意)한 암시가 있다.

고학 역행(苦學力行) 끝에 지위와 재산을 쌓고 또 명성을 떨치는 수도 있으나 중년 이후는 급변과 재액으로 인하여 생명과 재산을 잃을 수이다. 성명수의 배합이 좋지 못하면 정력(精力)의 결핍, 신경 쇠약 등의 징조가 나타나 성공은 커녕 고독하고 단명으로 끝날 운명이 된다.

47 畫數 —— 춘풍(春風)에 개화(開花)할 암시가 있다.

단독 사업보다는 공동의 사업으로 성공을 거두며 또 타인의 사업이나 뒤를 이어 거재(巨財)를 얻는 등 행운을 타고난 운수이다. 모든 일이 순조로워 영화를 누릴 뿐 아니라 자손에게도 여경(餘慶)을 이어준다.

48 畫數 —— 고문·상담역의 암시가 있다.

지모(智謀)가 깊고 재치가 있으며 성실과 덕망이 넓어서 명리 영달(名利榮達)을 누린다. 자기 스스로 사업을 일으키기보다는 남을 선도하는 입장에서 고문이나 상담역의 역할을 하면 많은 복과 두터운 덕을 잃지 않는다.

49 畵數 —— 성쇠(盛衰)가 교차할 암시가 있다.

순풍에 돛을 달면 성공하여 영달하지만 만년에 이를수록 흉운으로서 재해·손실이 속출하여 크게 고생한다. 성명수의 배합에 따라서 다소 흉액을 면할 수 있지만 대체로 길한 편은 못된다. 일단 성공했을 때에는 신중을 기하여 은퇴하는 편이 낫다.

50 畵數 —— 처음은 길하나 나중은 흉한 암시가 있다.

성명수의 배합에 따라서는 대업을 성취하며 부귀를 누리지만, 그 지위나 재산은 오래 가지 못하며 말년은 극심한 실패를 거듭하여 패가 망신을 초래한다.

51 畵數 —— 한 때의 영화가 꿈으로 돌아갈 암시가 있다.

일생 중 한 번은 길경(吉慶)을 만나 명리(名利)를 얻어 번창하지만 흉조(凶兆)를 내포하고 있기 때문에 길흉 상반(相半)으로 말년은 쇠망의 길에 들어선다.

52 畵數 —— 비약적 발전의 암시가 있다.

운세가 강력하여 아무리 어려운 일이라도 능히 극복하여 성공한다. 계획·착상에 뛰어나 투기적인 사업에도 성공하며, 일대의 부(富)를 쌓는 이가 많고 고매 영준(高邁英俊)함과 탁월한 식견을 가진 공명 이달(功名利達)의 명수(名數)이다.

53 畵數 —— 부침 유전(浮沈流轉)의 암시가 있다.

표면은 화려하나 이면은 궁핍에 싸이고, 겉으로는 행복스러운듯 보이나 내심은 번민이 많을 격이다. 전반생이 행복하면 후반생이 불행하며, 후반생이 편안한 사람은 전반생에서 몹시 불운하여 고생이 많을 것이다.

54 畵數 —— 진퇴가 막힐 암시가 있다.

명문(名門)·부호의 집안에 태어났더라도 박행(薄倖)한 사람이 많고, 드디어는 그 재산을 탕진하게 된다. 또 불구·고독·단명·횡사의 액운을 띤 흉악한 운수이나, 드물게는 열부(列婦)·효자를 배출하는 수도 있다.

55 畵數 —— 극성(極盛)·극쇠(極衰)의 암시가 있다.

다사 다난한 인생 항로에서 분발함으로써 노력 끝에 크게 성공하여 명리 영달(名利榮達)을 누리지만 너무나 그 번영이 지나쳐 흉조가 발생하며 내부에 재해가 속출하여 마음이 편안할 날이 없다. 이 때문에 말년은 고생을 많이 겪는다.

56 畵數 —— 막힘이 많은 암시가 있다.

사업을 일으키면 뜻대로 되지 않아 난관에 곧잘 부딪치며 일이 잘 성취되지 않기 때문에 용기와 진취성이 결핍되고, 중년 이후는 차츰 쇠퇴하여져서 말년은 재액·손실·불행 속에서 보내게 된다.

57 畵數 —— 흉(凶)에서 길(吉)로 바뀌어질 암시가 있다.

자연의 혜택을 입어 부귀 영달할 운수이나 한 번 지독한 고난에 부딪쳐 구사 일생을 겪은 뒤에 모든 일이 뜻대로 행하여진다. 그러나 성명수의 배합이 좋지 못하면 재기 불능에 빠지고 만다.

58 畵數 —— 칠전팔기(七顚八起)의 암시가 있다.

무일푼에서 대업(大業)을 일으키며, 또는 큰 실패 뒤에 다시 번영을 누리는 부침 소장(浮沈消長)이 격심한 운수이지만, 말년은 유종의 미를 거두어 행복을 누리는 팔자이다.

59 畫數 ── 정돈(停頓)・침체의 암시가 있다.

의기가 초침하고 용기와 인내심이 결핍되어 발전성이 없으므로 성공의 길이 아득하다. 손실・파산・실의・역경・액난의 운수로서 일생의 고난 속에서 보내게 된다.

60 畫數 ── 고성 낙일(孤城落日)의 암시가 있다.

앞길이 까마득하고 고립되어 원조가 없으며, 계획하는 일마다 실패에 돌아가 재액이 속출하여 무의 무탁, 극도의 곤궁에 빠지고 만다. 또 경우에 따라서는 살상・병약・단명에 이르는 수도 있다.

61 畫數 ── 가뭄에 단비를 만나는 암시가 있다.

하늘의 혜택을 입어 명성을 떨치고 부귀를 누릴 길조이다. 항상 화목하고 덕을 쌓아 수양하면 일생을 편안하게 보내며 말년도 행복하지만 자칫하면 불손하여 형제・육친과의 싸움을 일으키고 재액을 만나는 수가 있다.

62 畫數 ── 낙화(落花)를 재촉하는 암시가 있다.

재력과 신용이 없고, 그 위에 성격적으로는 결점이 드러나, 그 때문에 재난을 당하고 무엇을 해도 뜻대로 되지 않으며, 또 가정 불화로 번민이 많은 격이다.

63 畫數 ── 만물이 우로(雨露)에 소생하는 암시가 있다.

소원 성취, 사업 발전, 모든 일마다에 뜻밖의 번영을 얻어 오래 자손에게 전한다.

64 畫數 ── 모든 것이 수포로 돌아가는 공허의 암시가 있다.

파란 곡절이 중첩하며 모든 일이 침체되어 권리를 침해당하고 명예가 손상당하는 등 중도에 좌절되어 병고・조난・단명에 이르며 말로는 비참한 운명에 빠지게 된다.

65 畫數 —— 태양이 중천에 빛나는 암시가 있다.

스스로 개화(開花)하여 행복이 찾아올 호운(好運)으로서 모든 일이 뜻대로 되며 무사, 평온한 가운데 장수, 부귀하며, 가운이 번창하는 길조이다.

66 畫數 —— 어두운 그림자가 비칠 암시가 있다.

내우외환(內憂外患)이 교대로 닥쳐와서 진퇴의 자유를 잃고, 드디어는 패가 망신(敗家亡身)의 비운에 빠지게 된다. 도난(盜難)・수난(水難)・병난(病難)・색난(色難)을 만날 운수이다.

67 畫數 —— 만사 통달(萬事通達)의 암시가 있다.

천덕(天德)이 풍부하여 모든 일에 막힘이 없이 순조롭게 나아가 대업을 성취하며, 다른 사람의 원조와 후견을 얻어 앞길을 개척하고 가운(家運)이 번창하여 평생 행운을 누리는 길수(吉數)이다.

68 畫數 —— 발명(發明) 연구심이 풍부한 암시가 있다.

건실한 발전, 근면한 노력가이며 여러가지 일에 생각이 깊고 계획이 면밀하므로 만사에 위험성이 없다. 또 뭇사람의 신망을 얻어 목적을 달성하고 부귀 영화의 혜택이 있어 말년은 행복하게 지낸다.

69 畫數 —— 침체・궁핍에 빠질 암시가 있다.

곤궁・병고・불구・급사를 초래하는 수가 있고, 사업의 실패 또는 배우자와의 생이별이나 사별 등 마음이 편안할 날이 없으며, 성명수의 배합에 따라서는 발광, 횡사의 흉수가 있다.

70 畫數 ── 빈곤의 암시가 있다.

고기가 물을 떠나서 괴로워하는 격으로 아무리 몸부림을 쳐도 어찌할 수 없는 운수로서 직업이나 영업을 바꾸어도 바꿀 때마다 더욱 조건이 나쁘며, 또 남에게 속아서 재산을 잃거나 빈곤에 허덕이게 된다.

평생 재난이 그치지 않을 운수이지만, 남의 의견을 존중하여 일을 신중히 도모하면 재운(財運)이 붙어서 행복한 생활을 누릴 수도 있다.

71 畫數 ── 금옥(金玉)이 가득 찰 암시가 있다.

부귀하며 영달할 길조가 있다. 대업이 성취되어 만사가 뜻대로 되는 운수이다. 용(龍)이 숨어서 힘을 기르고 위력을 떨치는 격으로 드디어는 위대한 인물로서 명성을 높이든가 또는 가운을 번창하게 하여 안락하게 지낸다.

72 畫數 ── 명월(明月)이 구름 속에 가려진 암시가 있다.

기쁨과 걱정, 이익과 손해가 반반으로 전반생은 행복하나 말년에 이를수록 소득 없는 고생만 겪으며, 운기(運氣)가 쇠퇴해진다. 투기적인 사업에 흥미를 가지나 건실하게 일을 해 나가지 않으면 재액을 만나기 쉽다.

73 畫數 ── 미화 결실(美化結實)의 암시가 있다.

부귀·명예를 얻어 화려한 인생을 보내며 발전과 성공이 순조롭게 되는 길수이다. 여성은 정절(貞節)을 지키고 내조가 많으며 살림을 잘 다스려 행복한 가정을 이룰 수이다.

74 畫數 ── 명예와 비난의 암시가 있다.

길흉이 내왕하기 때문에 재능은 다방면으로 풍부하나, 부침과 동요가 많고 불화의 징조가 있어서 명랑하지를 못하다. 만일 어진 마음이 두터우면 스스로 보배로운 재물이 모여 안락하게 생활을 누릴 수 있다.

75 畫數 ── 보수안온(保守安穩)의 암시가 있다.

행복과 번영을 스스로 얻을 길상(吉祥)이지만 급진(急進)·망심(妄心)하면 파산·실패하기 쉽다. 가운(家運)에 변동이 있어서 대체로 가업(家業)을 잇지 못하고 지략(智略)으로써 새 사업을 개척하여 부귀·번영한다. 그러나 항상 화합에 힘써야 할 것이다.

76 畫數 ── 자연히 발전될 암시가 있다.

모든 일이 뜻대로 되고 목적을 달성하며 자연히 부귀를 누릴 운수이다. 초년에는 다소 풍파가 있을 것이나 인내심을 기르고 자중하면 평생을 무난히 평화롭게 보내게 된다.

77 畫數 ── 화경(和敬)·성공의 암시가 있다.

많은 복과 두터운 덕을 타고 윗사람으로부터 원조를 받아 부귀 융성할 운수이나 중년에는 다소 곤란을 받을 것이다. 그러나 성심(誠心)이 두터워서 모든 사람들과 친목을 도모할 경우는 이 시기를 비교적 안락하게 보낼 수 있다.

78 畫數 ── 초흥후길(初興後吉)의 암시가 있다.

재주와 수완이 뛰어났으나 곤란·신고를 겪는 일이 많고, 중년 전후까지는 실천력의 부족으로 목적을 달성할 수 없고 또 주저하는 일이 많아 기회를 놓쳐 실패, 손해를 입으며 고생이 그치지 않지만 말년에 이르면서 점차로 윗사람의 도움을 받아 행복하게 번영할 수 있는 운수이다.

79 畫數 ── 역경불신(逆境不伸)의 암시가 있다.

지성 지선(至誠至善)을 다하는 사람은 고상하고 위대하여 지위를 쌓고 행복을 누려 축재(蓄財)를 하지만, 부정 불인(不正不仁)한 사람은 재해가 속출하고 비난 공격을 받아 곤궁·궁핍·검난(劍難)을 초래한다.

80 畫數 ── 애써도 보람을 얻지 못하는 암시가 있다.

곤란·신고가 계속되고 병약·단명·형벌의 징조가 있으며 일생 동안 뜻한 바를 이루지 못하는 흉수이다. 그러나 세속의 영리를 버리고 은둔 생활로 입산 수도하면 편안한 생활을 누릴 수 있다.

81 畫數 ── 음덕 양보(陰德陽報)의 암시가 있다.

최극수(最極數)로서 양수(陽數) 일(一)의 유도력에 의하여 다복·명예·부귀·번영·건강·장수 등의 길조를 갖추어 평생 안락을 누린다.

인격부로 본 성공운

　인격부(人格部)는 성(姓)자와 이름자 위의 글자와의 합계수인데, 그 사람의 운명이나 성격을 대표하는 가장 중심되는 격이다. 이제 이를 중심으로 하여 외격(外格)과 명격(名格)의 조화를 보면 다음과 같다.

　＊ 10획이 넘을 경우는 10을 빼고 그 나머지 수의 1에서 10까지의 수로 판단한다. 즉 11은 1로, 12는 2로 되는 셈인데, 20·30을 넘는 획수도 이 원칙에 따른다.

人格部 1·2畫인 경우 —— (木性)

○外格 1· 2획 …… 주위의 협력을 얻어 순조롭게 성공한다.
○外格 3· 4획 …… 향상·발전이 매우 순조롭고 크게 성공한다.
○外格 5· 6획 …… 겉으론 행복하게 보여도 곤란·신고가 많다.
○外格 7· 8획 …… 운세가 어렵고 불평 불만으로 번민한다.
○外格 9·10획 …… 처음은 순조롭게 발전하나 나중은 막힘이 많아 번민한다.

人格部 3·4畫인 경우 —— (火性)

○外格 1· 2획 …… 선배의 후원을 얻어 순조롭게 성공한다.
○外格 3· 4획 …… 남의 도움을 받아 무사히 성공한다.

○外格 5· 6획 …… 모든 것이 뜻대로 되어 목적을 달성한다.
○外格 7· 8획 …… 성공이 곤란하고 심신의 걱정이 많다.
○外格 9·10획 …… 크게 성공하는 이도 있으나 돌발적인 급변이 일어나기 쉽다.

*   *

○名格 1· 2획 …… 기초가 안태(安泰)하며 부하나 가족의 덕을 본다.
○名格 3· 4획 …… 처음은 운세가 좋으나 나중은 쓸쓸히 지낸다. 지구력이 부족한 것이 결점이다.
○名格 5· 6획 …… 기초가 안정되고 심신 모두 태평하다.
○名格 7· 8획 …… 안정성이 없고 주위의 사람과도 불화함이 많다.
○名格 9·10획 …… 항상 불안·걱정이 있으며 뜻밖의 재난을 당한다.

人格部 3·4畫인 경우 ── (土性)

○外格 1· 2획 …… 덕망(德望)이 있어 호감을 사나 불평·불만이 있다.
○外格 3· 4획 …… 선배의 도움을 받아서 순조롭게 성공한다.
○外格 5· 6획 …… 급속한 발전은 없어도 차츰 순조롭게 향상된다.
○外格 7· 8획 …… 스스로 목적 달성될 좋은 운수.
○外格 9·10획 …… 앞길에 장애가 있어 곤란을 받으나 이윽고

희망이 달성된다.
                *   *
○名格 1·2획 …… 불안정하며 이동이 빈번하다.
○名格 3·4획 …… 기초가 안정되고 남의 도움을 받아 발전한다.
○名格 5·6획 …… 평온 무사히 지낸다.
○名格 7·8획 …… 소극적인 면이 있으나 발전성은 있다.
○名格 9·10획 …… 불안정하며 급전락(急轉落)할 염려가 있다.

人格部 3·4畫인 경우 ―(金性)

○外格 1·2획 …… 앞길은 다난하나 애써 노력함으로써 성공을 얻는다.
○外格 3·4획 …… 불우한 환경에 처하는 수가 많다.
○外格 5·6획 …… 자연적으로 운이 틔이며, 노력에 응하여 발전한다.
○外格 7·8획 …… 주위 사람들과 불화(不和)하여 뜻밖의 재난을 당하기 쉬우므로 자중해야 한다.
○外格 9·10획 …… 모든 일이 순조롭게 되고 경사가 많다.
                *   *
○名格 1·2획 …… 안정성이 있는 듯 보이나 역전되기 쉽다.
○名格 3·4획 …… 불안정하며 정신적으로 매우 초조하다.
○名格 5·6획 …… 심신이 안정하고 부하의 덕을 입는다.
○名格 7·8획 …… 너무 완고하여 불화를 자주 일으킨다. 이

결점만 없애면 능히 성공할 수 있다.
○名格 9·10획 …… 뜻하지 않은 변동으로 비운(悲運)을 초래하기 쉽다.

人格部 3·4畫인 경우 — (水性)

○外格 1· 2획 …… 성공은 순조로우나 가정적으로 또는 건강상에 지장이 생기기 쉽다.
○外格 3· 4획 …… 크게 성공하는 사람도 있으나 역전되기 쉽다.
○外格 5· 6획 …… 애쓴 보람이 없고 재난을 받기 쉽다.
○外格 7· 8획 …… 뜻밖의 성공이 있으나 끝을 맺지 못한다.
○外格 9·10획 …… 실력 이상의 성공을 거두는 이가 혹 있으나 쇠망되기 쉽다.

*   *

○名格 1· 2획 …… 기초의 안태(安泰)가 오래 계속되지 못하는 경향이 있다.
○名格 3· 4획 …… 돌발적인 변동으로 재액을 만나기 쉽다.
○名格 5· 6획 …… 안정성이 있는 듯하면서 당황하는 일이 자주 생긴다.
○名格 7· 8획 …… 기초가 안정되고 발전성이 있으나 부족함이 많다.
○名格 9·10획 …… 일시적으로 크게 발전하나 기초가 매우 불안정하며 역전될 염려가 있다.

다음은 인격부(人格部)만의 획수로 그 사람의 성격과 운세를 판단하는 방법이다.

  인격부를 중심한 획수로 보는 운세 판단법은 위에서도 설명한 바이지만 이것을 또 다음의 인격부 단독 획수로써 그 특색을 살펴 보는 것이다.

  * 총 획수가 10획을 넘을 경우는 10을 제외한 나머지 수로써 판단한다. 그러나 이것은 표면에 나타난 성격이며, 그 잠재적(潜在的) 성격은 인격부 총 획수에서 이 수를 빼낸 나머지 획으로 참작할 것이다.

○人格部　1획 …… 침착한 성격으로 착실히 노력하여 운을 개척한다. 친화력(親和力)이 있으나 이기적인 면도 있다.
○人格部　2획 …… 편협한 데가 있고 시기심이 있으나 인내력이 강해 자기 기반을 튼튼히 하며 조심성이 많다.
○人格部　3획 …… 민첩하고 재주와 지혜가 있어 통솔 능력이 있다. 그러나 불같은 과격한 성격이므로 자칫하면 경솔한 행동으로 실패를 보기 쉽다. 매사에 신중하도록 수양을 쌓아야 한다.
○人格部　4획 …… 이상은 높으나 실천력이 약한 것이 결점이며, 편벽하고 비굴한 면이 있다. 침울한 성격이나 내심은 강한 성격이어서 꾸준히 노력하며 수양하여야 할 것이다.

○人格部　5획 ……　강인하고 아량이 깊어 모든 면에 순조롭게 발전할 수이다. 고집이 세고 너무 자존심을 부리려고 하는 것이 결점이지만, 자중하는 면이 있기 때문에 성공의 길을 스스로 개척한다.

○人格部　6획 ……　외유 내강(外柔內剛)한 성격이나 보수적인 면이 있어서 편협(偏狹)된 감정을 가지기 쉽다. 외교 활동면에 능숙치 못하며 고립되기 쉬운 처지에 놓이므로 인화력(人和力)을 배양할 것이다.

○人格部　7획 ……　강직한 기상과 과감한 실천력을 소유하며 인내력이 강하다. 야심이 크고 명예를 좇는 경향이 있어 정치가나 군인으로 출세할 것이다.

○人格部　8획 ……　의지가 강하고 철저한 결단력이 있으나 너무 외곬으로만 나가려는 면이 있어 자칫하면 남과 불화를 일으키기 쉽다.

○人格部　9획 ……　지모(智謀)가 있고 활동적이며 사교에도 능하다. 그러나 한편 성격이 방종하므로 색정(色情)에 주의할 필요가 있다.

○人格部　10획 ……　조용하고 너무 치밀한 성격이므로 오히려 실천력이 약하여 침체를 일으킬 염려가 있다. 겉으로는 온순하고 냉정한 듯하면서도 한 번 결정을 하게 되면 평지 풍파(平地風波)를 일

으키는 수가 있으므로 이 점 수양을 쌓도록 한다. 외유내강(外柔內剛)하고 사교적인 것이 특색이다.

외격(外格)과 배우자운(配偶者運)

성자(姓字) 획수와 이름자 맨 아랫자의 획수의 합계가 외격인 바 여러 가지 암시가 포함되어 있는데, 그 중에는 배우자의 성격도 나타나 있는 것이다.

　＊ 획수를 보는 법은 위의 경우와 같다.

○外格에　1·2의 획수를 가진 사람의 배우자의 성격
　…… 길수(吉數)이면 침착하고 온순하며 수동적인 성격으로 가정을 알뜰하게 꾸려 나간다. 흉수(凶數)이면 친절한 면은 있으나 아량이 좁고 신경질이어서 번민하는 일이 자주 생긴다.

○外格에　3·4의 획수를 가진 사람의 배우자의 성격
　…… 길수이면 명랑하고 가정 생활도 원만하다. 그러나 다소 방종한 면도 있기 쉽다. 또 곧잘 싫증을 느끼고 항상 새로운 자극을 찾는 성격이므로 가정적인 사람이 못된다.

○外格에　5·6의 획수를 가진 사람의 배우자의 성격
　…… 길수이면 원만하고 친절한 성격이다. 인내심이 강하고 도량도 넓다. 흉수이면 음침하고 고집이 세며 몰상식하고 체면을 모르는 사람이다.

○外格에 7·8의 획수를 가진 사람의 배우자의 성격
…… 길수이면 담백하고 철저한 성격으로 가사(家事)를 깨끗이 돌보는 사람이며, 건강하고 낭비가 없다. 흉수이면 자아심(自我心)이 너무 강해 다루기 힘든 사람이다.
○外格에 9·10의 획수를 가진 사람의 배우자의 성격
…… 음침한 성격이거나 속을 잘 알 수 없는 사람으로서 병약(病弱)하지 않으면 방탕에 흐르기 쉽다.

III
작명과 해명의 요점

작명상의 유의점

1 뿌리·꽃·열매

석자 이름이 통례이므로 이름 석자를 예로 든다면 성(姓)은 자기가 출생하기 전에 벌써 정해지는 것이므로 뿌리(根)로 보며, 이름 첫자는 자기(自己)로서 꽃(花)으로 비유되고, 이름 끝자는 자손, 즉 열매로 볼 수 있다.

따라서 뿌리·꽃·열매의 연결이 수리와 오행에 있어서 순생(順生) 되어야 길명(吉名)이 된다.

金씨 성의 경우「김」은 음령 오행으로「木水」이므로「김」과 이름 첫자의 연결이 상생되게 연결 하려면 木水에 잇대어 상생되는 金이나 木이 와야 한다. 따라서 이 첫자에는 음양 오행상 금성(金聲)인 ㅅ·ㅈ·ㅊ에서 찾는 것이 좋다.

그래서「金成」을 우선 골랐다. 이리하여 위에서 아래로「水木金土」가 되었으니 金土까지 상생이 되어 막힘이 없다.

다음에는 끝자인데 이름 첫자가 ㅇ, 즉「음령오행」의 토성(土聲)으로 끝났으므로 土를 생하는 火를 구하는 것이 좋다. 그래서「達」을 골랐다. ㄴ·ㄷ·ㅌ·ㄹ이 화성(火聲)인 때문이다.

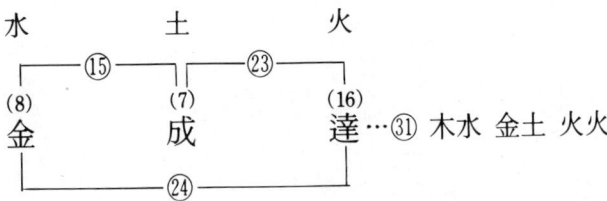

이 이름은 우선 음령 오행상 막힘이 없이 순생(順生)되었고, 인격 15는 안정과 후덕을 뜻하고 명격 23은 두령이며 외격 24는 자수성가하고 염복이 많으며 총격 31은 지인용(智仁人勇)을 겸비한 최길수이니 잘 조직된 이름이라 하겠다.

다만 흠이 있다면 수리오행이 水土火로써 水土가 상극된 것이다. 음양도 음양음(●○●)이고 수리 조직이 최상이므로 오행의 작은 결함은 크게 문제삼을 것이 못된다.

② 돌림자〔行列〕

항렬이란 혈족 방계(血族傍系)의 대수(代數) 관계를 나타내기 위한 것으로서 같은 대(代)나 형제간에는 같은 자를 쓰는 것을 말한다.

양반임을 자랑삼는 집안에서는 몇 대 후까지의 항렬을 정해 놓기도 한다.

그러나 이 항렬자(行列字)가 성(性)과 결합되었을 때 흉수가 된다면 이 항렬이 병이 된다.

여자 이름에 子·姬·淑 등을 많이 쓰는데 만약 李씨에 子, 金씨에 淑, 張씨에 姬를 돌림자로 쓰는 것은 좋지 않다. 李子는 10획, 金淑은 20, 張姬도 20이 되어 불운을 암시하기 때문이다.

그러므로 항렬이 좋지 못한 것일 때에는 이에서 벗어나서 이름을 지어야 한다. 양반 행세도 좋지만 평생을 두고 쓸 자녀의 이름을 항렬에 구속되어 흉명으로 지어서는 언어도단이다.

③ 부모의 소원과 의지

자녀의 이름을 짓는 데는 자식의 장래에 대한 부모의 소망과 희망이 크게 작용한다.

부자가 되라고 富자를, 오래오래 살라고 壽자를, 씩씩하고 건강하라고 武자를, 얌전하고 정직하라고 貞자를, 바르게 살라고 正자를, 덕성스러우라고 德자를, 공부 잘 하라고 學자를 집어 넣는다.

그러나 자식 잘 되라고 길상(吉祥)의 뜻을 이름에 심어 주는 것에도 주의해야 할 것이 있다. 즉 차면 기우는 법이며 너무 좋은 뜻을 가진 글자에는 극(極)과 극은 통하는 것처럼 매우 나쁜 암시가 도사리고 있기 때문이다.

귀하고 훌륭한 것은 무엇이나 숨어 있고 감추어져 있어야 한다. 천덕스럽게 싸구려 향수를 뿌리고 다니는 것보다 건강한 사람의 싱싱한 체취가 더욱 바람직스러운 것이다.

그러므로 자식의 수명 장수와 무궁한 발전을 희구하는 부모의 소망은, 자식의 이름을 짓는 데 있어서 다음 사항을 참고하라고 권하고 싶다.

첫째 글자의 뜻이 소박하며, 겉의 뜻보다 속의 뜻이 좋아야 한다.

둘째 영동력(靈動力)이 강력한 수리·오행·음령을 좋게 배치해야 한다.

셋째 자형(字形)이 단정해야 하며 벽자(僻字)를 피하여 기억하기 쉽고 쓰기 쉬워야 한다.

넷째 부르기 쉽고 듣기 좋아서 리듬을 갖도록 한다. 딱딱하고 발음하기 어려운 이름은 성격을 괴팍스럽게 하고 운세를 막는다.

다섯째 너무 흔한 이름은 피한다.

통계에 나타난 성명학의 급소

다음은 필자가 5년간에 걸쳐 역사적 인물·유명인·범죄자·천재·귀인(奇人)·횡사자·천업(賤業)에 종사하는 사람·화류계 여성·방탕자 등 2천여 명의 성명을 수집·분류·감정한 결과로 얻은 결론이다.

◐ 정치가의 이름에 17·26·27·28의 수가 하나쯤 박혀 있는 것은 결코 나쁘게 해석될 수 없는 것이다. 왜냐 하면 이 수리들은 나쁜 암시도 있으나 국량(局量)이 크며 담대하고 포용력이 있으며 역경에 굽히지 않는 투혼(鬪魂)이 있다. 따라서 끊임 없이 투쟁·타협·통찰해야 하며 이러한 정력과 인내심을 요구하는 정객(政客)에게 있어서는 이들 수리가 긍정적으로 작용될 수 있기 때문이다.

◐ 예술가 내지는 예능인, 특수 기술자 등에게 있어서 9·10·12·14·19·20·22 등은 좋게 작용할 수도 있다. 위대한 예술기는 고난과 역경을 뚫고 탄생되는 것이며 불후(不朽)의 걸작은 모두 각고(刻苦)의 쓰라린 체험을 여과(濾過)해서 나온 것 뿐이다. 동서고금을 막론하고 유복하고 평탄·행복했던 예술가가 위대한 명작을 내놓은 예는 하나도 없다. 따라서 불운·파탄·고독·단명·허무·이산(離散)을 뜻하는 9·10·12·14·19·20·22 등의 숫자는 예술가 또는 특수 기예인(奇藝人)의 산실(産室)이 될 수도 있는 것이다. 그러나, 자기 자녀를 예술가 또는 정치가로 만들고 싶다 하여 이러한 흉한 암

시가 강력한 숫자를 골라 배치할 부모는 없을 줄 안다. 다만 성명을 감정할 때 참고하라는 뜻일 뿐이다.

◐ 학자에게 있어서는 두뇌의 명석이 가장 요구되는 것이므로 13·14·19·29 등의 숫자가 적격이다. 30수가 흉수라 하나 학자 등의 변화가 많지 않은 조용한 직업인에게는 오히려 길수이다.

◐ 돈벌기가 인생 최대의 목표인 사람은 15·16·24·29·31 등의 수가 알맞다.

◐ 처덕(妻德)을 가장 많이 입는 수는 24와 31수이다. 이 두 수는 염복(艶福)도 대단하여 여자들이 돈을 싸들고 따라 다닌다.

◐ 21과 27은 성적 능력이 뛰어난 수리이다. 이 능력은 활동력과도 통하는 것으로서 지칠 줄 모르는 인내심이 있다.

◐ 10·12·19·20·30·34 등의 수가 두 개 이상 배치되면 단명의 우려가 짙다. 특히 10·20·22·30 등의 수는 위장병을 불러오기 쉽다.

◐ 교통 사고 등 불의의 사고를 입은 사람들의 이름에는 17·18·19·27·28 등의 수리가 박혀 있다. 사고, 재난의 암시가 가장 짙은 수는 27과 28로서 이에다 17·18·19 등이 동반하면 90% 이상 사고를 당한다.

◐ 34는 최대 흉수로서 인생의 종말이 참극 내지는 비극으로 장식된다. 위인·열사(烈士)·대인(大人)에게 이 수가 종종 나타나지만 그 종말은 한결같이 비극적이었다.

이 34에 28이 겹치면 발광(發狂)하기 쉽다. 이에다 火金이라도 가세(加勢)하면 거의 100% 발광한다.
- 10·12·22는 미모를 약속하는 수리이다. 이들 수리는 박행(薄幸)을 암시하는 것이지만 그 보상으로 수려한 미모를 받은 것이다. 특히 22 수가 남자 이름에 배치되면 헌헌 장부(軒軒丈夫)로서 미남자란 소리를 듣는다. 20이 여자 이름에 배당되면 미스 코리아 감이다.
- 13·19·25·29·33은 천재의 수리이다. 지모(智謀)가 출중하여 하나를 들으면 열 가지를 깨닫는다.
- 21·23·36은 배짱의 수리이다. 이 수가 있으면 술과 여자도 좋아하는데 그것은 정력이 왕성한 때문이다. 여자는 과부가 되거나 가정의 생계를 책임지게 된다.
- 7·8·17·18은 의지의 수리이다. 한 번 결심하면 후회하거나 굽히려 하지 않으며 지는 것은 죽기보다 싫어한다. 또한 사고(事故)의 수이기도 하다. 문제아, 괴벽을 뜻하기도 한다.
- 6·15·16·35는 안정과 후덕(厚德)의 수리이다. 이 수는 여자에게 가장 바람직한 수리로서 가정을 잘 지켜나간다. 그러나 16은 바람기도 상당한 수리로서 21·23 등과 동반하면 오입장이가 될는지도 모른다.
- 41은 자선(慈善)을 뜻하는 수리로서 사재를 털어 양로원을 짓거나 육영 사업을 벌이는 등 사회에 기여를 하게 된다.
- 한자가 어떻든간에 「경」으로 발음되는 글자가 이름 속에 있으면 신경질·고집·괴퍅함이 있다. 그 때문에 가정 불화가 잦고 친구와의 화합을 그르친다.
- 「大·泰」 등의 글자는 대포를 잘 쏜다. 즉 허풍장이가 많아

실현성 없는 호언장담을 잘한다.
- 「鎭」을 쓰면 내성적이며 남에게 폐를 끼치지 않으려 한다. 그러나 외유내강하여 대단한 고집과 자아심이 강하다.
- 「光」을 쓰면 안경쟁이가 되기 쉽다. 시력의 약화, 신경 쇠약에 시달리기 쉽다.
- 「榮」을 쓰면 만성 불평쟁이가 되는 확률이 높다. 「英」은 끝까지 동심(童心)을 버리지 않는다.
- 「一」을 쓰면 고독해지기 쉽다. 이름 첫자에 쓰면 갈비씨가 된다.
- 「仁」은 그 뜻의 훌륭함과는 반대로 불치의 병을 앓거나 불구가 되기 쉽다. 여난(女難)의 우려도 짙다.
- 「山」을 쓰면 귀인(奇人)이 되기 쉽다.

수리암시의 속과 겉

조물주는 한 가지 사물에 복합적인 의미를 부여한 것 같다. 또한 신(神)은 한 인간에게 두 가지 좋은 것을 부여하지 않았다는 말도 있다. 더욱이 하나의 사물(事物)을 놓고 가치 판단을 하는 경우, 열 사람이면 열 가지의 판단이 나올 수 있다. 때문에 「좋다」, 「나쁘다」는 판단은 어디까지나 주관적, 상대적일 수 밖에 없는 일이다. 따라서 성명학상의 길흉(吉凶)의 판단도 상대적일 수밖에 없다.

성명의 수리에 있어서 모든 수리는 복합적인 뜻을 지니고 있다. 바꾸어 말한다면 온전하게 나쁜 수리도 없고 좋은 수리도 없다. 흉함 속에 길함이 숨어 있고, 길함 속에는 흉한 암시가 숨어 도사리고 있다.

1의 수는 모든 사물이 창시(創始)된다는 뜻이 있으며 두령운(頭領運)·부귀·영화를 뜻하고 있으나 부덕(不德)에 흐르면 고집·완고·고독에 빠질 우려가 있다.

3은 조화·발전·향상·두뇌명석·쾌활·명랑의 뜻이 있으나 경솔·자기 도취·과대한 자존심 등의 뜻도 있다.

5는 안정·신망·장수·부유 등의 뜻과 함께 완고·정체·우둔·고집 등의 암시도 있다.

6은 자연의 은혜와 부모의 음덕을 입지만 게으르고 여색(女色)을 좋아한다.

이상은 길수(吉數) 속에 잠재한 불길한 암시의 예를 몇가지 든 것이다. 다음은 흉수(兇數)로 경원당하는 몇 가지 수리의 길한 암시를 예로 들어 보자.

9는 주로 병약·단명·역경의 뜻을 담고 있지만 때로는 그릇이 큰 사람이 되어 대업(大業)을 성취하기도 하며 예술적 재능이 탁월한 사람도 있다.

10은 불운·종말·자포자기를 뜻하지만 수려한 용모를 갖게 되며 특수한 재능을 갖는다.

14는 고독·이산(離散)·번민·갈등 등을 주로 암시하나 우수한 예술적 재능과 감수성을 가지며, 의리에 투철하고 경우가 밝은 장점도 있다.

27·28 수는 중도 좌절·비난·불화·강기(强氣)의 암시가 있

으나 높은 이상(理想)과 기개와 능력을 가지며, 투쟁을 요구하는 부면에서 빛나는 성공을 거두는 거물을 배출하기도 한다.

　이와 같이 이름을 짓거나 성명을 해석하는 데 있어서는 결코 원칙에 얽매이거나 외면만을 살펴서는 실수를 범한다. 요점은 숨어 있는 뜻과, 뒤섞여 있는 길흉의 암시를 통찰하여 종합하는 판단력에 있다.

성명 속의 병과 약

　이 세상 모든 일은 한결같이 불완전하다. 아무리 정확한 계획을 세워 치밀하게 일을 한다 하여도 실수・착오・낭패를 완전히 없이 할 수는 없다. 오직 인간의 노력은 완전에 접근하려는 데서 그칠 뿐이다.

　따라서 완전 무결한 성명도 사주(四柱)도 인상(人相)도 없다. 어느 한 구석에는 한두 가지 결함과 흉한 곳을 갖기 마련이다.

　어떤 성명학 책을 읽었거나 성명풀이쟁이에게 듣고서 당신의 이름이 나쁘다는 것을 알게 되었다해서 낙담할 필요는 없다. 병(病)이 있으면 약(藥)이 있기 마련이며, 이 곳에서 살기 싫으면 저 동네로 옮겨 살면 좋은 것이다.

　물론 철저하게 흉명(凶名)이라면 개명하는 수도 있다. 그러나 몇 가지 점이 나쁘다고 하여 낙심하고 개명하려 덤빌 필요는 없다.

　오행(五行)에 있어서 火剋金으로 火와 金은 상극이지만 쇠로서 종(鐘)이나 그릇을 만들려면 우선 쇠를 녹이지 않으면 안 된다. 木剋土로 木은 土를 파헤쳐 놓는 상극이지만 나무는 흙 속에 뿌리를 뻗지 않으면 살 수가 없다. 이와 같이 성명의 수리(數理)와 오행에서 한두 가지 상극과 흉함은 오히려 대성(大成)케 할 수 있는 촉진제가 될 수도 있다.

크나큰 발전은 장애를 극복하고 역경을 헤쳐나간 뒤에 가능한 것이다. 그러므로 성명학상의 흉함을 극복할 만한 의지력과 노력만 있다면 흉함을 두려워할 필요가 조금도 없다 하겠다.

안정과 길상(吉相)·후덕(厚德)을 상징하는 6·15·16·35 등의 수리에 水木火 등의 조직으로 된 성명을 원칙에 얽매어 풀이한다면 하나도 결점을 지적할 수가 없다. 그러나 이런 이름을 가지면 평생이 무난하여 고생은 하지 않을는지 모르나 업적을 남기거나 큰일을 성취하지는 못할 것이다. 무사안일(無事安逸)하여 진취의 기상도 없을 것이다. 이런 이름에는 억센 암시를 지닌 17·18·27·26 등의 숫자를 한 개쯤 섞어 놓는 것이 좋다.

또한 7·13·17·18·29 등의 진취와 용왕 매진을 뜻하는 수리늘에는 14·20·22 등의 유약(柔弱)을 암시하는 수리를 하나쯤 배치하는 것도 묘리(妙理)가 있다.

여자 이름의 요점

여자 이름이라 하여 작명이나 해명(解名)에 있어서 남자 이름과 무엇이 다르겠느냐고 할는지도 모르겠다. 그러나 아무리 여성상위(女性上位) 시대이고, 여성의 사회 진출이 현저하게 늘어간 다 하여도 여자라는 성(性)과 본분(本分)의 만고불역(萬古不易) 의 면에서 본다면 그 이름에서도 특수성을 고려하지 않을 수 없 는 것이다.

남자는 양성(陽性)이므로 진취·발전·활력·적극성·투쟁· 지능 따위의 암시를 성명에 담지 않으면 안 된다. 그러나 여자는 음성(陰性)이므로 안정·유순·온축(蘊蓄)·후덕(厚德) 등의 덕 목이 그 이름 속에서 강조되지 않으면 안된다.

17·21·23 등의 수리는 남자에게 있어서는 용기·지도력·건 강·성공운 등의 암시를 주는 최고의 것이다. 그러나 만약 이들 이 여자 이름에 배치되면 결코 좋은 의미를 갖지 못한다. 이 수 리의 강렬한 암시력은 남편의 기(氣)를 꺾기 때문에 남편을 엉덩 이 밑에 깔아 뭉개거나 아니면 과부가 되기도 한다. 가정이나 애 정면의 파탄이나 불화가 없을 경우에는 맞벌이를 하거나 남성들 과 어깨를 겨루며 생존 경쟁의 대열에 서게 되는 것이다. 여장부 라 일컬어지는 맹렬 여성의 이름에는 이런 강기(强氣)의 수리가 거의 대부분 배당되어 있다.

여자 이름에는 화려하거나 지나치게 고귀한 뜻을 지닌 글자는 쓰지 말아야 한다. 즉 美·貴·聖·眞·花·春·愛·喜·天· 香 따위의 글자는 피하도록 함이 좋다. 이런 글자들은 여자 운명 을 고독하게 하기 쉽고 애정의 갈등에서 고통을 받기 쉽다.

우리 나라의 여자 이름에는 子·姬·淑·貞 등의 글자를 너무 흔하게 쓰고 있다. 그래서 전화 번호부를 훑어 보면 동명 이인

(同名異人)의 여자가 너무도 많다. 흔한 것 치고 가치가 높은 것은 없다. 위대한 인물치고 흔한 이름을 가진 사람은 하나도 없다. 그렇다고 하여 괴팍하게 어렵고 획수가 많은 벽자(僻字)를 쓴다거나 기괴한 이름을 지으라는 것은 아니다. 여자 이름의 요점은 평범·소박·단정·용이하면서도 덕(德)을 담은 이름이 가장 좋다는 것을 잊지 말아야 한다. 또한 자의(字意)와 자형(字形)과 음(音)에 있어서 전체적으로 부드러운 맛이 있어야 할 것도 중요하다.

수리오행(數理五行)에 있어서 특히 피해야 할 것은 水火와 火金이다. 水火가 상극되면 자궁의 병을 앓기 쉽고, 火金이 상극되면 가정 불화를 면할 길 없다.

성명과 사주와의 관계

사주(四柱)란 생년월일의 연주(年柱)·월주(月柱)·일주(日柱)·시수(時柱)를 말하는 것이다. 만약 甲이란 사람이 1942年 12月 12日 戌時에 태어났다면, 그 해의 태세(太歲)는 임년(壬年)이고 그 해 12月의 월건(月建)은 계축(癸丑)이며 일진(日辰)은 을해(乙亥)이며, 시는 병술(丙戌)이므로 이 사람의 사주는

　　壬年(연주)
　　癸丑(월주)
　　乙亥(일주)
　　丙戌(시주)

이 된다. 그리하여 乙이 자기 몸이 되어 다른 일곱자와의 관계를 음양 오행의 원리에 맞추어 풀이하는 것이다. 이 사주는 약한 乙木이 천지가 꽁꽁 얼어 붙은 겨울철(12월)에 태어난 데다가 壬도 물이고 癸도 물이요 亥마저 물이므로 차거운 물〔寒水〕이 병이다. 시주에 태양 같은 丙火가 햇볕을 보내 주고 있으나 겨울 햇볕인 데다 차거운 물이 乙木의 뿌리를 동결시키고 있는 터라 해동(解冬) 시키지는 못하고 있다. 丑土와 戌土가 있으나 넘쳐나는 물을 막기에는 힘이 미약하다. 이 사주를 구할 수 있는 것은 추위를 풀 火와 물을 막아 줄 土이다. 따라서 이 사람의 이름은 이 사주가 절실히 요청하고 있는 火와 土가 많이 든 글자를 골라야 한다.

　이상이 사주의 형편을 살펴 작명해야 한다는 주장의 대개이다. 그러나 이것은 사주에 정통하지 않으면 안 되고, 사주 추명학(四柱推名學)은 상당히 어려운 학문이므로 사주와 연관시켜 작명한다는 것은 심히 곤란한 일이다. 그러나 아마추어가 아닌 직업적 성명학자라면 사주에 정통하여 사주 속의 병을 치료해 줄 방도를 작명에서 강구하는 것이 바람직한 일이다. 아마추어로서는 작명에 있어서 사주를 고려함이 원칙이라는 정도를 아는 것만으로 그칠 수밖에 없다.

성명학상의 불길문자

다음 글자들은 성명학상 불길한 암시를 담고 있으므로 피하는 것이 좋다.

敏 성질이 날카로우며 정신 박약을 초래하기 쉽고 단명할 우려가 있다.

龜 성품은 중후(重厚)하나 극심한 고난을 돌파하지 않으면 발전할 수 없다.

伊 모든 일의 끝이 좋지 않으며 초혼(初婚)에 실패하기 쉽고 곤궁을 면하기 어렵다.

愛 성품은 다정하나 치정(痴情)관계로 일신과 가정을 그르칠 우려가 있으며 박명하다.

輝 성품이 너무 강렬하여 모든 일에 실수가 많으며 부침(浮沈)이 심한 운세를 만난다.

勝 성품은 활발하나 고독을 면하기 어렵고 고난과 재난이 자주 닥친다.

虎 성품이 과격하여 재난을 불러들이며 자손과의 인연이 박하다.

鶴 성명의 구성에 따라 좋을 수도 있으나 일반적으로 고독하며 귀천(貴賤)의 차가 심하다.

長 허영과 허세를 부리기 쉽고 그 때문에 불행을 초래한다.

大 자기 실력에 맞지 않는 야망을 품기 때문에 주위의 인망(人望)을 잃기 쉽다.

新 성품은 온유하나 고독과 곤고가 따르며 병약으로 인한 단명(短命)까지도 우려된다.
眞 온순한 성격이나 화란(禍亂)과 불행이 자주 일어나며 고독하다.
福 빈곤과 조폭(粗暴), 재액 등을 암시한다.
子 가정 불화와 정신 박약을 뜻한다.
　 하천(下賤)하게 되며 형제가 분산하고 불우하다.
孝 성품은 진실·인자하나 부모의 덕(德)이 없으며 좌절이 자주 온다.
上 진실한 성격이나 윗사람을 극하는 흉운을 불러온다.
泰 욕망이 과대하나 게으르며 크게 흥하다가 갑자기 망하는 등의 기복이 심하다.
喜 단명하지 않으면 형제가 불목(不睦)하며 자손으로 인한 고심(苦心)이 많다.
吉 단정한 성품이나 불화(不和)·조난(遭難)·불상사(不祥事)를 면하지 못한다.
南 남자는 무방하나 여자는 부모를 극하며 의지할 곳 없는 신세가 된다.
紅 침착하지 못하며 항상 바람기를 버리지 못하며 말년이 고독하다.
好 속성 속패의 불길함이 많겠으며 시종이 일관되지 않는다.
順 하천(下賤)한 명자(名字)라 하겠으며 부부운이 불길하게 되는 이름이다.
月 의지가 박약하여 고과(孤寡)를 면하기 어려운 자(字)라

하겠다. 예술 방면에는 좋을 수도 있다.
夏 모든 일에 파란이 중첩하게 되며 불모불성(不謀不成)의 흉함이 있다.
童 하천(下賤)·불신(不伸)·곤고(困苦)가 따르는 이름자다.
光 건강을 잃기 쉬우며 재운(財運)에 성패가 많다. 두뇌는 현철하다.
日 성품이 곧고 온순하기도 하고 강기(强氣), 오만(傲慢)하기도 하며 고독하다.
星 허황된 생활을 하게 되며 능력이 못미치는 계획을 세워 헛수고를 하게 된다.
春 의지가 박약하며 여자는 이성(異性)관계가 복잡해지고 과부가 되기 쉽다.
秋 단명·불운·고독을 초래한다.
花 성품은 온유하나 주견(主見)이 없으며 유흥과 허영에 빠지기 쉽다.
山 고집이 지나치게 강하여 자기 주장을 굽힐 줄 모르는 결점 때문에 실패한다.
雲 모든 일의 시작은 그럴 듯하게 하나 결말이 시원하지 않다.
石 성격이 고지식하며 고집이 세다. 융통성도 없어서 매사에 순조롭지 못하다.
榮 성품은 단정하나 과욕으로 실패와 재난이 있게 된다.
銀 귀(貴)가 따르기는 하나 성격이 지나치게 강직하여 불운을 초래한다.
松 투지는 강하나 박약과 고독을 면할 길 없으며 여자는 남편

운이 불길해진다.

桃 인내심이 박약하고 허영심이 강하며 고난과 이별을 자주 겪게 된다.

梅 허영심이 발로되어 향락에 빠지며 이별과 병난(病難)을 자주 겪는다.

珍·錦·菊 고집이 세고 무덕, 박약을 상징하는 글자로서 자손에 불길함이 있다.

實 성품은 곧고 굳으나 고독과 부진(不振)을 면하기 어려우며 부부운이 불길하다.

鐵 두뇌는 명철하나 강기(强氣)와 아집(我執)으로 인한 실패가 있다.

國 심신의 박약을 초래하기 쉬우며 조난을 불러들이는 불길의 문자이다.

仁 선천적인 후덕(厚德)이 있으나 후천적으로 고질병과 불행을 겪는다.

玉 발전을 저해(沮害)하는 글자이며 쇠패(衰敗)와 고독을 초래한다.

女 고독과 산패(散敗)를 초래하게 되는 천명(賤名)이다.

明 두뇌는 명석하나 사고무친(四顧無親)해지기 쉽고 산재(散財)의 우려가 있다.

竹 천품(天品)이 건강(堅剛)하여 의지는 불굴하나 가정에 수심(愁心)이 있고 자연(子緣)에 박덕하다.

末 신고(辛苦)·고독·무덕(無德)을 초래하기 쉽고 부부운이 박약하다.

부 록

Ⅰ 영수술(靈數術)　104

Ⅱ 인명용 한자와 그 해설　214
　　대법원 발표 「인명용 한자(8,319자)」 수록

Ⅲ 인명용 한자의 부수별 색인　464

Ⅳ 주요 인명 한자의 획수별 색인　525

부록 머리에

자기 자신의 운명을 모른다는 것은 마치 암흑 속에서 손더듬질로 걷는 것과도 같은 것이며 또 깊은 산 속을 지도나 장비도 없이 헤매는 것과 다름없는 일이다.

운명이란 전혀 자기의 뜻대로 되어 주지를 않는 것이며, 또 생각도 미치지 않았던 곳에서 뜻밖의 어떤 결과를 가져다 주는 것이다.

그러나, 인간의 긴 역사는 이 불가사의한 운명에도 기복(起伏)이 있다는 것을 가르치고 있다. 이 기복이 그리는 곡석(曲線)을 깨달음으로써 우리는 자기의 행운을 확실하게 자기 것으로 할 수 있으며, 또 불행을 사전에 피할 수 있는 대책을 세울 수 있는 것이다.

이 운명의 기복이 그리는 곡선을 깨닫는 방법, 이것이 바로 점(占)인 것이다. 이것에는 인류가 발생한 이래 지금껏 미래를 깨치려고 애써 온 선인들의 지혜가 집결되어 있다. 이것은 인생이라고 하는 심오하고도 미혹되기 쉬운, 그리고 험난한 길을 걷고 있는 당신에게 있어서의 귀중한 지도(地圖)인 것이다.

이 책은 「숫자」를 근거로 하여 운명을 예지하는 「수령술(數靈術)」에 바탕을 두고 있다. 생년월일에서 계산되어 나온 「영수(靈數)」가 당신의 현재와 미래를 예언해 주는 것이다.

「숫자」는 비단 생년월일뿐만 아니라 당신의 삶 그 자체를 가리키는 것이며, 당신 자신과 당신의 모든 행동에 밀접한 관계를 가지고 있다. 돈도 전적으로 숫자와 관계가 있으며, 모든 물질에 있어서도 그 성질과 양을 숫자로 나타낼 수 있다. 당신이 접촉하는 수많은 인간들도 또한 당신과 마찬가지로「숫자」와 깊은 관계를 가지고 있다.

그리고 중요한 것은, 이「숫자」는 그 하나하나가 중요한 뜻이나 성격을 가지고 있어, 숫자에 의해 나타낼 수 있는 것의 운명을 지배하고 있다는 점이다. 그 운명의 지배를 법칙화(法則化)한 것, 그것이 『수령술』이라고 해도 좋을 것이다.

나는 20년 이상이나 이 수령술에 의해 많은 사람들에게 운명의 어드바이스를 해 왔다. 또 나 자신, 어느 때는 행운의 물결을 타고 또 어떤 때는 비운의 쓴 맛을 보면서도 이 방법을 나 자신의 것으로 삼아 왔다. 그리고 이 방법이 보다 많은 사람들의 행복한 생활에 도움이 되기를 바라면서 이 책을 엮은 것이다.

이 책에서는 생년월일에서 계산되어 나온 영수에 의해 당신의 성격 —— 당신 자신이 전혀 깨닫지 못한 숨은 부분까지 ——일생의 운세(運勢), 또한 애정운·가정운·직업운·대인 관계운 등, 당신이 인생 행로에서 부딪치는 여러 가지 문제에 대하여 대답해 줄 것이다.

운명의 길은 결코 한가닥의 단순한 직선이 아니다. 높은 파도와 잔물결이 복잡하게 얽히고 겹치고 하여, 그날그날 생겨나는 사건이라는 한 점(點)에 귀착하게 되는 것이다. 그 포인트를 적절하게 하나하나 지적해 줄 것이다.

점(占)은 인생길의 지도라고 말했다. 그 길을 걷는 사람은 바로 당신이다. 그리고 운명은 항상 움직이며 변하고 있다. 결코 기다려 주지를 않는다. 「행운의 신에게는 미련이란 없다」라는 말을 나는 즐겨 쓰지만, 운명의 기복은 그 타이밍을 잡느냐 못 잡느냐에 따라 크게 달라지고 만다.

 기다려야 할 때는 어디까지나 신중하고 세심하게, 행동할 때에는 결연히 대담하고 적극적으로, 이 복잡한 현대 사회 속을 헤쳐나가면서 그 결단과 행동의 지침으로서 이 책을 활용해 준다면 저자로서 이에 더한 기쁨이 없겠다.

프롤로그 - 영수술의 신비

1 영수가 조종하는 운명

인간의 행복과 불행을 가름하는 「운」

행복한 인생과 불행한 인생과의 가름길, 거기에 사람을 이끌어 두 갈래 길의 어느 한 쪽을 걷게 하는 것은 무엇일까. 그것은 「운(運)」이다. 운은 신비인 동시에 현실이기도 하다. 그리고 정체를 알 수 없는 거대한 괴물이다.

가지고 있는 지혜를 모조리 짜내고 있는 힘을 다하며 이웃 사람들까지도 정성어린 도움을 아끼지 않았건만, 그래도 그 결과는 무참한 실패로 돌아가고마는 일은 우리들의 주위에 너무도 허다하다.

당신도 아마 한두 번은 이러한 쓴 경험을 맛보았을 것이다. 이렇게 사람의 지혜와 노력을 초월한 곳에서 당신을 조종하는 것은 역시 「운」이라고 말할 수밖에 없을 것이다.

우리들의 조상들은 이 운이라는 괴물의 정체를 파헤쳐 미래를 예지하려고 갖가지 노력을 기울여 왔다. 가령, 긴 역사를 가진 이웃의 중국에서는 관상이나 손금 등, 즉 외부에 나타난 것을 가지고 운명을 점치는 상학(相學)과, 주역(周易)에 바탕을 둔 역점(易占)이라는 두 개의 커다란 운명학의 흐름이 있다. 유럽에도 집시점〔트럼프 점〕이라든가 점성술(占星術) 등이 발달되고 있는 사실은 이미 잘 알고 있는 터이다.

이러한 운명을 예지하려는 시도의 하나로서 이 책을 통하여 소개하려는 것이 「숫자」에 의한 점치기, 즉 「영수술」이다.

인간과 떨어질 수 없는 「숫자」

우리들의 일상 생활에 있어서 숫자와 관계가 없는 것은 하나도 없다고 해도 과언이 아닐 것이다. 가령, 한 자루의 연필을 놓고 생각할 때, 「우선 한 자루」라고 하는 양(量)이 숫자에 의해서 표현된다. 무게도 숫자로 표현된다. 또 그 가치는 몇 원이라는 값, 즉 숫자에 의해 나타내어진다.

당신 자신에 대해서도 그렇다. 당신은 언제 태어났는가, 형제 중의 몇째인가, 신장은? 체중은? 이렇게 모두 숫자와 관계가 있다. 행동 또한 그렇다. 몇 시에 어디로 가는가? 갖고 있는 돈은 얼마나 되는가 등등. 우리는 정말 숫자 속에서 살고 있다고 해도 틀린 말은 아닐 것이다.

그런데 우리는 이 숫자, 또는 수를 전연 무의식 중에 단순한 기호로서밖에 생각하지 않는다. 고작 2는 1의 배이며, 3은 그 2배라는 뜻이 단순한 수량의 차이밖에 인식하지 않고 있는 것이다. 그러나 숫자는 양적인 차이를 훨씬 초월한 질적인 차이, 성격의 차이, 뜻의 차이를 가지고 있다. 이 사실을 알 기 위해서 수에 대하여 간단하게 훑어 보자.

최초의 문자는 숫자였다

고대 중국의 고전《역경(易經)》에 「상고(上古)에는 새끼의 매듭으로 헤아렸고, 후세의 성인들은 문자를 가지고 이에 대신했다」라는 말이 있다. 즉 옛날에는 새끼의 매듭에 의해 숫자를 기록하였고, 얼마 후에는 그것이 문자, 즉 숫자에 의해 기록되게 되었다는 뜻이다. 문자의 발생에 앞질러 숫자를 기록하는 방법이 있었다는 것은, 「숫자」가 인간에게 있어서 옛날부터 얼마나 중요한 것이었나를 말해 준다.

비단 중국에서뿐만 아니라 인간이 사물을 기록하기 시작하였을 때, 그 내용은 주로 숫자를 나타내는 일이었다. 세금을 낸다든가, 음식물이나 생활 용품의 대차 등, 숫자와 관계 있는 일이 고대 사람들의 중요한 생활의 한 영역이었기 때문일 것이다. 그러므로 어느 민족에게나 숫자의 기원은 옛 문자와 같은 시대로 더듬어 올라간다고 해도 과언이 아닐 것이다.

그런데 숫자를「기록한다」는 것은「셈한다」는 행동과는 겉과 속의 관계에 있다. 우리들이 셈할 때에, 1·2……10·11·12로 나가는, 소위 십진법(十進法)에 아무런 의문도 가지고 있지 않지만 숫자를 셈하는 방법이 십진법뿐만 아니라는 것은 누구나가 알고 있는 일이다. 가령, 이진법(二進法)·오진법(五進法)·십이진법(十二進法)·육십진법(六十進法) 등을 들 수 있다.

이러한 셈하기의 방법이 문명의 발전과 더불어 지금의 십진법으로 통일된 것이겠으나, 색다른 셈하기의 방법이 있었다는 것, 또 셈하기의 방법에 있어서 숫자에 대한 독특한 사고 방식을 가지고 있은 듯한 일들은 가지가지의 어휘 속에서 엿볼 수 있다.

가령, 11이 일레븐(eleven), 12가 트웰브(twelve), 그리고 13이 써어틴(thirteen)이라는 것은 12진법의 흔적이라고 한다. 또

중국의 역(易)에서 음(陰)과 양(陽)의 두 요소가 있는 것은 이진법의, 또 목(木)·화(火)·토(土)·금(金)·수(水)의 다섯 요소로 자연이 이루어져 있다고 하는 오행설(五行說)은 오진법의 흔적이라는 설도 있다.

복잡한 뜻을 지닌「숫자」

수·숫자가 우리네의 생활이나 생각과 떨어질 수 없는 긴 역사를 가지고 있다는 것, 또 셈하기에도 여러 가지 방법이 있으며, 제각기 숫자에 대한 사고 방식에도 다름이 있다는 것을 알았다. 이러한 배경으로 미루어 하나하나의 숫자는 단순한 수량을 나타내는 이외에도 갖가지 뜻을 가지고 씌여져 왔던 것이다.

「1」을 예로 들어 보자. 1은 하나라고 하는 수량을 나타낼 뿐더러, 사물의 시작이라는 뜻을 가지며 동시에 사물의 끝, 또는 전체라는 뜻도 지닌다. 많은 것 중에서의 톱(최상위)을 가리키기도 한다. 또한, 남보다 뛰어났다든가 타에 비할 바가 없다는 뜻도 내포하고 있다. 이 밖에도 집중한다든가, 가득하게 꽉 차 있다는 해석도 있다.

「2」는 둘이라는 숫자를 나타냄과 동시에 다음(次位)의 것, 필적하다 따위의 뜻도 가지고 있다. 또 음(陰)과 양(陽), 건(乾)과 곤(坤)이 같이 두 개의 것으로 하나가 되는 것을 가리킨다. 물론 2는 하나가 아닌 것의 가장 작은 단위이다. 또한 짝수(偶數)의 가장 작은 단위이기도 하다.

중국 사람은 짝수를 즐긴다고 하는데, 그 사고 방식에는 둘을 가지고 하나의 단위로 하는 사상이 있는 것은 아닐까. 두 개를 가지고 만든 하나의 것을 하나의 단위로 생각하고, 그것이 분해(分解)가 되어 하나와 다른 하나로 된다. 즉 1보다 먼저 2가 있었던 것이 아니냐는 흥미있는 풀이가 소개되고 있다.

이 이야기는 다시 발전하여, 이 한 쌍에 1을 더한 3이라는 것에서 「만물(萬物)」이라는 뜻이 생겨났다고 한다. 3에는 정(鼎)자가 해당된다. 이 「세발솥」이라는 뜻을 가진 정(鼎)이란 고대 중국의 국가의 상징적 보물이었던 것으로 발이 세 개이다. 발이 네 개 있으면 지면이 평평하지 않은 곳에서는 안정될 수 없지만 발이 세 개라면 어떠한 요철(凹凸)의 곳에서도 안정될 수 있다. 이러한 뜻에서 3은 「안정」이라는 뜻을 가졌으며, 또한 여럿 중에서 좋은 것만을 골라낸 것이라는 뜻도 가지고 있다.

「4」는 어떠할까. 환상의 대륙이라고 불리는 뮤우 대륙의 알파벳에는 「신성(神聖)한 四」를 뜻하는 문자가 있었다고 전해진다. 혼돈한 우주에서 창조의 신이 세계를 만들어 내려고 했을 때에 그 작업의 일부가 「4대(四大) 원동력(原動力)」이었다는 것이다.

「5」는 앞에서 말한 오행설(五行說)에서도 알 수 있는 바와 같이 중국에서는 자연을 이루고 있는 요소의 숫자라 하여 중요하게 여겨지며, 한자의 「5」는 하늘과 땅 사이에서 음과 양이 서로 교차하는 모양을 나타내고 있다.

「6」이라는 숫자는 죽인다는 살벌한 뜻을 가지고 있다.

「7」은 구미(歐美)에서는 행운의 숫자이며 이스라엘 사람들에게는 신성(神聖)의 상징이다.

「8」은 갈라서다, 준다 등의 뜻을 가진 글자로 좌우로 갈라진 모양을 나타내고 있다. 일본에서는 끝이 넓어지는 모양의 숫자라

하여, 또는 화(和)를 뜻한다는 것으로 환영을 받고 있다.

또한 「9」는 수량이 많은 것을 나타내는 숫자이며, 한자의 「9」는 허리가 굽은 늙은이의 모습을 나타내는 「久(구)」와 같은 계열이며, 같은 뜻을 가지고 있다고 한다. 또 모인다, 합친다 등의 뜻도 지니고 있다.

숫자는 이와 같이 복잡하고도 오묘한 뜻을 가지고 있음과 동시에 영(靈)을 지니고 있다. 이 숫자의 영(靈), 즉 수령(數靈)이 인간의 성격이나 감정에 영향을 주어 운명을 지배하고 있는 것이다. 이 숫자에 의한 운명 지배의 내막을 밝혀냄으로써 운명에 역행(逆行)하지 않고 행운을 부르며, 불운을 피할 수 있는 길을 찾게 된다. 이것이 바로 「영수술(靈數術)」이다. 그러면 그 구체적인 점치기의 방법에 대하여 서술하기로 한다.

2 이 책의 사용법

당신의 영수를 알아 낸다

이 책에 의해 당신 운명을 점치기 위해서는 우선 당신의 영수를 알아내야 한다. 그 계산 방법은 다음과 같다.

① 먼저 당신은 서기 몇 년에 태어났는지를 알아 낸다.
② 다음에는 양력으로 몇월 며칠에 출생했는가를 알아 낸다.
③ 1953년 12월 26일생이라면, 〈1953 12 26〉 이렇게 일렬로 써 놓고 오른쪽에서부터 또는 왼쪽부터 모두 더한다.
④ ③에서의 그 더한 답은 두 자리의 숫자가 되는데, 이것을 다시 더한다.

⑤ ④에서의 답이 다시 두 자리의 숫자가 된다면, 또 한 번 두 숫자를 더하여 한 자리의 숫자로 만든다.

이 ③ 또는 ④에서 산출된 숫자가 당신 일생의 영수이다.

가령, 서기 1953년 12월 26일생의 사람을 예로 들어 보자.

1953 12 26
(1+9+5+3+1+2+2+6)

2 9
(2+9)

1 1
(1+1)

☐2☐ = 靈數

이 사람의 영수는 2가 된다. 영수는 양력 생년월일을 근거로 산출되며, 또 결정되는 것이기 때문에 일생 동안 변함이 없는 것은 물론이다.

또, 생년월일의 덧셈은 한 자리의 숫자가 될 때까지 하므로, 영수는 1에서 9까지의 아홉 종류가 있다는 것도 바로 알 수 있다.

이 책으로 무엇을 점칠 것인가

이 책에서는 영수 1에서 9까지의 영수마다 단원을 달리하고 있다. 그리고 각 영수의 단원마다 성격(性格)·운세(運勢)·애정운(愛情運)·직업운(職業運)을 점치고 있다.

性格은 1에서 9까지, 제각기의 숫자가 지니는 영(靈)에 지배된 인간이 가지는 성격을 표면상에 나타난 것은 물론이고, 내부에 숨겨진 자기 자신도 발견하지 못하는 성격까지 파헤쳐 놓았다.

또한 행동의 유형(類型)이나 어떤 운명의 기복을 가지고 있느냐에 대해서도 언급하였다.

運勢에서는 인간의 일생을 태어나면서부터 20세까지의「초년기의 운」, 20세에서 25세까지의「성년기의 운」, 35세에서 55세까지의「중년기의 운」, 끝으로 55세이후의「만년기의 운」등 네 개의 시기로 나누어 운세를 풀이했다.

愛情運에서는, 남성과 여성으로 애정이나 섹스의 패턴, 행동의 어드바이스를 함과 동시에 영수에 의한 상관성(相關性)을 말해 주고 있다. 각각의 영수는 이 책을 통하여 구체적으로 알게 되는 것과 같이, 제각기 강한 개성과 방향성(方向性)을 가지고 있다. 그러므로 두 개의 영수 사이에는 상관성이 좋은 경우와 나쁜 경우가 나온다. 또 상관성이 양쪽 모두 좋은 경우라 하더라도 일방 통행적인 것도 있다. 다시 말해서 한편쪽의 영수로 보면 좋은 상관성을 가지고 있다 하더라도, 상대방의 영수로 보면 나쁜 상관성을 가지고 있는 경우이다. 또한 이 영수의 상관성은 남녀 간의 상관성뿐만 아니라 동성(同性) 간의 상관성도 말해 주는 것이니 만큼 사회 생활하는 데 대인 관계에 참고해 주기 바란다.

職業運에서는 성공할 수 있는 직업, 맞지 않는 직업을 알 수 있고 아울러 일을 해 나가는 데 있어서 주의할 점, 또 모든 일에서의 대인 관계도 말해 주고 있다.

이제 이 책의 사용법을 알게 되었다. 당신 자신의 것은 물론이오, 영수만 안다면 누구의 운명이라도 점칠 수 있다. 나이를 남에게 알리고 싶지 않은 사람에게는 영수를 자기 혼자서 계산해 내도록 하면 좋을 것이다. 그러면 마음껏 활용해 주기를 바란다.

靈數
1

♣ 性 格

1을 영수로 가진 사람의 성격은 강한 자신(自信)과 곤란을 극복하는 끈기를 가지고 있다. 자기 자신의 생각이 절대적으로 정당하다고 믿으며, 불가능은 없다는 신념을 가지고 있다.

그렇기 때문에 어떠한 난관에 부딪쳤다 하더라도 편법이나 타협으로 목적을 달성하려고 한다든지, 또는 도중에서 포기해 버린다는 등의 일은 있을 수 없다. 만일 나아가는 길에 방해되는 장애물이 있다고 한다면, 돌아가려 하기보다는 의연히 맞부딪치려 든다.

이러한 기본적인 성격 위에 높은 기품을 풍기며 고상한 분위기를 자아내게 한다. 센스에 뛰어난 사람이 많아 자연히 그 주위에는 많은 사람들이 모이게 되어, 스스로 리더십을 발휘하게 된다. 다른 사람의 지배를 받는 것을 극단으로 배격하며, 자유의 속박에는 무서운 반발을 일으킨다.

코르시카섬의 한 평민으로부터 입신하여 유럽 전역을 석권했던 영웅 나폴레옹, 영국으로부터 미국을 독립시켜 초대 대통령을 지냈던 조지 워싱턴, 또한 이차 대전에 배해 구렁텅이에 빠졌던 일본을 부흥시킨 요시타시게루(吉田茂) 수상, 이들 세 사람이 모두 영수 1의 사람이었다는 것은 무척 흥미 있는 일이다.

물론 이와 같은 강직한 성격은 반면에 적(敵)을 만들기 쉽다는 마이너스 요인과도 결부된다. 또한 거대한 전함(戰艦)과도 같이 함선에 대한 공격력은 강하여도 비행기나 잠수함으로부터의 공격에는 약한 데가 있다.

　대인 관계에 있어서도 이 성격은 표리가 나타난다. 자기와 같은 타입의 사람에게 대해서는 설사 손위이든 상사이든간에 일보의 양보도 없이 맞서서 반대 의견을 설복하여 자기의 의향대로 이끌 수가 있다. 그러나 자기와는 대조적으로 여성적이고 음성적인 타입에는 극단으로 약해 깜빡 속아 넘어가는 수가 있다.

　영수 1의 사람은 유달리 남에게 지기 싫어한다. 결혼이 반대에 부딪치면 더욱 더 열을 올려, 설혹 도중에서 상대편의 결점을 발견했다고 하더라도 의식적으로 그것을 무시하고 오히려 자기 자신을 납득시켜 결국 불행한 결혼을 하게 되는 수가 있다.

　영수 1인 사람의 특징의 하나는, 그 운명이 비약적이며 굴곡이 있다는 것이다. 이것은 역경에 도전해 나가는 성격으로 미루어 보아서는 당연한 일이겠으나, 뜻밖의 실력자에게 인정을 받아 완전히 인생 행로를 전환시킨다든가, 남성의 경우라면 스스로의 힘으로 샐러리맨의 생활에서 벗어나고, 여성이라면 취미를 살린 사치스런 화장품점·양재점·액세서리 장사 등을 할 챤스가 많다.

♣ 運 勢

　먼저 20세까지의「초년의 운」을 보기로 하자.

　초년기의 운세에는 정신적인 고생이 있다. 고독한 상이 있으며 가정의 혜택을 입지 못하는 수가 있는 것이다. 그러나 기본적인 운세가 강력하여 그것을 어느 정도 보충해주기 때문에 구렁텅이까지는 빠지지 않을 것이다. 어버이를 일찌기 잃더라도 재산을 남겨 준다든지, 또는 돌아가신 어버이를 대신하여 돌봐 줄 사람이 나타나는 수가 있다.

또 이 시기에 좋은 벗, 좋은 상담역이 생긴다. 이 때에 맺어진 우정은 동성이든 이성이든간에 일생의 지주가 될 운명을 가지고 있으므로 귀중하게 여기지 않으면 안 된다. 그러나 결혼 상대자와는 이 시기에는 아직 만나지를 못한다.

초년기의 마지막 2년간, 즉 18세 무렵부터 2년간에 인생의 밝은 파도가 크게 밀려온다. 이 시기에 생기는 모든 일은 순박하게 그리고 밝은 마음으로 받아들여야 좋다. 만일, 제1지망의 학교에 낙방하고 제2지망교에 합격했다고 한다면 그것은 제2지망의 학교가 당신에게 알맞은 학교이며, 보다 바람직한 장래를 가져오게 하는 것이다. 또 사람과 헤어질 기회가 생겼어도 미련없이 깨끗하게 헤어지는 것이 좋다. 또, 이 2년간은 직업운의 혜택도 받을 수가 있어 이 시기에 지망하는 직업·직장은 일생 동안의 것이라고 생각해 주기를 바란다.

다음에 20세부터 35세까지의 「성숙기의 운」을 보자.

18세 무렵부터 싹튼 밝은 전망은 이 시기의 초기에도 계속된다. 어떤 부류의 사회에 들어가더라도 재빠르게 두각을 나타내며, 빠르게 공적을 이룰 것이다. 특히 직접 대하고 있는 사람에게서보다도 한층 높은 윗사람으로부터 좋은 평가를 받게 될 것이다.

그러나 넘치는 자신과 힘찬 실행력은 왕왕 자만심으로 바뀌어 25세 무렵에 첫번째의 실패가 기다리고 있다. 평소에는 그다지 재능이 있다고 여겨지지 않았던 직속 상사, 또는 2, 3년 선배 등의 평범한 충고 내지 주의가 그 위기에서 구해 준다.

이 뒤부터는 비교적 순탄한 길이 계속될 것이지만 30세 전후에 전환의 기회가 한 번 온다. 독립할 찬스가 오는 것이다. 샐러리맨이라면 7, 8년 사이에 몸에 익힌 특기와 신용을 얻은 거래처를 토대로 하는 독립, 여성의 경우라면 자기의 점포를 가질 수 있게 되는 시기인 것이다. 또 소설가·시나리오 작가·화가 등의 자유업을 희망하는 사람은, 지금의 직업을 버리고 자기가 바라던 직업에 전심하느냐, 그렇지 않으면 소원하던 직업을 영영 체념하느냐의 결단을 내릴 때이다. 다만 이 독립의 찬스는 당신을 인정한 사람의 덕분으로 되는 수가 많다. 자신만만하고 독립 정신이 왕성하기 때문에 이 구원의 손을 뿌리쳐 버릴 가능성도 적지않다.

다음은 35에서 55세까지의「중년기의 운」이다.

35세부터 40세까지의 5년간은 일생에서 가장 큰 시련기이다. 남성, 여성할 것 없이 애정면·직업면·건강면의 어느 한 가지에 급격한 내리막 운이 닥쳐 온다. 어린애까지 생겨난 단란한 가정에 난데없이 불어온 남편의 바람기는, 강한 개성을 지닌 영수 1인 처가 받는 이 시기의 괴로움이며, 나아가서는 이혼에까지 내닫을 위험이 있다.

또, 화장품 판매의 대리점 등, 가정 주부가 하는 일의 파탄이 오기 쉽다. 주부 뿐만 아니라 남성도 부업에 있어서는 건실하게 해 나갈 필요가 있는 시기이다.

건강면에 있어서의 내리막 운은 특히 외관상으로 나타나기 쉽다. 교통 사고는 물론이고, 높낮이가 있는 장소, 가령 층계 등에서 주의가 요망된다.

 그러나 이러한 내리막 운이 한결같이 닥쳐오지 않는다는 것이, 영수 1인 사람의 강한 점이다. 다시 말해서 이 내리막 운은 자신에 넘쳐 자만하기 쉬운 이 영수의 사람에게 주는 경종(警鍾)이며, 다음 단계에의 비약을 위한 준비 단계임을 가르쳐 주는 것이기도 하다.

 이 5년간을 지나면 다소의 기복(起伏)은 있으나, 대체로 대세는 만년(晚年)에 걸쳐 길운(吉運)으로 내닫는다. 특히 사회적으로 이름을 떨칠 기회가 생길 것이다. 다만 이 길운은 자기 자신의 개척에 의해서만이 얻을 수 있는 수확이다.

 여성의 경우 정신면에 있어서는 다소간의 고통이 있겠으나, 물질면에 있어서는 최고의 축복을 받게 될 것이다.

 그러면 마지막으로「만년의 운」을 보기로 하자.

 행복하고 충실한 중년기이기는 하지만 끝에 가서는 건강면에 약간의 그늘이 드리우며, 만년기의 처음에는 그것이 어떤 외관상의 형태를 갖추어 나타날 위험성을 지니고 있다. 건강면에서는 자율 신경 실조증(自律神經失調症), 장(腸)에 관계되는 질환, 노이로제 등을 조심해야 한다. 가정면에서는 긴 세월을 통해 강직한 성격의 당신을 굳건히 내조해 온 아내를 잃을 염려가 있다. 부부가 함께 중년기의 건강 관리를 충분히 할 것이며, 신뢰할 수 있는 가정의(家庭醫)를 물색해 둘 필요가 있다.

 이 고비를 넘기면 안정된 길운이 다가온다. 고혈압·신경통 등의 만성병에 걸릴 걱정은 있으나 그리 대단한 것은 아니고, 오히려 그것 때문에 건강상에 절제를 하게 되므로, 다시말해서 전화

위복이 되는 매우 장수할 운세이다.

♣ 愛 情 運

  영수 1인 남성의 여성에 대한 애정 표시는 그리 능란하지 못하다. 제나름대로 깊은 애정을 가지고 있으나, 그것이 상대편에게 잘 전달이 되지 않는다. 짝사랑하는 여성을 드라이브에 꾀어냈다 하더라도 자기의 옆자리에 앉히는 것이 겸연쩍게 생각되어 뒷자리에 앉힌 것이 본의 아니게 예의를 모르는 몰상식하고 둔감한 사람으로 오해를 받게 된다든지, 일부러 생일 전날에 축하하러 갔다가도, 그 사연을 잘못 안 탓으로 생일날마저 착각을 일으키는, 종잡을 수 없는 사내라는 인상을 받곤 한다. 여성은 겉치레임을 빤히 알고 있으면서도 칭찬을 받는다든가 사랑의 속삭임을 즐긴다.
  섹스는 왕성한 에너지를 쏟아 상대방을 압도하는 타입. 지속시간보다 횟수를 자랑하며 달콤한 속삭임이나 아기자기한 애무 따위는 귀찮게 여겨 바로 직코스로 내닫기 쉽다. 그러므로 여성의 페이스와 맞지를 않아 자기가 생각하고 있는 만큼의 평가는 받기 어려운 편. 자기의 성욕에 제동을 가하여 상대방의 정감을 높이려는 노력이 필요하며, 때로는 상대방에게 아예 주도권을 맡겨 버리는 것으로써 새로운 경지를 얻게 되기도 할 것이다.
  결혼은 두 번 하기 쉬운데, 이혼하거나 상대방과의 사별로 재혼할 가능성이 짙다. 이 경우 이혼이든 사별이든간에 그 원인은 당신 자신에게 있다. 바람기와 사업의 실패, 당신의 불규칙한 생활 태도가 아내에게 미치는 건강의 해로움, 이런 것들이 아내와 결별하게 되는 원인이 된다는 것이다.

여성의 경우에도 남성과 마찬가지로 섹스에 강한 욕구를 가지는 타입. 섹스의 방법은 담백하게 여러 번 되풀이하는 것을 즐겨 한다. 연일 연야(連日連夜)도 좋고, 기분이 좋으면 하룻밤에 몇 번이라도 좋다는 식이다. 애무도 적극적인 것을 즐기며, 도구나 약 따위를 사용하는 것을 싫어한다. 침실도 너무 어두운 것보다는 오히려 밝은 쪽을 좋아한다. 호색 담백(好色淡白) 심연형(深淵型)이라고나 할까. 매우 매력적이며 개성이 강한 성격이므로 1, 4세 무렵부터 「여성」으로서 남성에게 환영을 받는다. 강직한 성격에 제멋대로 굴며, 또 열정적인 거동은 확실히 남성을 매혹시키지만 때로는 너무 자신에 넘치는 탓으로 마음을 준 남성이 최후의 순간에 당신에게서 떠나버리는 원인도 된다. 또 플레이보이형(型)의 남성에게서 농락을 당할 우려도 없지 않다. 영수 1인 여성에 30세가 넘어도 독신 생활을 하는 고독한 운을 가진 사람이 많은 것은 이 때문이다.

결혼한 뒤에는 남편에게 애정을 쏟고, 어떠한 곤경에 빠지더라도 밝은 빛을 잃지 않는 사람과, 중년 이후에 다시 놀아나는 버릇이 생겨 화려함에 현혹되어, 끝내는 남편과 가정을 돌보지 않는 사람 등 두 가지의 극단적인 부류로 나뉜다.

영수 1인 사람에게 있어서 가장 개성이 맞는 사람은 영수 8이나 3을 가진 사람이다. 이 사람은 생활의 리듬, 마음의 리듬에 있어서 당신과 같은 데가 있다. 같은 마음가짐으로 당신과 저항이 없는 생활을 해 나갈 수 있다.

다음으로 좋은 것이 2와 9. 당신이 이 영수인 사람과 연애 중에 있다면 지금은 다소의 어려움이 있다고 하더라도 반드시 결혼할 수 있다. 결혼 생활도 안정되어 당신이 주도권을 가지는 생활이 될 것이다. 주의할 점은 당신의 강건함에 눌리어 그 그늘에서 상대방이 고생하지 않도록 할 것이다.

1과 1과의 짝짓기는 일생 동안 깊은 인연을 맺게 되지만 한편 바람직하지 않은 인연이므로 컨디션이 좋은 때에는 장단이 잘 맞아들지만 일단 그것이 흐트러지면 그 뒷면에는 핸들이 두 개 있는 자동차처럼 곧바르게 나아갈 수 없게 된다. 그러나 워낙 인연이 강하기 때문에 헤어지려 해도 헤어질 수 없다. 이 연분이 깊음을 충분히 알고, 한발작 상대방에게 양보하는 아량을 베푼다면 순탄한 운세를 가져오게 하는 한쌍이 될 것이다.

영수 4인 사람은 피해야 할 상대이다. 서로 양보하는 데라고는 없는, 두 사람의 뱃사공이 있는 배와 같아 혼란을 빚어낸다. 영수 6인 경우는 이성간에 있어서는 凹와 凸의 관계와 같이 서로 보충하는 사이가 되겠으나, 동성간에는 리듬이 맞지 않는 상대성을 가지고 있다. 5나 7인 사람과의 상대성은 그다지 좋지도 않고 나쁘지도 않다.

♣ 職 業 運

영수 1인 사람은 성격의 설명에서 말했듯이 투쟁력도 있고 바이탈리티에 넘쳐 있으므로 일에 열중한다. 금전운과 직업운도 당신에게 미소를 던지고 있다.

우선 당신은 남에게 고용될 타입이 아니다. 독립하여 자기의 역량을 충분히 살릴 직업을 택해서 성공할 타입인 것이다. 그 일도 작거나 자질구레한 일보다도 큰일이 좋다. 사람을 부리는 일에도 능할 것이다. 승부를 거는 일, 고도의 판단을 필요로 하는 일에도 솜씨를 가지고 있다. 말하자면 정치가·종교가·사상가·학자 등이 안성마춤이며, 또 자신이 사업을 경영하는 것도 좋을 것이다. 이 경우에는 요식업이나 운수업, 또는 관광업 따위의 그날그날 현금이 들어오는 사업이 알맞다.

회사에 근무한다면 신문사나 출판 관계 등의 자유업에, 또는 파일럿, 콤퓨터 프로젝터로 재능을 발휘할 수 있을 것이다. 회사에 근무하더라도 독립의 챤스는 반드시 한 번 찾아오고야 만다. 특히 중년기에 회사의 부진 등, 외부로부터의 원인으로 생겨나는 전환의 챤스는 당신에게 독립의 챤스를 가져오게 하는 것이니 이 때를 놓치지 말고 잘 포착해야 한다.

어느 쪽이든 직업운은 강한 운세이므로 큰 야심과 희망을 가지고 나가는 편이 성공률이 높다. 운이 다가왔을 때의 망설임과 지나친 신중함은 오히려 상승하는 운을 해칠 우려가 있다. 큰 거래처의 손님이 나타났을 때, 자기 능력에 넘치는 한이 있더라도 아무튼 일단 맞이하고 볼 일이다. 어떠한 위기는 반드시 극복하고야마는 운세를 당신은 지니고 있는 것이다.

靈 數
2

♣ 性 格

2를 영수로 가진 사람은 이성적이며 냉정한 판단력을 가지고 있다. 행동적이기보다는 사색적이며, 감정적이라기보다 객관적으로 사물을 보는 타입이다.

생각에 있어서나 행동을 결정짓는 데에 있어서도 자기 생각을 직선적으로 이끄는 일이 없이 반드시 또 다른 하나의 의견, 즉 상대적인 의견과 맞서게 하여 검토한 끝에 서서히 결론을 내리는 식이다. 한 사람의 이성에 호감을 가졌다고 하더라도 곧바로 데이트를 한다든지 또는 적극적으로 상대방을 유혹한다든지 하지를 않는다. 먼저 자기 생활권 속에 끌어들인 다음 주위의 사람들과 비교하여 하나하나를 확인해 가면서 진심으로부터의 애정을 키워 나가는 것이다.

이와 같은 신중한 성격은 때로는 너무 지나쳐 갈피를 잡지 못하는 우유부단에 빠지기 쉽다. 심할 경우에는 노이로제 기미까지 보이게 될 위험성이 있다. 이 「갈피를 잡지 못하는 망설임」이라는 것은 2라는 숫자가 지니는 숙명이라고도 말할 수 있는 것이다. 다른 사람의 일에는 정확하고도 빠른 판단을 내리면서도 자기의 일에는 통 결단을 내리지를 못한다. 이 망설임은 영수 2인 사람에게는 설사 그 사람이 어떤 득의양양한 웃자리에 있거나 남이 부럽지 않은 처지에 있다고 하더라도 반드시 붙어 다니기 마련이다. 자기가 전부터 희망하고 있던 회사에 입사하기로 결정이 되었다든지 또는 여러 사람으로부터 축복을 받으면서 약혼했다고

할 때 불쑥「내가 이래서 좋을 것인가」하는 의구심이 생겨나는 일도 있다. 그러나 이러한 망설임은 무시하는 것이 좋다. 조그마한 망설임과 그것을 지워버리는 행동만이 당신에게 행운을 안겨다 줄 것이므로.

좋은 면으로서 감수성이 매우 풍부하여 표현력에 뛰어난 일면을 지니고 있다. 봄보다는 가을을 좋아하고 해외 여행도 미국보다는 유럽의 고적, 옛 성터의 답사를 즐기는 편이겠다.

양복이나 악세 서리 등의 취미도 가지고 있다. 줄무늬보다는 무늬가 없는 것이나 과히 눈에 띄지 않는 체크 무늬가 잘 어울린다. 향수도 가까이 접근해야 맡을 수 있는 엷고 은은한 것을 선택하는 사람이 많고, 또 그것이 당신의 됨됨이를 다른 사람에게 돋보이게 하는 결정적인 인상이 될 것이다.

다른 사람과의 대화에 있어서도 신중하며 감각적이다. 무엇을 하더라도「모양이 좋은 것」만으로는 그치는 일이 없다. 봄빛의 따사로움, 여름 햇볕의 뜨거움, 가을 햇볕의 따가움, 그리고 겨울 햇볕의 따스함을 모두 그것대로의 말로 표현할 수 있는 사람이다. 애정의 표현도 신중하게 하는 가운데 자기의 개성을 나타낸다.

그러나 주의하지 않으면 안 될 것은「상대방을 보고 말하라」는 것이다. 당신의 말의 뉘앙스를 전연 해득치 못하는 벽창호는 당신이 상대방에게 피해가 없도록 완곡히 거절한 일에 대해서, 적대의 뜻으로 받아들여 그것이 뜻하지 않게 회사내에 터무니 없이 엉뚱한 소문까지 퍼뜨려지게 된다.

한편, 영수 2인 사람은 사회적인 어떤 공헌을 함으로써 운명이 열리는 강한 사회운을 띠고 있다. 그러므로 보수를 받기 위해 일을 한다는 것보다 봉사한다는 정신이 강하다. 학생 시절에는 적십자 운동이라든가 농촌 봉사대에 참가하거나 보이스카우트, 걸스카우트의 지도자가 되는 일이 많다. 사회에 나가서도 학문의 길을 택한다든지 종교 활동에 참가하여 문자 그대로 봉사의 정신을 발휘하는 사회의 소금이 될 성격이다.

남성인 경우 다른 사람에게는 친절하며 무슨 부탁에도 잘 응하여 매우 상냥하게 여겨진다. 그러나 한편 처신이 결연한 현실주의적인 점도 없지 않다. 특히 금전에 관한 일에 그러하다. 설혹 자기가 앞장 서서 같이 갔다고 하더라도 반드시 분담한다. 또 당신이 빌려 준 돈을 상대방이 잊어버렸다 하더라도 당신은 그것이 아무리 적은 돈이라 할지라도 일생 동안 잊지 않는 사람이다. 그리고는 의도적으로 상대방에게서 돈을 빌려,「아참, 지난 3월 15일에 꾸어간 돈과 상쇄해 버리세.」하며 빈틈없이 받아낸다.

사무적인 재능은 매우 뛰어나다. 책상 속은 말끔히 정리되어 있을 것이며, 글씨가 깔끔한 것도 남이 따를 수 없는 특징의 하나이다.

여성의 경우 미인, 그것도 잘 생긴 미인이 많다는 것이 특징이다. 모성의 본능이 누구보다도 강하다는 것은 영수 중 최고이지만 묘하게도 사람과의 연분이 잘 이루어지지 않는 데가 있다.

작은 그룹의 리더는 될 수 있을지언정 큰 그룹의 리더는 될 수 없고, 결혼식에 많은 초대장을 친구들에게 보냈다 하더라도 불참의 회답이 많이 오곤 한다. 일생을 독신으로 보내거나 흔히 말하는 2호 생활을 하는 사람도 이 영수에 의외로 많다.

♣ 運 勢

먼저 20세까지의 초년기의 운을 보기로 하자. 초년기는 우선 운세가 좋아서 고생하는 일이 별로 없다. 아버지의 직장 관계로 한두 번 이사를 하게 될 것이다. 어릴 때의 건강은 보통이겠으나, 장남 또는 장녀의 경우는 가벼운 천식을 앓는 일이 있다.

학교 생활도 순조롭다. 두각을 나타내기 시작하는 것은 국민학교 3학년무렵부터. 중학교에 들어가 한 때 성적이 떨어지는 일이 있지만 이때에 공부에 파고 드는 일은 건강에 위험을 준다. 재수를 하더라도 1년으로 끝날 것이며, 제2지망교에는 입학된다.

여성의 경우에는 남녀 공학인 학교보다는 여성의 특질을 길러주는 여학교를 선택하는 것이 좋을 것이다. 취직하는 경우에도 의료 관계·보모 등 여성적인 직업, 또는 은행원·교원 등의 여성이 많은 직장을 고르는 것이 적격이다. 영수 2인 사람은 일생을 통하여 친구가 적으므로 이 시기에 만나는 사람들을 귀중하게 여겨야 한다. 서로간의 환경이 설혹 바뀌더라도 편지는 잊지 말고 낼 것이며, 2년에 한 번은 만나야 한다.

다음은 25세부터 35세까지의 「성년기의 운」이다.

25세부터 30세까지의 5년간에 고난의 고비가 있다. 20부터 35세까지는 초년기의 연장으로 순조롭게 나가 취직도 당신의 뜻대로 된다. 웃사람에게도 얌전하고 약삭빠른 사람이라는 칭찬과 함께 총애를 받는다.

그러나 52세가 지나면 당신의 신중한 성격이 표방되어, 특징과 패기가 없는 인격으로 취급되어 후배에게 뒤진다든가, 뜻에 맞지 않는 자리에 배치된다거나 전근되는 일이 있다. 그러나 이것은 장래의 활약을 위해 참아가면서 달게 받아야 할 굴종의 시기이다. 자기의 특기를 닦고 또 당신의 표현력을 있는대로 살려 자신의 존재를 인식시키는 남모르는 꾸준한 노력을 해야 할 때이다.

회사 이외의 대인 관계에 있어서도 이 5년간에 파란이 있다. 부모와 사별한다든지 결혼 직전에 있는 애인과의 이별, 또는 도난 사건 등이 겹쳐 다가온다.

여성의 경우에는 20세부터의 5년간에 만나는 사람과는 비교적 연분이 쉬 맺어지지만 25세에서 30세까지에 만나게 되는 사람은 성격의 차이로 난점이 있다.

그런데 30세 무렵에 남녀 모두 갑자기 길운이 다가온다. 회사에 근무하는 사람이라면 발탁될 것이며 자유업의 사람에게는 상을 받게 되는 일, 또는 입상 등으로 사회적인 비약을 이루어 일약 각광을 받을 챤스가 찾아오는 것이다.

이 챤스를 확고하게 자기의 것으로 하느냐 못하느냐, 또 오랫동안 지속시킬 수 있느냐 없느냐는 그전의 5년간 당신의 노력 여하가 크게 좌우한다.

이 때는 재산을 모으기 시작하는 절호의 시기. 성격상으로 투기적인 일, 즉 상품 또는 주식에의 투자 등은 맞지 않으며 견실한 방법인 신탁 투자 등에서 성공한다.

35세까지에서 만나 마음에 애정을 느끼게 된 사람과는 일생의 반려자로서 후회가 없는 사람이다. 이때만은 저돌적으로 전진할 마음가짐을 가져야 한다.
 다음은 35세에서 55세까지의 「중년기 운」.
 45세까지의 10년간은 그 전의 상승운을 타고 만사가 순조롭다. 사회적으로나 가정적으로나 안정되어 자연히 경제적인 여유가 생긴다. 그러나 당뇨병 등 호르몬의 이상으로 생기는 병이나 편식으로 생겨나는 병에 걸릴 염려가 있다.
 45세를 지나면 꽤 큰 액운이 다가온다. 특히 가정에서의 일이 그렇다. 자식이 무단 가출한다든가, 화재가 일어날 위험이 있다. 당신은 부하가 당신을 신뢰하며 모든 것이 잘 되어간다고 생각하고 있을지 모르지만 장벽은 꽤 높다. 그것이 이 시기에 폭발할 위험이 있는 것이다. 동료의 객관적인 의견을 들어 볼 뿐만 아니라, 당신의 바로 아래의 부하와 한번 흉금을 터놓고 이야기해 볼 필요가 있다.
 이 위기를 극복하면, 50세를 마지막으로 급상승하여 만년으로 내닫을 수 있다. 부부간의 관계는 「우리의 길을 가련다」의 격이 되어 퍽 안정된다. 지금까지 셋방살이의 생활도 이것으로 끝난다.
 자식들과의 관계는 지나친 기대를 삼가해야 한다. 당신은 언제까지나 자식들과 함께 살아갈 운수가 아니다. 그러나 적어도 하나만은 효자 노릇은 못할망정 같은 방향의 버스 노선의 연도에 살게 될 것이다.
 마지막 「만년기 운」.
 65세 무렵에 중병을 치르게 되는데, 의사로부터 「가까운 일가를 부르는 게 좋겠습니다」라고 선언되는 일이 있겠으나 여기에서는 일단 모면할 수 있다. 섭섭하게도 손자가 몇 되지 않을 듯.

♣ 愛 情 運

　남성의 여성에 대한 태도는 이기적인 신사풍으로 판에 박혀 있다. 레스토랑에 가면 여자에게 재빠르게 의자를 내어줄 것이며, 책상을 맞대고 같이 일하는 여성이 사흘만 계속해서 결근한다면 그녀 집에 꽃을 보내는 식이다.
　또 조용한 밤 골목을 걸을 때, 설혹 여관의 간판이 자주 눈에 띈다고 해도 그녀의 마음을 한 번쯤 떠보는 따위의 일은 결코 하지 않는다. 미인이든 추녀이든, 누구에게나 차별 없이 무척 친절하고 다정하게 보인다.
　그러나 마음 속은 꽤 냉정하여 치밀한 계산을 하고 있다. 결혼 전에 단호한 행동으로 나가지 않는 것은 성격적으로 결단이 지어지지 않는 점과, 혹시 그 결과 나쁜 소문이 떠돌게 된다든지, 재산도 없는 사람과 결혼하게 된다는 두려움 때문이다. 그러므로 후환이 없는 상대자로 보이기만 한다면 단숨에 깊은 관계에 들어가곤 한다.
　결혼 상대는 성적으로는 민감하지만 소극적이며 당신의 손에 의해 개발되기를 기다리는 순진한 여성을 구해야 할 것이다. 다만 주의할 것은 교양의 정도가 너무 차이나지 않게 할 일이다. 어느 정도 상대의 학력을 중시할 필요가 있다.
　결혼 생활은 순조롭겠으나 필요 이상으로 가사에 대해 신경을 쓰지 말아야 한다.

　중년 후반기부터 만년에 걸쳐 바람기가 세차게 불어오겠으나, 가정을 파탄으로 몰고 갈 정도의 것은 아니다.

　섹스는 건강하여 강한 편으로 나이가 들면서 더욱 왕성해진다.

　한편, 여성의 애정운은 어떠할까. 지나치게 남성운이 좋아 오히려 나쁘게 되는 운이다. 영수 2인 여성은 미인, 그것도 이기적인 타입의 용모와 균형 잡힌 미인형이다. 그러므로 프라이드가 높고 때로는 미인, 그것이 자만에까지 상승하여, 겉으로 보아서는 균형도 잡힌 몸매이고 아무 나무랄 데라고는 없는데 막상 사귀어보면 실망을 주게 된다.

　또 자기가 호의를 가진 남성에게는 모두 처자식이 있다고 하는 타입. 당신이 교제하는 남성은 결코 적지 않다. 그러나 인기가 있다고 하여 너무 많은 남성들과 교제하는 것은 바람직하지 못한 것이다.

　영수 2인 여성은 때에 따라서 의외로 물욕(物慾)이 강해지는 때가 있다. 이 경향이 강할 수록 강렬한 모성의 본능을 젖혀놓고 탐욕적이 된다. 결혼했어도 남편에 만족하지 못하고 일생을 불만스럽게 보내게 된다.

　섹스는 두 종류로 나뉜다. 미묘한 민감형과 무드적 불감증형의 두 가지이다. 전자는 본인도 모르는 미묘한 성감이 발달되어 있다. 귀밑의 머리가 바람에 날려 목덜미를 스쳤을 때 엉겁결에 짜릿한 것을 느껴본 경험은 없는가.

　한 번 성욕이 발동됐다 하면 정상 위치에서 옆자세로, 또 선 자세로 생각할 겨를도 없이 여성쪽에서 유도하며, 남성도 그 속에 휩쓸려 빠지게 하고 만다.
　후자의 불감증형은 소녀형이라고 해도 좋을 것이다. 피로하기 쉽고, 상대방과 하나의 감정으로 맞추는 일은 할 수 없다. 그러나 성적인 분위기가 싫어서가 아니므로 횟수는 정도. 베드에 향수를 뿌린다든지 침실의 커튼에 신경을 써서 두 사람의 무드를 조성하는 일을 특히 즐겨한다.
　상대성이 좋은 영수는 1·3·9·4의 순서.
　1은 서로가 부족되는 데를 보충하여 스케일이 큰 커플이 된다. 3의 경우는 어느 정도 상대방에게 주도권을 양보하여 그 운명에 적응해서 성공한다. 9와의 결합은 좀 안정성이 모자라지만 큰 성공, 큰 행복을 얻는 챤스의 짝마춤.
　4는 상대방과 다소의 마찰이 있지만 그것을 설득해 가면서 성공한다는 상대성이다.
　2와 2의 결합은 큰 싸움이 있다는 것은 아니지만 뜻대로 되어가지 않는 짝. 실제의 예로서도 이 짝의 커플은 적은 모양이다. 서로가 마음이 끌리는 데가 없다.
　5와 7은 그저 그런데, 될 수 있으면 피하고 싶은 영수이며, 6과 8은 뚜렷하게 상대성이 맞지 않는다. 특히 8은 서로가 실현성이 희박한 일에서만 의견이 일치된다.

♣ 職業運

　이 영수의 사람은 일에 매우 견실하고 착실한 타입이다. 그러면서도 신속한 처리를 한다든지 참신한 아이디어로 파고 든다든지 하는 것은 서투르다.

독불장군으로 활동한다기보다 조직 속에서, 그것도 크고 견실한 회사 안에서 재능을 발휘할 것이다.

직업운은 큰 변동이 없지만 남의 의견에 강요당하는 일에는 반발하는 성격이므로 거기에서 한 때나마 불우하게 될지도 모른다. 그러나 당신의 실력은 많은 사람들에게 인정되어 있으므로 바로 회복되곤 한다.

당신의 센스는 선견지명이 있어 정확하다. 그것도 그 재능을 자기 자신에게 쓰는 것보다는 어떠한 조직에 공헌하는 형식으로 활용할 것이다. 기획부·개발부 따위에 배치된다면 그것은 당신의 천하가 될 것이다.

영수 2인 사람에게 적합한 직업은 총무·인사·기획 관계의 샐러리맨, 그것도 은행·금융 관계·목재·고분자(高分子) 화학·철강 관계의 회사가 알맞다. 엔지니어라면 콤퓨터 관계·정밀 기계 등의 설계, 약품·식품 관계, 신제품 개발 등에서 재능을 발휘할 수 있다.

靈　數

3

♣ 性 格

 3을 영수로 하는 사람의 근본 성격은「신념」이다. 자기의 신념에 충실하고 오직 그것을 위해 매진한다. 저돌적이라는 말이 꼭 어울릴 것이다. 평소에 무언가 뚜렷한 목적을 가지고 있으며, 그 목적의 실현을 위해서는 한눈을 판다든지, 또 다소의 괴로움 따위에는 아랑곳 하지 않는다.
 특히 개척자 정신에 불타며, 자기 자신이 그것을 하지 않으면 안 된다는 사명감을 가지고 즐겨 고난에 부딪치는 사람이다.
 이 영수에 속한 사람을 보면 그것이 잘 납득된다. 우선 레닌을 예로 들어보자. 마르크스가 제창한 공산주의를 세계에서 처음으로 러시아의 땅에 실현시켜 그후 혁명의 선구자가 되었던 것이다.
 이 영수의 특징은 넓고 얕은 것보다 좁고 깊으며 고원(高遠)하다는 점에 있다. 자기 능력을 발휘할 수 있는 것과 그렇지 못한 구분이 뚜렷하게 서 있으므로 적소에서는 남의 추종을 불허하는 최고의 성과를 올릴 것이며, 최고의 위치를 지켜 나갈 것이다.
 거꾸로 말한다면 융통성이 없다는 말도 된다. 마침내는「나는……」「내가……」라는 판에 박힌 말이 많아져 모든 사람으로부터 소외될 우려가 있다. 약삭빠르게 보이는 수재형이기는 하지만 단순한 직감으로 끝내는 타입은 아니다. 연구심도 왕성하여 어중간해서는 납득되지 않으며 깊이 파고드는 데가 있다. 그런데 쉽사리 흥분되었다가는 바로 식어가는 변덕도 있다.

이것은 자기가 일단 납득되었다 하면 자기 만족을 해 버리는 경향이 있어 그 납득이 누구에게도 통하지 않는 다만 자기만의 납득에 지나지 않는다는 데에 문제가 있다. 더구나 그 끝맺음이 너무나도 급하여 주위 사람들에게 깊은 인상을 줌으로써 더욱 그렇게 보인다. 어제까지 보울링에 열중하고 있었는데 에버리지가 118에 올라가는 순간에 「보울링은 이제 마스터했다」면서 집어 치우는 것이다. 젊었을 때에는 특히 이러한 면이 많아 그 때문에 자기의 재능을 전면적으로 발휘할 수 없게 되는 수가 있다. 이 장애를 극복해야 영수3의 본디의 운세가 나타나는 것이다.
　이 영수의 사람은 평소의 행동에서 자질구레한 일에는 견실하고 바짝 정신을 차리지만 가장 긴요한 곳에서 정신을 놓는 수가 있다. 가령 물건을 샀을 때, 거스름돈이 5원이 모자라도 점원을 심하게 책망하지만, 모처럼 산 물건을 받지 않고 그냥 돌아오는 따위의 일은 그렇게 드문 일이 아니다. 또 유치원의 소풍에 따라갔을 때 이웃 아이들의 시중에 여념이 없는 것은 좋으나, 긴요한 자기 아이가 행방불명이 되게 하는 따위의 일도 있다.
　마음씨는 다정하고 인정스런 동정심이 많은 인품이어서, 곧잘 남의 불편을 보살펴 주지만 옆에서 볼 때에는 그것이 하잘 것 없는 참견이 되어 버린다든지 잔소리가 되어버리는 경향이 있어 웬지 모르게 친구들과 동떨어진다든지, 친구 사이가 오래 가지를 못하는 점이 있다. 성품이 세차고 순진하고 외곬이어서 한 번 마음 먹은 일에 대해서는 누가 뭐라 해도 흔들리지 않는 탓도 있을 것이다.

또 마음 먹은 일을 감추거나 말을 부드럽고 상냥하게 할 수 없다는 점도 상대방의 오해를 사는 원인이 된다.

이러한 성질의 그늘에 숨겨진 재능을 이해하고 북돋아 주는 상사를 만나기란 매우 어렵다. 나에게「지금의 직업에 불만이 있어서가 아니고, 회사의 분위기도 좋지만 어찌된 일인지 자기의 재능이 인정되지 않는다. 직업을 바꾸고 싶은데 어떨까」라는 소극적인 전직 상담을 하러 오는 사람 중에는 이 영수인 젊은 사람이 많다.

여성의 경우도 같은 점이 있다. 자기가 이렇다고 한 번 마음 먹은 일에 대해서는 쉽사리 양보를 하지 않는다. 남에게 지기 싫어하고 자의식이 지나치게 강하므로 동성간에도 미움을 사는 수가 있다. 진심으로 도와준 상대방으로부터 배신당하는 일은 남성의 경우보다 더 많고, 더구나 친절을 베풀면 베풀수록 더 심한 배신을 당한다.

주의해야 될 점은 에너지의 보급이다. 이것은 심신 양면에 대해서 말할 수 있는 일이다. 신체상의 면으로 본다면 평소에는 원기왕성하게 활동하여 매우 튼튼하게 보이지만, 실은 체질이 약하여, 고목과도 같이 쓰러질 염려가 있기 때문이다. 갑작스레 세상을 떠나면「어제밤까지 같이 바둑을 두었는데……」라는 말을 듣는 일은 이 영수의 사람에게 많다. 음식에 조심하고 특히 미네랄·비타민 등의 보급에는 충분한 유의가 필요하다.

여성의 경우는 저혈압·빈혈이 많고 임신·해산 때에는 뜻밖의 장애가 일어날 염려가 있다. 또 신경통이나 류머티즘 등으로 다년간 병석에서 고통을 받는 일이 많다.

♣ 運 勢

먼저, 20세까지의 「초년기운」을 보자.

영수 3의 초년기 운세는 좋은 가정운이 보인다. 애정에 넘치는 어버이의 애틋한 온정에서 자라나는 상이다. 경제적으로 그렇게 유복하다고까지는 할 수 없으나, 그렇다고 친구들에게 부담을 지울 정도의 일은 없다. 다만 사는 집이 몇번이나 바뀔 이사수가 나타나 있다.

국민학교·중학교를 통하여 성적은 좋은 편.

초년기의 끝무렵에 인생의 기로에 서게 된다. 진학할 것인가 그만둘 것인가. 진학한다면 이공계나 문과계냐. 여성이라면, 자기의 재능을 살릴 수 있는 학교를 선택할 것인가. 그렇지 않으면 부모가 권하는 현모양처가 되는 학교를 선택할 것인가——. 적어도 세 사람의 의견을 듣고 결단을 내려야 할 것이다. 이때에는 아직 자신의 적성을 확고하게 발견치 못하고 있는 때이다.

19세 무렵 건강에 주의해야 할 때가 있다. 학교나 직장에서의 정기 건강 진단에서는 이상이 없다 하더라도 반드시 정밀 검사를 받도록. 또 이 무렵에 시력이 갑작스레 나빠질 염려가 없다. 이러한 징조가 있으면 주저할 것 없이 바로 안경을 쓰도록 한다.

다음은 20세부터 35세까지의「성년기의 운.」

이 시기의 전반에, 당신은 고독감에 빠져 들 것이다. 친구도 생기지 않고 선배나 상사의 혜택도 이렇다 할 것이 못된다. 그러나 자기를 일단 젖혀놓고 남의 말에 귀를 기울이는 것으로써 이 고민을 해소할 수 있고 직업적으로나 사회적으로도 운이 열린다. 설령 운이 트이지 않는다 하더라도 이 시기의 지식 축적은 장래와 이어질 재산이 된다.

30세 경에 운이 트일 상이 보인다. 회사 밖의 사람으로부터 상사에게 당신의 재능을 인정한다는 말이 전해져 본인도 모르는 사이에 높은 평가를 받게 된다. 또 자신의 성격도 겨우 인간 관계에서 원만하게 되어 운세는 급커브로 상승하게 된다.

남성의 경우는 이 시기까지 기다리는 것이 좋은 배우자를 맞게 되는 길이다. 특히 경제적으로 당신을 뒷받침할 결혼이 기다리고 있다.

여성의 경우는 남성에 비하여 운이 트일 시기가 조금 빠르다. 35세까지는 상대방에게 농락당할 우려가 있다는 것에 유의하라.

남녀 모두 30세가 지나 「마이 홈」을 가질 운세가 있다. 지금까지 당신은 주택운이 없었으나 여기서 당신은 기대의 70% 까지는 만족할 수 있는 주택을 얻게 된다. 매매 수속은 빨리 그리고 정확하게 하도록.

그러면, 35세부터 55세까지의 「중년기 운」은 어떠할까.

45세까지는 일생에서 가장 운세가 좋은 시기이다. 매사를 자기의 의견을 60%, 정도로 하여 결정지어 나간다면 큰 착오는 없을 것이다.

경제적인 운도 트이고 있다. 낭비하지 말고 저축하는 일이 긴요하다. 만년에는 반드시 이 저축에 의존하게 될 사태가 닥쳐 올 것이다. 교제 범위는 그렇게 넓지 않지만 여러 모로 배려해야 할 입장에 서게 된다. 중매인으로서의 부탁도 많이 온다. 그러나 실질적으로 두 사람을 결합시키는 역할은 좋으나 결혼의 중매는 가급적 사양하는 것이 좋겠다. 또 보증인이 되는 일은 아예 피해야 한다. 인감에 연유되는 문제가 생길 우려가 있다.

건강운은 이 시기에 얼마간 쇠퇴하고 있으므로 한 번 한의사를 찾아보는 것도 좋겠다.

당신과 자식 사이에 험악한 공기가 감돈다. 어느 정도는 세대 차이 탓도 있겠지만 당신 두 부부가 자식을 기르는 데에 대한 의견 교환이 없었다는 것도 커다란 원인이다. 큰 충돌이 있을 때일수록 화해의 계기가 될 것이니 아버지와 딸, 어머니와 아들의 짝 지음으로 차분하게 이야기를 주고 받을 것을 권한다. 신뢰감을 자꾸 손상시킬 우려가 있으므로 함부로 남에게 상담한다는 것은 생각할 문제이다.

끝으로「만년기 운」.

운세는 확실히 내리막길의 시기에 들어섰다. 발버둥치면 칠수록 나빠질 뿐이므로 두 길 중에서 오로지 안이한 쪽을 택해야 하나. 성년 후의 취직도 높은 것만을 바라지 말고 매달 생활비 정도의 수입이라면 그것으로 만족하도록. 지위에 미련을 두어서는 안된다. 별것도 아닌 명예직 따위의 청이 있으면 이해 문제를 떠나 선듯 받아들여야 한다. 의외의 운이 트일 챤스가 되어 줄 것이다.

투기적인 일은 금물. 병으로 많은 돈을 버리게 되므로 안전 제일의 재산 관리에 유의해야 한다.

중년기부터 시작된 건강운의 쇠퇴는 이때에 와서도 그치지를 않는다. 지금이야말로 당신에게 있어서는 선생이 유일한 좋은 양약이다.

♣ 愛情運

영수 3인 남성에게 있어서는 무엇보다 일이 먼저이고 여성이 둘째라고 하는 데가 있어 여성을 조금 가볍게 취급하는 경향이 보인다. 그러나 그것이 매력이 되어 여성에게 꽤 인기가 있다. 당신 자신이 여성에게 홀딱 빠져 버리는 일이 없기 때문에 자연히 결혼에까지 골인할 상대자를 발견하기란 어려움이 있다.

그러므로 부모는 몸이 달아 선을 보는 데에 초조하고, 당신 자신도 지금의 처지에 체념해 버리는 수도 있겠지만 그렇게 너무 결혼을 서둘 필요는 없다. 운세에서도 30세 전후에 좋은 연분이 기다리고 있다. 직장 관계로부터 연분보다는 친척 관계의 연분으로 맺어지는 쪽이 장래의 가정운에 안정감이 있다.

영수 3인 남성의 섹스는 정력적이라기보다는 테크니션이라고 하겠다. 말하자면 상대방을 지치도록 만족시키고 자기도 만족하는 타입으로, 여성에게 남성 섹스의 가치는 결코 페니스의 길이나 굵기 따위의 외형적인 것에 있는 것이 아니라는 것을 바로 실천으로 느끼게 할 것이다.

첫 체험도 꽤 빨라 늦어도 20세까지는 동정을 잃고 만다. 초기에는 연상의 여성으로부터 귀여움을 받는 경향이 많아 여성을 즐겁게 하는 기교를 일찍 터득하게 된다.

결혼 전에 적어도 다섯 사람의 여성과 교제를 가지며, 그 중 한 사람과는 결혼 후에 관계가 부활하는 찬스가 있다.

중년이 되어 사회적으로 안정되면 바람기가 세차게 일어난다. 이 바람기를 끊어버리면 본인의 운세까지 시들어 갈 정도로 숙명적이다. 가정을 파괴할 정도로까지는 가지 않는 것이 불행중 다행인데 속죄하는 뜻에서 가정을 중하게 여기는 사람이 많다.

여성의 경우는 어떠할까.

매우 들떠 있는 기분으로 마음이 항상 차분하지 못하고 흔들흔들 하는 사람이 많은 듯하다. 애정 문제에 있어서도 마치 불붙듯이 하다가도 금방 식어 버리는 점이 있어 남성의 한계를 간파라도 한 듯한 몸가짐을 가진다.

그러나 결혼하여 중년기에 들어가면 인간이 변한 듯이 오직 자기 남편만을 믿고 가정적인 주부가 된다. 매우 잔재주에 뛰어나 빵도 집에서 만들 뿐더러 아이들의 옷도 모두 손수 집에서 만든다. 다만 과잉 보호의 결과 배타적인 아이들을 만들 우려가 있으니 이 점을 특히 주의해 주었으면 한다.

영수 3인 여성의 섹스는 남성과 달라 매우 담백하다. 너무 스태미나가 없고 쉽게 피로를 느끼는 체질이다. 그러나 남다른 명기(名器)를 가지고 있어 상대방을 충분히 만족시킨다.

40대의 초기에 하찮은 남성에게 맹랑하게 속아 넘어 갈 위험이 있다. 상대는 연하의 남성으로, 당신의 자존심을 만족시켜 주면서 가까이 해 온다.

상대성이 좋은 영수를 차례로 든다면 1·2·3·4·5·4가 될 것이다.

1은 상대편의 강한 개성이 당신을 커버해 줄 것이며, 2는 당신의 좋은 파트너임을 나타낸다. 당신의 고집에서 취할 것은 취하고 버릴 것은 버린다.

3은 조그마한 트러블은 있으나 이혼이나 별거 같은 결정적인 파국은 결코 없다. 그만큼 안심하고 자기를 뻗어나가게 할 수 있는 상대성을 가지고 있다. 5는 당신을 뻗쳐 주는 짝맞춤이다. 특히 남성이 3인 경우 좋은 상대성. 4는 당신이 상대편의 심복이 되었을 때에는 서로가 장점을 신장시키는 짝이 될 수 있으나 서로가 자기 주장만 내세우는 경우는 맞부딪칠 위험을 내포하고 있는 것이다.

6은 좋지도 않고, 그렇다고 나쁘지도 않은 상대성. 7·8·9는 가급적이면 피하고 싶은 짝. 7과 9는 서로 사이에 상대편의 결점을 지나치게 꿰뚫고 있어 항상 후회하면서 살아가는 결과가 된다. 8과는 경제적으로 파국을 면치 못할 상이 보인다.

♣ 職業運

자기 일에 대해 책임감이 강하여 맡은 일에 대해서는 최선을 다한다. 사무적인 일에 취향이 있다. 이 방면의 일에서는 일찍부터 신뢰를 받게 되며 착실한 근무 태도가 빠른 승진을 가져다 준다.

그러나 이 영수의 사람은 그 우수한 두뇌 때문에 마음 속으로는 만족하지 못하고 보다 창조적인 분야에서의 활동을 바란다.

그런데 이 독선적이고 상대방 입장이 되어서 사물을 생각지 못하는 성격이 도리어 출세를 방해한다.

회사에 근무한다면 철도나 수송 관계 회사 또는 금속 관계 회사가 알맞다. 종교가·정치가·외교관·신문 기자 등으로도 두각을 나타낼 수 있다.

당신은 상사로부터의 운은 그다지 타고나지 못했으나 좋은 부하를 가질 수는 있다. 이것을 살리느냐, 죽이느냐는 것도 오로지 당신의 도량에 달려 있다. 특히 45세가 지나서 얻는 부하는 성격상으로 맞지 않는 데가 있겠지만 재능만은 뛰어나 있다.

靈數
4

♣ 性 格

꽤 자기 주장이 강한 성격이다. 쟁론을 좋아하고 자기 주장이 받아들여질 때까지 양보하지 않는 사람이 이 영수에는 많다.

그러므로 남으로부터 매우 의지가 강하고 자신만만한 사람이라고 평가받기 쉬우나, 사실은 그렇지가 않다. 표면에 보이는 것과 내부에 있는 것의 모순과 그 극복 —— 이것이 영수 4의 기본 성격이다.

성질이 외곬이며, 강하게 보이는 반면에 자신이 없으며, 강경한 주장도 실은 남의 의견을 정반대로 말해 본 것에 지나지 않는다든가, 타인으로부터의 호의를 격한 말투로 거절하면서도 마음 속으로는 한번 더 그 호의를 보여 주었으면 하고 기대하는 점이 있다.

누구와도 밝고 쾌활하게 이야기를 주고 받으며 노래하고 흥겨워는 하지만, 그 이면에는 친구들을 냉정하게 비판하며, 그러한 무리 속에 들어 있는 자기를 우매하다고 생각한다.

따라서 이러한 자기 분열과 모순을 깨닫고, 그것을 극복하여 그 위에 보다 높은 자기를 만들것인가, 그렇지 않으면 전혀 그러한 것에는 아랑곳 없이 그때그때 기분에 따라 흘러가는 대로 할 것인가에 따라 운세는 크게 변한다.

전자의 경우에는 예술이나 학문 등 극기적이고 비약을 요구하는 분야에서 크게 성공한다.

내부의 잠재력은 사물의 본질을 어디까지나 파헤치려고 한다.

그만큼 일이라면 「이 사람이 있어야 한다」는 정도로 성과를 올릴 수 있지만, 대인 관계는 앞에서도 말한 바와 같이 매우 어려운 데가 있다. 신용하는 사람과 신용하지 않는 사람을 극단으로 차별하며, 더군다나 그것을 숨길 줄 모르는 점은 인화를 유지하는 데 큰 마이너스이다. 사회적인 지위를 얻기 위해서는 이런 버릇을 없애고 너그러운 마음으로 남을 대하고, 단점보다는 장점을 보는 태도를 가져야 하겠다.

이렇게 하면 운이 트기 마련이지만, 영수 4의 숙명 때문에 전폭적인 행운을 잡는다는 것은 어려운 일이다. 사업의 운이 트면 이성의 운이 막히고, 금전운이 트면 가정운이 막힌다는 식의 운이다.

그런데 후자의 경우, 즉 자기 모순에 아랑곳 없는 경우에는 마찰이 많은, 자기 생각에 거부 반응이 많은 인생을 보내게 된다. 성격이 거센 점, 융통성이 없는 점이 두드러지게 나타나 남의 도움을 살릴 수 없고, 찬스를 자꾸 놓쳐버리게 된다. 또 마음속의 생각을 있는 그대로 입으로 뱉어버린다든지, 감정을 그대로 얼굴 표정에 나타내기 때문에 친구들로부터 소외당하는 수가 많다. 겸손과 순수성이 없다는 등의 말을 뒷전에서 듣게 된다.

또, 때로는 대인 관계에서 호감을 얻어 자기를 더욱 잘 보이게 하기 위하여, 실현 가능성이 없는 일의 부탁을 선뜻 받아들이기는 하지만 결국은 생각대로 잘 되지 않아 원망과 경멸을 사는 수가 있다.

여성의 경우는 남성에서 남성으로 전전하는 운명에 처할 위험이 있다. 상대방의 장점이나 취미에 이해가 없고 자기의 일시적인 홍미만을 중하게 여기는 폐단이 있다.
 한 곳에 꾸준히 머물 수 없는 성격도 있다. 어느 통계에 의하면 가출한 사람이 차지한 영수 4의 비율은 매우 높다는 것이다.

♣ 運 勢

 영수 4인 사람의 운세는 자잘한 파동을 가지는 중간쯤의 운이다.
 먼저 20세까지의「초년기 운」을 보자.
 비교적 가족수가 많은 가정에 태어나는 사람이 많을 것이다. 부모가 꽤 연만해서 얻는 자식이기는 하지만 초년 중에 부모를 잃는 일은 없다. 그러나 형제 중에 재능이 뛰어난 형들이 많아 마음속에 남몰래 열등감을 가지고 자라나는 경우가 많은 듯하다. 그렇다고 당신 자신의 성적은 결코 나쁘지 않으며, 오히려 우등생에 끼이는 수가 많지만, 가정에도, 또 학교에도 어찌할 수 없는 라이벌이 항상 있다는 것은 운명적이다. 이러한 환경의 탓인지 일찍부터 예능 등의 방면에 뜻을 두는 케이스가 많이 보인다.
 학교는 공립·국립보다는 사립을 선택하는 것이 좋겠다.
 건강은 좋다. 특히 국민 학교 시절에는 발육이 빨라 한 또래 가운데서 뛰어나게 좋은 몸집을 갖게 된다.
 여성의 경우 초경이 학급에서 첫째, 둘째를 다툴만큼 조숙하며 중3무렵에는 꽤 여자티가 나게 된다.
 남녀 모두 18, 9세 무렵 결혼·직업·취미 등 어느 면에서든지 일생 동안 사귈 사람과 만나게 된다. 이 사람은, 오해를 많이 받는 당신의 일생 중에서 항상 따뜻한 정으로 당신을 보살펴 줄 사람이다.

남성의 경우는 이 초년기에 결혼하는 사람이 비교적 많은 모양이다. 다만 그 중에는 중년기에서 갈라 서게 되는 짝지음이 어느 정도 보이므로, 부모의 의견을 존중하는 것이 현명하다.

직업을 선택할 때에는 매우 갈피를 잡지 못한다. 당신의 적성 면에서 선배가 영향력 있는 어드바이스를 하지만 여기에서는 오히려 당신 자신의 소망대로 뚫고 나가는 것이 좋을 성싶다.

다음은 20세에서 35세까지의 「성년기 운」.

중년기도 초년기의 운을 이어받아 대세는 중간쯤의 운세. 그러나 후반에는 쇠퇴운이 기다리고 있다. 가정운은 대조적으로 남의 의견을 잘 듣고, 순수하게 순응하는 배우자를 만나게 되어 가정은 당신의 주도권으로 이끌어 나간다. 아이의 수는 희망하는 대로 낳을 수가 있지만 사내아이뿐이라든가 계집아이뿐으로, 넷째 아이까지도 동성이어서 불만스러울 것이다.

님녀 모두 성년기의 끝 무렵에 배우자로부터 가벼운 배신을 당할 기미가 있다. 남성의 경우는 아내가 당신에게 사전의 의논도 없이 투기적인 일에 손을 뻗쳐 타격을 받는다든지, 아내의 바람기에 대해서 소문이 이웃간에 떠돌게 된다.

여성의 경우는 남편이 당신의 반대에도 불구하고 친구와 공동으로 사업을 벌여 실패로 끝내고, 처음의 회사보다 대우가 형편 없는 회사에 다시 취직하게 된다. 또 아이의 학교 선택에 일류만 찾은 나머지 재수생을 만들지도 모른다.

35세에서 55세까지의 「중년기 운」은 어떠할까.

이 시기는 일생 중에서 가장 쇠퇴하는 시기이다. 회사나 사업에 있어서 한창 때이며, 관리직의 지위에 오를 때이지만 자기의 성격적인 결점이 드러나서 부하로부터의 신망을 잃는다. 특히 사람에 대한 기호가 심하며, 더구나 그것을 감추려고 하지 않고 인사 관리에도 그 폐단이 반영되어 크게 실패하여, 한직에 옮겨지는 곤란한 처지에 놓인다. 전직의 기미도 있지만 이전의 수입만큼 되기는 어려울 것이다.

화재나 도난의 악운도 보인다. 보험은 생명 보험보다는 손해 보험에 중점을 두도록. 자동차를 가지고 있다면 필히 보험에 들어둘 필요가 있다.

질병의 운이 보여, 간신히 목숨을 건지는 따위의 큰 병에 시달림을 받는다. 하루 15분 이상의 산책, 또는 일찍부터 테니스·탁구 따위의 운동을 권한다.

또 여성의 경우는 방심으로 필요 없는 임신을 하는 수가 있다. 자궁외 임신 징조가 있으니 임신된 것을 알면 바로 전문 의사의 진단을 받도록. 남녀 모두 가벼운 질환이라도 바로 정밀 검사를 받는 것이 현명하다.

그러면 마지막으로 「만년기 운」을 보자.

만년의 초기가 쇠퇴운의 구렁텅이다. 정년 후 근무하기로 했던 회사에의 취직이 틀어졌으며, 집을 살 때 진 빚을 갚을 길이 없게 되어 갑작스레 작은 집으로 바꾸지 않으면 안 되게 된다든지, 자식에게의 송금이 불가능하게 되어 부득이 지망을 바꾸게 되는 뜻밖의 사태에 부딪친다.

그러나 이 시기를 넘기면 급격히 운이 상승하여, 말하자면 만년기 운에 꽉 짜인다. 이것은 자식의 배우자와의 짝지음에서 초래되는 운이다. 경제적으로도 안정되어, 취미를 살릴 수 있는 여생을 보낼 수 있을 것이다.

그러나 만년기운이 다른 사람으로 해서 얻어진 것인 만큼 자기 주장을 억누르는 노력이 필요하다. 그렇지 않으면 자식과 헤어지게 되며, 배우자와도 맞지 않는 고독상이 갑작스레 닥쳐온다.

♣ 愛 情 運

이 영수의 남성은 여성에 대한 태도가 매우 조용한 신사형이다. 상대방에 마음을 쓰는 것도 조금은 지나치다고 생각될 정도. 중국 음식점에 들어가 주문이 끝난 다음에 그녀가 실은 서양 요리가 먹고 싶었다라고 뒤늦게 말했다면, 종업원과 한바탕 입씨름을 하더라도 중국집을 나와 서양 음식점을 찾을 정도이다.

그러나 이 조용한 호수와도 같은 정다움의 그늘에는 누구에게도 뒤지지 않는 강한 성적욕망이 뒤끓고 있다. 식사를 기다리면서 또는 음악을 같이 들으면서 마음속으로는 젖꼭지를 가볍게 물었을 때의 쾌감을 상상하며, 또한 이미 상대방에게 깊이 빠져 들어간 순간을 머리에 그리고 있는 것이다.

따라서 민감한 상대자는 분위기로써 그것을 통찰하여 당신의 그 기분을 냉각시키고 있으므로, 당신과 똑같은 경지에 빠진다는 사랑의 일치는 도저히 얻을 수 없다.

또 실제의 섹스의 장면에서는 격한 기분과는 달리 그렇게 강하지 않다. 생명력이 약하다고나 할까. 스태미나 부족으로 긴 시간을 지속하지 못한다. 다만 마음으로 침범하는 것에 만족하고 몸으로는 만족할 수 없는 성품이다.

젊었을 때에는 조루의 기미가 많고, 특히 첫 경험의 경우는「문전에서 실례」의 위험이 있다. 경험이 있는 여성의 리드로 첫 체험을 가지는 것이 장래의 성생활에 좋은 영향을 가져다 줄 것이다.

결혼은 26세 전후가 가장 알맞다. 30세를 넘어서도 독신이라면, 아예 35세까지 기다려야 한다.

그러면 여성의 애정운은 어떨까.

영수 4의 여성은 정에 강하여 감정을 노골화시키는 점이 있다. 자기의 리듬에 맞지 않는 그에게「당신은 참 둔감하군요」라든가,「의외로 짧군요」따위의 말을 예사로 내뱉는다.

상대의 기분을 살피지 않는 이런 몸가짐이, 성격에서 말한 바와 같이 이 남성에서 저 남성으로 전전하지 않을 수 없는 결과를 초래하는 것이다. 확실히 당신은 자기의 리더십으로 움직이는 것이 애정면에서의 행복을 얻는 길이지만 그런 경우에도 어디까지나 상대방의 기분을 이해하고, 모르는 곳에서는 남의 눈에 나타나지 않게 하는 것이 중요하다. 상대방에게 지기 싫어하는 성질의 표방은 아무쪼록 피하도록 하는 것이 좋다.

남성에 대한 운은 그렇게 좋은 편이 못되어 후처나 노처녀의 상이 있다. 중매의 연분을 귀중하게 여길 것이며, 자기가 찾아낸 연분에는 최선을 다해야 한다.

섹스 면은 감도도 좋고, 상대방을 즐겁게 해주는 천성의 기교도 가지고 있지만, 마음으로부터 우러나오는 일은 그다지 없다. 피로하기 쉽고 스태미나가 오래 지속하지 못하는 점은 남성과 같다. 때때로 이상하게 흥분하여 상대방을 놀라게 하는 수가 있다.

그러면 상대성을 보자.

가장 좋은 상대성의 영수는 6이다. 착실하기도 하지만 놀기를 좋아하여, 즐거운 분위기를 만들어 당신의 성격의 난점과 결점을 감싸 준다. 또 남의 지시도 그렇게 싫어하는 편이 아니어서 가정 생활도 마찰이 없이 지낸다.

다음은 3이다. 이것은 상대방과 제각기 본분에 있어서 주도권을 알맞게 가지고 있는 짝지음이다. 서로가 과히 마음의 너그러움이 있는 편은 아니지만, 부딪치는 곳이 없이 장점이 장점을 신장시켜, 결점을 장점으로 바꿔주는 기묘한 짝이다.

2도 좋은 상대이다. 이것은 2가 가지는 강한 운세가 4를 카버하여 동화되는 가능성이 있기 때문이다. 그만큼 자기를 희생시켜야 하는 점이 있지만 이것은 참을성으로 지탱될 것이다.

4·5는 그저 그런 짝. 5는 조금 기복이 있지만 당신이 여성이라면, 그것을 내조로써 받들어 남편의 운세를 상승으로 이끌 수가 있다.

4는 연애로 맺어지는 때는 이혼의 상이 있으니 주의가 필요하다.

1·7·8·9는 피하는 것이 좋겠다. 1은 상대방이 지나치게 강하므로 당신이 먹히고, 더구나 상대방의 쇠퇴운과 당신의 쇠퇴운이 겹쳐져, 좋은 운을 1의 운세가 방해할 경향이 있다.

3의 경우는 마이너스와 마이너스가 맞부딪치는 짝맞춤이다. 인생은 수학의 세계와는 달라 마이너스와 마이너스의 홍정은 역시 마이너스인 것이다.

♣ 職業運

섭섭하게도 직업면에서는 대성공을 바랄 수 없다. 보통 정도에서 더 높은 것을 바라는 것은 큰 실패를 불러오는 원인이 된다. 영수 4인 사람에게는 큰 욕망은 바로 무욕과 마찬가지이다.

어떠한 조직체에서 일할 때에는 인화가 당신의 명제인 것을 몇 번이나 강조했다. 그러나 당신을 이해해 주는 상사를 만나기란 지극히 어렵다. 그것보다도 더욱 어려운 것은, 당신이 상사가 되어서 사람을 부리게 되는 때이다. 당신은 매우 의욕적으로 회사를 위해서, 또 부하들을 위해서 이바지하고 있다고 생각하고 있을 것이다. 그러나 그것은 환상에 지나지 않는다. 부하와의 알력이 당신의 치명상이 되며, 회사의 중역진에서는 미련없이 당신을 버리고 돌보지 않을 것이다.

이러한 어려운 길을 걷기보다는 당신은 독불장군으로서의 인생을 선택해야 할 것이다. 건축가나 디자이너 등과 같이 계획성과 센스가 요구되는 직업, 또는 예능 방면 등에도 알맞겠다. 자기 자신이 직접 기예를 발휘하지 않더라도 예능계의 매니저 따위에도 적성이 있다.

회사에 근무한다면 연구 관계, 또는 기능직이 무난하다. 자동차 회사, 가구 관계, 식품 가공, 통신기 공업 등의 업종이 적당하다. 그것도 대회사보다는 종업원이 기백을 넘지 않는 곳이 좋을 듯하다.

그렇게 발전적인 직업운이 아니므로 때때로 전직의 유혹이 있을 것이다. 그러나 당신에게 있어서는 지금의 회사가 맞지 않는다는 것은 다음의 회사도 역시 맞지 않는다는 얘기가 된다. 기어코 지금의 회사를 그만두고 싶다면 차라리 독립하는 길을 택하는 것이 좋을 것이다.

靈 數

5

♣ 性 格

 강한 성격과 강한 운세가 맞잡은 것이 영수 5이다.
 이 영수인 사람은 남녀 모두 엘리트 의식을 강하게 가지고 있다. 그리고 사실에 있어서 자질에 뛰어나고 그것을 실현하려는 왕성한 기력에 넘쳐 있다.
 이러한 사람은 대체로 안하무인, 유아독존에 남의 말이란 듣지 않지만, 이 영수인 사람은 남의 말을 잘 들어 그것을 자기의 밑거름으로 삼아 자기를 크게 키워 나갈 수 있는 사람이다. 그러므로 조직자로서도 매우 유능하다. 또 한 가지 빼놓을 수 없는 일은, 이러한 재능이 실리성과 생산성에 직결되어 있다는 것이다.
 이것은 영수 5인 사람에 지도적인 실업가가 부지기수인 것으로 실증되고 있다.
 또한 이 영수인 사람은 민감하고 섬세한 두뇌를 가지고 있다는 것도, 이론 물리학계에서 노벨상 수상자가 비일비재하게 나왔다는 것으로 나타나고 있다.
 다만 상대방에게 너무 자기를 터놓지 않기 때문에, 상대편에서 보면 무엇을 생각하고 있는지 도무지 속을 알 수 없는 인간이라는 비난을 받을 때도 있을 것이다.
 풍부한 재능을 가지고 있는 한편, 그 재능이 처치 곤란하여 차분하지 못한 데가 있다. 어느날 나에게 상담하러 온 사람 중에 그런 아들을 가진 어머니가 있었다. 그 아들은 우리나라 명문 대학 S대학의 영문학과에 들어갔으나 불만족하여 이학부로 옮긴 후

식품 화학을 전공하여 대학원까지 나왔다. 그리고 취직하여 한동안 근무하더니 이번에는 새로운 약을 연구하기 위해 제약 회사로 옮기고 싶다는 것이었다. 이것은 결코 싫증이 나서가 아니라, 어디로 가든 자기의 재능이 인정된다는 것이 오히려 불만을 일으키는 것이었다. 이 아들과 같은 영수인 사토(佐藤)수상의 경우와 같이 훌륭한 인도자가 이 아들에게도 있었으면 하고 아쉬워했다.

이토록 스케일이 큰 사람이므로 제멋대로의 버릇이 있고, 속박을 싫어하며 자유분방한 행동을 바라고 있다는 것은 어찌할 수 없다는 것보다 당연한 일이겠다. 학교에 갔어도 재미가 없는 선생님의 수업에는 들어가지 않으며, 이웃 학교와 트러블을 일으켜 학교 당국으로 하여금 그 뒷처리를 하게 하며, 정학 처분쯤은 떡 먹기다. 어리광스럽기도 하여 국민 학교시절에도 어머니 옆에서 자려 들고 어머니의 젖을 만지작거리는 남자아이라든가, 중학교에 들어 갔는데도 아버지와 함께 목욕탕에 들어가는 딸들이 많다.

그러나 한편 사람이 좋아, 남의 부탁을 거절하지 못하는 약한 마음의 수인공이기도 하다. 이러한 됨됨이므로 친구가 많다는 것은 말할 나위도 없다. 사상이나 취미를 초월하여, 용하게도 이렇게 다양한 친구들을 사귀었나 싶어 놀람을 금치 못한다. 일러한 친구들이 집에 드나들어 가정으로서는 귀찮기 짝이 없으나 덕분에 가까운 술집이나 가게에서의 인기는 독차지한다.

영수 5의 남성의 단점은 여난의 상이 있다는 것이다. 여성에 대하여 상냥한 것은 좋으나 그렇게까지 호의를 가지지 않는 사람에게까지 친절이 지나쳐, 상대방으로 하여금 부담을 갖게 한다.

그렇기 때문에 언제까지라도 당신을 기다리다가 혼기를 놓치는 여성이 생겨 부모들 사이에 거절할 때에는 설혹 자기가 나쁜 처지에 놓일지라도 결연히 거절한다는 일이 필요하다.

이것은 여성에게 있어서도 같은 이야기라 할 수 있다. 보스격이 되어 여학교의 동창회를 주도한다든지, 회사에서 불평분자들의 앞잡이가 된다든지, 빚을 받아내는 데에 이용당한다든지 하여 생각지도 않았던 일에 피해를 입게 된다. 싫은 일은 싫다고 하는 것이 당신에게는 큰 과제이다.

일류 의식에 불탄 나머지 입는 것, 그 밖의 모든 것이 남보다 좋지 않으면 마음이 놓이지 않는다는 허영에 사로잡히면, 사람이 좋은 데다 남의 치켜올림까지 받아 나쁘게 이용당하게 된다. 자기 손이 닿는 곳에 있는 것만을 취한다──그러나 그 손을 멀리 그리고 길게 뻗친다──이것이 당신의 이상적인 모습이다.

또 하나의 결점은 시간에 방종 헐렁한 점이다. 더구나 사람을 기다리게 하는 것은 보통이지만, 자기가 남을 기다리는 일은 질색이라는 제멋대로의 버릇이 있다. 누구든 만나자고 하면 거절하는 일이라곤 없다. 그러면서도 미움을 사지 않는 것은 거물다운 소질이라고 하면 그만이겠지만 인생의 행운을 확고하게 잡기 위해서는 시간과 약속에는 충실하지 않으면 안 될 것이다.

♣ 運 勢

강한 운으로서 높고 낮음보다는 폭이 있는 운세를 가지고 있다.

　우선 20세까지의 「초년의 운」을 보자.
　가정은 평범하다. 특히 유명한 아버지라든지 가문에서 태어나지 않는다. 경제적으로도 중류이므로 남의 신세를 크게 진다든지 하는 일은 없다.
　국민학교에 들어가면서부터 학교에서 모르는 선생님이 없을 정도로 주목받는 존재이다. 이것은 중학교에서나 고등학교에서도 마찬가지다.
　학생들간에도 마찬가지로 유명하다. 남성의 경우는 어디까지나 남자답고, 여성이라면 한눈에 매료되는 분위기를 자아내는 매력을 지니고 있다. 물론 가방이나 호주머니 속에는 중학교 무렵부터 러브 레터가 하루에 두통내지 세통이 들어 있지 않은 때가 없을 정도.
　첫 체험은 거의 십대에서 끝난다. 그 상대는 같은 학교의 친구라든지, 동료 따위의 손쉬운 것이 아니고, 일류 취미를 가지고 만족시켜 주는 남성 또는 여성이다.
　남성의 경우는 이 무렵부터 장래 양자로 입적시키겠다든지, 우리 회사에 근무하기를 원한다는 후원자적인 신청이 많이 들어올 것이다. 그러나 장래에의 전망이 아직 미정되어 있는 상태인지라 마음이 동요되는 일은 없다.
　남녀 모두 지방 학교를 정하거나 직업을 선택할 때에는 크게 고민하게 된다. 더군다나 정신상의 고민뿐만 아니라 행동적이기 때문에 시행 착오적인 일도 많이 일어난다. 그러나 영수 5에는, 자기 재능이 가장 강하게 발휘될 때에는 차분하게 침착해지는 성격이 있다. 초년기의 망설임은 오히려 그 양쪽의 것을 모두 맛봄으로써 해결된다.

다음은 20세에서 35세까지의「성년기 운」.

남녀 모두 초년기의 끝무렵부터 성년기의 처음에 걸쳐 사랑을 겪게 된다. 그리고 처음으로 자기의 힘으로는 움직일 수 없는 사람의 마음이 있다는 것을 몸소 체험하게 된다. 이 연애는 하늘이 내린 시련으로 알고 열매를 맺지 않는 것이 좋다. 어쩌면 그 상대는 자기의 친구를 소개해 주고서는 자취를 감춰 두번 다시 나타나지 않을 것이다.

취직은 이쪽에서 고르는 입장에 있다. 완성된 큰 조직 속의 회사보다는 역사가 짧은 회사에 들어가는 편이 좋겠다. 만일 큰 조직 속에 들어간다면 관청이 적합하겠다. 그리고 그것은 뼈를 묻을 곳으로 생각하지 말고 크게 비약할 준비 단계로 결단성이 있게 이용할 것이며, 장래의 기반을 닦는 모체로 삼아야 한다.

성년기의 후반에 최초의 시련이 닥쳐온다. 당신을 이끌어 준 사람이 뜻밖에 실각되는 경우와, 당신의 건강이 나빠지는 경우가 있다. 건강은 위장에 약점이 있다. 그러나 이 시기야말로 대세를 판별함이 중요하다. 이때에 당신의 주위에 남아 있는 사람이 장차 당신으로 하여금 최고의 지위에까지 이끌어 올릴 원동력이 되는 사람들인 것이다.

다음은 35세부터 55세까지의「중년기 운」을 보자.

중년기에 들어서서 실력자를 만나게 되어 단숨에 계단을 밟지 않고 올라가는 운명에 있다. 이때에 은혜를 베푸는 사람을 발판으로 하지 않으면 안 되는 쓰라림이 있다. 그러나 그 사람은 당신을 위해서 그렇게 되는 것을 만족하게 받아들일 것이다.
 또 일생을 맡길 수 없다고 여겨지는 것에는 40세까지는 고별해야 한다.
 여성의 경우는 아이가 손에서 놓여지는 이 시기에 무슨 일감을 가지게 될 것인데, 꽤 큼직한 사업을 경영하게 될 것이다. 자금은 주위에서 주선해 주므로 당신은 그렇게 고생을 하지 않는다. 어렸을 때 친하게 사귄 친구가 도움이 될 것이다. 동창생 명부를 뒤져 그 방면에서 활약하고 있는 사람을 찾아보라. 사업의 종류는 몸에 걸치는 것, 액세서리, 또는 악기 판매 등이 성공의 확률이 높다. 물장사의 경영도 좋지만 남편이 회사 또는 관청에 근무하는 동안에는 표면에 나타나는 것을 피하고 뒤에서 관리해야 할 일이다.
 이 영수인 사람은 남녀 모두 주호(酒豪)라고 불릴 사람이 많은 듯하다. 그러나 앞에서도 더불어 주량을 차츰 줄이도록 노력해야 한다. 일에 대해서도 당신이 마시는 술은 결단력을 무디게 하는 술임을 자각할 필요가 있다.
 가성에 조금씩 잔금이 가는 것에 주의하도록. 남성의 경우는 자식이 부모의 현실적인 생활 방식을 비판하고 정치적인 운동에 가담한다든지 가출을 일삼을 위험이 있다. 학교와 밀접한 연락을 취함과 동시에 친구들을 집에 오게 하는 기회를 많이 만들도록 할 일이다.
 여성의 경우는 남편의 건강에 적신호가 나타나 있다. 당신에게 후처의 상이 있느니만큼 이 위험 신호는 매우 중요한 뜻을 가지고 있다. 특히 순환기 계통의 전문가에게 상담할 것을 권한다.

마지막으로「만년기 운」.

남성의 경우 자기의 운명을 자기 스스로가 망치는 짓을 경계해야 한다. 그렇지 않으면 자기가 길러낸 사람으로부터 억지스런 은퇴를 당하게 될 것이다. 남의 눈에는 화려한 은퇴이지만, 자기의 마음 속에서는 분노의 불길이 타오르며, 끝내는 절망과 실의의 여생을 보내게 될 것이다.

여성의 경우, 만년에 남편과 헤어지더라도 자식이나 손자의 덕이 많아 풍요한 인생을 보내게 될 것이다. 다만 본래부터 가지고 있는 사리판단의 허술함에 주의하지 않으면 어처구니 없는 괴로운 고독에 울지 않을 수 없게 될 것이다.

♣ 愛 情 運

남녀 모두 상당히 염복이 있다. 지나칠 정도여서 때로는 여난·남난의 상조차 보일 정도이다.

영수 5인 남성은 여성에 대해 자신만만하다. 자기가 좋아하는 여성이 자기를 좋아하지 않을리가 없다고 믿기 때문이다. 사실 젊을 때는 자신에 넘쳐 후퇴할 줄 모르고 여성을 잡으면 놓치지를 않는다.

그러나 25세를 전후한 이루지 못하는 사랑을 체험함으로써 진짜 이성을 알게 되고 진지한 연애에 눈이 틔게 되는 것이다. 이 상대자는 남의 아내이거나 또는 결혼까지는 안 갔더라도 성에 대한 베테랑이다. 여기에서 쾌감을 맛보고 알게 되어 상대방의 반응에 맞추는 애무, 또 다음 단계로 이끄는 테크닉을 알게 되는 것이다. 새로운 것을 알게 되는 기쁨, 끝났어도 떼어 놓을 수 없는 고통 속의 기쁨, 이러한 피동적인 세계가 있다는 것은 당신을 단지 성의 세계에서뿐만 아니라 널리 사람과 사람과의 절충에서도 깊이를 가져다 준다.

그때까지의 테크닉은 일방적으로 공격적이어서 상대방이 지쳐 항복한다는, 말하자면 다분히 완력적인 섹스였다. 틀림없이 성기는 웅대하다. 함께 목욕탕에 들어간 사람으로부터 목욕탕 바닥을 두드리더라는 소리까지 낮게 할 정도로 헌걸차고, 음모는 칠흑의 빛을 띠며, 싸움터에 나가는 칼과도 같이 서슬이 시퍼렇다.

에너지도 충만하여, 화류계에서 「붙박이 세번」이라는 별명으로 모셔들일 사람은 이 영수의 사람에 많은 것이다.

나이와 더불어 이 에너지를 지속시키는 테크닉도 깊어져, 숙련자까지도 울리는 지속력을 가지게 된다. 정액의 양도 많고, 다산계로 수태율도 높으므로 산아 조절에는 각별한 주의가 필요하다.

결혼은 27세 무렵이 적령기. 연애의 상대자가 바뀌어 청순한 티입의 처녀와 결혼하게 된다. 그러나 바람기가 있어 결혼 후에도 그 버릇은 고쳐지지 않는다. 오히려 35세가 지나서는 특정한 여성과 계속적인 교제가 이루어질 가능성이 있다.

여난의 상은 결혼 전후를 막론하고 붙어 다닌다. 결혼 후는 경제적인 처리를 어김없이 하기 때문에 어느 정도까지는 딱딱 결말을 짓지만 상대방이 욕구 불만인 남의 아내이거나 할 때에는 세상에 드러날 정도까지는 아니더라도 약간의 구설을 사게 된다.

한편 여성은 핸섬보이를 무척 좋아한다. 자기가 중심적인 위치가 아니고는 마음이 내키지 않는 성미가 남녀 관계에도 나타나, 어쩌면 예속적인 남성이 당신의 주위에 모여들게 된다. 그러므로 더 이상으로 자의식이 강하게 되어, 즐기면서 그 즐거움을 상대방에게도 나눠주는 사랑의 진미를 모르고 지내게 된다.

이 불모를 타파하는 것이 남성과 마찬가지로 열매를 맺지 못하는 연애이다. 여성의 경우 상대자는 40대의 쓴맛 단맛을 다 겪은 늠름한 남성일 것이다. 이 남성에게서 비로소 봉사하는 즐거움, 그리고 피동적인 사랑의 깊이를 알게 되는 것이다.

결혼은 이 사랑을 안 연후가 이상적이다. 연애보다는 소개에 의한 중매 결혼이 바람직하다. 조혼은 확실히 파국의 상이 있다. 당신에게는 일생 동안 직업을 가질 운이 있으며, 특히 중년 이후에 그것이 현저하다.

영수 5인 여성의 섹스는 섹스 그 자체를 탐내어 매우 뛰어난 점이 있으며, 애무에 무척 민감하다.

남자 관계는 중년기가 가장 화려하다. 하지만 그렇게까지 깊이 빠지는 것은 아니고 정신적으로 어느 정도 쏠리는 상대방이 나타난다. 그러나 이 상대방과의 교제를 오래도록 계속한다면 남편과의 정신적인 연결에 손상이 생길 위험이 있다. 기껏 반년 정도의 인연으로 끝맺는 것이 바람직하다. 어둑한 곳에서는 음란한 성질을 나타내기 쉽고, 남녀간의 트러블이 많은 운세임을 알아둘 필요가 있다.

그러면 영수에 의한 상대성을 보자.

7·6·3·4의 순서로 상대성이 좋다고 나와 있다.

7은 상대방의 강한 운을 당신의 강한 운이 유도해내어 보강시키는 운세에 있다. 또 성에 있어서 가장 알맞아, 질적으로 짙은 성생활을 할 수 있음과 동시에 우수한 아기를 가질 상대성이다.

6은 야구에 비유한다면 당신은 투수이고, 상대방은 포수가 되는 사이의 상대성. 특히 당신이 사업을 경영하는 경우, 상대방이 직접 일에 손을 대지 않더라도 당신에게 행운을 가져다주는 짝지음이다.

3은 서로 취미가 다른 사이 끼리의 협력과 조화로 성공하는 좋은 상대성.

4는 당신이 주도권을 잡고 상대방을 정복하는 타입이며, 그저 수수한 짝이 된다.

같은 영수끼리의 짝지음은 매우 유니크한 가정을 만드는 커플이지만 실제로는 매우 보기 드문 일이다.

상대성이 나쁜 것은 1과 9.

9는 특히 성적인 면에서 맞지 않는다. 이혼 사유의 제1위인 「성격의 불일치」는 사실인즉 「성의 불일치」라고 한다. 이 짝지음에는 노력이나 훈련으로는 결코 메꿀 수 없는 깊은 성의 장벽이 가로놓여 있다.

2 · 6 · 8도 가급적이면 피하고 싶은 영수.

♣ 職 業 運

큰 비전을 그리는 직업과 지위로 성공하는 직업운이다. 정치가 · 실업가 · 학자 등 어느 분야로 진출하더라도 꿈과 현실을 결부시키는 데에 성공한다.
 또 예능 방면에서 명성을 떨칠 수도 있다.
 샐러리맨이 된 경우도 비서실·기획실 등 앞일을 먼저 알 수 있는 부서, 또는 영업 등 당신의 설득력과 매력을 충분히 발휘할 수 있는 부서가 적합하다. 결코 사무나 콤퓨터 관계에는 맞지 않는다.
 진취적인 기질의 소유자인지라 일에 있어서의 실패는 약간 있다. 당신은 결코 방종 헐렁한 편은 아니기에 태만으로 생기는 실수는 거의 없다. 반대로 너무 지나쳐, 타이밍을 앞지르는 실수가 많다. 한번은 직장에서 역경에 처해지는 일이 생길 테지만 당신에게는 실력이 있는 후원자가 많이 있다. 실패가 오히려 자극하여 좋은 결과를 가져오게 하는 일조차 있으며, 결코 나쁘게 끝나지는 않는다.
 상사의 덕을 타고 났음과 마찬가지로 동료로부터의 도움도 크다. 그들이 당신과 라이벌의 입장에 서지 않고 당신을 구해 주는 것은 당신의 강한 운과 인덕이 그렇게 만들게 하는 것이다. 지나친 겸양은 필요 없으며 다만 기브 앤드 테이크의 원칙을 잊지 말도록.
 반면에 좋은 부하를 두면서도 자기의 후계자는 마땅찮은 경향이 있다. 그러므로 다음 단계의 비약적인 자리로 옮기지를 못하고 찬스를 놓칠 우려가 있다.

靈 數
6

♣ 性 格

 딱딱하고 성실한 성격이 기본이다. 아무리 작은 일이라도 결코 소홀하게 하지 않는다. 항상 성실한 마음가짐으로 일을 대한다. 가령 책상 서랍만 보더라도 정연하게 분류되어 무엇이든 있을 곳에 들어가 있어, 언제 누가 바뀌더라도 아무런 혼란도 없이 일을 할 수 있게 되어 있다.

 이러한 성실성은 비단 일에만 국한된 것이 아니고 인생 전반에 걸쳐 그러하다. 그러므로 노출된 정치 흑막에 분노하고 신문의 한 구석에 씌어진 기아의 기사에 눈물을 흘린다. 이러한 감정을 컨트롤 하지 못해 때로는 격정가라고 불릴 정도로 희노애락을 직접적으로 표현한다. 그러면서도 사람들로부터 미움을 받지 않는 것은 그 동기가 순수하기 때문이다.

 약한 자를 돕고 강한 자를 누르는 의협심에 가득하다. 가령 무력한 저항자라는 말을 듣는 한이 있더라도 불의를 방관하지 못하는 기질이다.

 성실하면서도 놀기를 좋아하는 것은 하나의 특질이다. 여러 사람과 떠들썩하게 노는 것을 즐기며 그 분위기를 좋아한다. 그리고 이 방면에는 매우 다재다능하다.

 성실성·진실성·진지성이 뛰어나 이 영수에는 때로 신과도 같은 사람이 나타난다. 속아도 화를 내지 않고 오히려 자기가 남을 속이지 않은 것을 다행으로 여긴다. 남에게서 모욕을 당하였어도 그 앙갚음을 하려고 하지 않는다. 마치「오른쪽 뺨을 때리면 왼쪽 뺨까지 내주라」고 한 예수의 가르침을 실천하는 사람이다.

이 영수의 사람이 외유내강한 것은 공통적인데, 자기에게는 무척 엄격한 데가 있다. 남성의 경우 가정에서도 엄격하여 집안 사람을 대하는 태도가 부드럽지 못하다.

가정의 일에 깊이 참견하지 않고 아내에게 맡겨버리므로 혼자서 애쓰는 아내의 고생을 미처 모르는 수가 있다.

더 자상하고 상냥한 말씨의 위로가 아쉽다.

여성의 경우에도 사람의 선악을 분별하여 희노애락을 솔직하게 표현하는 남성적인 데가 있다. 목소리가 크고 흥분했을 때에는 더욱 큰 소리가 된다.

남녀 모두가 사고를 저지르기 쉬운 것에 주의하지 않으면 안 된다. 사고를 내는 사람은 기묘하게도 연속하여 사고를 내는 것이다. 자동차 사고를 당한 사람이 보상금을 받고 돌아오는 길에 소매치기를 당한다든지 머리 위에 재목이 떨어져 맞는다든지 한다. 이것은 그 사람에게 사고나 사건을 부르는 소인(素因)이 있기 때문이라고 말하지 않을 수가 없다. 영수 6인 사람은 바로 그 소인을 받고 있다.

또 아주 희귀한 병에 걸리거나, 목숨까지는 지장이 없으나 큰 병에 걸리는 일이 종종 있다. 특히 여성의 경우는 히스테리에 격정을 폭발시켜 때로는 심장이나 눈에 발작을 일으킬 우려가 있으니 주의를 요한다.

성격과는 달리 굉장히 멋을 낸다. 그것도 초록색 상의에 다색의 바지로 배색도 대담하고 베레모가 잘 어울리는 타입이다. 나이가 들었어도 나이보다 젊게 보인다. 다만 부인과의 조화에는 마음을 써야겠다.

♣ 運 勢

이 영수의 일생 운세는 그다지 큰 파란이 없는 운세를 나타낸다.

먼저 20세까지의「초년의 운」을 보자.

초년기에는 가정운에 복잡한 파상의 동요가 보이지만 고생할 것까지는 못된다. 부모보다도 남에게서 애정을 더 받을 운도 있으므로 양자로 간다든지 계모에게서 자라기도 한다.

학교에는, 지망한 학교에 들어간다는 것은 우선 무리한 일이고, 제2·제3의 지망교에 입학될 듯하다. 그러나 제1지망교에 들어가지 못한 것이 운명을 바꿔 놓을 리는 없다. 당신의 운세에 학교는 그다지 상관되지 않고 있다.

성적인 발달이 늦되어 남몰래 고민한다. 음모가 나지 않는다든지 남들같이 유방이 커지지 않는다든지 하여 무척 속을 썩인다. 그러나 이것은 밖에 나타난 것의 늦됨일 뿐 걱정할 필요는 없다. 십대의 끝 무렵에 화재를 입을 상이 있다.

남녀가 모두 조혼과 만혼이 극단으로 나뉘어져 30%에 가까운 사람이 25세 전에 결혼하게 된다. 이 사람들은 첫 체험의 상대자와의 결합은 드물고 세번째나 네번째의 상대자와 결혼하는 경우가 많은 듯하다.

반대로 이 시기까지 체험을 가지지 않은 사람은 동정과 처녀성을 지닌 채 늦결혼을 하는 경향이 있다.

또, 이 영수의 사람은 일찍 직업을 가지는 경우가 많고, 소매상·서비스업 관계에 취직하여 성공한다. 이 시기에 취직한 사람은 가게 주인의 신뢰를 얻어 지점의 주인 대리 등을 하게 되어, 일생 동안의 지기(知己)가 된다.

진학하는 경우에도 그대로 학문의 길로 나가는 사람은 적고 취직을 하는 사람이 압도적으로 많다.

다음에 20세에서 35세까지의 「성년기 운」은 어떠할까.

이 시기는 표면상의 성공일 뿐 응달에는 정신과 경제적인 면에서의 고민이 많은 시기이다. 우선 정신적으로는 매너리즘에의 안달이나 하루하루의 일이 단조롭고 같은 일의 되풀이라는 것에 대한 권태가 솟아난다.

경제적으로는 사업확장에 자금이 고갈되는 어려움이 있다.

바로 가까이에는 자본도 많고 화려한 경쟁 점포가 생겨, 점포를 확장하고 상품을 늘릴 도리밖에 없는 데도 그 자금을 도저히 구할 길이 없는 그런 상태이다. 평소의 신용에도 불구하고 도움의 손길이 뻗쳐지지 않는다는 데 대해서도 의문이 생긴다. 그러나 이 확장은 하지 못하게 되는 것이 천만 다행이다. 두 점포가 경쟁을 하게 되면 함께 쓰러지고 만다. 차라리 당신은 상품 수를 줄이고 그 대신 개성적인 점포, 즉 전문점의 이미지를 살리는 데서 활로를 찾아야 한다. 이 방향으로 한다면 도매상으로부터 적극적인 원조를 받을 수 있게 될 것이다.

결혼이 늦은 사람에게도 35세에는 좋은 연분이 찾아온다. 여성의 경우, 상대방은 재혼이 될 가능성도 크지만 아이가 없으니 초혼과 다름 없다고 결단을 내릴 일이다. 이 결혼은 특히 경제적으로 좋은 연분이다.

이 시기의 마지막에 자신 또는 자식에게 큰 병의 위험이 있다. 당신인 경우는 신장·방광·요도 등의 비뇨기 계통, 자식인 경우는 심장·혈관 등의 순환기 계통에 주의가 필요하다. 교통 사고와 유리 파편에도 주의하도록.

다음은 35세에서 55세까지의 「중년기 운」을 보기로 하자.

보통의 운수이면서도 조그마한 파란이 많았던 지금까지이기는 했으나, 중년기에 들어서면서부터는 아주 안정된다. 샐러리맨의 경우는 상사나 동료로부터 신망이 두터워지고 부하로부터도 믿음직한 상사로서 존경을 받게 된다.

자기 사업을 하는 사람에게 신용이 최대의 재산이라는 것이 실증된다.

고민이라고 한다면 자식복이 많지 않다는 것으로, 하나나 둘밖에 낳지 못하는 것이다. 그러나 적기는 하지만 이 아이는 강한 운을 타고나서, 당신의 장래를 밝게 보증하는 존재가 된다.

마지막으로 55세 이후의 「만년기 운」은 어떠할까.

이 영수의 특징으로서, 나이가 많아져도 틈이라고는 나지 않고, 결국 일생을 바쁘게 동분서주하며 지내게 될 것이다.

만년의 초기에서 뇌출혈, 뇌혈전 등의 조그만 발작을 일으켜 가벼운 후유증을 남기지만 행동에 부자유스러움은 없다.

이 만년기에 이르러 갑작스레 독립운이 높아진다. 찬스가 없으면 다소의 무리를 무릅쓰고라도 결행해야 한다. 영수 8인 사람이 적극 후원하여 줄 것이며, 이것은 상대방에게도 이익이 되는 것이니 사양 말고 할 일이다.
 여성의 경우는 여기에서 고독상이 강하게 나타나 있어 일찍 주인과 헤어지게 되지만 며느리와 뜻이 맞아 홀로 지내는 일은 없을 듯하다.

♣ 愛 情 運

 영수 6인 남성의 여성에 대한 태도는 섹스만으로만 아니고 위로의 요소가 섞여 융통성이 있다. 이것으로 여성의 신뢰를 얻으며 특히 조금 연하의 여성으로부터 마음을 산다.
 섹스도 성격 그대로여서 절도 있는 섹스이다. 가령 매주 수요일과 토요일 밤이라고 정해져 있고 가슴에서 시작하여 배·허리······하는 식의 코스가 빤히 정해져 있다. 이 정도라면 재미도 이상할 것도 없는 섹스라고 하겠다. 추근추근 여성에게 공격적으로 달라붙는 것은 생각지도 않는다.
 그러나 스테미나가 있기 때문에 여성이 원하는 한 몇 시간이라도 상대해 주고도 지치지를 않는다.
 여성의 경우도 스테미나가 강하다. 그리고 남성과 달라 상대방이 좋다면 매일 밤이라도 좋아할 타입이다. 그러나 그 흥분의 곡선은 여성적이라기보다도 남성적이어서 급격히 올랐다가 급격하게 식는다. 그러나 몇 번이고 되풀이하고 싶어한다. 본심은 격정적이면서도 애정에 있어서는 지루한 얘기라고는 일체 없으며, 싫은 일이 있어도 선뜻 잊어버리고 재출발할 수 있는 사람이다.

중년기에서 만년기에 걸쳐서는 정력이 여기에 집중되어 더 한층 불타오르게 된다. 이 무렵에는 남성적인 격정이 사라지고 여성적인 곡선을 그리게 된다.

이 영수의 예외로서 극히 적은 수이지만 전혀 불감증 타입도 있다. 이것은 생리적으로 불감증인 것이 아니고 성적 쾌감에 관심이 없는 것이다. 남성이 싫은 탓도 아니고 섹스도 싫은 것이 아니지만, 그 무드에 잠기는 것으로써 충분하다고 여기기 때문이다. 성격이 격정적이기 때문에 그것으로도 만족할 수 있는 것이다. 그러나 이 타입은 남성의 독점욕이 무척 강하다.

상대성은 어떠할까. 좋은 순으로 나열하면 7·5·8·4·6.

7은 서로가 만날 사람을 만났다는 평범한 가운데 비범이 있는 상대성으로 침범하지 않고 침범당하지도 않는 담담한 생활이 될 것이다.

5인 사람과는 상대방에게 자기를 맡기고, 그가 가는 대로 따라가는 짝맞춤. 행동이 강렬한지라 착실한 인간의 뒷받침이 필요하다. 그 역할에는 6의 사람이 적격. 자기가 주역이 될 수 없다는 점으로는 부족할지 모르나 인생의 스케일의 크기로 말한다면 7과의 상대성보다 낫다고도 말할 수 있다.

8은 대조적인 성격의 짝지음이다. 8에의 다소 비현실적인 점을 6이 컨트롤한다는 것이 되겠는데, 스케일이 작아진다는 것과 조금 안정성이 결핍된다는 점은 어찌할 수 없다.

4도 서로가 보완해 나가는 상식적인 짝지음.

6과의 짝지음은 보기 드물게 사이가 좋은 때도 있지만 격정이 맞부딪쳐 큰 트러블을 일으키는 일도 있다. 그러나 깊은 연분이 있기 때문에 간단하게 이혼도 하지 않는 짝맞춤이다.

2·3은 좋지도 않고 나쁘지도 않은 상대성.

나쁜 상대성은 9와 1.

9와는 당신의 고독상을 일찍 불러올 위험이 있다.

1의 경우는 당신의 좋은 점이 일방적으로 이용당하며 용무가 끝나면 간단하게 버림 받는다. 말하자면 조강지처형이다.

♣ 職業運

계리사나 사법서사 등의 자유업, 경리·총무·인사 등의 사무 관계에 적성이 있다. 또 인쇄업, 기계의 보수, 방송, 의료 관계의 기술자, 이용사, 미용사 등에도 적성이 보인다.

견실한 직업운이므로 비약을 바라지 말고 한 발짝 한 발짝씩 착실하게 계단을 오르는 심산으로 있으면 자연히 주위에서 밀어 올려준다. 최종적으로 사람의 위에 설 운은 아니지만 중간의 관리직으로서 없어서는 안 되는 사람이다. 정년의 나이가 되더라도 정년이 연기된다든지 촉탁으로서 다시 고용되기도 한다.

또 정년 후에도 그 솜씨를 살려 소규모의 자영 사업을 하더라도 확실한 거래인을 잡아 충실한 노후를 보낼 수 있게 된다.

다만, 일생을 통하여 자기의 일을 지나치게 귀중하게 여기는 나머지 대인 관계를 나쁘게 하지 않도록 주의하도록. 자칫하면 그 일이 회사 전체를 위해서 있는 것이 아니고 그 일 자체를 위해서 있는 것 같은 착각을 하게 된다. 일 솜씨에 자신을 가지는 사람의 특유한 착각이다.

　전직은 반드시 나쁘지는 않다. 그렇다고 전직해서 좋아졌다는 정도는 아닌만큼 너무 적극성을 띨 필요는 없다. 전직하지 않으면 안 될 경우라면 40대 전후가 좋겠다. 독립은 정년 후라도 결코 늦지 않다.

靈 數
7

♣ 性 格

마음이 너그럽고 큰 포용력을 가진 사람이다. 작은 일에 화를 낸다든지 동요하는 따위의 일은 없다. 사람을 용서할 줄도 알고 자기의 성미가 맞지 않는 사람일지라도 그의 장점은 인정하여 자기 것으로 취하는 태도로 대한다.

그러나 마음 속은 매우 이성적으로 사물을 살피고 분석적으로 움직이는 경향과, 정열, 격적형으로 움직이는 경향이 서로 병행하고 있어 그 마찰이 이 사람의 성격을 깊고 복잡한 것으로 만들고 있다. 더운 공기와 찬 공기가 부딪쳐 불연속선을 만들고 일기가 불안정하게 되는 것과 같은 현상이 나타나는 것이다. 어떤 사람으로부터는 냉정한 사람이라고 여겨지고 어떤 사람에게는 눈물이 많은 사람이라는 평을 받는다. 말이 잘 통하는 사람이라고 인정되는 수도 있고 속이 깊어서 무엇을 생각하고 있는지 도무지 알 수 없는, 나쁘게 말하면 우유부단하여 파악하기 어려운 느낌의 사람도 있다.

이러한 이성과 정열의 충돌이 마음 속에서 지양되어 특수한 재능으로서 결실하는 경우도 수없이 많다. 그것도 무에서 유를 낳는 재능이 있어 연극, 음악, 회화, 연구, 발명 등에서 이름을 떨치는 사람이 많은 것도 이 때문이다.

시험에 자신만만하여 새로운 자격 시험이 있으면 바로 파고든다. 특수 기능의 소유자로서 제1기 시험의 수험생이 많을 것이다.

영수 7인 사람은 본질적으로 강한 운세를 가지고 있다. 그러나 심한 변동을 싫어하며 조용한 환경을 좋아하는 성질이 있다. 그러므로 일단 심한 경쟁이 있는 일이나 환경 속에 들어갔을 때에는 반드시 순조롭다고는 할 수 없다. 아니 파란만장이라고 하는 편이 알맞은 상태가 된다. 남성의 일에 대한 부지런함은 말할 수 없다. 그것은 자기 혼자서 해버리는, 또는 자기가 하지 않으면 신용할 수 없다는 타입이 아니고 피라밋의 꼭대기에 있으면서 조직적으로 적소에 적재를 배치하여 열 가지를 열두 가지로 활용하여 능률을 올리는 방식이다. 그만큼 현대적인 사고방식을 가지고 있다고 할 것이다. 처음에 말한 것과 같이 포용력이 있기 때문에 자기와 성격이 같은 사람만 끌어들이는 것이 아니라 오히려 그렇지 않은 사람을 등용하여 폭 넓은 조직을 꾀한다. 또 조직과 사람을 잘 맞추어 부릴 줄도 안다.

무리한 짓은 하지 않는다. 감이 익어서 저절로 떨어지기를 기다리는 것과 같이 결과를 맞으러 내닫는다는 일 따위는 하지 않는다. 직감적인 데가 있어 본능적으로 최단거리의 길을 간파하는 능력을 가지고 있다. 그러나 계단을 2단 3단 한 숨에 뛰어 오르는 것은 성격에 맞지 않을 뿐더러 실패의 원인이 된다. 그만큼 만성형(晩成型)이라고 말할 수 있다. 이 영수로 젊어서 이름을 떨친 사람은 일찍 실패하든지 또는 충실하게 될 때까지 꽤 오랜 동안 정체 상태에 빠지는 예를 많이 볼 수 있다.

우두머리가 될 운세도 있지만 그것은 스스로가 만드는 것이 아니고 사람들로부터 추대되어 그 자리에 오르게 된다. 2대째나 3대째로 자연스럽게 그 자리에 앉게 되는 경향이 많다.

여성의 경우는 어디까지나 여성답고, 충실하게 가정을 지키는 내조형이다. 그렇다고, 남편이 오른쪽을 향하고 있으라고 말했다 하여 하루도 좋고 이틀도 좋고 오른 쪽을 향하고 있는 의지 상실형은 아니고 내면에는 남성도 따르지 못할 굳건한 신념과 의지를 가지고 있다. 또 올바른 반항 정신도 가지고 있다.

그러나 그것을 나타내게끔 상대방을 공격한다든지 반대하는 것은 아니고, 상대편의 페이스를 살려가면서 어느 틈엔가 자기의 의견을 납득시키고 마는 것이다. 여성에게는 진귀할 정도로 시비선악(是非善惡)의 구분이 뚜렷하며 인정을 알면서도 인정에 사로잡히지 않는 굳건함을 지니고 있다.

이 영수의 사람에게는 의외로 미신을 믿는 사람이 많다. 아침에 집을 나서서 영구차를 보았으니 오늘의 데이트는 잘 되겠다든지 항상 가게 앞에 매어 있던 흰 개의 모습이 오늘은 보이지 않았으니 교통사고에 조심하지 않으면 안되겠다는 등의 이야기다.

금전면에 있어서는 남녀 모두 메마르다. 그러나 결코 인색한 것은 아니고 돈의 진짜 쓰는 방도를 안다고나 할까. 그 점이 상대방으로하여금 경계심을 풀게 하여 서로 마음과 마음의 교제를 하게 된다는 점도 빼놓을 수 없다.

주의하지 않으면 안 될 일은 이 영수는 신체상에 약점을 가지고 있다는 것이다. 반드시 병을 앓게 된다는 것은 물론 아니지만 가슴의 질환이나 간장의 질환에 위험이 따른다.

다른 영수의 사람 이상으로 피로는 금물이다. 좀더 해도 괜찮다고 생각하는 바로 그 점이 당신의 한계점이다. 철저한 휴양이 필요하다.

♣ 運 勢

 영수 7은 대체적으로 강한 운세지만 성격의 항목에서 말한 바와 같이 격한 강함이 아니고 온화한 가운데의 강함, 폭과 깊이가 있는 강함이라고 하겠다. 그러면 처음에 20세까지의「초년기 운」을 보자
 초년기의 인간 관계 운을 보면, 부모 형제와 친구들에게 둘러싸인 떠들썩한 상을 가지고 있다. 이상은 기본적으로 인생을 끌어나가며 가정적으로 크게 불행에 빠지는 일은 우선 없겠고, 적지 않은 식구들과 함께 지낸다. 또 친구들도 많이 있다.
 국민학교·중학교 시절에는 그다지 눈에 띄는 편이 아니고 오히려 평범한 존재이다. 장래 발휘할 재능은 속에서 부풀어가지만 그렇게 일찍부터 인정 받는 예는 드물다.
 이 시기에 선병질의 체질로 목구멍이 약하고, 잘 앓는 아이를 보세 된다. 약이나 수술 등으로 치료하는 것보다는 평소에 신체를 단련하는 마음가짐이 필요하다.
 고교 시절에는 학업보다는 클럽 활동이나 이웃 학교의 학생들과의 친교에 바쁜 생활을 보낸다. 연극부나 음악부·신문부·문예부 따위에 속한 사람은 그대로 일생의 방향이 결정지어질 가능성이 크다.
 이 시기에 직업을 선택하는 경우, 연고 관계와 공개 모집이 겹치게 되어 그 선택에 갈피를 잡지 못하게 된다. 이때의 어드바이

스는 선배 되는 사람이 가장 유효할 것이다.
 초년기의 끝 무렵에 만나게 되는 이성과는 일생 동안의 친구 사이가 된다. 장래의 배우자로서 어린아이까지 포함되는 가족 형성에까지 발전한다. 결혼 전에 한 때 이 여자와 정말 결혼할 것이냐는 신중을 기하기도 할 것이지만 이것은 결국 일시적인 감정에 지나지 않는다.
 대학의 선택은 실력보다 한층 높다고 생각되는 학교를 제1지망으로 하도록. 여기에서 자기 자신이 미처 알지 못했던 능력이 개발될 가능성이 있다.
 다음 20세에서 25세까지의 「성년기 운」을 보자.
 결혼은 비교적 빨라 남성이라면 24, 5세 여성이라면 21, 2세가 적정이 된다. 친구를 통한 소개와 집안 사이의 교제가 인연이 되는 것이 같은 비율로 주류를 차지한다. 당신의 교제 넓이를 새삼스럽게 알게 되는 기회가 될 것이며 결혼 피로연에의 출석자 명부작성으로 사홀 간은 잠도 자지 못할 날이 계속될 것이다. 또 도무지 알 수 없는 사람으로부터의 축전도 받기가 일쑤이다. 당신도 그렇거니와 배우자도 다산계이다. 방임한다면 다섯 여섯까지도 낳을 체질이다. 맏이는 사내. 남녀가 밸런스를 맞춰 태어날 상이다.
 취직에 몸이 달을 일은 그다지 없을 것이다. 취직 시험이 같은 날짜에 몇 회사가 겹치는 경우에는 수험 번호가 가장 **빠른** 회사를 중심으로 생각하도록.
 회사에서는 처음부터 스케일이 큰 인물로서 간부 후보생의 길을 걷게 된다. 그러나 입사초기에 병으로 인한 장기 결근의 가능성이 있다. 장래를 생각한 나머지 초조하게 되며 병이 나아가는 것을 지루하게 생각하는 것은 지극히 당연한 일이겠으나 여기에서 철저한 치료를 받아야 한다. 만약 재발이 된다면, 그것은 당신의 결정적인 순간에 겹치게 되어 애석하게도 절호의 기회를 놓치게 될 것 같다.

수입은 적은 편이 아니나 지출이 많아 변통하기에 어려움이 있겠다. 이것도 금전에 드라이하고, 합리적인 것으로 될 이유의 하나인 것 같다.

주택은 일찍 정착될 운세에 있다. 어느 시·읍·면에서 살게 되더라도 서부가 될 것이다. 맨션같이 위로 쌓아지는 것보다도 옆으로 번져나가는 기세가 느껴진다.

자기 사업을 할 경우에는 성년기의 초기부터 인척 관계의 원조로 사업운이 열린다. 회사에 근무하는 사람은 30세 전후에 만나는 상사가 당신의 장래 방향을 결정짓게 해 준다.

이 시기에 약간 술을 마시는 경향이 보인다. 위장은 약한 편이 아니나, 피로의 축적을 경계하도록.

다음은 35세에서 55세까지의 「중년기 운」.

지금까지의 순조로웠던 운세에 조그만 파란이 인다. 남성의 경우 제멋대로의 버릇이 나타나, 직장이나 그 처지가 변동되는 일이 생겨 10년간은 중류 이하의 신세에까지 영락한다.

여성의 경우는 질환의 시기이다. 유선염, 난소관계, 생식기 관계에 특히 암운이 몰려온다. 중년기에 들면 일찍부터 정기 진찰을 받도록 해야 한다.

아기의 성장은 순조롭다. 결혼도 비교적 빠른 편이어서 여성이라면 40대 전반에 할머니가 될 가능성이 있으며 한편 당신 자신도 한창 때의 여성인지라 조카가 삼촌보다 연장이라는 사태가 생길 가능성이 충분하다.

남녀가 모두 이 시기에 사회적인 활동을 할 운세에 있다.

마지막으로 55세 이후의 「말년기 운」을 보기로 하자.

지금까지 건강하지 못했던 것이 비교적 절제의 보람이 있어 훨씬 좋아졌지만 아직 방심할 수는 없다. 아직도 신경통, 류머티즘 등이 악화될 우려가 있다.

또한 이 만년기의 처음에는 일에 대한 실패의 상이 엿보인다. 쉽사리 회복되며 비가 온뒤에 땅이 굳는 식의 결과가 될 것이다. 경제적으로는 안정되며 가정운에도 복이 있어 자식과 손자들로 둘러싸인 행복한 만년이 된다.

직계의 누군가 한 사람이 해외에서 살고 있어 당신의 내외가 거기에 초대되어 반년 내지 1년 간을 해외 여행을 하게 될 찬스가 있을 것이다.

♣ 愛 情 運

남성의 경우, 저 사람은 상냥하고 사람이 좋으나 어딘가 확실치 않다는 말을 듣게 된다.

성격의 애매함이 이성에 대한 관계에서 나타나는 것이다. 그 애매함이 여성에게 상처를 주게 된다. 꽃의 목숨은 덧없이 짧은 것. 그 시기를 당신은 확실한 약속도 없이 묶어놓고 뒤늦게 이별을 고하는 일은 당신이 아무런 악의 없이 저지른 일이라 할지라도 결과적으로는 여성의 운명을 그르치게 할 것이다.

남성의 첫 체험은 스무살 무렵이며, 불쑥 나타났다가 불쑥 사라져 가는 여성과의 사이에서 이루어진다. 섹스에 있어서는 한정된 에너지를 자기 자신이 컨트롤하고 있는 것이다. 지극히 본능적이기 때문에 급격한 충동도 없을 뿐더러 급속한 쇠퇴도 없다.

여성의 경우, 이지적인 생김새와 같이 남성을 사로잡고 놓치지를 않는다. 첫 체험은 회사 근무를 시작하여 삼개월이 되는 무렵이며, 상대자는 열 살 가량의 연령차를 가진 사람이 될 것이다.

태어난 곳에서 멀리 출가할 상이 보인다. 가정운은 좋은 편이나 바람둥이 남자를 만날 위험이 있다. 이것은 남편에게의 지나친 서비스로 남편이 귀찮게 여겨 발생된 도피이다. 바람기를 눈치채면 바로 얘기를 해야 한다. 보고도 못본 척했다가는 좋은 결과가 될 수 없다.

그러면 영수에 의한 상대성을 보자.

가장 좋은 상대성은 6·8·9·5의 순서.

6의 경우는 견실한 상대방과 당신의 넓은 폭이 서로 어울리는 상대성이며, 스케일이 큰 짝지음이다.

8의 경우는 상대방의 환상적인 성미를 당신의 재능에 플러스시키는 잇점이 있고 이루는 가정도 개성이 있어 사람들이 자주 모여들게 된다.

5는 사람이 좋은 연분의 짝지음으로 무난한 편이다.

7끼리는 뻔히 알면서도 서로가 양보하지 않는 외곬의 위험이 있다.

♣ 職業運

영수 7의 사람은 무에서 유를 낳는 창조적인 재능과 사람을 부리는 기량을 가지고 있다. 그러므로 이것을 살릴 수 있는 직업을 택해야 한다. 디자이너·연출가·인테리어 따위는 첨단적인 직업이다. 세일즈맨이나 엔지니어 따위도 적합하다.

회사에 근무하는 경우에는 회사에서의 활동에만 그치지 않고 업계·관계의 단체·회의·교섭 등에서도 없어서는 안 될 존재가 될 것이다.

당신이 정상에 서게 됐을 때, 스타프는 당신에게 자기의 재능을 이용당하고 있는 것을 자랑으로 여긴다. 그러나 당신도 그것을 당연한 처사라고 생각했을 때 팀워크에 손상이 생기게 된다. 부하를 인간, 그리고 협력자로서 보고 있는 당신의 본성을 결코 흐리게 하지 말고 솔직하게 그들에게 나타내 보여야 할 것이다.

또 선배에 대한 배려도 잊지 말도록.

당신을 함정에 처넣으려는 라이벌은 의외의 곳에 숨어 있다. 특히 주석에서의 언동은 지나치게 솔직하다. 동시에 당신도 라이벌의 자료수집에 태만해서는 안 된다. 상대방에게는 금전의 약점이 있을 것이다.

靈數
8

♣ 性 格

고귀한 품격과 신비적인 사상의 소유자이다. 로맨틱하여 정신력이 강하고 탁월한 두뇌와 예민한 감각을 가져 인격적으로도 뛰어난 사람이 많다. 그만큼 현실성이 빈약하고 사회생활에 적응하기 어려운 점도 있다. 인물은 훌륭하지만 이 세상은 살기 어렵고 뜻대로 되어 지지 않는다. 사회에서 희롱받는 델리킷한 운명을 가지고 있는 것이 영수 8의 사람이다.

현실의 세계를 3차원의 세계, 영계(靈界)를 4차원의 세계라고 한다면, 이 사람은 3차원의 세계와 4차원의 세계에 각각 한쪽 다리를 걸치고 있다고 말할 수 있을 것이다.

표면에 나타난 성격은 잔잔한 바다와 같이 넓고 온화하고 깊은 데가 있다. 그러나 내면에서는 자기와 타협하는 일이 없고 엄하게 자기 자신과 대결하고 있다. 그만큼 고민과 사색이 깊으며 때로는 그것이 정도를 지나쳐 노이로제의 기미마저 나타내는 수가 있다. 반면에 이 성격이 행동과 결부되었을 때에는 현실 세계의 부조리나 죄악을 예리하게 지적하여 개혁하지 않고는 그냥 두지 않는 신념이 높아간다. 종교가·혁명가 따위가 그 가장 대표적인 본보기이다.

학교 시험을 치거나 회사에 지망한다거나 또 애인을 구함에 있어서도 한층을 낮추어 목표를 정하면 목적을 달성할 수 있건만 그것을 알면서도 그렇게 못하는, 그리고 조금만 통속적으로 그리면 바로 그림이 팔린다는 것을 알면서도 기어코 그렇게 하지를 않는 긍지와 고통이 교차하고 있는 것이다.
 그러니만큼 이해자가 항상 필요하다. 협력자의 존재에 의해, 주위 사람들을 조마조마하게 만들면서도 어떻게든 무사고 운전을 계속할 수 있으며 또한 영수 8인 사람이 가지는 꿈이나 인스피레이션을 현실의 것으로서 구체화 하여 세상 사람들을 깜짝 놀라게 할 수 있는 것이다.
 좋아하는 사람과 싫어하는 사람은 물론 확연히 구별한다. 싫은 사람과는 일체 말을 건네지 않는다. 그렇다고 해서 좋아하는 사람과도 결코 말이 많은 것은 아니다. 절도를 지킨다는 것은 자기를 소중하게 여긴다는 결과일 것이다. 이러한 성격의 사람에게는 열렬한 연애를 하면서도 어딘가 퇴영적인 냄새를 풍기는 사람이 많다. 나에게 찾아온 38세의 한 여성은 바의 마담으로서 성공한 사람인데 약 1년전 부터 15세 아래인 남성과 동거 생활을 하고 있었다. 그런데 그 남성에게 시골인 고향에서 혼담이 갑자기 생겨 그는 의리상 어찌할 수가 없어 결혼은 하지만 그녀와도 헤어지지 않겠다고 하는 모양이었다. 형식상의 결혼이므로 애정도 아무것도 없으니 안심해 달라고 말하지만 신혼 첫날밤의 일을 생각하면 죽고 싶은 지경이라며 안절부절이었다. 나는 이상한 예감이 들었지만 흥분한 그녀에게 말할 수 없어 듣고만 있었다.
 그 후 사내는 역시 결혼했고, 마담도 기분 전환으로 해외 여행을 할 정도로 마음을 가다듬었다. 그런데 결혼 2개월 후, 마담은 수면제에 의한 억지 정사를 계획했다. 두 사람 모두 생명을 건졌지만 그는 별거하면서 회사에 나가기가 싫어져 끝내 회사를 그만두었다.

두 사람 사이는 점점 더 뜨거운 열정을 태웠으나 그의 부모는 완고하게 반대하여 그를 2년간의 해외 생활에 내보냈던 것이다. 그런데 그 동안에 그는 그곳에서 만난 여성을 사랑하게 되어 그녀는 결단코 버림을 받게 되었던 것이다. 한편 그녀는 건강이 나빠져 입원까지 하게 되고, 외상값은 한푼도 걷어지지 않고 부도 수표나 받게 되는 불운한 나날이 계속되어 그녀는 반생은 참으로 비참한 것이 되고 말았다.

이 예에서 알 수 있듯이 영수 8인 사람에게 있어서의 과제는 자기 마음의 브레이크를 어디에 둘 것이냐 하는 것임을 알아야 한다.

♣ 運 勢

영수 8인 사람은 항상 그 누군가의 보호 내지 좋은 영향을 받고 있어서 그다지 극단으로 운세가 오르내리는 일은 없다. 그러면 먼저 출생에서 20세까지의 「초년기 운」을 살펴보자.

이 시기는 경제적으로 윤택하지만 육친과의 연분이 박약하다고 되어 있다. 가족의 구성이 복잡하다. 아버지 또는 어머니에게 배다른 형제가 있거나 철이 들기 시작하는 무렵에 부모의 어느 한 쪽을 잃어 어떤 의리있는 사람의 양육을 받게 될 가능성이 농후하게 나타나 있다.

이러한 가정 사정이 정신면의 고통과 고독으로 나타나게 된다. 복잡한 가정이지만 경제적으로 풍부한데, 바로 그 때문에 고독의 깊이를 더한다. 또 그 순수성과 민감성 때문에 이 시기는 불안정한 정서에 고민하게 된다.

15~18세 무렵에 그리스도교나 불교에의 입문을 심각하게 생각한 나머지 꽤 많은 사람들이 종교 생활을 하게 된다.

학교에서는 학과 공부가 무의미하다고 고민하여 중도 퇴학하여 직업을 가진다든지 또는 연극이나 음악에의 길로 나아가려는 열망을 가진다. 그러나 이것은 속단이다.

성적(性的)으로는 무척 일찍 눈을 뜬다. 그러나 이 시기에 성적 경험을 가지는 사람은 적을 것이다. 이 시기의 영수 8인 사람은 성적 콤플렉스에 빠지는 경우가 많은데 성기 이상이라고 판단하는 것은 지나친 독단이다.

이 시기에 선택할 직업은 서비스업보다는 자동차 정비·항공기 정비·쿡·엑스레이 기사 등의 기술 및 자격을 필요로 하는 것이 좋을 것이다.

대학에의 입학은 그리 순탄하게는 안 될 것이며 재수의 위험은 크다. 이때에 진학과 포기의 갈림길에서 헤매게 되겠는데 체면과 의리를 고집하는 부모의 의견에는 냉정한 판단을 내려 객관적인 입장에서 설득해야 한다.

다음에 20세에서 35세까지의 「성년기 운」을 보기로 하자.

20세 전후에 부모의 죽음 또는 깊이 사귄 친구의 죽음을 당해 충격을 받는다. 이것을 계기로 기쁨·슬픔·괴로움의 표현은 속으로 잠겨 들어 문학이나 종교에의 길로 내닫는 사람이 불어난다.

취직은 비교적 순탄하다. 이때에 지금까지 알지 못하는 먼 곳에 있는 회사로 가는 것도 당신에게는 플러스가 될 것이다. 민감한 당신에게는 『역시 고향이라는 것은 먼곳에 두고 마음 속으로 그리워할 것이로구나』라고 마음을 먹게 할 것이다.

25세 전후에 겨우 생활면과 정신면이 안정된다. 특히 남성은 찬스를 잡아 안정된 일을 할 수 있게 된다. 자신만만한 당신은 내성적이면서도 꽤 이성에게 인기가 있다. 결혼은 이 시기까지 기다리는 것이 현명할 것이다. 결혼을 계기로 지금까지 부모와의 사이에 가로 놓였던 감정이 일소된다.

어린 아이는 일찍 생겨난다. 동성이 둘이 계속될 것이며 세번째에도 같지 않겠느냐는 망설임 때문에 낳을 것이냐를 고민하겠으나, 이것은 거의 먼저와 다르게 태어나는 가능성이 크다.

다음에 35세에서 55세까지의 「중년기 운」는 어떨까.

이 첫 시기에 병 또는 직업 변경의 고난이 기다리고 있다. 흉악할 정도는 아니겠으나 내리 막길임에는 틀림없다.

병은 목구멍과 가슴을 중심으로 한 상반신에 온다. 이 병의 완치는 의사와의 상대성이 중요하다. 기분이 맞지 않는다면 의사를 바꾸는 데 주저하지 말도록.

직업의 변경은 이 시기가 되어 생활을 위한 직업을 버리고 일생의 소원 즉 문학이나 미술을 택하는 경우와 회사를 바꾸는 두 가지 케이스가 있다. 전자의 경우는 여간한 행운이 따르지 않고는 성공하기 어렵다는 것은 상식으로 판단할 수 있다. 여러 사람을 널리 찾아 협조를 구해야 한다. 후자의 경우도 당신은 상대방에 이해되려면 상당한 시간이 걸린다. 그 동안의 괴로움이란 먼저 회사에서 그만 두지 않으면 안 되겠다고 생각했던 그 괴로움

보다 더 크다는 것을 각오해 두도록. 이 기간은 길어야 1년반이다.

여성의 경우 중년의 중반에 가정에 트러블이 일어나고 괴로운 세월을 보내게 되며 별거와 이혼까지에도 확대될 위험이 있다. 자기 자신의 한계를 분별하여 견실한 외곬으로 내닫도록 할 일이다. 이렇게 한다면 중년기에서의 침체는 만년기의 초기에서부터 회복시킬 수 있다.

마지막으로 55세 이후의「만년기 운」을 보자.

이 시기에는 중년기의 파란도 가라앉아 안정된 길운을 탈 수가 있다.

오랫동안 당신을 괴롭혔던 나쁜 가정운도 말끔히 사라지고 자식들과의 사이는 서로의 분수를 지키는 공동 생활을 하게 될 운세가 보이고 있다. 경제적으로는 투자한 회사가 일시부진에 빠지는 수가 있겠으나 대세는 순조롭다.

♣ 愛情運

남성은 상냥한 신사형. 맑은 눈동자에 깃든 숨은 애수, 음울한 표정이 여성을 매혹한다. 한번 사귀면 도무지 떨어질 수가 없게 되는 매력을 가지고 있다. 남자와 여자가 있으면 바로 성행위에 들어가는 식의 성급한 면이 없는 점도 여성을 안심시키며 어딘가 의지할 곳이 없어 보이는 면이 또한 모성의 본능을 간지럽히는 것이다. 내면적으로는 불붙는 정열을 가지고 있어 한번 이 사람이라고 마음만 먹으면 쉽게 그 불길이 꺼질 줄 모른다. 그러나 그것을 행동으로 옮기는 일에 힘들어 하므로 당신의 마음을 알아주고 그것을 존중해 주는 사람이 필요한 것이다.

지적인 여성에 끌리기 쉽고 정신면이 깊고 화제가 풍부한 여성을 존경하다가 그것이 애정으로 바뀌는 경로를 밟게 되는 것이다.

가정을 지키는 본능이 강하고 외면보다는 내면이 좋은 사람이다. 평소에는 바람기가 있는 듯이 보이기도 하지만 그것을 실행에 옮기는 일은 거의 없으며 그저 그러한 기분으로 있는 것이 고작이다. 아내를 귀중하게 여기며 특히 임신 중에는 성의 욕망이 높아지더라도 외도하는 일이라고는 없고 자기의 손으로 처리하는 일에 아무런 의문이나 쓸쓸함을 느끼지 않는다.

섹스는 길고 집요하게 달라 붙는다. 이것이야말로 우유부단형이다. 삽입 전의 애무가 길고 특히 혓바닥 끝의 절묘한 작업은 일품이다.

삽입하고도 지속 시간이 길 뿐만 아니라 회복도 빠르다. 상대와 뜻만 맞는다면 하룻밤에 3회는 거뜬하다. 동시에 성 연령이 언제까지라도 젊은 것도 특징이다. 50세가 넘더라도 아내를 상대로 주 3회는 거침없이 수행한다.

여성의 경우 매력적이며 미인이 많다. 그것도 새하얀 피부의 미인이 아니고 까무잡잡하고 감촉이 섬세한, 누르면 튕길 것만 같은 살갗을 가지고 있다.

젊었을 때에는 돈의 씀새가 거칠고, 꽤 놀기를 좋아한 사람이었으나 결혼하고 가정에 묻히면 일변하여 견실하게 가정을 지키는 타입으로 변모한다. 본질적으로는 현실과 동떨어져 있는 것은 변함이 없으나 경제적으로 너무 검약하기 때문에 자칫하면 용돈 부족으로 남편이 회사에서 망신을 당할 우려까지 있다.

또, 결혼 후의 중년기에 어찌하다 본성을 드러내 격정적 외도에 빠져 가정을 파괴할 우려가 전혀 없다고는 할 수 없다.

이 영수의 사람은 의외로 혼기가 늦는 사람이 많다. 배우자의 선택이 꽤 까다롭고 어려운 조건을 완고하게 내밀고 나가려고 하기 때문이다. 이 영수의 사람은 아주 혼기가 늦어진 다음이 아니고는 자타 모두 납득할 만한 연분은 발견되기 어렵다. 주위 사람들의 판단을 존중하여 상대성이 좋다는 것을 믿고 서둘러 연분을 찾아야 한다.

이 영수의 여성은 자신이 믿고 있듯이 성적 감각이 발달되어 있지 않다. 소재로서는 확실히 좋은 데가 있지만 남성에 의해 개발되기를 기다리는 편이다. 그렇다고 해서 그 개발을 뭇 남성에게서 구한다면 그 마음의 황폐는 말할 수도 없을 것이다.

그러면 영수에 의한 상대성을 보자.

상대성이 좋은 영수를 순서로 나열한다면 1·8·7·6·9가 된다. 다른 영수의 경우만큼 이 순번에는 차이가 크지 않다.

영수 1의 경우는 1의 강한 현실성과 8의 로맨티시즘이 알맞게 믹스되어 이상적인 짝이 된다. 한쪽의 상승운이 한쪽의 쇠퇴운을 막아 상승운에 상승을 거듭하는 것이다.

8은 마이너스와 마이너스가 겹쳐서 플러스를 낳게 하는 짝지음. 주위 사람의 눈에는 갈기갈기 찢어지는 곳이 있을 성 싶지만 본인끼리는 그것으로 만족하며 거기에서 큰 성과를 보는 수가 많다. 7·6·9의 경우는 8이 뒤따라 가서 행운을 가져다 주는 짝맞춤이다. 2·3·4·5의 경우는 8의 성격이 상대방을 침범하며 또 상대방이 당신을 이해하지 못하고 더러운 말투를 예사로 쓰는 사이가 된다. 태어난 아이가 가엾다고 세상 사람들이 손가락질 할 대상이 된다.

♣ 職業運

문학이나 미술 등 감성적인 방향으로 나갈 때 더 큰 성공을 기대할 수 있다. 그러나 비즈니스나 실업 방면으로 나갈 경우는 성공이 중간층에서 그치고 만다.

앞에서도 말한 바와 같이 회사에 근무하더라도 사무적인 면에서 그다지 솜씨가 없다. 그 결점은 주위에 있는 사람들의 온정으로 어느 정도 구원을 받지만 직업인으로서의 평가가 그것으로 떨어지는 것은 부정하지 못한다. 홍보 관계나 기획 관계 등에 배치되었을 경우에 재능을 발휘한다. 또 대인 관계에 있어서는 퍽 순탄한 교섭을 할 수 있으므로 실무적인 면에서 착실하게 커버해 주는 상대자만 있다면 영업상에도 상당한 성과를 올릴 수 있다.

또, 대인 관계에서 광범위한 부분에서 접촉이 넓어 업계 관계나 시세 변동 등의 정보에 빠르니 이러한 길에 있어서도 재능을 발휘할 기회가 있을 것이다. 부도 수표의 처리 등에는 귀중한 존재이다.

靈數
9

♣ 性 格

 영수 9인 사람은 강한 내성적 성격의 소유자이면서 자기의 의사를 강하게 표방하는 큰 진폭을 가지고 있다.
 자질구레한 일에도 극히 민감하게 반응하는 섬세한 신경을 지녔으며, 항상 자기 자신을 지켜보며 자기에게 의문을 가지는 내성적인 정신이 맥박치고 있다. 그 왕성한 정신 활동은 내부로 향해 그치는 일이 없고 외부에 대한 반응 표방으로 나타나는 것이다. 따라서 각 분야에서 개성적인 존재가 된다. 동시에 사회 생활에서 평범한 상태에 있는 일이 없이 두각을 나타내어 리더십을 발휘할 운명을 띠고 있다. 그것도 여러 사람의 의견을 잘 조절하여 그 위에 서서 운영한다는 것이 아니고 강한 개성과 행동력에 의해 집단을 끌고 나간다는 식의 리더십이다.
 이 영수의 사람은 자기의 개성이 격한 만큼 착한 일에도 강할 뿐더러 나쁜 일에도 강하다는 양면을 가졌으며, 특히 술에 있어서는 청탁을 가리지 않고 마시는 넓은 폭을 가지고 있다.
 그러나 한편 수줍음을 잘 타며 언제까지라도 소년답고 소녀다운 순수성을 잃지 않는 사람이기도 하다. 신경이 굵은 반면에 자기의 평판에는 유독히 예민하여 풍문에 들려 온 자기에 대한 악평에도 얼굴을 붉히며 화를 내기도 한다. 오는 자는 막지 않고, 가는 자는 좇지 않는다는 도량을 보이는 반면 자신에 대한 비판자는 용납치 않는다는 완강한 면이 있다.
 이 영수의 사람은 강한 운세를 가지고 있음과 동시에 운세의 흐름에 자기를 맡겨 버리는 일이 없이 적극적으로 일하고 도전하여 나아가는 강한 점을 가지고 있다. 처지나 운세가 다소 나쁘게 되더라도 본인의 강한 의지와 노력으로 능히 자기 마음 먹은 대로의 방향으로 돌릴 수 있는 사람이다. 그러므로 때에 따라서는 사람들이 생각지도 못하는 구렁텅이에서 문득 운이 틔어 엘리베이터식으로 운이 상승되는 것이다. 바꿔 말한다면 나쁜 운이 강하다는 뜻도 되겠다. 평탄한 운세의 커브라기보다 높낮이가 심한 것이 보통이다.

감각이 예민하고 동물적인 반사 신경이 있음과 동시에 명철한 판단력을 갖추고 있다.

욕망도 크며 야심에 불타고 있다. 항상 자기 자신의 현재에 만족하지 못하여 폭을 넓히려는 진취적인 기상을 가지고 있다. 그리고 자기가 일단 갖고 싶어하는 것은 손에 넣을 수 있는 강한 운을 가지고 있다.

요령도 좋고 처세에 능하다. 특히 선배들이나 연장자에게서 귀여움을 받는 매력이 있어 의외로 크게 실패없이 굳건히 나가게 된다.

이만큼 개성적이어서 남의 의견은 그다지 듣지 않으니 거만하다고 여겨지는 때도 있다. 사실 다른 사람으로부터 명령조의 말을 듣거나 하면 돌연 소리를 질러 자기 감정을 토로해 버리고야 마는 것이다. 그렇기 때문에 생각해 보지도 않았던 사람으로부터 돌연한 배신을 당하는 수가 있다. 유력한 지지자가 갑자기 라이벌의 지지로 자리를 옮기기도 하는 일이다.

여성의 경우는 색기(色氣)가 넘친다는 것보다는 산뜻한 매력을 지니고 있다. 이론파이며 일에 있어서도 남성에게 뒤지지를 않는 바이탈리티를 가지고 있다. 여자이면서 세일즈의 친구라고 하는 사람이 많고 더구나 두 세 가지를 겸해서 하고 있는 여성도 있다. 낭만파가 아니라 현실파이다. 상대방이 자기에게 플러스가 되느냐 안 되느냐에 따라 갑작스레 태도가 달라질 수도 있다. 남에게 지기 싫어 하는 성질이 강하여 동성에게 대해서는 트러블을 일으키기 쉬운 면도 있다.

정신과 마찬가지로 신체도 강건하다. 스포츠를 시켜도 곧잘 하며 개성적인 플레이를 한다. 그러나 이 강직한 강함은 생각지도 않게 아주 무른 데가 있다. 어느 날 갑작스레 병으로 쓰러져「어제까지도 그렇게 좋았었는데…」라는 말을 듣기 쉬운 체질이므로 자기 건강에 대한 과신은 금물이다.

♣ 運 勢

강한 운이다. 높낮이는 심하지만, 특히 낮은 곳에서 상승하는 속도는 볼 만한 것이다.

그러면 처음에 20세까지의「초년기 운」을 보기로 하자.

가정, 그리고 육친 관계는 의외로 파란이 많은 환경에서 지낸다. 어려서 부모의 한쪽을 잃는다든지 형제의 죽음을 당하여 충격을 받게 되는데 이 일로 정신적 성장에 큰 계기를 가진다. 경제적으로는 약간 파문이 있지만 생활에 곤란을 받거나 운명에 지장을 일으킬 정도의 변동은 없을 것이다.

학교 관계에서는 일찍부터 두각을 나타내어 자기 지망대로의 코스를 나갈 수 있다. 당신의 재능을 이해하는 사람이 많아 유익한 조언과 협력을 받게 된다. 여기에서 인연이 되어 맺어진 사람들은 당신을 장래에까지 음으로 양으로 뒷받침해 준다. 이 사람들에게 대한 솔직함과 예의를 잊지 않도록 함이 중요하다.

이 시기에 빠르게도 연애를 한다. 남성의 경우 상대편은 동갑이거나 2, 3세 위가 되겠다. 처음부터 육체 관계에까지 이른다. 결혼에까지 가는 일은 없지만 이 여성의 성격이나 성이 당신의 앞으로 여성관의 기본이 된다. 여성인 경우의 상대자는 조금 연상이 될 것이다. 본격적인 교제에 들어가면서부터 젊은 남성이 어린애 답게 보이며 미련하다고 생각되는 위험이 있다. 당신에게 있어서는 노련한 것보다는 불타는 자극이 필요한 시기라는 것을 잊지 않도록. 이 연애의 이별은 빠르며 여성쪽에서 일방적으로 씻을 수 없는 상처를 입고 만다.

이 시기에 직업을 가진다면 그다지 오래 못 가는 수가 많다. 자기의 가능성이 여기서는 인정될 수 없다는 초조감이 당신을 사로잡는다. 그러나 1년만 참으면 당신에게 찬스가 올 가능성이 크다.

다음에 20세에서 35세까지의 「성년기 운」을 보자.

활약의 시기이다. 20대의 전반에서 빠르게도 재능은 개발되어 널리 인정을 받는다. 개성적인 직업을 선택했을 경우나 어떤 조직 속에 귀속되었을 때나 마찬가지이다. 동시에, 성년기의 전반은 당신에게 있어서 최고의 노력을 집중시킬 때이다. 그러므로 당신을 따를 사람을 많게 하고 동조자를 부르고 지지자에게 신망을 주게 된다. 망설일 것 없이 마음먹은 대로 돌진해야 한다. 이 시기에는 당신 자신의 운세에 큰 함정은 없고 간단하게 회복되는, 말하자면 짧은 휴식 시간 정도가 있을 뿐이다.

회사에 근무하는 사람에게는 이 시기에 빈번하게 독립할 찬스가 다가온다. 힘겨운 것이 다가왔다고 생각될 때 당신은 진지하게 생각해야 한다. 태연자약한 결의가 굳어진다면 운세는 당신의 뒤를 따라 올 것이다.

결혼은 남녀 모두 빨라서, 20대에는 대부분이 맺어진다. 남성의 경우 비교적 연령차이가 많아 십대의 처가 흔히 있다. 처녀와 결혼할 확률이 크고 당신을 의지하는 타입의 여성과 인연을 맺게 되는 것이다.

여성의 경우는 남편과의 연령 차이는 그다지 많지 않아 23세 가량이 보통이다. 학생 결혼도 꽤 높은 비율을 나타내고 있다. 남녀 모두가 어린 아이를 일찍 낳게 되며, 또 끝나는 것도 이를 것이다.

성년기의 마지막에 가서 가정 파괴의 징후가 나타나 있다. 그것은 방심이다. 초지일관을 모토로 하도록.

다음에 35세까지의 「중년기 운」을 보기로 하자.

사회적 지위의 혜택을 받아 활약할 시기이다. 제각기 분야에서 말하자면 당신의 시대가 반드시 한번은 찾아 오고야 만다. 그만큼 적도 많아 의외의 사람으로부터 배신을 당하는 일이 중년기의 전반에 많다.

특히 십대부터의 친구가 당신에게서 떠나버린다. 그러나 한 친구가 떠나면 세 사람의 이해자가 나타난다. 떠나는 자를 좇지 않는다는 당신의 굳건한 주의를 관철하도록. 감상은 지금 당신의 마음에서 행동의 에너지로 전화시킬 때인 것이다.
 45세 무렵에 건강에 적신호가 다가온다. 식생활이 원인이다. 바로 대책을 세워야 한다. 상담은 채식주의자에게 할 것을 권고한다.
 여성의 경우, 이 시기에 직업을 가질 찬스가 찾아 온다. 가정은 건실하다. 수입은 그다지 노리지 않는 편이 현명할 것이다. 남성의 경우, 어느 정도 심각한 여성 문제가 생겨 난다. 비밀주의가 긴요하다. 마음이 통하는 선배 한 사람에게만 상의하여, 이 사람의 중개로 해결해야 한다.
 금전의 얘기는 끝에 가서 할 일이지 처음부터 끄집어 내지 않도록.
 끝으로 55세가 지나서의 「만년기 운」을 보자.
 길운으로 안정돼 있는 중년 시대까지의 긴장되었던 정신에서 해방되어 유유자적한 생활을 누린다. 다만, 생활을 한꺼번에 바꾸지 말고, 서서히 익혀가면서 하지 않으면 굳었던 체질이 한꺼번에 균형을 잃고 큰 병을 초래할 위험이 있다. 사람들과 많이 만나도록.
 가정과 육친 관계에서 큰 덕이 없으며, 자기보다 먼저 떠나는 자식이 생긴다. 또 배우자와의 사별도 빠른 사람이 많다.

♣ 愛情運

 영수 9인 남성의 여성에 대한 태도는 약자를 위로하는 마음씨와 같다. 일에 대해서는 굉장히 냉정한 투지를 가진 사람이지만 여성에게는 무르다고 얘기해도 좋을 것이다.

애인이나 아내가 사회적인 활동을 한다든지 텔레비전에 출연한다든지 하여 사람들의 눈에 띄는 곳에 나가는 것을 싫어하며 보물같이 감추어 두고 싶어하는 것이다. 독점욕과 지배욕이 강하다. 마누라를 귀중하게 여김은 물론이고 바람을 피우더라도 외박은 하지 않고 반드시 집에 돌아온다는 일은 이 영수의 사람에게 많은 것 같다.

여성의 경우는 남편으로 고생하는 운명이 있다. 일에 정신을 잃고 가정을 돌보지 않는다든지 달리 여성을 숨겨둔다든지 하는 것이다. 남편에게 경제력이 없고 자기가 일가를 지탱해 나가는 상도 보인다. 남성의 경우와 같이 육친과 가정의 연분은 그다지 좋지 않고 후처의 상이나 또는 일생을 바쁘게 일만 하다가 가족과 본의 아니게 어긋나는 수도 엿보인다.

독신 시대에서 20대의 연애는 향기라도 풍기는 듯한 상쾌한 사랑이 많고, 싸움질을 하면서 이해가 더 깊어가는 흐뭇한 면이 많다. 그런데 성숙과 더불어 남편에 대한 성적 불만이 높아져 그것을 다른 방법으로 해소시킬 수 없어 남편 이외의 남성과의 교제로 만족을 얻으려는 사람이 있다. 제1의 위기는 35세 전후이다. 죄의식이 없기 때문에 일은 바로 탄로나기 쉬우며 이혼·별거까지도 간단하게 박차고 나간다. 제2의 위기는 45세 무렵. 이 때에는 자식들과의 눈도 있으니 비밀리에 해결이 날 것이다.

영수 9인 남성의 섹스는 일에서나 대인 관계에서는 상상도 할 수 없을만큼 상대방에 대한 서어비스 정신에 넘쳐 있다.

젊었을 때에는 특히 스태미너가 있다고는 말할 수 없으나 중년에서부터 만년에 걸쳐 흡수률이 높아져 강한 섹스를 보이게 된다.

성기는 경도(硬度)가 자랑이다. 굵기나 길이는 아마 표준이라 해서 좋을 것이다. 한 가지 더 여성을 즐겁게 만드는 도구로서 음모가 있다. 넓은 면적을 차지하고 있을 뿐만 아니라 남성에게는 진귀하게 부드러운 감촉을 가지고 있다.

한편 여성의 섹스는 남성적이며 건강에 차 있는 강한 데가 있다. 상대방의 페이스에 맞춰 자기도 즐기는 스타일이지만 여성으로서 흥분의 곡선이 평탄하지 않고 쑥 올랐다가 푹 시드는 타입이다. 그러한 의미에서 애무가 긴 남성과는 그다지 상대성이 좋지 않다.

몸매가 대단히 섹스어필이다. 목이 가늘고 발목의 긴장도는 뛰어나게 눈에 띈다. 음모는 담담하여 마치 이른 봄에 싹트기 시작하는 어린 풀에 빗대어 표현하고 싶은 매력을 가지고 있다.

그러면, 영수에 의한 상대성을 보기로 하자.

7·8·2·1의 순으로 좋은 상대성이다.

영수 7의 경우, 당신은 거친 바다로 항해하는 배이며, 상대방은 그 피로와 상처를 어루만지는 항구이다. 당신의 양과 상대방의 음이 서로 대응적(對應的)으로 맞을 뿐더러 기본적인 이해가 서로간에 잘 성립되어 있는 것이다.

8은 상대방의 정신과 당신의 현실성과 행동성의 짝지음이 가장 좋다. 상대방의 비현실성이 지워지며 또 당신의 행동에 기품과 이성이 덧붙어 플러스가 된다.

2는 당신의 리드에 의해 상대방의 재능을 개발함과 동시에 당신의 사상이나 행동에 사회성이 가미되어 폭 넓게 해 주는 짝지음이다. 1의 경우는 쌍방의 강한 운세가 맞는 면도 있다. 그러나 서로의 자극이 제각기의 장점을 신장시킴과 아울러 거울이 되어 마이너스를 제거해 나간다.

9 끼리는 서로 양보하는 면만 있다면 큰 성과를 얻을 짝지음이다.

3과의 짝지음은 서로의 장점이 결점으로 보인다.

4도 쌍방의 자기 주장이 맞부딪쳐 에너지를 잃을 짝맞춤이며 사회적으로도 소극적인 활동을 면치 못할 위험이 있다.

5와 6은 좋지도 않고 나쁘지도 않은 그저 그런 짝이며 당신에게는 얼마간의 부담이 될 부분도 있다.

♣ 職業運

정치가·저어널리스트·작가·건축가 등 세상에 대해 리더십·창조력을 발휘하는 직업이 당신에게는 안성마춤이다.

회사에 근무하는 경우에도 당신은 주류가 되어 회사를 이끌어 나가는 스케일이 큰 직업운을 가지고 있다. 당신에게 가장 무서운 것은 자만과 방심. 우수한 부하가 생기지만, 당신과 같은 질의 인간들만 모여들 경향이 있다. 치밀한 이질적인 인간을 구해야 한다는 데에 태만하지 말도록. 다른 회사로부터의 스카우트도 적극적으로 권장할 일이다.

자기 사업을 할 때에는 협력자를 구할 것없이 뜻대로의 경영을 하는 편이 성미에 맞고 또 그것이 성공의 비결이다. 또, 하나의 거래선에 집중되지 말고 한 회사와의 거래는 최고 30회에서 그치기를 권한다. 그렇지 않으면 당신의 부하와 결탁하여 회사를 빼앗길 위험이 있다.

  상점 경영은 당신의 성격상 매우 어려운 데가 있다. 널리 상품을 진열하는 것보다는 고급전문점의 형식이 성공의 비율이 높을 것이다. 또 판매의 실무는 어시스턴트에게 권한을 대폭 양보하고 당신은 전략을 짜며 신제품 개발과 상품 반입에 전념하는 것이 유니크한 상점으로서 성공하는 길이다.

Ⅱ 인명용 한자와 그 해설

대법원 발표 「인명용 한자(8,319자)」 수록

■ **일러두기**

1. 인명용 한자의 표제어(標題語)는 대법원이 발표한 원문에 따라 선정하였으나, 정자(正字)와 약속자(略俗字)가 서로 통용이 허용된 한자에 대해서는 작명 때 정자를 우선하는 관례에 따라 정자를 표제어로 삼았다.

2. 대법원이 발표한 「인명용 한자(8,319자)」가 동자이음(同字異音) 또는 두음법칙(頭音法則) 등으로 두 가지 이상으로 발음될 때는 그 이음(異音) 또는 본음(本音)을 '→' 다음에 표기하고, 이를 [이], [본], [두] 로 구별하였다. 단, 동자이음은 대법원이 인정한 발음에 한하였다.

　　예 : 更(갱)→경[이] , 女(녀)→여[두] , 女(여)→녀[본]

3. 총획수와 성명학상의 획수가 다를 경우 부수 위치에 별도로 획수를 표기하였다.

Ⅱ 인명용 한자와 그 해설

一 가

07 人	伽	절. 사찰. 음역자. 伽那(가나) 伽倻琴(가야금)
08 人	佳	아름다울. 좋을. 韓佳子(한가자, 女선교사)
11 人	假	거짓. 빌릴.
15 人	價	값. 價格(가격) 價値(가치)
05 力	加	더할. 白加(백가, 백제화가)
05 口	可	옳을. 허락할. 〔극〕 白可臣(백가신, 고려문관)
08 口	呵	꾸짖을. 헐뜯을. 웃을. 呵怒(가노) 呵凍(가동)
10 口	哥	노래. 형. 코펙(copeck).
10 口	哿	좋다. 옳음.
14 口	嘉	아름다울. 좋을. 金嘉鎭(김가진, 독립운동)
13 女	嫁	시집갈. 떠넘길.
10 宀	家	집. 전문가. 집안. 安克家(안극가, 조선학자)
13 日	暇	겨를. 한가할.
09 木	枷	도리깨. 칼. 횃대. 枷鎖(가쇄) 枷囚(가인)
09 木	柯	메밀잣밤나무. 가지. 줄기. 柯亭(가정) 柯條(가조)
09 木	架	시렁. 건너지를. 세울.
14 欠	歌	노래. 노래할. 歌手(가수) 國歌(국가)
09 玉 10	珂	백마노. 굴레. 珂里(가리) 珂鄕(가향)
10 疒	痂	딱지. 創痂(창가) 瘡痂(창가)
15 禾	稼	심을. 稼動(가동) 稼穡(가색)
09 艸 11	苛	풀. 독할. 까다로울. 苛斂誅求(가렴주구)
09 艸 11	茄	가지. 연줄기.
12 行	街	거리. 한길. 街頭(가두) 市街(시가)
11 衣	袈	가사. 범어 kasāya의 음역.
12 言	訶	꾸짖을. 꾸지람. 노할. 訶止(가지) 訶詰(가힐)
13 貝	賈	姓. 값. →고〔통용〕
12 足	跏	책상다리할. 跏趺(가부)
12 車	軻	가기 힘들. 높을.
09 辵 12	迦	부처 이름. 범어의 ka. 迦陵頻伽(가릉빈가)
15 馬	駕	수레. 멍에할. 가마. 능가할.
14 口	嘏	크다. 장대하다. 嘏命(하명)
11 舟	舸	배. 큰 배.

09 10	珈	머리꾸미개.
08 土	坷	평탄하지 않을.
12 斗	斝	술잔. 빌다.
14 木	榎	檟와 同字.
17 木	檟	개오동나무. 차(茶)의 한 가지.
11 竹	笳	갈잎 피리. 호가(胡笳). 笳管(가관)
11 耒	耞	도리깨.
13 15	葭	갈대. 갈잎 피리. 강 이름. 葭葦(가위)
17 言	謌	歌와 同字.
08 09	泇	물 이름.
13 木	椵	나무 이름.

── 각

08 刀	刻 ·	새길. 시각. 몰인정할. 刻骨難忘(각골난망)
07 口	却 ·	물리칠. 밭어사. 문득.
06 口	各 °	각각. 제각기. 따로따로. 各個(각개) 各種(각종)
09 10	恪	공경할. 정성.
14 心	慤	삼갈. 성실할.
15 心	慤	☞慤자의 통용어.

12 殳	殼	껍질. 등딱지. 씨.
09 10	珏	쌍옥.
11 13	脚 °	다리. 발. 종아리. 健脚(건각) 脚光(각광)
20 土	覺 ·	깨달을. 발각될. 감각. 沈民覺(심민각, 조선志士)
07 角	角 °	뿔. 다툴. [록]
14 門	閣 ·	집. 빗장. 선반. 樓閣(누각) 閣僚(각료)
09 口	卻	却의 본자.
09 口	咯	토할. 꿩의 울음소리. 트림. 咯痰(각담) 咯血(각혈)
10 土	埆	메마를. 험하다. 모자라다.
13 14	搉	칠. 오로지하다. 생각하다. 搉利(각리) 搉場(각장)
17 18	擱	놓을. 멎다. 擱坐(각좌)
11 木	桷	서까래. 가지. 나뭇가지.

── 간

08 人	侃 ·	굳셀. 강직할. 侃諤(간악) 侃直(간직)
05 刀	刊 ·	새길. 책 펴낼. 깎을. 刊行(간행) 新刊(신간)
16 土	墾	따비질할. 개간. 깨질.
06 女	奸 ·	범할. 구할. 간음할. 奸計(간계) 奸巧(간교)
09 女	姦 ·	간사할. 간음할.

| 03 干 | 방패. 천간. 구할. 姓.
冒豆干(모두간, 발해장군) |
| 13 干 幹 | 줄기. 몸뚱이. 근본. 등뼈.
林幹(임간, 고려무관) |
17 心 懇	정성. 간절할.
12 13 揀	가릴. 구별. 분간.
07 木 杆	박달나무. 방패.
11 木 桿	☞杆자의 통용어.
09 木 柬	가릴. 편지.
10 木 枺	표할. 도표.
15 16 澗	산골짜기 물. 골짜기.
07 08 玕	아름다운 돌.
17 疒 癎	경풍(소아병의 일종).
癎病(간병) 癎疾(간질)
17 疒 癇	☞癎자의 통용어.
09 目 看	볼. 지켜볼.
看過(간과) 看護(간호)
17 石 磵	산간 골짜기. 澗의 동자.
12 禾 稈	짚.
09 竹 竿	대줄기. 장대. 횃대.
竿尺(간척) 竿杪(간초)
18 竹 簡	편지. 대쪽. 간략할.
南簡(남간, 조선문관)
07 09 肝	간. 중요할. 마음.
肝膽相照(간담상조)

| 06 艮 | 간방(동북방). 괘 이름.
李艮男(이간남, 조선문관) |
| 17 艮 艱 | 어려울. 괴로울. 고생. |
| 16 言 諫 | 간할. 충고할.
奇孝諫(기효간, 조선학자) |
| 12 門 間 | 사이. 틈. 이간할. 때.
間接(간접) 間隔(간격) |
06 07 忓	다할. 요란할.
08 石 矸	돌이 정결한 모양.
11 人 侃	偘과 同字.
14 15 慳	아낄. 망설이다. 굳다.
慳吝(간린) 慳貪(간탐)
14 木 榦	幹의 본자.
08 禾 秆	稈과 同字.
10 12 茛	덩굴옻나무.
09 行 衎	즐길. 바를. 기뻐하는 모양.
衎衎(간간)
10 走 赶	달릴. 뒤를 쫓다.
07 10 迀	권할.
21 齒 齦	물. 물다. 깨물다. 〔은〕

— 갈

| 06 乙 圠 | 땅 이름. |
| 12 口 喝 | 꾸짖을. 부를. 큰 소리.
喝采(갈채) 喝破(갈파) |

09 日	曷	어찌. 어느 때.
12 13	渴	목마를. 渴求(갈구) 飢渴(기갈)
14 石	碣	비석. 문체 이름. 우뚝 솟을.
14 立	竭	다할. 패전. 올릴. 마를. 竭轉官資(갈전관자)
13 15	葛	칡. 姓
15 虫	蝎	수궁. 도마뱀붙이. 전갈.
14 15	褐	털옷. 베옷. 솜옷. 姓
18 革	鞨	오랑캐 이름. 말갈. 靺鞨(말갈)
16 口	噶	맹세할.
13 木	楬	푯말. 악기 이름.
11 禾	秸	볏짚. 짚고갱이.
15 羊	羯	불깐 흑양. 종족 이름.
19 虫	蠍	전갈(全蠍). 蠍虎(갈호)

— 감

11 力	勘	다스릴. 헤아릴. 생각할. 金勘(김감, 조선정치가)
07 土	坎	구덩이. 험할. 괘 이름. 물.
12 土	堪	견딜.
12 山	嵌	산골짜기. 새겨넣을. 끼워넣을. 嵌谷(감곡) 嵌入(감입)
13 心	感	감동할. 느낄. 王元感(왕원감, 중국학자)
16 17	憾	한할. 섭섭할. 한.
13 戈	戡	이길. 죽일. 칠.
12 攴	敢	군셀. 감히. 용감스러울.
09 木	柑	홍귤나무. 감자나무.
16 木	橄	감람나무. 姓
12 13	減	덜. 덜릴. 감할.
05 甘	甘	달. 맛 좋을. 姓 甘吞苦吐(감탄고토)
10 疒	疳	감질. 감창.
14 皿	監	볼. 살필. 벼슬 이름. 監督(감독) 監査(감사)
17 目	瞰	내려다 볼. 멀리 바라볼.
11 糸	紺	감색.
08 12	邯	땅 이름. 〔한, 함〕
22 金	鑑	거울, 모범.→鑒〔통용, 22획〕 申鑑(신감, 조선문관)
22 金	鑒	☞鑑자의 통용어.
22 龍	龕	탑. 감실. 이길.
08 09	玪	옥돌
08 土	坩	도가니(쇠를 녹이는 데 쓰는 그릇).

11 土 坅 坎과 同字.

12 山 崁 험준할. 가파르다.
崁巖(감암)

09 廾 弇 덮을. 좁은 길.
弇蓋(엄개)

16 心 憨 어리석을. 해칠.
憨笑(감소)

16 撼 흔들. 흔들리다.
17 撼動(감동)

12 欠 欿 시름겨울. 서운하다. 〔함〕
欿然(감연)

17 欠 歛 바랄. 원하다.

08 09 泔 뜨물. 삶다. 달다.

11 12 淦 배에 괸 물.

15 16 澉 씻을. 맛이 없다.

25 目 矙 엿볼.

20 車 轗 가기 힘들.

12 酉 酣 즐길. 한창.
酣睡(감수) 酣飮(감음)

21 鹵 鹻 소금기. 덩이진 소금.

— 갑

07 匚 匣 갑. 작은 상자.

08 山 岬 산허리. 산 중턱. 산 사이.
岬寺(갑사) 岬岫(갑수)

05 田 甲 ° 갑옷. 첫째 천간. 껍질.
孫仁甲(손인갑, 조선義兵)

09 11 胛 어깨뼈. 견갑골.

13 金 鉀 갑옷.

13 門 閘 수문. 닫을. 물문.

— 강

10 刀 剛 • 굳셀. 강할. 姓.
吳剛杓(오강표, 한말義士)

11 土 堈 둔덕. 언덕.

09 女 姜 강하다. 姓.

14 女 嫝 여자 이름. 편안할.

08 山 岡 메.
李岡(이강, 고려서예가)

11 山 崗 ☞岡자의 통용어.

11 广 康 • 편안. 몸 튼튼할.
李康年(이강년, 조선義兵)

11 弓 強 • 강할. 마흔 살. 나머지.
強骨(상골) 富強(부강)

12 弓 强 ☞強자의 통용어.

16 弓 彊 강할. 強과 동자.

14 15 慷 강개할. 개탄할.
慷慨之士(강개지사)

07 木 杠 작은 다리. 깃대.

17 木 檲 싸리. 감탕나무.

06 07 江 물. 강. 큰 내. 姓.
魚得江(어득강, 조선문관)

07 08 玒	옥 이름.
19 田 疆	지경(地境). 지경 정할.
13 田 畺	지경(地境).
17 米 糠	겨(미곡의 껍질).
12 糸 絳	진홍색. 絳樹靑琴(강수청금)
14 糸 綱 •	벼리. 대강. 宣世綱(선세강, 조선문관)
08 羊 羌	오랑캐. 강할. 굶주릴.
12 14 腔	빈 속. 가락. 곡조 腔腸動物(강장동물)
09 舟 舡	오나라 배. 선박. 舡魚(강어) 舡軒(강헌)
17 19 薑	생강. 薑桂之性(강계지성)
16 17 襁 °	포대기. 띠. 업을.
17 18 褯	☞襁자의 통용어.
17 言 講 °	외일. 익힐. 강론할. 講習(강습) 聽講(청강)
13 足 跫	세울. 우뚝 설.
16 金 鋼 •	강철. 沈鋼(심강, 조선문관)
18 金 鏯	☞鋼자의 통용어.
09 14 降	내릴. →항[통용]. 降雨(강우) 降伏(항복)
22 魚 鱇	꺽저기. 鮟鱇(안강)

19 頁 顜	밝을. 곧을.
10 12 茳	강리풀.
19 金 鏹	돈. 돈꿰미에 꿰어둔 돈.
12 人 傋	순직할.
15 人 僵	쓰러질. 엎어지다.
16 土 壃	疆과 同字.
07 08 忼	강개(慷慨)할.
11 12 悾	정성. 참된 마음.
06 07 扛	들. 들다. 메다.
17 歹 殭	굳어질.
08 石 矼	징검다리. 굳은 모양.
16 禾 穅	겨. 속이 비다.
17 糸 繈	포대기. 띠. 줄. 繈褓(강보)
10 11 罡	별 이름. 북두성의 딴 이름.
14 羊 羫	뼈대.
10 豆 豇	광저기. 豇豆(강두)
22 革 韁	고삐. 굴레.
20 金 鏹	돈.

Ⅱ 인명용 한자와 그 해설

20 鐓 돈.
金

── 개

04 介 · 낱. 딱지. 소개할. 姓
人   朱論介(주논개, 조선義妓)

06 价 클. 착할.
人

10 個 。 낱. →箇[통용, 14획]
人

14 箇 ☞個자의 통용어.
竹

주의 통용어는 부수와 획수에 관계없이
    정자 밑에 배열하였음.

12 凱 화할. 개선할.
几   安文凱(안문개, 고려문관)

13 塏 높은 땅. 높고 건조할.
土

13 愷 편안할. 즐거울.
14

13 忾 성낼. 분개할.
14

14 慨 · 슬퍼할. 강개할. 개탄할.
15

07 改 。 고칠.
攴   改過遷善(개과천선)

15 概 · 대개. 기개. 절개.
木   概觀(개관) 節概(절개)

14 漑 물댈. 씻을. 닦을.
15   漑灌(개관) 漑田(개전)

09 疥 옴.
疒

09 皆 。 다.
白

08 玠 큰 홀.
09

08 芥 겨자. 티끌. 먼지.
10   芥子(개자) 芥塵(개진)

14 蓋 덮을. 대개.→盖[속, 통용, 11획]
16   盧蓋邦(노개방, 조선문관)

11 盖 ☞蓋자의 통용어.
皿

10 豈 개가. 화락할. →기[통용]
豆

18 鎧 갑옷. 갑옷 입을.
金   鎧甲(개갑) 鎧仗(개장)

12 開 · 열. 개척할.
門   金開男(김개남, 조선종교)

12 剴 알맞을. 큰 낫.
刀   剴切(개절)

05 匃 빌. 구걸하다. [갈]
勹

12 揩 문지를.
13

15 槩 槪와 同字.
木

15 磕 돌 부딪는 소리.
石

18 闓 열. 생각하다. 밝다.
門

── 객

12 喀 뱉을. 구토할.
口   喀痰(객담) 喀血(객혈)

09 客 。 손. 나그네.
宀

── 갱

07 坑 구덩이. 구덩이에 묻을.
土

07 更 · 다시.→경[통용]
曰   更生(갱생) 變更(변경)

13 米	粳	메벼. 粳자의 통용어. 粳稻(갱도) 粳米(갱미)
19 羊	羮	국. 국 끓일.
12 石	硜	돌 소리. [경] 硜硜(갱갱)
15 貝	賡	이을. 계승하다. 賡歌(갱가) 賡酬(갱수)
19 金	鏗	금옥(金玉) 소리.

── 갹

| 20 酉 | 醵 | 추렴할. 추렴내어 마실. |

── 거

10 人	倨	거만할. 굽을. 걸터앉을. 倨傲鮮腆(거오선전)
05 厶	去	갈. 지날. 물리칠. 去頭截尾(거두절미)
08 尸	居	살. 있을. 어조사. 姜居孝(강거효, 조선문관)
05 工	巨	클. 金巨公(김거공, 고려문관)
08 09	拒	막을. 맞설. 물리칠.
11 12	据	일할. 의거할.
16 17	據	웅거할. 의지할. 雄據(웅거) 依據(의거)
18 手	擧	들. 다. 일으킬. 尹文擧(윤문거, 조선학자)
12 13	渠	도랑. 클.
09 火	炬	횃불. 사를. 태울. 炬眼(거안) 炬火(거화)

10 示	祛	떨어 깨끗이할. 셀. 강할.
12 足	距	떨어질. 막을. 클.
15 足	踞	웅크릴. 걸터앉을. 오만할.
07 車	車	수레.→차[통용] 車馬(거마) 車道(차도)
17 20	遽	역말. 급히. 당황할.
13 金	鉅	클. 강할. 어찌. 갑자기.
16 金	鋸	톱. 켤. 자를. 鋸解秤錘(거해칭추)
15 馬	駏	버새(암나귀와 수말 사이에 난 튀기).
08 口	呿	입 벌릴. 하품을 하다.
09 日	昛	밝을.
10 禾	秬	검은 기장.
13 竹	筥	광주리. 볏단. [려]
23 竹	籧	대자리. 대광주리.
09 11	胠	열. 열다. 겨드랑이.
12 14	腒	새의 포.
09 11	苣	상추.
11 13	莒	감자.
16 18	蕖	연꽃. 연화(蓮花).

21/23 蘬	풀이름.		14 手 搴	빼내다. 뽑아내다.
10/11 袪	소매. 소맷자락.		12/13 湕	물 이름.
13/14 裾	옷자락. 거만할. 裾裾(거거) 裾香(거향)		16 足 躚	가는 모양.
― 건			12/13 掮	멜. 세울. 어깨에 메다.
11 乙 乾 °	하늘. 괘 이름. 남성. 강건 [간] 李鍾乾(이종건, 독립운동)		13 牛 犍	짐승 이름.
14/15 漧	☞ 乾의 통용어.		14 目 睷	눈으로 셀.
06 人 件 •	물건. 사건. 조건.		15/16 褰	추어올릴. 바지. 들다.
11 人 健 •	건장할. 굳셀. 잘할. 金健淳(김건순, 조선종교)		17 言 謇	떠듬거릴.
03 巾 巾	수건. 두건.		18 革 鞬	동개(화살과 활을 꽂아 등에 지는 물건).
09 廴 建 °	세울. 베풀. 일으킬. 宋建(송건, 조선무장)		09 乙 乹 •	하늘.
10/13 建	☞ 建자의 통용어.		― 걸	
13 心 愆	허물. 과실. 어그러질. 악질.		03 乙 乞 •	빌. 구걸할. 거지.
13 木 楗	문빗장. 방죽.		12 人 傑 •	호걸. 뛰어날. 훌륭할. 白仁傑(백인걸, 조선문관)
13/15 腱	힘줄의 밑동. 힘줄의 끝.		08 木 杰	이름. 傑자의 통용어. 金履杰(김이걸, 독립운동)
10 虍 虔	정성. 삼갈. 정성스러울. 虔慕(건모) 敬虔(경건)		10 木 桀	홰. 사나울. 교활할. 뛰어날.
17 足 蹇	절뚝발. 느릴. 고생할. 蹇蹇匪躬(건건비궁)		06 乙 乬	걸. 걸어 두다.
17 金 鍵	자물쇠. 비녀장.		14 日 朅	갈. 떠나가다.
20 馬 驐	어지러질. 고개를 들. 뺄.		14 木 榤	홰.

── 검

15 人 儉 · 검박할. 검소할.
鄭觀儉(정관검, 조선학자)

15 刀 劍 · 칼. →劒〔통용, 16획〕

16 刀 劒 ☞ 劍자의 통용어.

17 木 檢 · 검사할. 금제할. 법.
具榮檢(구영검, 고려문관)

18 目 瞼 눈꺼풀. 고을.

12 金 鈐 비녀장. 자물쇠. 도장 찍을.

16 黑 黔 검을. 검어지다.
黔驢之技(검려지기)

16 17 撿 단속할.

08 10 芡 가시연(못이나 늪에서 나는 연꽃).〔검〕

── 겁

07 力 劫 겁탈할. 으를. 강도. 패.

08 09 怯 겁별. 겁 많을.

09 12 迲 자래.〔가〕 인명한자의 '겁'은 상고할 수 없음.

07 刀 刼 겁탈할.

07 刀 刦 刧과 同字.

── 게

11 人 偈 쉴. 휴식. 중의 귀글.

16 心 憩 쉴.

12 13 揭 들. 보일.〔갈, 걸〕

── 격

17 手 擊 · 칠. 마주칠.
擊退(격퇴) 目擊(목격)

10 木 格 · 이를. 품위. 대적할. 격식.
權格(권격, 조선문관)

17 木 檄 격서. 격문. 편지.

16 17 激 · 격동할. 물결 부딪칠.
激動(격동) 感激(감격)

14 16 膈 가슴 속. 흉격. 종틀.

14 見 覡 박수(남자무당).

13 18 隔 막을. 뜰. 칸막이. 이미.

09 10 挌 칠. 때리다.

14 殳 㲋 부딪칠. 털다. 애쓰다.

17 門 闃 고요할. 조용하다.

16 骨 骼 뼈. 골격.

10 鬲 鬲 손잡이. 막다.〔력〕
鬲絶(격절)

15 鳥 鴃 때까치.

── 견

11 土 堅 · 굳을. 굳셀.
安堅(안견, 조선화가)

― 결

11 牛	牽·	이끌. 끌어당길. 이을. 牽强附會(견강부회)
04 犬	犬 °	개. 犬馬之勞(견마지로)
14 瓦	甄	질그릇 구울. 교화할. 살필.
13 糸	絹·	비단. 깁. 명주. 絹絲(견사) 本絹(본견)
19 糸	繭	고치. 솜옷. 부르틀.
08 10	肩·	어깨.
07 見	見 °	볼. 보일. →현 [통용] 白見龍(백현룡, 조선학자)
21 言	譴	꾸짖을. 허물. 책망.
14 17	遣·	보낼.
18 鳥	鵑	두견. 소쩍새.
10 11	狷	성급할. 뜻이 굳다. 狷介(견개)
09 田	畎	밭도랑. 물 대다. [경]
13 竹	筧	대 홈통.
17 糸	縛	명주. 견(絹)과 같음.
20 糸	繾	곡진할. 繾綣(견권)
18 19	罥	올무. 그물.
23 虫	蠲	밝을.
22 魚	鰹	가물치.

07 08	抉·	긁을. 들추어 낼. 깍지.
07 08	決 °	결단할. 정할. 물 이름. 끊을. 沈決(심결, 조선문관)
15 16	潔	맑을. 깨끗할. 조촐할. 尹潔(윤결, 조선문관)
14 氵	潔	☞ 潔자의 통용어.
12 糸	結·	맺을. 마칠. 엉길. 白結(백결, 신라음악인)
10 缶	缺·	이지러질. 모자랄. 빌.
11 言	訣	헤어질. 끊을. 비결. 訣別(결별) 訣要(결요)
09 女	挈	맑을.
11 火	焆	밝을.
10 13	趹	뛸.
08 09	玦	패옥(佩玉).
17 金	鍥	풀 베는 낫.
11 角	觖	서운해 할.
17 門	関	문 닫을. 마치다. [계]
10 水	絜	깨끗할.
18 金	鐍	새길.
08 火	炔	불타기 시작할.

― 겸

10 八	兼 ·	겸할. 아우를. 兼備(겸비) 兼職(겸직)
13 口	嗛	부족히 여길.
13 14	慊	양심먹을. 마음에 맞을. 정성.
14 木	槏	창설주.
14 竹	箝	끼울. 항쇄. 재갈먹일.
17 言	謙 ·	겸손할. 괘 이름. 魚世謙(어세겸, 조선명신)
13 金	鉗	칼(죄인의 목에 씌우는 형구). 꺼릴. 시기할.
18 金	鎌	낫.
12 人	傔	시중들. 따르다. 족하다. 傔人(겸인) 傔從(겸종)
07 山	岒	산 이름.
08 09	拑	입 다물. 재갈 먹이다.
14 欠	歉	흉년 들.
16 糸	縑	합사(合絲) 비단.
14 16	蒹	갈대. 蒹葭(겸가)
17 黑	黔	검을.
23 鼠	鼸	도마뱀.
13 山	嵰	산 높고 험한 모양.

― 경

08 亠	京 °	서울. 경[數의 단위]. 李京日(이경일, 독립운동)
09 亠	京	☞京자의 통용어.
09 人	俓	곧을.
10 人	倞	굳셀. 멀.
13 人	傾	기울. 위태로울. 기울일. 傾國之色(경국지색)
15 人	儆	경계할.
09 氵	泾	차다.
02 冂	冂	멀다.
07 冂	冏	빛날. 창 맑을.
07 口	囧	☞冏자의 통용어.
09 力	勁	굳셀.
10 力	勍	셀. 강할.
12 卩	卿	벼슬. 아주머니. 선생. 姓. 姜孟卿(강맹경, 조선명신)
11 卩	卿	☞卿자의 통용어.
08 土	坰	들. 교외. 야외.
14 土	境 ·	지경. 경계. 형편. 겨우. 境界(경계) 環境(환경)
08 广	庚 °	별. 일곱째 천간. 길. 나이. 庚戌(경술) 同庚(동경)

II 인명용 한자와 그 해설

10 彳	徑 •	지름길. 곧을. 지름. 徑路(경로) 捷徑(첩경)
15 心	慶 °	경사. 姓. 복. 金慶門(김경문, 조선학자)
15 16	憬	깨달을. 동경할.
17 心	憼	공경할. 갖출.
17 手	擎	받들. 들.
13 攵	敬 °	공경할. 삼갈. 姓. 徐敬德(서경덕, 조선학자)
12 日	景 •	볕. 밝을. 경치. 클. 우러를. 杜景升(두경승, 고려무장)
16 日	暻	☞景자의 통용어.
07 日	更	고칠. 바꿀.→갱 [통용]
11 木	梗	가시나무. 근심. 막을. 梗塞(경색) 梗正(경정)
17 木	檠	도지개. 등불. 바로잡을. 燈檠(등경)
17 木	橄	☞檠자의 통용어.
10 11	涇	물. 통할.
08 火	炅	빛날.
11 火	烱	무더울.
15 火	熲	빛. 불빛.
16 17	璟	옥 광채 날.
15 16	璄	☞璟자의 통용어.

17 18	璥	경옥. 옥 이름.
19 20	瓊	구슬. 金瓊植(김경식, 조선학자)
12 疒	痙	심줄 땅길.
12 石	硬 •	굳을. 단단할. 강할.
16 石	磬	경쇠. 달릴. 목맬.
11 立	竟 •	마침. 다할. 끝날. 마칠. 究竟(구경) 畢竟(필경)
20 立	競 °	다툴. 겨룰.
11 糸	絅	바짝 죌. 홑옷. 끌어 죌.
13 糸	經 °	글. 경서. 경영할. 날. 鄭經世(정경세, 조선학자)
10 耒	耕 °	밭 갈. 金耕(김경, 화가)
10 耳	耿	빛날. 깜박거릴.
11 13	脛	정강이. 정강이뼈.
11 13	莖	줄기. 밑기둥.
20 言	警 •	경계할. 일어날. 깨우칠.
14 車	輕 °	가벼울. 경솔할. 업신여길.
11 14	逕	좁은 길. 지날. 가까울.
19 金	鏡 •	거울. 거울삼을. 郭鏡(곽경, 고려문관)
11 頁	頃	이랑. 잠깐. 요즈음.

16 頁	頸	목(물건의 목모양 부분).
23 馬	驚	놀랄. 놀랠. 驚天動地(경천동지)
19 魚	鯨	고래. 鯨戰蝦死(경전하사)
19 鳥	鶊	꾀꼬리.
07 巛	巠	물이 질펀하게 흐르는 모양.
17 日	暻	밝을. 마를.
16 火	煛	불 이름. 햇빛.
09 刀	剄	셀. 굳세다.
10 口	哽	목멜. 막히다. 哽塞(경색)
12 / 13	惸	근심할. 외로운 몸. 惸惸(경경) 惸獨(경독)
09 戶	扃	밝을.
12 火	焭	煢과 同字.
13 火	煢	외로울. 근심하다. 煢獨(경독)
09 田	畊	耕의 古字.
22 立	競	竸과 同字.
13 糸	綆	두레박줄.
17 缶	罄	빌. 공허하다. 다하다. 罄竭(경갈)
15/16	褧	홑옷.

18 言	謦	기침. 속삭이다.
17 頁	穎	홑옷.
15 馬	駉	목장. 굳세다.
18 魚	鯁	생선뼈.
20 黑	黥	묵형(墨刑).

── 계

09 人	係	•이을. 관계될. 걸릴. 계. 金係錦(김계금, 조선문관)
11 口	啓	열. 일깨울. 인도할. 여쭐. 姜啓庸(강계용, 고려문인)
09 大	契	계. 맺을.→글[통용]. [설] 金蘭之契(금란지계)
08 子	季	•말째. 끝. 막내. 계절. 卞季良(변계량, 조선문관)
08 尸	屆	이를. 다다를. 극한.
11/12	悸	두근거릴. 동계. 늘어질. 悸病(계병) 悸慄(계율)
07 戈	戒	•경계. 재계할.
10 木	桂	계수나무. 姓. 金桂善(김계선, 조선樂人)
11 木	械	기계. 형구. 병기. 형틀.
12 木	棨	•부절. 부신. 나무창.
13/14	溪	시내. 溪谷(계곡) 溪流(계류)
10 火	烓	조명용 휴대 화덕.

II 인명용 한자와 그 해설 229

09 界 지경. 한도. 세계.
田

12 堺 ☞界자의 통용어.
土

09 癸 북방. 열번째 천간.
癶   癸丑(계축) 癸方(계방)

15 稽 상고할. 헤아릴.
禾

07 系 맬. 이을. 계통. 실마리.
糸

19 繫 맬. 얽을. 묶을.
糸   繫辭(계사) 繫留(계류)

20 繼 이을.
糸   宋繼白(송계백, 독립운동)

09 計 셈할. 회계할. 꾀.
言

14 誡 경계.
言   朴知誡(박지계, 조선학자)

17 谿 시내. 텅빌.
谷   谿谷(계곡) 谿子(계자)

15 磎 ☞谿자의 통용어.
石

12 階 섬돌. 계단. 차례. 사닥다리.
17   階石(계석) 層階(층계)

21 鷄 닭.
鳥   鷄口牛後(계구우후)

12 堦 階와 同字.
土

14 癡 미칠. 미치다.
疒

14 禊 계제(禊祭).
示

14 縏 발 고운 비단. [경]
糸

16 繼 繫와 同字.
糸

17 罽 물고기 그물.
18

17 薊 삽주(엉거싯과의 여러해살이
19   풀).

18 雞 닭.
隹   雞頭(계두)

16 髻 상투.
髟

— 고

05 叩 두드릴. 조아릴. 물을.
口

05 古 예. 비로소
口   階古(계고, 신라음악인)

07 告 고할. 알릴. 여쭐. [곡]
口

08 呱 갓난아이가 욺.
口

08 固 굳을. 완고할. 진실로
口   金永固(김영고, 고려문관)

08 姑 시어미. 고모. 잠깐. 아직.
女

08 孤 외로울. 부모 없을.
子   孤軍奮鬪(고군분투)

05 尻 꽁무니. 끝. 말단.
尸

10 庫 곳집. 창고
广   庫間(고간) 倉庫(창고)

09 拷 칠. 매질할.
10   拷問(고문) 拷責(고책)

09 故 연고. 죽을. 옛. 오래될.
攴

14 敲 두드릴.
攴

08 杲 밝다. 본음은 호.
木

09 木	枯・	마를.
14 木	槁	마를. 고목. 짚.
08/09	沽	팔. 살. 술장수. 거칠. 沽券(고권) 沽名(고명)
13 疒	痼	고질(오래 낫지 않는 병).
14 目	睾	늘. 빠짐없이. 불알.
15 禾	稿・	짚. 원고
10 羊	羔	양새끼. 검은양. 羔豚(고돈) 羔雁(고안)
06/08	考	상고할 헤아릴 →攷[통용; 6획]
06 攴	攷	☞考자의 통용어.
08/10	股	넓적다리. 股肱之臣(고굉지신)
14/16	膏	기름. 고약. 연지.
11 白	皐	물가. 늘. 연못언덕.
10 白	皋	☞皐자의 통용어.
09/11	苦	괴로울. 쓸. 苦盡甘來(고진감래)
09/11	苽	줄(볏과에 속하는 수초). 菰자의 통용어.
12/14	菰	줄(볏과의 수초). 외로울.
18/20	藁	볏짚. 초고. 마를.
14 日	暠	흴.

23 虫	蠱	뱃속벌레. 곡식벌레. 해독.
11/12	袴	바지(가랑이가 있는 아랫도리 옷).
14 言	誥	고할. 가르침. 경계.
13 貝	賈	살. 구할. 팔. 장사. →가[통용]
12 辛	辜	허물. 반드시. 저버릴.
16 金	錮	막을. 맬. 고질. 錮鏴著生鐵(고로착생철)
12 隹	雇	품을 살. 雇用(고용) 雇傭(고용)
21 頁	顧	돌아볼. 생각할. 마음쓸. 顧見(고견) 顧慮(고려)
10 高	高・	높을. 공경할. 비쌀. (高는 姓字로 11획)
13 鼓	鼓	북. 치다.
13 鼓	皷	북 칠. 연주하다.
07 人	估	값. 흥정하다. 상인. 估價(고가) 估客(고객)
10 氵	涸	얼. 얼어붙다.
08 刀	刳	가를. 쪼개다. 刳木(고목)
10 木	栲	북나무.
14 木	槀	마를. 말리다. 槀木(고목)
19 木	櫜	활집.
09 牛	牯	암소

18 皿	鹽	염지(鹽池). 무르다.
18 目	瞽	소경. 瞽馬聞鈴(고마문령)
23 鳥	鵓	비둘기.
12 禾	稾	槀와 同字.
14 竹	箍	둘레. 두르다. 테.
16 竹	篙	상앗대(배를 젓는 긴 막대).
16 米	糕	떡.
10/11 网	罟	그물. 규칙. 罟網(고망)
10 羊	羖	검은 암양.
18 羽	翶	날. 비상하다. [요] 翶翔(고상)
10/12 肉	胯	사타구니.
12 角	觚	술잔. 의식(儀式)에 쓰는 술잔.
12 言	詁	주낼.
10/14 邑	郜	나라 이름.
12 酉	酤	계명주(鷄鳴酒). 사다.
13 金	鈷	다리미. 끓을.
15 非	靠	기댈.
16 鳥	鴣	자고(꿩과의 새 이름).

― 곡

10 口	哭	○ 울.
11 斗	斛	휘(열 말의 용량).
06 曰	曲	○ 굽을. 구석. 곡진할. 가락.
11 木	梏	수갑. 묶을. 궬.
15 禾	穀	곡식. 좋을. 李穀(이곡, 고려학자)
07 谷	谷	○ 골. 姓. 虛谷(허곡, 중국화가)
18 鳥	鵠	고니. 정곡. 姓.
20 口	嚳	고할. 급히 아뢰다.
15 木	槲	떡갈나무.
16 糸	縠	주름 비단.
17 角	觳	뿔잔. 뿔로 만든 큰 술잔. [각]
17 車	轂	바퀴통. 수레. 모으다.

― 곤

07 口	困	○ 곤할. 지칠. 어려울. 괴로울.
08 土	坤	○ 땅. 괘 이름. 대지. 여성. 尹坤(윤곤, 조선문관)
11 山	崑	산 이름.
08 曰	昆	맏. 형. 뭇.

11 木	梱	문지방. 두드릴. 이룰.
12 木	棍	몽둥이. 곤장. 일으킬. 棍棒(곤봉) 棍杖(곤장)
14/15	滾	흐를. 끓을.
12/13	琨	아름다운 옥.
10 衣	袞	곤룡포. 삼공. 袞服(곤복)
11 衣	裵	☞袞자의 통용어.
16 金	錕	구리. 칼 이름.
19 魚	鯤	곤이(鯤鮞). 곤어(鯤魚).
11 土	堃	땅.
11 山	崑	崑과 同字.
10/11	悃	정성. 성실하다.
10/11	捆	두드릴.
14 糸	緄	띠. 새끼. 꿰맬.〔혼〕 緄帶(곤대)
12/13	裍	걷어올릴.
14/15	褌	잠방이. 속옷.
15 門	閫	문지방.
13 髟	髡	머리 깎을.
19 鳥	鶤	댓닭.

20 鳥	鵾	봉황새. 봉황의 딴 이름.〔운〕
22 齒	齫	이 솟아날. 물다.〔운〕

― 골

07/08	汩	다스릴. 통할. 어지럽힐. →율〔통용〕
13/14	滑	어지러울. 흐릴. 다스릴.
10 骨	骨 ○	뼈. 뼈대. 벼슬. 姓
13/14	搰	팔. 파내다. 힘쓰는 모양.
14 木	榾	등걸. 그루터기.
21 鳥	鶻	송골매.

― 공

08 人	供 •	이바지할. 바칠. 진술할.
04 八	公 ○	귀. 공변될. 姓 金公著(김공저, 조선醫員)
06 八	共 ○	한가지. 함께. 같이.
05 力	功 ○	공. 복 입을. 功勞(공로) 成功(성공)
04 子	孔 •	구멍. 매우. 심할. 姓 氣孔(기공) 孔劇(공극)
03 工	工 ○	장인. 공교할.
10 心	恐 •	두려울.
10 心	恭 •	공손할. 공경할. 삼갈. 安子恭(안자공, 고려문관)

09 10	拱	두손 마주잡을. 팔짱낄. 拱木(공목) 拱揖(공읍)
11 12	控	당길. 고할. 아뢸. 던질. 控訴法院(공소법원)
07 攴	攻 ·	칠. 닦을. 다스릴.
10 11	珙	크고 둥근 옥.
08 穴	空 °	빌. 하늘. 부질없을. 헛될. 源空(원공, 일본고승)
10 虫	蚣	지네.
10 貝	貢 ·	바칠. 공물.
15 革	鞏	묶을. 굳을. 鞏固(공고) 鞏昌(공창)
22 龍	龔	공손할.
10 人	倥	어리석을. 바쁠. 괴로울.
11 山	崆	산 이름.
10 木	栱	두공(斗栱). 말뚝.
14 竹	箜	공후(箜篌). 箜篌引(공후인)
12 虫	蚣	메뚜기.
12 虫	蛬	귀뚜라미.
24 貝	贛	줄. 주다. 〔감〕
13 足	跫	발자국 소리.
11 金	釭	화살촉. 가시새. 〔강〕

| 14 木 | 槓 | 지렛대. |

— 곶 —

| 07 丨 | 串 | 곶(지명으로서의 갑). |

— 과 —

14 宀	寡 ·	적을. 과부. 나.
04 戈	戈	창.
08 木	果 °	과실. 결과. 결단할. 과연.
05 瓜	瓜	오이. 참외. 姓.
09 禾	科 °	과거. 과목. 조목. 科目(과목) 科擧(과거)
12 14	菓	과실. 과자.
13 言	誇	자랑할. 뽐낼. 클.
15 言	課 °	공부. 부과할. 매길. 課目(과목) 賦課(부과)
13 足	跨	넘을. 사타구니. 점거할. 跨越(과월) 跨下(과하)
13 16	過 °	지날. 지나칠. 허물. 건널. 過恭非禮(과공비례)
17 金	鍋	노구솥. 냄비. 기름통.
17 頁	顆	낱알. 흙덩이.
08 人	侉	자랑할. 뽐내다.
12 土	堝	도가니.

14 夕	夥	많을. 넉넉하다. 동아리. 夥多(과다)
06 大	夸	자랑할. 사치하다. 뻗다. 夸矜(과긍) 夸言(과언)
16 17	撾	칠. 북채. 음곡(音曲).
11 12	猓	긴꼬리원숭이.
13 禾	稞	보리. 알곡식.
13 穴	窠	보금자리. 방. 꽃송이. 窠窄(과착) 窠乏(과핍)
15 虫	蝌	올챙이. 蝌蚪(과두)
13 14	裹	쌀. 싸다. 꾸러미. 裹糧(과량)
15 足	踝	복사뼈.
14 金	銙	대구.
18 馬	騍	암말.

— 곽

14 广	廓	넓을. 클. →확 [통용] 李廓(이곽, 조선무관)
15 木	槨	덧널. 외관.
20 22	藿	콩잎. 콩잎. 미역.
11 15	郭 °	성(城). 바깥 성. 姓.
12 木	椁	덧널. 헤아리다. 측량하다.
21 广	癨	곽란(癨亂).

16 雨	霍	빠를. 갑자기. 나라 이름. 霍然(곽연)
20 革	鞹	무두질한 가죽. 생가죽.

— 관

07 丨	串	익힐.
09 冖	冠 •	갓. 관. 어른. 뜸. 孫冠(손관, 고려문관)
08 宀	官 °	벼슬. 관가. 기관. 金官寶(김관보, 항일투사)
15 宀	寬 •	너그러울. 넓을. 愼居寬(신거관, 조선문관)
13 宀	寛	⇨寬자의 통용어.
14 15	慣	익힐. 익숙할. 버릇. 慣例(관례) 習慣(습관)
11 木	梡	네 발이 달린 도마.
12 木	棺	널. 입관할. 棺柩(관구) 棺材(관재)
12 欠	款	정성스러울. 공경할. 조목.
21 22	灌	물 댈. 씻을. 떨기나무. 李灌(이관, 조선문관)
12 13	琯	옥저. 피리.
22 23	瓘	서옥. 사람 이름.
14 竹	管 •	대롱. 주관할. 관리할. 血管(혈관) 管理(관리)
24 缶	罐	두레박. 단지. 깡통.
12 14	菅	솔새. 거적. 사사로울.

II 인명용 한자와 그 해설 235

25 見	觀。	볼. 형용. 보일. 대궐문. 金觀植(김관식, 목사)
11 貝	貫。	꿸. 꿰뚫을. 관향.
16 金	錧	휘갑쇠. 비녀장.
19 門	關。	집. 빗장. 닫을. 관계할. 崔關(최관, 여말선초문관)
17 食	館。	객사. 집. →舘 [속,통용16획] 公館(공관) 旅館(여관)
16 舌	舘	☞館자의 통용어.
11/12 氵	涫	끓다. 대야. 涫涫(관관)
15 車	輨	주요한 곳. 輨轄(관할)
05 丨	丱	쌍상투. 어리다.
22 火	爟	봉화(烽火). 타오르다. 爟火(관화)
16 皿	盥	씻을. 세숫대야.
13 示	祼	강신제(降神祭). 祼享(관향)
17 穴	窾	빌. 비다. 공허하다.
13 竹	筦	피리. 열쇠. 筦籥(관약)
14 糸	綰	얽을. 다스리다. [완]
26 金	鑵	두레박.
18 隹	雚	황새.
27 頁	顴	광대뼈. 顴骨(관골)

25 骨	髖	허리뼈. 엉덩이뼈. 髖髀(관비)
29 鳥	鸛	황새.

— 괄

08 刀	刮	깎을. 갈. 닦을. 비빌. 刮垢磨光(괄구마광)
10 心	恝	근심없을. 걱정없을.
09/10	括	쌀. 맺을. 묶을.
10/13	适	빠를. 신속할. 姓.
08 人	佸	이를. 이르다. 도달하다. [활]
10 木	栝	노송나무.
12 竹	筈	오늬(화살 머리를 시위에 끼 도록 에어 낸 부분).
12 耳	聒	떠들썩할. 어리석은 모양.
16 髟	髻	머리 묶을.
17 鳥	鴰	재두루미.

— 광

08 人	侊	클.
06 儿	光。	빛. 빛날. 경치. 張顯光(장현광, 조선학자)
08 火	炛	☞光자의 통용어.
08 日	晄	☞光자의 통용어.

06 匡	바를. 바로잡을. 曹匡振(조광진, 조선문인)
18 土	壙	뫼구덩이. 굴 넓을. 壙中(광중) 壙穴(광혈)
15 广	廣	넓을. 널리. 넓이. 姓. 李廣(이광, 중국무인)
05 广	広	☞ 廣자의 통용어.
19 日	曠	빌. 휑할. 넓을. 멀.
10 木	桄	베틀. 나무 이름.
09 10	洸	물솟을. 姓. 李洸(이광, 조선충신)
주의	洸(광)은 옥편에서는 9획이나, 작명에서는 10획임.
07 08	狂	미칠. 경망할. 사나울. 狂犬(광견) 狂夫(광부)
10 11	珖	사람 이름.
12 竹	筐	광주리. 평상. 筐牀(광상) 筐底(광저)
10 12	胱	오줌통.
23 金	鑛	쇳돌. 광석. 광물.
09 10	恇	겁낼. 두려워하다. 恇懼(광구)
10 木	框	문테.
19 火	爌	밝을.
18 19	獷	사나울. 사나운 개.
17 石	磺	쇳돌. 광석. 강하다. 〔황〕

12 糸	絖	솜. 고운 솜.
21 糸	纊	솜. 새 솜. 솜옷.
10 12	茪	결명초.
13 言	誆	속일. 거짓말.
14 言	誑	속일. 기만하다. 유혹하다. 誑詐(광사)
11 石	硄	돌 소리.

── 괘

08 卜	卦	괘. 점괘(占卦).
11 12	掛	걸. 달.
13 14	罫	줄(가로 세로로 친 줄).
09 口	咼	입 비뚤어질. 〔와〕
09 10	挂	걸. 입다. 나눌. 挂冠(괘관)
11 12	罜	걸.
13 言	詿	그르칠. 속이다.

── 괴

08 丿	乖	어그러질. 거스를. 떨어질. 乖角(괴각) 乖離(괴리)
12 人	傀	허수아비. 클. 도깨비. 괴이할.
13 土	塊	덩어리. 흙덩어리. 土塊(토괴) 金塊(금괴)

19 土	壞	무너질. 무너뜨릴.
08 09	怪 •	괴이할. 기이할.
13 14	愧 •	부끄러울.
08 09	拐	속일. 기만할. 지팡이.
14 木	槐	홰나무. 姓.
14 鬼	魁	우두머리. 수령. 클. 편안할.
13 女	媿	창피 줄.
16 广	廥	곳간. 저장하다.
14 15	瑰	구슬 이름. 아름답다. 瑰麗(괴려) 瑰儒(괴유)
16 17	瓌	불구슬.
14 16	蒯	황모(黃矛). 새끼줄로 묶다.
18 19	襘	띠매듭. 옷고름. 〔회〕

── 괵

| 17 首 | 馘 | 벨. |

── 굉

07 宀	宏	클. 넓을. 具宏(구굉, 조선공신)
10 糸	紘	갓끈. 밧줄. 클.
08 10	肱	팔뚝.
21 車	轟	울릴. 떠들썩할. 轟笑(굉소) 轟音(굉음)
10 11	浤	용솟음할.
13 角	觥	뿔잔. 크다. 강직한 모양. 觥觥(굉굉)
09 言	訇	큰 소리. 姓. 訇訇(굉굉)
12 門	閎	마을 문.

── 교

06 亠	交 ◦	사귈. 섞일. 바꿀. 交友以信(교우이신)
08 人	佼	좋을. 굳셀.
14 人	僑	나그네. 객지에 살. 鄭後僑(정후교, 조선학자)
09 口	咬	음란한 소리. 지저귈. 씹을.
12 口	喬	크고 높은 나무. 창.
16 口	噭	부르짖을.
09 女	姣	예쁘다. 아름다움.
15 女	嬌	아름다울. 아리따울.
15 山	嶠	뾰족하고 높을. 산봉우리.
05 工	巧 •	공교로울. 교묘할. 巧言令色(교언영색)
23 24	攪	어지러울. 어지럽힐.
15 16	憍	교만할.

11 攴	敎	가르칠.→敎[통용,11획] 金敎臣(김교신, 종교인)	13 17	嶠	산 이름. 땅 이름.
11 攴	教	☞敎자의 통용어.	14 口	嘐	소리. 嘐嘐(교교)
10 木	校	학교. 헤아릴. 장교. 교정볼. 魏校(위교, 중국학자)	14 口	噭	叫와 同字.
16 木	橋	다리. 朴世橋(박세교, 조선문관)	18 口	嚙	깨물. 嚙鞭之馬(교편지마)
09 10	狡	간교할. 미칠. 재빠를. 狡兔死走狗烹(교토사주구팽)	15 16	撟	들. 올라갈. 빼앗을.
11 白	皎	휠. 깨끗할. 밝을. 姓.	10 日	晈	皎와 同字.
17 矢	矯	들. 거짓. 날랠. 바로잡을.	14 日	暞	밝을.
12 糸	絞	목맬. 새끼를 꼴. 姓.	14 木	權	외나무다리. 전매(專賣)하다.
18 羽	翹	꼬리 위로 올릴. 발돋움할.	17 石	磽	메마른 땅. 단단하다. 磽薄(교박)
15 17	膠	갖풀. 아교 굳을. 붙을.	12 穴	窖	움. 움집. 깊다.
16 18	蕎	메밀. 대극.	19 走	趫	재빠를. 용감하다.
12 虫	蛟	교룡. 뿔 없는 용. 蛟龍得雲雨(교룡득운우)	19 足	蹻	발돋움할. 교만할. 蹻足(교족)
13 車	較	비교. 간략. 밝을. 뚜렷할. 比較(비교) 較然(교연)	14 金	鉸	장식.
19 車	轎	가마. 轎夫(교부) 轎車(교차)	16 骨	骹	정강이. 발목.
15 食	餃	경단(음식 이름).	17 鳥	鵁	해오라기. 백로(白鷺).
09 13	郊	들. 교외.	21 齒	齩	깨물.

━ 구

05 一	丘	언덕. 모을. 姓. 孔丘(공구, 孔子 이름)

| 22 馬 | 驕 | 씩씩할. 뻣뻣할. 교만할.
驕慢(교만) 驕狎(교압) |
| 17 魚 | 鮫 | 상어. |

II 인명용 한자와 그 해설

08 土	坵	☞丘자의 통용어.
03 丿	久	오랠. 金聲久(김성구, 조선문관)
02 09 九	九	아홉. 많을. 金九(김구, 독립운동가)
04 人	仇	짝. 원수. 해칠. 거만할.
10 人	俱	함께. 다. 갖출.
08 八	具	갖출. 연장. 판단할. 姓. 具備(구비) 器具(기구)
04 勹	勾	글귀. 句자의 통용어.
11 匚	區	갈피. 구역. 나눌. 조그마할.
03 口	口	입. 말할. 어구. 인구.
05 口	句	글귀. →귀[통용] 松屋句(송옥구, 고구려인)
08 口	咎	허물. 재앙. 미움. 미워할.
14 口	嘔	토할. 노래할. 게울. 嘔吐泄瀉(구토설사)
09 土	垢	때. 때묻을. 수치. 치욕.
11 宀	寇	도둑. 원수. 난리. 해칠.
14 山	嶇	언틀먼틀할. 험할. 가파를.
14 广	廐	마구간. 姓.
14 广	廏	☞廐자의 통용어.
21 22	懼	두려워할.
08 09	拘	거리낄. 잡을.
11 攴	救	구원할. 도울. 救命(구명) 救護(구호)
09 木	枸	호깨나무. 구기자나무. 탱자나무.
09 木	柩	널. 관.
14 木	構	얽을. 얽어맞출. 꾀할. 맺을. 金構(김구, 정치가)
15 欠	歐	토할. 뱉을. 구라파. 歐羅巴洲(구라파주)
15 殳	毆	칠. 말을 몰. 달릴.
11 毛	毬	공(차거나 치는 구형 운동 용구).
06 水	求	구할. 탐낼. 求人(구인) 要求(요구)
13 14	溝	봇도랑. 도랑. 홈통. 도랑 팔.
07 火	灸	뜸. 뜸질할. 버틸. 姓.
08 09	狗	개. 강아지.
07 08	玖	옥돌.
09 10	珣	옥돌. 옥 이름.
11 12	球	구슬. 공. 둥글. 덩어리. 張學球(장학구, 항일투사)
18 目	瞿	놀랄. 가슴 두근거릴. 창.
10 矢	矩	법. 곡척. 權聖矩(권성구, 조선문관)
07 穴	究	상고할. 궁구할. 끝.

13 糸	絿	급할. 구할.
09 老	耆	늙은이. 늙다.
11 老	耇	☞耆자의 통용어.
06 臼	臼	절구. 확(곡식을 찧는 기구). 姓. 臼頭深目(구두심목)
13 臼	舅	외숙. 시아버지. 장인. 호칭.
18 臼	舊	예. 옛. 오랠.
09 11	苟	진실로. 다만. 구차할.
24 行	衢	거리. 네거리. 갈림길. 姓.
18 言	謳	노래할. 노래.
17 貝	購	살. 구매할. 풀릴.
18 身	軀	몸. 신체.
11 14	逑	짝. 배우자. 모을.
08 12	邱	언덕. 땅 이름.
13 金	鉤	띠쇠. 갈고리. 끌어당길. 낚시. 鉤章棘句(구장극구)
15 金	銶	끌.
17 風	颶	구풍(颶風). 맹렬한 폭풍.
15 馬	駒	망아지. 말. 姓.
21 馬	驅	몰. 몰아낼. 달릴.

13 鳥	鳩	비둘기. 편안할. 모을.
22 鳥	鷗	갈매기.
16 龜	龜	땅 이름.→귀. 균[통용] 羅正龜(나정구, 항일투사)
16 龜	龜	☞龜자의 통용어.
07 人	佝	거리낄. 꼽추. 어리석다. 佝僂(구루)
09 人	俅	공손할. 이다.
13 人	傴	구부릴. 삼가는 모양. 傴僂(구루)
10 冂	冓	짤. 재목을 어긋매껴 쌓다.
07 力	劬	수고로울. 애쓰다.
20 匚	匶	널.
04 厶	厹	세모창. 날이 세모로 된 창.
05 口	呴	소리 높일.
08 土	坸	때.
09 女	姤	만날. 우아하다. 괘(卦) 이름.
13 女	媾	화친할. 화해하다.
14 女	嫗	할미. 어머니. 여자. [우] 嫗育(구육)
17 尸	屨	신. 신을 신다. 자주.
08 山	岣	산꼭대기. 岣嶁(구루)

13 弓	彀	당길. 활고자. 彀率(구율)		14 16	蒟	구장(蒟醬).
22 戈	戵	창.		11 虫	蚯	지렁이.
06 07	扣	두드릴. 당기다. 제거하다. 扣絃(구현)		12 13	裘	갖옷. 가죽옷.
10 11	捄	담을. 길다. 건질.		17 見	覯	만날. 이루다. 합치다.
13 14	搆	이해하지 못할. 차리다. 끌다.		13 言	詬	꾸짖을. 부끄러움. 〔후〕
14 15	摳	추어올릴. 던지다.		14 17	遘	만날. 뵙다. 얽다. 遘遇(구우)
09 日	昫	따뜻할.		11 金	銶	금테 두를. 銶器(구기)
14 木	榘	矩와 同字.		19 韋	韝	깍지(활 쏠 때 엄지에 끼워 시위를 잡아당기는 기구).
14 15	漚	거품. 담그다. 〔우〕		09 韭	韭	부추. 韭黃(구황)
15 16	璆	아름다운 옥. 옥 소리.		26 鬥	鬮	제비.
16 瓦	甌	사발. 주발.		21 鳥	鷇	새 새끼. 기르다. 鷇食(구식)
08 疒	疚	오랜 병. 께름하다. 疚心(구심)		29 鳥	鸜	구관조.
10 疒	痀	꼽추.		09 老	耉	늙을. 나이 많을.
23 疒	癯	여윌. 파리하다. 癯瘠(구척)				**— 국**
16 穴	窶	가난할.		11 囗	國	나라. 石成國(석성국, 한말의병)
16 竹	篝	배롱(焙籠). 대그릇.		08 囗	国	☞國자의 통용어.
16 米	糗	볶은 쌀. 양식. 건량(乾糧). 糗脩(구수)		07 尸	局	판. 사태. 부분. 재촉할.
09 11	朐	굽은 포(脯). 굽을.		12 14	菊	국화.

14 竹	䈙	대뿌리.
17 革	鞠	국문. 기를. 姓. 鞠躬(국궁) 鞠子(국자)
18 革	鞫	국문할. 궁할. 물가. 姓.
19 麥	麴	누룩. 술. 청황색. 姓.
08 勹	匊	움켜 뜰. 손바닥. 분량의 단위.
11/12	掬	움킬. 두 손으로 움켜쥐다.
14 足	跼	구부릴. 굽다. 跼蹐(국척)
17 麥	麯	누룩. 곡자(曲子).
15 走	趜	궁구할.

— 군

07 口	君 °	임금. 남편. 그대. 군자. 申君平(신군평, 고려문관)
12 穴	窘	군색할. 괴로울. 괴롭힐.
13 羊	群 •	무리. 많을. 떼. 群鷄一鶴(군계일학)
12 衣	裙	치마. 속옷.
09 車	軍 °	군사. 진칠.
10/14	郡 °	고을. 郡民(군민) 郡廳(군청)
10/11	捃	주울. 주워 가지다.
11 木	桾	고욤나무.

| 14 皮 | 皸 | 틀. 얼어터짐.
皸裂(군열) |

— 굴

11 土	堀	굴. 토굴. 땅을 팔.
08 尸	屈 •	굽을. 굽힐. 다할. 강할. 百折不屈(백절불굴)
11/12	掘	우묵하게 팔. 암굴. 구멍.
13 穴	窟	움. 움집. 굴.
10 人	倔	고집 셀. 몸을 일으키다. 倔起(굴기)
11 山	崛	우뚝 솟을. 崛起(굴기) 崛出(굴출)
11/12	淈	흐릴. 어지러워지다. 다하다.
12 言	詘	굽을. 말이 막히다. 詘伸(굴신)

— 궁

10 宀	宮 °	집. 궁궐.
03 弓	弓 °	활. 姓. 金宣弓(김선궁, 고려功臣)
08 穴	穹	하늘. 깊을. 활꼴. 막을.
15 穴	窮 •	궁할. 다할. 궁리할. 막힐.
07/09	芎 °	천궁. 궁궁이.
10 身	躬	몸. 몸소.
14 身	躳	躬의 본자.

II 인명용 한자와 그 해설 243

─ 권

10 人	倦	진력날. 게으를. 고달플.
08 刀	券・	문서. 증서.
20 力	勸。	권할. 가르칠. 勸告(권고) 勸化(권화)
08 卩	卷。	책. 접을. 말. 굽을. 韓卷(한권, 조선문관)
11 囗	圈	동물 우리. 바리.
10 手	拳・	주먹. 굳게 지닐.
11/12 手	捲	힘쓸. 주먹. 말.
22 木	權・	권세. 방편. 저울질할. 姓. 沈權(심권, 조선문관)
15 木	権	☞ 權자의 통용어.
11/12 水	淃	물 돌아흐를.
11 目	眷	돌아볼. 겨레붙이. 姓. 眷寄(권기) 眷佑(권우)
10 力	勌	권할. 게으를.
11/12 心	惓	삼갈. 싫증날.
12 木	棬	나무 그릇. 코뚜레.
13 目	睠	眷과 同字.
14 糸	綣	정다울.
14 虫	蜷	굼틀굼틀 갈. 蜷局(권국)

─ 궐

12 厂	厥・	그. 짧을. 나라 이름. 숙일. 厥者(궐자) 厥尾(궐미)
15/16	獗	날뛸.
16/18	蕨	고사리.
19 足	蹶	넘어질. 밟을. 달릴. 패할.
18 門	闕	대궐문. 빠질. 빌.

─ 궤

06 木	机	책상. 나무 이름. 机上之論(궤상지론)
18 木	櫃	함.
15/16	潰	무너질. 문드러질. 이룰.
13 言	詭	책망할. 속일. 헐뜯을.
09 車	軌・	법. 굴대. 바퀴 사이. 본보기.
21 食	饋	보낼. 권할. 식사. 선사.
08 人	佹	괴이할. 속이다. 포개다.
02 几	几	안석. 제향에 쓰이는 기구. 几案(궤안) 几筵(궤연)
14 刀	劂	새김칼.
14 匸	匱	함. 삼태기. 우리.
15/16	憒	심란할. 어둡다. 어리석다. 憒憒(궤궤) 憒亂(궤란)

15 16	摜	추어올릴. 들어 올리다.
16 木	樻	나무 이름. 영수목(靈壽木).
05 06	氿	샘. 氿泉(궤천)
17 竹	簋	제기(祭器) 이름. 簋豆(궤두)
18 糸	繢	토끝(베를 짠 끄트머리).
13 足	跪	꿇어앉을. 跪拜(궤배)
20 門	闠	성시(城市) 바깥문.
19 食	餽	보낼. 제사. 餽餌(궤이)
13 鹿	麂	고라니.

― 귀

05 口	句	글귀. 구절. →구 [통용]
12 日	晷	햇빛. 해그림자. 그림자. [구] 晷刻(구각) 晷儀(구의)
18 止	歸 ∘	돌아갈. 허락할. 시집갈. 歸家(귀가) 歸納(귀납)
12 貝	貴 ∘	귀할. 값 비쌀. 높을. 安貴生(안귀생, 조선화가)
14 金	鐀	가래. 줄. 본음은 궤.
10 鬼	鬼 ∘	귀신. 도깨비.
16 龜	龜 ∘	거북. 등골뼈. 패물. →구. 균 [통용]
16 龜	龜	☞龜자의 통용어.

― 규

05 口	叫 ∘	부르짖을. 울.
06 土	圭	홀. 서옥. 용량 단위. 모날. 宋圭善(송규선, 독립운동)
09 大	奎	별. 金奎鎭(김규진, 서화가)
14 女	嫢	예쁠. 작을.
12 13	揆	헤아릴. 법. 成元揆(성원규, 고려문관)
12 13	湀	물이 솟아 흐를.
15 木	槻	둥근느티나무. 물푸레나무.
10 11	珪	서옥.
11 石	硅	규소(비금속 원소의 일종).
16 穴	窺	엿볼. 볼. 반걸음.
18 穴	竅	구멍. 구멍 뚫을. 통할.
08 糸	糾 ∘	꼴. 규명할. 모을. 얽힐.
07 糸	紏	☞糾자의 통용어.
13 15	葵	아욱. 해바라기. 헤아릴. 葵心(규심) 葵花(규화)
11 見	規 ∘	법. 간할. 그림쇠. 柳思規(유사규, 조선문관)
09 走	赳	헌걸찰. 굳셀.
12 15	逵	한길. 대로. 姓.

09 13	邽	현 이름.
14 門	閨	안방. 규수.
10 12	萐	딸기.
13 火	煃	불 타는 모양.
08 刀	刲	찌를. 잡다.
15 女	嬀	姓. 강 이름.
21 山	巋	험준할.
13 日	暌	어길. 서로 떨어져 있다.
13 木	楏	감탕나무.
15 木	樛	휠. 굽다. 돌고 돌다. 樛流(규류)
15 16	潙	강 이름.
14 目	睽	사팔눈. 노려 보다. 등지다.
08 虫	虯	규룡(虯龍).
13 足	跬	반걸음. 가깝다. 적다. 跬步(규보)
19 門	闚	엿볼. 언뜻 보다.
13 頁	頍	머리 들. 머리 장식.
11 首	馗	광대뼈. 길. [구]
19 馬	驨	끝맺할.

── 균

04 勹	勻	고를. [윤]
04 勹	匀	☞勻자의 통용어.
07 土	均	고를. 평범할. 高益均(고익균, 독립운동)
09 田	畇	따비. 쟁기.
13 竹	筠	대나무. 껍질. 윤기.
12 14	菌	버섯. 세균. 곰팡이.
12 金	鈞	무거울. 30근.
16 龜	龜	틀. 갈라질.→구. 귀 [통용] 龜手(균수) 龜裂(균열)
16 龜	龜	☞龜자의 통용어.
14 見	覠	크게 볼.
08 囗	囷	곳집. 囷囷(균균)
18 鹿	麇	고라니.

── 귤

| 16 木 | 橘 | 귤. 귤나무. 南橘北枳(남귤북지) |

── 극

| 07 儿 | 克 | 이길. 능할. 姜克誠(강극성, 조선詩人) |
| 09 刀 | 剋 | 이길. |

15 刀	劇・	심할. 연극.	15 木	槿	무궁화. 槿域(근역) 槿花(근화)
12 戈	戟	미늘창. 찌를.	14 15	漌	맑을.
12 木	棘	가시나무. 멧대추나무. 꾸밀.	15 16	瑾	붉은 옥.
13 木	極・	극진. 지극할. 멀. 가운데. 鄭義極(정의극, 독립운동)	12 竹	筋	힘줄. 힘. 체력. 姓.
13 18	隙	틈. 겨를. 불화. 기회. 隙穴之臣(극혈지신)	08 10	芹	미나리.
09 二	亟	빠를. 삼가다. 심하다.	12 14	菫	제비꽃. 오랑캐꽃. 바곳.
10 寸	尅	剋의 속자.	18 見	覲	뵐. 알현할. 만날. 겨우.
10 尸	屐	나막신.	18 言	謹・	삼갈. 공경할. 柳永謹(유영근, 조선문관)
09 13	郤	隙과 同字.	08 11	近・	가까울. 權近(권근, 조선대학자)

— 근

13 人	僅・	겨우. 적을.	20 食	饉	흉년들. 흉년.
06 力	劤	힘이 셀. 힘이 많을.	09 己	巹	술잔. 따르다. 巹禮(근례)
13 力	勤・	부지런할. 근무할. 勤儉(근검) 勤勞(근로)	14 广	廑	작은 집. 노력하다.
14 土	墐	묻을. 진흙.	09 角	觔	힘줄. 근(무게 단위).
14 女	嫤	고울. 아름다운 모양.	13 足	跟	발꿈치. 따르다. 시중들다. 跟隨(근수) 跟從(근종)
17 心	懃	은근할. 정성스러울. 姓.	12 金	釿	큰 자귀. 끊다.
04 斤	斤・	날. 근[무게]. 자귀. 姓.	13 革	靳	가슴걸이. 아끼다.
10 木	根・	뿌리. 별 이름. 安重根(안중근, 韓末義士)	11 土	墐	진흙. 때.

— 글

09 契 부족 이름. 나라 이름.
大   →계 [통용], [설]

05 劤 심히 고달플.
力

— 금

04 今 。이제. 오늘. 바로.
人

07 妗 외숙모.
女

16 擒 사로잡을. 포로.
17   七縱七擒(칠종칠금)

08 昑 밝을.
日

17 檎 능금나무.
木

12 琴 •거문고. 姓.
13   琴譜(금보) 彈琴(탄금)

13 禁 。금할. 금지할. 대궐.
示

13 禽 •새. 날짐승. 사로잡을.
内

08 芩 풀 이름.
10

09 衿 옷깃. 맬. 띠.
10   衿契(금계) 衿喉(금후)

10 衾 이불. 수의.
衣

18 襟 깃. 옷깃. 가슴. 마음.
19

08 金 。쇠. 돈. 누른 빛. →김 [통용]
金   金科玉條(금과옥조)

16 錦 •비단. 아름다울.
金   許錦(허금, 고려문관)

11 唫 입 다물. 들이마시다.
口

16 噤 입 다물. 닫다.
口   噤口(금구)

15 嶔 높고 험할.
山   嶔崟(금음)

10 笒 첨대. 죽첨(竹籤).
竹

16 黅 누른 빛.
黃

— 급

06 伋 생각할. 바쁠. 거짓. 姓.
人

04 及 미칠. 이를. 및. 와.
又

09 急 급할. 중요할. 급작스러울.
心

07 扱 취급할. 곡식을 훑을.
08

07 汲 물 길을. 당길.
08   汲冢周書(급총주서)

10 級 •두름. 등급. 목. 수급.
糸   級數(급수) 級友(급우)

12 給 줄. 댈. 넉넉할.
糸   羅給(나급, 조선문관)

07 圾 위태할.
土

07 岌 높을. 위태로운 모양.
山   岌岌(급급)

07 皀 낟알.
白

18 磼 산 우뚝 솟을.
石

10 笈 책 상자.
竹

08 茋 말오줌나무.
10

― 긍

06 亘 뻗칠. →亙 [통용, 6획]
二

06 亙 ☞亘자의 통용어.
二

14 兢 조심할. 삼갈.
儿 李勉兢(이면긍, 조선문관)

09 矜 자랑할. 가엾이 여길.
矛 矜持(긍지) 矜恤(긍휼)

08 肯 즐길. 긍정할.
10 閔肯鎬(민긍호, 한말義兵)

11 殑 까무러칠.
歹

― 기

06 企 바랄. 도모할. 발돋움할.
人 企業(기업) 企圖(기도)

06 伎 재주. 기생. 광대. 함께.
人

08 其 그. 어조사.
八

16 冀 바랄. 고을 이름.
八

13 嗜 즐길. 좋아할.
口 嗜好(기호) 嗜玩(기완)

16 器 그릇. 재능. 국량.
口 安于器(안우기, 고려문관)

07 圻 지경. 언덕.
土

11 埼 곶(바다로 뾰족하게 내민 땅).
土

11 基 터. 바탕.
土 金基厚(김기후, 조선문관)

20 夔 짐승 이름. 도깨비. 조심할.
夂

08 奇 기특. 기이할. 홀수. 姓.
大 楊士奇(양사기, 조선문관)

07 妓 기생. 갈보. 미녀.
女

11 寄 부칠. 맡길. 전할. 의뢰할.
宀 寄贈(기증) 寄別(기별)

07 岐 메. 기산. 나뉨. 갈림길.
山 安岐(안기, 조선서화가)

11 崎 험할. 산길 험할.
山

03 己 몸. 자기. 여섯째 천간.
己 權得己(권득기, 조선문관)

12 幾 몇. 얼마. 기미. 거의.
幺 劉知幾(유지기, 중국학자)

07 忌 꺼릴. 기일.
心

07 技 재주. 재능.
08 ⼿

14 旗 기. 표지.
方 旗幟(기치) 國旗(국기)

11 旣 이미.
无

14 暣 볕기운.
日

12 期 기약할. 기간. 백년. 1년.
月 姜碩期(강석기, 조선문관)

12 朞 돌(1주년). 期와 통용.
月

07 杞 구기자. 버들. 나라 이름.
木

12 棋 바둑. 뿌리.
木 棋譜(기보) 將棋(장기)

13 碁 ☞棋자의 통용어.
石

12 棄 버릴.
木

14 木	檔	오리나무.	09 示	祇	땅귀신. 편안할. 클.
16 木	機 ·	틀. 베틀. 기계. 기회. 고동. 魚玄機(어현기, 중국시인)	09 示	祈 ·	빌. 고할.
12 欠	欺 ·	속일. 거짓말할.	13 示	祺	상서. 길할.
10 气	氣 。	기운. 숨. 趙氣虹(조기홍, 독립운동)	13 禾	稘	1주년. 볏대.
07 08	汽	김. 증기.	14 竹	箕	키. 별 이름. 徐箕淳(서기순, 조선문관)
07 08	沂	물 이름. [은]	09 糸	紀 ·	벼리. 규율. 기록할. 해. 史洪紀(사홍기, 고려문관)
11 12	淇	물. 고을 이름.	14 糸	綺	비단.
07 08	玘	패옥.	22 23	羈	타관살이할. 말의 굴레. 羈旅之臣(기려지신)
주 의	구슬옥(玉)변은 옥편에서는 4획이나 작명에서는 5획임.		10 老	耆	늙은이. 어른.
12 13	琦	옥 이름.	18 耒	耭	밭을 갈.
12 13	琪	구슬. 李叔琪(이숙기, 고려문관)	06 08	肌	살가죽. 피부.
15 16	瑧	옥.	10 言	記	기록할. 적을. 기억할. 책. 記錄(기록) 記念(기념)
16 17	璣	구슬. 선기.	19 言	譏	나무랄. 비난할. 조사할.
19 20	瓛	☞ 璣자의 통용어.	10 豆	豈 ·	어찌. →개 [통용]
13 田	畸	뙈기밭. 나머지. 기이할. 畸人(기인) 畸形(기형)	10 走	起	일어날. 설. 시작할. 일으킬. 金文起(김문기, 조선충신)
15 田	畿 ·	왕터. 경기. 기내. 王畿(왕기) 畿湖(기호)	16 金	錡	밥솥. 가마.
17 石	磯	물속자갈. 물들이칠.	16 金	錤	호미.
08 示	祁	성할. 심할. 많을. 姓.	11 食	飢	주릴. 흉년들.

21 食	饑	흉년들. 흉년. 주릴. 饑者甘糟糠(기자감조강)	16 日	暨	함께. 이르다.
18 馬	騎	탈. 말탄 군사.	12 木	棊	棋와 同字.
18 馬	騏	바둑무늬 말.	08 止	歧	岐와 同字.
27 馬	驥	준마. 천리마.	08 火	炁	기운.
19 鹿	麒	기린.	11 12	猉	강아지.
15 山	嶔	산 우뚝 솟은 모양.	17 示	禨	징조. 좋은 조짐. 빌미.
07 08	忯	공경할. 사랑할.	14 糸	綥	연둣빛 비단. 빛깔 이름.
14 人	僛	취하여 춤추는 모양.	14 糸	綨	연둣빛.
10 刀	剞	조각칼.	22 23	羈	나그네. 굴레. 羈客(기객) 羈旅(기려)
14 土	墍	매흙질할. 가지다. 쉬다.	08 10	肵	공경할. 삼가다.
06 山	屺	민둥산.	08 10	芰	마름(물풀의 한 가지).
07 广	庋	시렁. 올려놓다.	08 10	芪	단너삼.
07 廾	弃	棄의 古字.	20 22	蘄	풀이름. 구하다.
07 08	忮	해칠. 거스르다.	20 22	虁	夔의 와자(譌字).
13 14	愭	공손할.	14 虫	蜝	방게.
11 12	掎	당길. 쏘다. 뽑다.	18 虫	蟣	서캐.
12 支	攲	기울. 높이 솟다.	17 見	覬	바랄. 드리워지다.
10 方	旂	기(旗).	11 足	跂	발돋움할. 어긋날.

II 인명용 한자와 그 해설   251

13 阤 후미. 언덕 굽어질.
18

13 頡 헌걸찰.
頁

20 鬠 갈기. 다하다.
髟

21 鰭 지느러미.
魚

── 긴

14 緊 ・긴요할. 급할. 움츠릴.
糸   緊要(긴요) 緊急(긴급)

── 길

08 佶 바를. 건장할.
人

06 吉 ○길할. 좋을. 초하루. 姓.
口   方戌吉(방무길, 여류화가)

09 姞 계집. 姓.
女

09 拮 힘써 일할.
10   拮据(길거) 拮抗(길항)

10 桔 도라지. 두레박틀.
木

12 蛣 장구벌레.
虫

── 김

08 金 쇠. 금빛. 姓.→금〔통용〕
金

── 낏

12 喫 먹을. 마실.
口   喫菜事魔(끽채사마)

── 나

21 儺 구나(역귀를 쫓는 의식).
人   방상시.

12 喇 나팔.
口   喇嘛教(나마교) 喇叭(나팔)

10 夠 많을.
夕

08 奈 어찌. 姓.→내〔통용〕
大

10 娜 아름다울.
女

17 懦 나약할. 겁쟁이.
18

09 拏 맞당길. 잡을.
手

10 拿 맞당길. 잡을. 拏의 속자.
手

10 挐 붙잡다.
手

10 挪 옮길.
11

12 旇 깃발 바람에 날릴.
方

09 柰 어찌. 那자의 통용어.→내〔통용〕 柰何(나하) 柰子(나자)
木

11 梛 나무 이름.
木

20 糯 찰벼.
米

07 11 那 · 어찌. 저. 무엇. 姓. 高乙那(고을나, 제주高氏)

10 12 胗 성길.

13 言 誳 서로 당길.

羅→라[본].

16 木 橠 나무 무성할.

— 낙

16 言 諾 · 허락.

樂→락[본]. 洛→락[본].
絡→락[본]. 落→락[본].
珞→락[본].

— 난

13 日 暖 ◦ 따뜻할. 煖[소]
暖[煖]爐(난로) 暖房(난방)

13 火 煖 따뜻할. 따뜻이 할. 煖堗(난돌) 煖爐(난로)

19 隹 難 ◦ 어려울. 난리. 나무랄. 재앙.

11 人 偄 약할.

12 13 愞 겁낼.

12 赤 赧 얼굴 붉힐. 두려워하다. 赧顔(난안)

18 食 餪 풀보기 상. 음식을 대접함.

亂→란[본]. 卵→란[본].
欄→란[본]. 瀾→란[본].
爛→란[본]. 蘭→란[본].

— 날

10 11 捏 이길(흙과 같은 것을 반죽함). 捏詞(날사) 捏造(날조)

11 12 捺 당길. 손으로 누를. 李捺致(이날치, 조선명창)

— 남

09 十 南 ◦ 남녘. 남쪽. 姓. 金景南(김경남, 조선樂人)

08 木 枏 녹나무. 굴거리나무.

13 木 楠 들메나무. 劉寶楠(유보남, 중국학자)

12 13 湳 물.

07 田 男 ◦ 사내. 아들. 작위 이름. 智德男(지덕남, 조선義兵)

12 口 喃 재잘거릴.

濫→람[본]. 覽→람[본].
藍→람[본].

— 납

10 糸 納 · 들일. 받을. 바칠.

09 10 衲 기울(옷을 기움). 중. 승려

拉→랍[본]. 蠟→랍[본].

— 낭

22 口 囊 주머니. 자루 囊中之錐(낭중지추)

10 女 娘 · 각시. 아가씨. [랑]

— 내

21 曩 앞서. 전에. 이전에.
日　　曩日(낭일)

廊→랑[본]. 朗→랑[본].
浪→랑[본]. 郞→랑[본].
琅→랑[본]. 瑯→랑[본].

— 내

02 乃 이에. 곧. 너. 姓.
丿　強固乃末(강고내말, 신라인)

04 內 안. 속. 아내. [나]
入

08 奈 어찌.→나[통용]
大

09 柰 어찌. 사과.→나[통용]
木

09 耐 견딜. 참을.
而　耐乏(내핍) 忍耐(인내)

05 奶 젖. 유모(乳母).
女

17 嬭 젖. 기르다. 유모(乳母).
女

10 迺 이에. 너. 비로소.
13

15 鼐 가마솥.
鼎　鼐鼎(내정)

來→래[본]. 峽→래[본].
萊→래[본].

— 녀

03 女 계집. 여자. 너.→여[두]
女　　熊女(웅녀, 단군모)

— 녁

11 恧 허출할. 근심할.→역[두]
12

— 년

06 年 해.→연[두] [秊, 통용 8획]
干　成彭年(성팽년, 조선문관)

08 秊 ☞年자의 통용어.
禾

15 撚 비비어 꼴. 밟을.→연[두]
16

15 碾 맷돌.→연[두]
石

— 녈

10 涅 개흙.
11

— 념

08 念 생각. 생각할.→염[두]
心　尹應念(윤응념, 독립운동)

09 恬 편안할. 조용할.→염[두]
10　恬不爲愧(염불위괴)

08 拈 집을.→염[두]
09　拈華微笑(염화미소)

11 捻 바싹 꼬며 비틀.→염[두]
12

— 녑

11 惗 생각할.→엽[두]
12

— 녕

07 佞 아첨할.→영[두]
人

14 寧 편안. 차라리.→영[두], 령
宀　金希寧(김희령, 고려학자)

13 宀	嚀	☞寧자의 통용어.
17 18	獰	모질. 맹악. 흉악.→영[두]
16 人	儜	괴로워할. 약하다.→영[두]
17 口	噂	간곡할.→영[두]
17 18	濘	진창. 물이 끓는 모양.→영[두]

노

07 力	努	• 힘쓸. 힘들일.
05 女	奴	• 종. 사내종. 高奴子(고노자, 고구려인)
08 弓	弩	쇠뇌(여러 개의 화살이나 돌을 잇따라 쏘게 된 활).
09 心	怒	○ 성낼. 세찰. 노할.
13 14	瑙	마노(석영의 일종).
15 馬	駑	둔할. 느릴. 미련함. 무딜. 駑馬鉛刀(노마연도)
14 言	詉	기쁠. 수수께끼.
08 口	呶	지껄일. 呶呶(노노)
08 子	孥	자식. 처자(妻子).
10 山	峱	산 이름.
12 13	猱	원숭이. 猱狖(노유)
11 竹	笯	새장. [나]

18 20	臑	팔꿈치. 팔뚝.

勞→로[본]. 爐→로[본].
盧→로[본]. 老→로[본].
路→로[본]. 露→로[본].
鷺→로[본]. 魯→로[본].

농

16 17	濃	무르녹을. 짙을. 깊을.
17 19	膿	고름. 국물. 썩어 문드러질.
13 辰	農	○ 농사. 농사 지을. 金農(금농, 중국문인)
15 人	儂	나. 1인칭 대명사.
16 口	噥	소곤거릴.
18 禾	穠	무성할.
20 酉	醲	진한 술. 두텁다.

弄→롱[본]. 瀧→롱[본].
瓏→롱[본].

뇌

12 13	惱	• 시달릴. 괴로워할.
13 15	腦	• 뇌. 머릿골.
16 食	餒	주릴. 굶주림.

賴→뢰[본]. 雷→뢰[본].

뇨

07 尸	尿	오줌. 소변.→요[두] 尿道(요도) 尿血(요혈)
15 16	撓	휠. 구부러질. 꺾일. →요[두]
15 鬥	鬧	시끄러울. 들렐. 소란. →요[두]
13 女	嫋	예쁠.→요[두] 嫋嫋(요뇨)
17 女	嬲	놀릴. 흩트리다.→요[두]
11 12	淖	진흙. 온화하다.→요[두]
20 金	鐃	징. 굽힐.→요[두]

— 누

16 耒	耨	김맬. 호미. 耨耕(누경)
11 口	吽	먹일.
18 木	檽	나무 이름.

— 눈

14 女	嫩	어릴. 예쁠. 조금 아름다울. 嫩芽(눈아) 嫩綠(눈록)

— 눌

11 言	訥	어눌할. 말 더듬을. 徐訥(서눌, 고려정치가)
07 口	吶	말 더듬을.
08 10	肭	살찔.

— 뉴

08 木	杻	감탕나무.→유[두]
10 糸	紐	맬. 맺을. 끈.→유[두] 金紐(김유, 조선문관)
12 金	鈕	꼭지. 손잡이. 姓.→유[두]
09 10	袦	옷 부드러울.→유[두]
07 08	忸	길들.→유[두]

— 뉵

10 血	衄	코피. 꺾이다.→육[두]

— 늑

09 乙	竻	땅 이름.

— 능

10 12	能	능할. 능히 할. 능력. 재능. 李能和(이능화, 한말학자)

陵→릉[본]. 綾→릉[본].
菱→릉[본].

— 니

05 尸	尼	여승.→이[두] 比丘尼(비구니) 毘尼(비니)
09 木	柅	무성하다.→이[두]
08 09	泥	진흙. 수렁.→이[두] 泥路(이로)
17 18	濔	넘치다. [미]→이[두]
14 16	膩	기름. 매끄럽다.→이[두] 油膩(유니)

14 香	馜	진한 향기. →이 [두]
15 16	懚	마음 좋을. →이 [두]
08 口	呢	소곤거릴. →이 [두]
08 09	怩	부끄러워할. →이 [두]
10 示	祢	禰와 同字. →이 [두]
19 示	禰	아비사당. [녜] →이 [두]
08 女	妮	여자 종.

― 닉

| 11 匸 | 匿 | 숨을. 숨길. →익 [두]
匿跡消聲(익적소성) |
| 13 14 | 溺 | 빠질. 물에 빠짐. 빠뜨릴.
→익 [두] |

― 닐

| 09 日 | 昵 | 친할. →일 [두] |
| 15 日 | 暱 | 친할. 가까워지다. →일 [두] |

※ 두음법칙

우리 국어에 있어 語頭에 오는 子音이 특수한 제한을 받기 때문에 일어나는 변화를 말하는 것으로,
① 'ㄹ'이 첫소리가 되는 것을 피하며,
② ㅑ·ㅕ·ㅖ·ㅛ·ㅠ·ㅣ 등의 모음 앞에서 'ㄴ'이 첫소리가 되는 것을 피하고,
③ 둘 이상의 重子音을 피하고,
④ 'ㅇ'음은 초성에서 음가가 없고,
⑤ 濁音을 피하는 법칙이다.

예) 예의(禮儀) ↔ 혼례(婚禮)
　　낙원(樂園) ↔ 쾌락(快樂)
　　비율(比率) ↔ 확률(確率)

― 다

06 夕	多	많을. 允多(윤다, 고려초고승)
06 ㅋ	㐌	▷多자의 통용어.
10 父	爹	아비. 존칭. 爹爹(다다, 아버지·아저씨)
12 穴	窊	깊은 모양. [원음 차]
10 12	茶	차. →차 [통용]
15 木	樣	차나무.
10 12	荟	마름.
16 角	觰	뿔 밑동.
15 19	鄲	나라 이름. [단]
24 大	軈	풍부할. [차]

― 단

04 丶	丹	붉을. 약.→란 [통용]
13 士	亶	미쁨. 클. 다만. 姓. 亶亶(단단) 亶父(단보)
07 人	但	다만.
12 口	單	홑. 다할. 외로울. 단자. 姓. 單獨(단독) 單子(단자)
14 囗	團	둥글. 모을. 덩어리.
16 土	壇	제단. 단. 演壇(연단) 文壇(문단)
09 彐	彖	판단할. 彖辭(단사) 彖傳(단전)
18 斤	斷	끊을. 결단할. 斷金之交(단금지교)
05 日	旦	아침. 兪升旦(유승단, 고려문인)
09 日	旴	밝을.
17 木	檀	박달나무. 沈檀(심단, 조선정치가)
17 木	檀	☞ 檀자의 통용어.
09 殳	段	조각. 말 이름. 姓.
12 13	湍	여울. 소용돌이. 소용돌이 칠.
13 火	煓	불 활활 타는 모양.
12 矢	短	짧을. 모자랄. 허물.
14 立	端	끝. 바를. 실마리. 단정할. 吳端(오단, 조선문관)
18 竹	簞	밥그릇. 상자. 호리병박. 簞食瓢飮(단사표음)
15 糸	緞	비단. 신 뒷축에 댄 천조각.
11 虫	蛋	오랑캐 이름. 새의 알.
10 11	袒	웃통 벗을. 팔 걷어붙일. 袒裼裸裎(단석나정)
15 19	鄲	조(趙)나라 서울.
17 金	鍛	쇠 칠. 쇠 단련할.
08 09	担	떨치다. 치다.
14 15	摶	근심할. 둥글다.
13 木	椴	자작나무. 무궁화.
14 15	漙	이슬 많을. 둥글다.
17 疒	癉	앓을. 고생하다. 癉熱(단열)
09 而	耑	시초. 실마리. 耑緒(단서) 耑倪(단예)
09 11	胆	어깨 벗을. 담(膽)의 속자.
13 15	腶	약포.
13 虫	蜑	오랑캐 이름.

― 달

16 17	撻	매질할. 빠를. 撻罰(달벌) 撻笞(달태)
16 17	澾	미끄러울. 미끄러질. 반드러움.
19 20	獺	수달.

10 疒	疸	달병(간장이 약하여 일어나는 병).	13 疒	痰	가래.
13 辶 16	達	사무칠. 통달할. 깨달을. 李達(이달, 易學者)	11 耳	聃	귓바퀴 없을. 사람 이름. 耼자의 통용어.
08 女	妲	여자의 자(字). 妲己(달기)	17 19	膽	쓸개. 썻을. 膽大心小(담대심소)
08 09	怛	슬플. 놀라다.	16 18	薴	지모(지모과의 다년초). 청각채. 쩰.
21 門	闥	문. 빠른 모양.	12 襾	覃	퍼질. 미칠. 깊을. 넓을. 길.
14 革	靼	다룸가죽. 부드럽다. [단]	15 言	談	말씀. 이야기할. 司馬談(사마담, 중국학자)
22 革	韃	종족 이름. 韃靼(달단)	19 言	譚	말씀. 클. 깊을. 柳譚厚(유담후, 조선문관)
			16 金	錟	긴 창.

━ 담

10 人	倓	고요하다. 움직이다.	12 口	啿	넉넉한 모양.
11 口	啖	먹을. 삼킬. 먹힐. 싱거울.	11 土	埮	땅 평평하고 길.
07 土	坍	물이 언덕 칠.	08 火	炎	아름다울.
16 17	憺	편안할. 움직일.	15 人	儋	멜. 항아리. 儋石之祿(담석지록)
16 17	擔	멜. 질. 分擔(분담) 擔任(담임)	11 口	啗	먹일. 속이다.
16 日	曇	구름 낄. 구름.	15 口	噉	씹을.
11 12	淡	맑을. 민물. 욕심 없을. 金淡(김담, 조선학자)	15 土	墰	壜과 同字.
12 13	湛	가득히 괼.	19 土	壜	술병. 술 단지.
15 16	潭	못. 깊을. 물가. 魚泳潭(어영담, 조선무장)	12 毛	毯	담요.
16 17	澹	싱거울. 담박할. 조용할. 澹如(담여) 澹容(담용)	17 示	禫	담제(禫祭). 禫祀(담사)

22 缶	罆	壜과 同字.		28 心	戇	어리석을. 고지식함. 우직함.
17 19	薝	치자나무.		15 16	撞	부딪칠. 충돌함. 칠. 두드릴.
11 15	郯	나라 이름. 姓.		12 木	棠	팥배나무. 산앵두나무. 방죽. 棠梨(당리) 棠棣(당체)
21 黑	黮	검을. 새카맣다.		13 田	當	마땅. 당할. 이. 適當(적당) 當局(당국)
25 黑	黵	문신(文身)할.		16 米	糖	사탕. 엿. [탕] 糖分(당분) 雪糖(설탕)
11 12	惔	편안할.		17 虫	螳	사마귀. 버마재비. 螳螂在後(당랑재후)
14 糸	綊	선명할.		21 金	鐺	종고소리. 쇠사슬.
	답			20 黑	黨	무리.
08 水	沓	겹칠. 탐할. 유창할. 沓潮(답조) 紛沓(분답)		10 人	倘	혹시. 아마.
09 田	畓	논[국]. 수전(水田).		22 人	儻	빼어날. 뛰어나다. 儻儻(당당)
12 竹	答	대답. 갚을. 합당할. 答辭(답사) 報答(보답)		13 14	搪	뻗을. 막다. 搪塞(당색)
15 足	踏	밟을. 踏步(답보) 踏査(답사)		17 木	檔	의자. 문서(文書).
14 17	遝	뒤섞일. 모일.		13 14	溏	진수렁. 진흙.
	당			14 15	瑭	당무옥(瑭珷玉).
10 口	唐	나라. 당황할. 당돌할. 李唐績(이당적, 고려무관)		17 18	璫	귀고리 옥.
11 土	堂	집. 번듯할. 당당할. 朴世堂(박세당, 조선학자)		16 目	瞠	볼. 瞠目(당목) 瞠然(당연)
13 土	塘	못. 연못. 방죽.		18 石	磄	밑바닥.
15 巾	幢	기. 괴목. 늘어질. 幢牙(당아) 幢主(당주)		19 虫	蟷	사마귀. 미얀마재비. 蟷螂(당랑)

18 19	襠	잠방이.	14 至	臺	집. 대. 토대. 燈臺(등대) 土臺(토대)
27 言	讜	곧은 말. 직언(直言). 讜論(당론) 讜直(당직)	08 土	坮	☞臺자의 통용어.
19 金	鐺	종고(鐘鼓) 소리.	11 衣	袋	부대. 자루. 袋鼠(대서) 甲袋(갑대)
18 食	餳	엿. 쌀강정.	12 貝	貸	빌릴. 꿀.
19 食	餹	엿. 굳힌 엿.	12 17	隊	떼. 군대. 대오

— 대

			17 黑	黛	눈썹먹. 검푸를.
05 人	代 。	대신. 세대. 번갈. 시대. 대.	13 日	曼	해 돋을.
08 土	垈	터. 집터. 垈地(대지) 垈田(대전)	18 日	疇	무성할.
03 大	大 。	큰. 대강. 과할. 姓. 宋大立(송대립, 조선충신)	16 人	儓	하인. 심부름꾼.
14 寸	對 。	대할. 대답할. 짝. 마주 볼. 相對(상대) 對應(대응)	17 18	懟	원망할.
08 山	岱	대산(태산의 별칭). 클. 岱山(대산) 岱宗(대종)	06 07	汏	쌀 일. 물결. 교만하다.
11 巾	帶 •	띠. 데릴. 찰. 帶同(대동)	13 石	碓	방아. 碓樂(대악)
09 彳	待	기다릴. 대할. 대접할.	20 金	鐓	창고달. 창의 물미.
18 戈	戴	일. 받들. 戴冠(대관) 推戴(추대)			

— 댁

17 18	擡	들어올릴.
08 09	抬	☞擡자의 통용어.

| 06 宀 | 宅 | 집.→택[통용] |

— 덕

| 07 日 | 昊 | 햇빛. [영] |
| 09 10 | 玳 | 대모. |

15 彳	德	큰.→悳[고,통용,12획] 申德隣(신덕린, 고려문인)
14 彳	徳	☞德자의 통용어.

| 12 心 | 悳 | ☞德자의 통용어. |

━ 도

10 人	倒 ·	넘어질. 거꾸로 넘어뜨릴.
02 刀	刀	칼. 〔국, 되〕
08 刀	到	이를. 주밀할.
14 口	圖	그림. 그릴. 꾀할. 宋圖南(송도남, 조선충신)
12 土	堵	담. 집.
13 土	塗 ·	바를. 칠할. 길. 진흙. 塗炭之苦(도탄지고)
16 寸	導 ·	인도할. 끌. 善導(선도) 導體(도체)
12 尸	屠	잡을. 무찌를. 죽일. 屠龍之技(도룡지기)
10 山	島 ·	섬. 도서. 吳一島(오일도, 시인)
14 山	嶋	☞島자의 통용어.
09 广	度	법. 자. 성도→탁〔통용〕 禹汝度(우여도, 조선문관)
10 彳	徒 ·	무리. 걸어다닐. 맨손.
11 12	悼	슬퍼할. 불쌍히 여길. 悼歌(도가) 悼慄(도율)
09 10	挑 ·	돋을. 뛸. 挑戰(도전) 挑〔跳〕躍(도약)
11 12	掉	흔들. 흔들릴. 바로잡을.
13 14	擣	찧을. 칠. 擣와 통용어.

10 木	桃 ·	복숭아. 복숭아나무. 桃園結義(도원결의)
12 木	棹	돛대. 노.
18 木	櫂	노(배 젓는 도구).
11 12	淘	일(쌀을 읾). 칠. 개통할. 씻을.
12 13	渡 ·	건널. 나루. 渡江(도강) 渡津(도진)
13 14	滔	넓을. 물이 넘칠. 모일. 滔天之勢(도천지세)
17 18	濤	물결. 큰 물결. 金行濤(김행도, 고려공신)
18 火	燾	덮을. 비칠.
12 皿	盜 ·	도둑. 도둑질할.
14 目	睹	볼. 覩와 통용어.
19 示	禱	빌. 祈禱(기도) 祝禱(축도)
15 禾	稻	벼. 羅稻香(나도향, 작가)
12 14	萄	포도나무.
16 見	覩	볼. 姓. 睹와 통용어.
16 貝	賭	걸(노름판에서 돈을 댐). 賭博(도박) 賭場(도장)
13 足	跳 ·	뛸. 跳躍(도약) 跳然(도연)
17 足	蹈	밟을. 슬퍼할. 蹈節死義(도절사의)
10 13	逃 ·	달아날. 도망할.

11 14	途 ·	길. 壯途(장도) 前途(전도)	17 18	擣	찧을. 두드리다. 擣衣(도의)
13 16	道 ◦	길. 도리. 말할. 姓. 嚴興道(엄흥도, 조선志士)	18 木	檮	등걸. 어리석다. 檮杌(도올)
12 16	都 ◦	도읍. 서울. 모두. 姓.	09 10	洮	씻을. 빨다. [조]
17 金	鍍	도금할.	10 11	涂	길[道]. 이슬 많이 내린 모양.
11 16	陶 ·	질그릇. 가르칠. 즐길. 姓. 金陶山(김도산, 연극인)	19 鼓	鼗	땡땡이. 鼗鼓(도고)
19 韋	韜	활. 쌀. 감출. 비결.	12 14	菟	호랑이.
16 香	馞	향기날.	14 酉	醏	술밑. 거르지 않은 술.
13 示	祹	복. 신(神).	17 門	闍	망루(望樓). 망대(望臺).
16 金	錭	둔할. 통할.	14 革	鞀	노도(路鼗).
05 大	夲	나아갈.	19 革	鞱	韜와 同字.
12 禾	稌	찰벼. 메벼.	22 食	饕	탐할. 욕심이 과도하다. 饕餮(도철)
05 口	叨	탐낼. 함부로. 叨冒(도모)	16 口	噵	이를. 도달할.
17 土	壔	성채. 보루. 언덕.	13 日	晙	먼동 틀.
08 弓	弢	활집. 숨기다.			독
05 06	忉	근심할. 忉利天(도리천)	08 毋	毒 ·	독할. 독. 해칠.
13 14	慆	기뻐할. 방자하다.	18 19	瀆	도랑. 큰 강. 더러울. 瀆慢(독만) 瀆職(독직)
11 12	掏	가릴.	19 片	牘	서찰(글자를 쓰는 나뭇조각).
13 14	搯	꺼낼. 퍼내다.	19 牛	犢	송아지. 姓. 犢角(독각) 犢車(독차)

II 인명용 한자와 그 해설   263

16 獨 / 17	홀로. 陳獨秀(진독수, 중국인)
13 督 目	독촉할. 감독할. 독려할.
07 禿 禾	대머리. 민머리. 민둥민둥할. 모지라질. 姓.
16 篤 竹	도타울. 독실할. 篤信(독신) 篤實(독실)
24 纛 糸	기(쇠꼬리로 장식한 큰 기).
22 讀 言	읽을.→두[통용] 讀經(독경) 句讀(구두)
19 櫝 木	함. 나무로 짠 궤.
27 黷 黑	더럽힐. 검푸른 모양.

── 돈

15 墩 土	돈대. 흙무더기.
11/12 惇	두터울. 힘쓸.
12 敦 攴	도타울. 姓. 金敦熙(김돈희, 조선문인)
08 旽 日	먼동틀. 날이 샘.
16 暾 日	해돋을.
07/08 沌	막힐. 기운덩어리. 빙빙 돌. 어리석을.
12 焞 火	어스름할. 어스레한 모양. →순[통용]. [퇴]
16 燉 火	빛날. 불빛.
11 豚 豕	돼지.

13 頓 頁	조아릴. 갑자기. 頓敎(돈교) 頓悟(돈오)
11 弴 弓	활. 붉은 옻칠을 한 활.
15/16 激	큰물.
20 躉 足	거룻배. 작은 배.

── 돌

06 乭 石	돌[국]. 申乭石(신돌석, 한말의병)
09 突 穴	빠를. 부딪칠. 갑자기. 姜叔突(강숙돌, 조선문관)
08 咄 口	꾸짖을. 놀라 지르는 소리. 咄咄怪事(돌돌괴사)
12 堗 土	굴뚝. 구들장.

── 동

05 冬 冫	겨울.
10 凍 冫	얼.
11 動 力	움직일. 문득. 어지러울. 動機(동기) 行動(행동)
06 同 口	한가지. 화할. 함께. 같을. 李同(이동, 조선한의사)
05 仝 人	☞同자의 통용어.
09 垌 土	항아리. 단지. 동막이.
07 彤 彡	붉은 칠하다.
15/16 憧	그리워할. 어리석을. 우매함.

16 日	曈	동틀.
16 月	朣	달이 뜨다. 朣朦(동몽)
08 木	東	동녘. 봄. 주인. 姓. 吳東振(오동진, 독립운동)
10 木	桐	오동. 오동나무.
12 木	棟	들보. 마룻대. 동자기둥. 李維棟(이유동, 조선학자)
16 木	橦	나무 이름.
09 10	洞	골. 구렁. 마을. 張之洞(장지동, 중국인)
15 16	潼	물 이름. 관 이름.
10 火	烔	더운 모양.
10 疒	疼	아플. 疼腫(동종) 疼痛(동통)
17 目	瞳	눈동자. 무심히 볼. 瞳人(동인) 瞳子(동자)
12 立	童	아이. 성한 모양. 金壽童(김수동, 조선문관)
10 12	胴	큰창자. 대장. 몸통.
13 15	董	동독할. 바를. 姓.
14 虫	蝀	무지개.
14 金	銅	구리.
14 力	勭	動의 고자.
08 人	侗	정성. 거짓이 없음.

14 人	僮	아이. 두려워하며 삼가는 모양. 僮昏(동혼) 家僮(가동)
09 口	哃	망령된 말.
09 山	峒	산 이름. 산굴(山窟).
11 12	涷	소나기. 얼다. 涷餕(동뇌) 涷雨(동우)
18 舟	艟	배.
09 11	苳	겨우살이.
10 12	苘	쑥갓 苘蒿(동호)
16 18	藭	황모(黃茅). 연뿌리.

두

11 儿	兜	투구. 두건. 兜牟(두모) 兜侵(두침)
04 斗	斗	말. 별 이름. 우뚝 솟을. 金箕斗(김기두, 조선인)
07 木	杜	막을. 아가위나무. 姓. 杜門不出(두문불출)
08 木	枓	주두. 구기.
12 疒	痘	마마. 천연두. 痘瘡(두창) 痘痕(두흔)
20 穴	竇	움. 구멍. 규문. 무너뜨릴.
11 14	荳	콩. 豆자의 통용어.
22 言	讀	구두점. 이두.→독[통용]
07 豆	豆	콩. 제기. 팥. 乙豆智(을두지, 고구려인)

II 인명용 한자와 그 해설 265

11 14 逗	머무를. 피할. 逗撓(두뇨) 逗留(두류)	
07 12 阧	치솟다. 가파르다.	
16 頁 頭°	머리. 처음. 우두머리. 頭腦(두뇌) 頭領(두령)	
07 08 抖	떨. 떨어 흔들다.	
17 攴 斁	깰. 부수다. 정도.	
07 09 肚	배[腹].	
11 13 脰	목. 목구멍.	
10 虫 蚪	올챙이. 蝌蚪(과두)	
24 虫 蠹	좀. 나무좀. 蠹書(두서)	
10 15 陡	험할. 높이 솟다.	

— 둔

04 屮 屯·	진. 모일. 칠. 어려울. 〔준〕	
17 19 臀	볼기. 궁둥이. 밑.	
08 10 芚	싹 나올. 어리석을.	
13 16 遁	달아날. 숨을. 피할. 遁甲(둔갑) 遁兵(둔병)	
15 18 遯	달아날. 속일. 괘 이름. 遯世无悶(둔세무민)	
12 金 鈍·	무딜. 둔할.	
09 穴 窀	두터울. 길다.	

08 11 迍	머뭇거릴. 망설이다.	

— 둘

05 乙 乭	둘. 〔국〕	

— 득

11 彳 得°	얻을. 깨달을. 만족할. 尙得容(상득용, 조선무관)	

— 등

15 山 嶝	고개. 우리를.	
16 木 橙	등자나무. 등상(책상의 일종). 橙黃橘綠時(등황귤록시)	
16 火 燈°	등불. 등잔. 燈火可親(등화가친)	
12 癶 登	오를. 이룰. 무리. 익을. 鄭希登(정희등, 조선문관)	
12 竹 等°	무리. 같을. 등급. 等等(등등) 優等(우등)	
19 21 藤	등나무.	
17 言 謄	베낄. 謄錄(등록) 謄本(등본)	
15 19 鄧	땅. 姓.	
20 馬 騰·	날. 오를.	
14 几 凳	걸상.	
15 土 墱	자드락길. 잔도(棧道).	
13 14 滕	물 솟을. 물이 끓어오르다.	

17 石	磴	돌 비탈길. 돌다리. 磴道(등도)
21 竹	籐	대 기구. 등덩굴.
16 糸	縢	봉할. 묶다.
16 虫	螣	등사(螣蛇).
20 金	鐙	등자(鐙子). 등불.

| 주의 | 작명은 소리만 취하거나, 뜻만 취하거나, 소리와 뜻 모두를 취할 수 있다. |

— 라

09 刀	剌	(가지)칠.→나[두]
12 口	喇	나팔. 나마.→나[두]
19 20	懶	게으를. 느른할.→나[두] 懶不自惜(나부자석)
14 15	摞	다스리다.→나[두]
21 疒	癩	문둥병. 나병.→나[두]
19 20	羅	비단. 그물. 姓.→나[두] 網羅(망라) 羅列(나열)
14 16	蓏	열매.→나[두]

23 25	蘿	쑥. 여라(선태류에 속하는 이끼).→나[두]
17 虫	螺	고둥. 소라.→나[두] 螺杯(나배) 螺鈿(나전)
13 14	裸	벌거숭이. 벌거벗을.→나[두] 裸體(나체) 裸蟲(나충)
19 見	覶	좋게 볼.→나[두]
23 26	邏	돌. 순찰할. 두를.→나[두] 邏吏(나리) 邏卒(나졸)
27 金	鑼	징.→나[두]
21 人	儸	간능할.→나[두]
10 石	砢	돌이 쌓인 모양.→나[두]
21 23	臝	벌거벗을.→나[두]
10 人	倮	알몸. 벌거벗다.→나[두]
22 口	囉	소리 얽힐. 지껄일.→나[두]
23 日	曪	날 흐릴.→나[두]
16 疒	癳	연주창. 옴.→나[두]
21 馬	騾	노새.→나[두]
23 馬	驘	騾의 본자.→나[두]
25 糸	纙	돈꾸러미.→나[두]

— 락

| 15 木 | 樂 | 즐거울.→악,요[통용], 낙[두] 金樂行(김낙행, 조선학자) |

Ⅱ 인명용 한자와 그 해설

09 洛	낙수. 물 이름.→낙[두]	
10	申景洛(신경락, 조선문관)	
10 烙 火	불로 지질. 달군 쇠침.→낙[두] 烙記(낙기) 烙印(낙인)	
10 珞 11	목치장.→낙[두]	
12 絡・ 糸	연락할. 두를. 맥.→낙[두]	
13 落。 15 落	떨어질. 마을.→낙[두] 落落長松(낙락장송)	
13 酪 酉	타락(우유를 끓여 만든 음료) 죽. 과즙.→낙[두]	
16 駱 馬	가리온(몸은 백색, 갈기는 흑색인 말. 약대.→낙[두]	
13 咯 口	타락.→낙[두]	
14 犖 牛	얼룩소 밝다.→낙[두]	

━ 란

04 丹 、	꽃이름. →단[통용]. 난[두] 牡丹(모란) 丹心(단심)	
13 亂・ 乙	어지러울. 다스릴.→난[두]	
07 卵・ 卩	알. 기를.→난[두]	
21 欄 木	난간. 테두리. 테.→난[두] 欄干(난간) 空欄(공란)	
23 欒 木	나무 이름. 가름대. 둥글. 모일. →난[두]	
20 瀾 21	물결. 큰 물결.→난[두]	
21 爛 火	난만할. 빛날.→난[두] 爛漫(난만) 爛爛(난란)	
21 瓓 22	옥무늬.→난[두]	

21 蘭・ 23	난초.→난[두] 金活蘭(김활란, 女교육가)	
30 鸞 鳥	새. 난새. 방울.→난[두] 金鸞祥(김난상, 조선문관)	
27 鑾 金	방울. 천자가 타는 수레.→난[두] 鑾輿(난여)	
19 嬾 女	게으를.→난[두] 嬾架(난가) 嬾拙(난졸)	
20 襴 巾	내리닫이. 난간.→난[두]	
20 攔 21	막을. 칸막이.→난[두]	
22 灤 23	새어 흐를. 적시다.→난[두]	
22 襴 23	난삼(襴衫).→난[두]	
17 闌 門	가로막을. 무늬.→난[두]	
21 斕 文	문채.→난[두]	
25 欗 木	목란.→난[두]	

━ 랄

09 剌 刀	어그러질.→날[두] 剌剌(날랄) 剌謬(날류)	
14 辣 辛	언행이 매울. 맛이 매울. →날[두] 辣手(날수) 辣腕(날완)	
10 埒 土	바자울.→날[두]	
14 辢 辛	辣과 同字.→날[두]	

一 람

11 女	婪	탐할. →남[두]
11 女	嬾	예쁘다. →남[두]
12 山	嵐	산바람. 회오리바람. →남[두] 嵐影湖光(남영호광)
24 25	攬	잡을. →남[두]
14 手	拏	☞ 攬자의 통용어.
18 手	擥	☞ 攬자의 통용어.
25 木	欖	감람나무. →남[두]
17 18	濫	넘칠. 번질. →남[두]
20 竹	籃	바구니. 배롱. →남[두]
27 糸	纜	닻줄. →남[두]
18 20	藍	쪽. 남루할. 절. →남[두] 出藍(출람) 藍青(남청)
19 20	襤	헌 누더기. 해진 옷. →남[두] 襤褸(남루)
22 見	覽	볼. 두루 볼. →남[두] 觀覽(관람) 覽讀(남독)
17 18	灆	퍼질. 고을 이름. →남[두]
14 15	㰖	과실 장아찌. →남[두]
18 火	爁	불 번질. →남[두]
18 19	璼	옥 이름. →남[두]
11 12	惏	탐할. 탐내다. →남[두]

一 랍

08 09	拉	꺾을. 부러뜨릴. →남[두] 拉北(납북) 拉致(납치)
19 21	臘	납향(납일에 지내는 제사). 섣달. 쌍날칼. 햇수. →납[두]
21 虫	蠟	밀. 벌똥. 밀을 바를. 밀초. →납[두]
23 金	鑞	주석. →납[두]

一 랑

13 广	廊	행랑. 곁채. →낭[두]
11 月	朗	밝을. 맑을. →낭[두] 明朗(명랑) 朗讀(낭독)
10 11	浪	물결. 방랑할. 姓. →낭[두] 風浪(풍랑) 浪士(낭사)
11 火	烺	타는 모양. →낭[두]
10 11	狼	이리. 어지러울. →낭[두]
11 12	琅	옥돌. →낭[두]
14 15	瑯	고을 이름. →낭[두]
13 虫	蜋	미얀마재비. →낭[두]
16 虫	螂	☞ 蜋자의 통용어.
10 14	郎	서방. 사내. 벼슬. →낭[두] 薛原郎(설원랑, 신라화랑)

II 인명용 한자와 그 해설

09 13 郞	☞郎자의 통용어.
10 广 廊	높을. 그릇.→낭[두]
17 馬 駺	꼬리 흰 말.→낭[두]
14 木 榔	나무 이름.→낭[두] 檳榔(빈랑)
15 門 閬	솟을대문. 넓고 밝을.→낭[두]
12 石 硠	돌 부딪는 소리.→낭[두] 硠瑲(낭개)
12 禾 稂	강아지풀.→낭[두] 稂莠(낭유)
11 13 莨	수크렁. 미치광이.→낭[두]
11 日 哴	밝을. 햇볕 쬘.→낭[두]
10 女 娘	여자. 아가씨.→낭[두] [낭]

— 래

08 人 來	올. 다가올.→내[두] 洪景來(홍경래, 조선인)
07 木 来	☞來자의 통용어.
15 走 趚	☞來자의 통용어.
11 山 崍	뫼. 산 이름→내[두]
11 彳 徕	올. 위로할. 來자의 통용어. →내[두]
12 14 萊	쑥.→내[두]
11 12 淶	강 이름.→내[두]

| 18 馬 騋 | 큰 말.→내[두] |
| 11 口 唻 | 노래하는 소리.→내[두] |

— 랭

| 07 冫 冷 | 찰. 냉담할.→냉[두] |

— 략

11 12 掠	노략질할.→약[두]
11 田 略	간략할. 꾀.→약[두] 戰略(전략) 略歷(약력)
11 田 畧	略과 同字.→약[두]

— 량

09 亠 亮	밝을. 믿을.→양[두] 柳廷亮(유정량, 조선문관)
10 人 倆	재주. 공교할.→양[두]
08 入 兩	두. 단위. 짝.→양[두] 二兩(삼량) 兩國(양국)
11 木 梁	들보. 돌다리. 姓→양[두] 棟梁(동량) 梁木(양목)
15 木 樑	들보.→양[두]
11 12 涼	서늘할. 서늘한 바람. 맑을. →양[두]
10 冫 凉	☞涼자의 통용어.
13 米 粱	조. 좋은 쌀.→양[두] 粱米(양미) 粱飯(양반)
18 米 糧	양식. 먹이.→양[두] 食糧(식량) 糧穀(양곡)

13 米 粮	☞糧자의 통용어.
07 艮 良	어질. 좋음.→양[두] 金良彦(김양언, 조선문관)
15 言 諒	알. 믿을. 참.→양[두]
15 車 輛	수레. 수레를 세는 수사. →양[두]
12 里 量	헤아릴. 말. 용량.→양[두] 分量(분량) 量檢(양검)
17 馬 騻	꼬리 흰 말.→양[두]
09 人 俍	잘할. 헤매다.→양[두] 俍傍(양방)
12 口 喨	소리 맑을.→양[두]
10/11 悢	슬퍼할.→양[두] 悢悢(양양)
14 足 踉	뛸. 천천히 걸을.→양[두] 踉蹡(양장)
18 鬼 魎	도깨비.→양[두] 魍魎(망량)

— 려

09 人 侶	짝.→여[두]
21 人 儷	나란히 할. 짝.→여[두] 儷匹(여필) 儷偕(여해)
17 力 勵	힘쓸. 권장할. 姓.→여[두] 李勵(이여, 조선義士)
07 口 呂	음률. 姓.→여[두]
19 广 廬	오두막집. 농막.→여[두] 廬山眞面目(여산진면목)
15 心 慮	생각. 염려할.→여[두] 思慮(사려) 慮外(여외)

08 戶 戾	어그러질. 사나울. 이를. →여[두]
10 方 旅	나그네. 군사.→여[두]
19 木 櫚	종려.→여[두]
18/19 濾	거를. 여과함.→여[두]
20 石 礪	숫돌. 숫돌에 갈.→여[두]
19/21 藜	명아주.→여[두] 藜杖韋帶(여장위대)
21 虫 蠣	숫돌. 厲자의 통용어.→여[두]
15 門 閭	이문. 마을.→여[두] 閭門(여문) 閭井(여정)
26 馬 驢	당나귀.→여[두] 驢鳴犬吠(여명견폐)
29 馬 驪	검은 말. 검을. 나란히 할. 姓. →여[두]
19 鹿 麗	고울. 빛날.→여[두] 秀麗(수려) 麗日(여일)
15 黍 黎	검을. 무리.→여[두] 黎明期(여명기)
19 日 曬	햇빛 성할.→여[두]
17 人 儢	고상할.→여[두]
15 厂 厲	갈. 날카롭게 하다.→여[두] 厲王(여왕, 중국의 폭군)
11 口 唳	울.→여[두]
11 木 梠	평고대(처마 끝의 서까래를 받치 기 위해 놓은 나무).→여[두]
18 疒 癘	창질(瘡疾).→여[두]

II 인명용 한자와 그 해설

21 米 糲	현미. 매조미쌀.→여[두]
14 16 脄	등골뼈.→여[두]
20 22 臚	살갗. 제사 이름.→여[두]
21 虫 蠡	좀먹을. 달팽이.→여[두] 范蠡(범려, 중국 越의 재상)
19 22 邌	천천히 갈.→여[두]
23 金 鑢	줄(쇠붙이를 쓰는 연장).→여[두]

─ 력

02 力 力	· 힘. 힘쓸.→역[두]
16 日 曆	· 책력. 운수.→역[두] 陰曆(음력) 曆法(역법)
16 止 歷	지낼. 두루. 겪을.→역[두] 吳歷(오력, 중국화가)
19 20 瀝	물방울. 찌끼.→역[두]
20 石 礫	자갈. 잔돌. 모래.→역[두]
22 車 轢	수레바퀴에 칠.→역[두] 轢死(역사) 轢殺(역살)
24 雨 靂	천둥. 벼락.→역[두]
19 20 擽	擽과 同字.→역[두]
19 木 櫟	상수리나무. 난간.→역[두] 櫟散(역산)
20 木 櫪	말구유. 마판(馬板).→역[두] 櫪廐(역구) 櫪馬(역마)
19 疒 癧	연주창→역[두]

| 23 車 轣 | 갈. 물레.→역[두] |
| 22 26 酈 | 고을 이름.→역[두] |

─ 련

22 女 孌	아름다울.→연[두]
15 16 憐	· 어여삐 여길.→연[두] 同病相憐(동병상련)
23 心 戀	· 생각. 사모할.→연[두]
23 手 攣	걸릴. 오그라질.→연[두]
14 15 漣	잔물결. 물결 일.→연[두]
13 火 煉	연단할. 쇠불릴.→연[두]
15 16 璉	종묘 제기.→연[두]
15 糸 練	익힐. 가릴. 연복.→연[두] 修練[鍊](수련) 練習(연습)
17 耳 聯	· 이을. 짝. 잇닿을.→연[두]
15 17 蓮	· 연꽃. 연밥.→연[두]
15 車 輦	손수레.손수레끌. 姓.→연[두] 輦夫(연부) 輦下(연하)
26 車 鑾	이을. → 연[두]
11 14 連	· 연할. 이을.→연[두] 裵連(배연, 조선화가)
17 金 鍊	· 단련할. 수련할.→연[두] 訓鍊(훈련) 鍊金(연금)
13 木 楝	멀구슬나무.→연[두]

12 氵 / 13 湅	누일. 마전하다.→연[두]	17 攴 斂	거둘. 모을. 감출.→염[두] 苛斂誅求(가렴주구)
23 / 25 臠	저민 고기. 여위다.→연[두]	17 歹 殮	염할. 염습함.→염[두]
19 金 鏈	구리.→연[두]	16 / 17 濂	물. 姓.→염[두] 宋奎濂(송규렴, 조선정치가)
20 魚 鰊	고기 이름. 여위다.→연[두]	19 竹 簾	발.→염[두]
22 魚 鰱	연어(鰱魚).→연[두]	20 / 21 瀲	넘칠. 뜨다.→염[두]
22 大 臠	이룰.→연[두]	15 石 礛	거친 숫돌. 애쓰다.→염[두]

── 렬

08 氵 洌	찰(퍽 추움). 맑을.→열[두]
06 刀 列 ∘	벌일. 줄. 차례.→열[두] 整列(정렬) 列擧(열거)
06 力 劣 ∘	용렬할.→열[두]
09 / 10 冽	맑을.→열[두]
10 火 烈 ∘	매울. 사나울.→열[두] 姜弘烈(강홍렬, 독립운동)
12 衣 裂	찢을. 터질.→열[두]
09 / 10 捩	내걸.→열[두]
11 / 12 捩	술대(비파를 타는 도구).→열[두]
15 風 颲	사나운 바람.→열[두]

── 렴

| 13 广 廉 ∘ | 청렴. 염치. 姓.→염[두] 金守廉(김수렴, 조선문관) |

── 렵

18 / 19 獵 ∘	사냥. 찾을. 넘을. 휘날릴.→엽[두]
22 足 躐	밟을. 디디다.→엽[두] 躐登(엽등) 躐席(엽석)
25 髟 鬣	갈기. 수염.→엽[두]

── 령

05 人 令 ∘	하여금. 명령할.→영[두] 高令臣(고영신, 고려문관)
07 人 伶	광대. 영리할.→영[두]
07 人 伶	☞伶자의 통용어.
08 囗 囹	옥. 감옥.→영[두] 囹圄生草(영어생초)
08 女 姈	여자 이름.→영[두]
08 山 岭	산 이름.→영[두]
08 山 岺	☞岭자의 통용어.

17 山	嶺 ·	고개. 재.→영[두] 峻嶺(준령) 嶺南(영남)	28 木	櫺	欞과 同字.→영[두]
08 09	怜	영리할.→영[두] 怜悧(영리) 怜質(영질)	16 鹵	䱩	소금.→영[두]
09 日	昤	햇빛.→영[두]	10 禾	秢	해.→영[두]
08 09	泠	깨우치다. 떨어지다.→영[두] 泠泠(영령)	09 11	苓	도꼬마리.→영[두]
16 17	澪	강 이름.→영[두]	11 虫	蛉	잠자리.→영[두]
09 10	玲	금옥.→영[두]	12 車	輘	사냥 수레. 작다.→영[두]
11 竹	笭	종다래끼. 대자리.→영[두]	16 鳥	鴒	할미새.→영[두]
11 羊	羚	영양. 새끼양.→영[두]	09 月	朎	달빛 영롱할.→영[두]
11 羽	翎	새의 깃.→영[두]	09 木	柃	나무 이름.→영[두]

— 례

11 耳	聆	들을. 깨달을.→영[두]	
11 14	逞	왕성할. 쾌할. 다할.→영[두]	
13 金	鈴	방울.→영[두]	
08 人	例 °	견줄. 같을. 보기.→예[두]
16 17	澧	단물나는 샘.→예[두] 澧泉(예천) 澧沛(예패)
13 雨	零 ·	떨어질. 영(0). 시들.→영[두]	
18 示	禮 °	예도. 예절. 절.→예[두] 盧重禮(노중례, 조선학자)
24 雨	靈 ·	신령. 착할. 姓.→영[두]	
06 示	礼	☞禮자의 통용어.
14 頁	領 °	거느릴. 옷깃.→영[두] 蔡領(채영, 조선학자)	
20 酉	醴	단술. 감주. 달.→예[두] 醴酒不設(예주불설)
20 齒	齡	해. 나이. 연치.→영[두] 尹齡孫(윤영손, 조선문관)	
17 隶	隷	종. 죄인. 서체이름.→예[두] 隷也不力(예야불력)
08 口	呤	말씀.→영[두]	
17 隶	隸	붙을.→예[두]
05 口	另	헤어질. 따로.→영[두]	
24 魚	鱧	가물치.→예[두]

로

12 力	勞	수고로울. 공로.→노[두] 慰勞(위로) 勞動(노동)
19 口	嚧	웃을. 향료.→노[두]
15 16	撈	잡을. 끙게(씨앗을 덮는 농기구).→노[두]
16 17	擄	노략질할. 사로잡을.→노[두]
19 木	櫓	큰 방패. 노. 망루.→노[두]
15 16	潞	물 이름. 땅 이름.→노[두] 潞水(노수) 潞川(노천)
19 20	瀘	물 이름.→노[두]
20 火	爐	화로.→노[두]
17 18	璐	옥 이름.→노[두]
16 皿	盧	밥그릇. 화로. 姓.→노[두] 葛盧(갈로, 고구려인)
06 老	老	늙을. 존칭할.→노[두] 金敬老(김경로, 조선무장)
20 22	蘆	갈대. 호리병박.→노[두] 蘆岸(노안) 蘆田(노전)
12 虍	虜	포로. 사로잡을.→노[두]
13 虍	虜	☞虜자의 통용어.
13 足	路	길. 姓.→노[두] 尹師路(윤사로, 조선문관)
13 車	輅	천자가 타는 수레. 클.→노[두]
20 雨	露	이슬. 드러날.→노[두]
15 魚	魯	나라. 둔할.→노[두] 金魯(김로, 조선서도가)
23 鳥	鷺	백로. 해오라기.→노[두]
11 鹵	鹵	염전. 소금. 방패.→노[두] 鹵田(노전) 鹵獲(노획)
20 木	櫨	두공. 자라다.→노[두]
16 18	蕗	감초.→노[두]
15 16	潦	큰비. 적실.→노[두]
20 21	瓐	푸른 옥.→노[두]
15 16	澇	큰 물결. 젖을.→노[두]
19 土	壚	흑토(黑土). 화로.→노[두] 壚邸(노저)
14 15	滷	소금밭. 짜다.→노[두] 滷水(노수) 滷蝦(노하)
11 玄	旅	검을. 검은빛.→노[두]
17 广	癆	중독. 아프다.→노[두]
09 穴	窂	짐승 우리.→노[두]
27 鳥	鸕	가마우지.→노[두] 鸕鶿(노자)
21 舟	艣	艪와 同字.→노[두]
22 舟	艫	뱃머리.→노[두] 艫栧(노예)
23 車	轤	도르래. 물레.→노[두] 轆轤(녹로)
21 金	鑪	부레 그릇.→노[두]

24 金	鑪	화로. 큰 독.→노[두]
25 頁	顱	머리뼈.→노[두]
26 骨	髗	두개골.→노[두]
27 魚	鱸	농어.→노[두]
16 木	櫓	오동나무.→노[두]
20 金	鏴	금 길.→노[두]
21 目	矑	눈동자.→노[두]

― 록 ―

08 ㅋ	彔	나무 깎을.→녹[두]
13 石	碌	푸른빛. 구리에 스는 녹. 용렬할.→녹[두]
13 示	祿・	녹. 급료.→녹[두] 金祿延(김녹연, 고려문관)
14 糸	綠○	푸를. 초록빛.→녹[두] 金綠珠(김녹주, 여류배우)
12 14	菉	녹두. 조개풀. 푸를.→녹[두]
16 金	錄・	기록. 문서.→녹[두] 記錄(기록) 錄音(녹음)
11 鹿	鹿・	사슴.→녹[두]
19 鹿	麓	산기슭. 숲.→녹[두]
11 12	淥	밭을 거르다.→녹[두]
14 15	漉	거를. 다하다.→녹[두]

17 竹	簏	대 상자.→녹[두]
18 車	轆	도르래. 물레.→녹[두] 轆轆(녹록)
19 鳥	鵦	잡털박이새.→녹[두]

― 론 ―

15 言	論	의논. 의논할.→논[두] 論評(논평) 談論(담론)
11 12	惀	생각할.→논[두]
11 12	掄	가릴. 고르다.→논[두]

― 롱 ―

19 土	壟	밭두둑. 무덤. 언덕.→농[두] 壟畝(농묘) 壟畔(농반)
07 廾	弄・	희롱. 즐길. 놀.→농[두] 弄假成眞(농가성진)
20 月	朧	흐릴. 달빛 등이 흐린 모양.→농[두]
19 20	瀧	적실. 물 이름.→농[두].[롱]
20 21	瓏	옥소리.→농[두].[롱]
22 竹	籠	대그릇. 농. 새장.→농[두] 籠鳥戀雲(농조연운)
22 耳	聾	귀머거리. 귀먹을.→농[두] 聾盲(농맹) 聾啞(농아)
18 人	儱	철들날.→농[두]
19 20	攏	누를. 빗을.→농[두]
20 日	曨	어스레할.→농[두] 曨曨(농롱)

21 石	礲	갈. 숫돌에 갈다.→농[두]
20 22	蘢	개여뀌.→농[두]
19 24	隴	고개 이름.→농[두] 隴斷(농단)

―뢰

17 人	儡	망칠. 야윌. 꼭두각시. →뇌[두]
19 20	瀨	여울.→뇌[두]
07 牛	牢	우리. 옥. 희생.→뇌[두] 牢不可破(뇌불가파)
15 石	磊	돌 쌓일. 뜻이 클.→뇌[두]
13 貝	賂	줄(증여). 뇌물.→뇌[두] 賂物(뇌물) 賂遺(뇌유)
15 貝	賚	줄(하사). 사여.→뇌[두] 賚賜(뇌사) 賚與(뇌여)
16 貝	賴	힘입을. 의지. 姓.→두
16 貝	頼	☞賴자의 통용어.
13 雨	雷	우레. 천둥. 姓.→뇌[두] 避雷(피뢰) 雷動(뇌동)
06 耒	耒	쟁기.→뇌[두] 耒耜(뇌사)
18 19	攂	擂의 본자.→뇌[두]
18 石	礧	돌무더기. 돌 굴려 내릴.→뇌[두]
20 石	礨	바위. 바위 모양.→뇌[두]
22 竹	籟	세 구멍 퉁소.→뇌[두]

21 頁	纇	실마디.→뇌[두]
21 缶	罍	술독.→뇌[두] [루] 罍樽(뇌준)
17 19	蕾	꽃봉오리.→뇌[두]
13 言	誄	조문(弔文). 빌다.→뇌[두] 誄詞(뇌사)
14 酉	酹	부을.→뇌[두] 酹酒(뇌주)

―료

02 亅	了 ·	마칠. 밝을.→요[두] 魏了翁(위요옹, 중국학자)
14 人	僚	동관. 좋을. 관리.→요[두] 同僚(동료) 僚友(요우)
14 宀	寥	쓸쓸할. 휑할. 클.→요[두]
15 宀	寮	벼슬아치. 관리. 동료. →요[두]
10 斗	料	헤아릴. 값. 감.→요[두] 史料(사료) 料金(요금)
16 火	燎	화톳불. 불놓을. 밝을. →[두]
17 广	療	병 고칠. 면할.→요[두] 療養(요양) 療治(요치)
17 目	瞭	밝을. 눈동자가 맑을. 아득할. →요[두]
11 耳	聊	귀울(이명). 어조사. 애오라지. →요[두]
15 17	蓼	여뀌. 姓→요[두] 蓼蟲不知苦(요충부지고)
16 19	遼	거리가 멀. 강 이름. 땅 이름. →요[두]
15 口	嘹	울. 맑은 소리.→요[두]

15 女	嬲	예쁠. 영리하다.→요[두] 嬲妙(요묘)	14 尸	屢 · 여러. 자주.→누[두]
15 16	撩	다스릴. 돋우다.→요[두]	14 山	嶁 봉우리.→누[두]
16 日	暸	밝을. 환하다.→요[두]	14 15	慺 정성스러울.→누[두]
15 16	潦	큰비. 적실.→요[두] 潦水(요수) 潦浸(요침)	15 木	樓 · 다락. 다락집. 姓.→누[두] 望樓(망루) 樓閣(누각)
15 16	獠	사냥. 밤 사냥.→요[두]	11 12	淚 · 눈물.→누[두]
18 糸	繚	다스릴. 감길.→요[두]	14 15	漏 · 샐. 물시계.→누[두]
14 16	膋	발기름.→요[두]	16 疒	瘻 부스럼. 곱사등이. 僂자의 통 용어. →누[두]
18 酉	醪	막걸리. 술.→요[두] 醪醴(요례) 濁醪(탁료)	11 糸	累 · 여러. 포갤.→누[두] 累卵之危(누란지위)
20 金	鐐	은(銀).→요[두]	17 糸	縷 실. 올. 자세할.→누[두] 縷言(누언) 縷旨(누지)
20 風	飉	바람소리.→요[두]	15 17	蔞 산쑥.→누[두]
21 風	飇	바람. 산들바람.→요[두]	16 17	褸 헌 누더기. 해진 옷. 기울. →누[두]
─ 룡			19 金	鏤 강철. 아로새길.→누[두] 鏤月裁雲(누월재운)
16 龍	龍 ·	용.姓.→용[두], 竜[통용,10획] 李龍爀(이용혁, 독립운동)	09 14	陋 좁을. 못생길. 작을. →누[두]
10 立	竜	☞ 龍자의 통용어.	17 耒	耬 씨 뿌리는 기구. 밭 갈.→누[두] 耬車(누거)
21 龍	龒	용(龍).→용[두]	15 火	燎 불꽃.→누[두]
─ 루			13 人	僂 구부릴. 곱사등이.→누[두] 佝僂(구루)
18 土	壘	진. 포갤.→누[두] 壘門(누문) 壘堡(누보)	14 口	嘍 시끄러울. 새소리.→누[두]
11 女	婁	끌. 아로새길. 별 이름. 성길. →누[두]	17 虫	螻 땅강아지.→누[두] 螻蟻(누의)

21 骨	髏	해골.→누[두]
14 15	瘻	도랑.→누[두]
14 15	漊	물 이름.→누[두]
18 言	譜	곡진할.→누[두]
14 15	摟	끌어모을.→누[두]

― 류

15 刀	劉	이길. 姓.→유[두]
13 方	旒	깃발. 면류관 끈.→유[두]
09 木	柳 °	버들. 姓.→유[두] 李柳姬(이유희, 조선인)
14 木	榴	석류나무.→유[두] 石榴(석류) 榴花(유화)
09 10	流 °	흐를.→유[두] 李慶流(이경류, 조선문관)
13 14	溜	떨어질. 흐를.→유[두] 溜水(유수) 溜飮(유음)
18 19	瀏	물이 맑을, 빠를. 밝을.→유[두]
10 11	琉	유리.→유[두]
14 15	瑠	☞琉자의 통용어.
10 田	留 °	머무를. 묵을.→유[두] 晏留(안류, 고구려재상)
15 疒	瘤	혹.→유[두] 瘤腫(유종) 瘤贅(유췌)
12 石	硫	유황.→유[두] 硫酸(유산) 硫黃(유황)

18 言	謬	그릇될. 잘못. 어긋날.→유[두]
19 頁	類 ·	같을. 무리. 종류.→유[두]
16 木	榴	榴의 본자.→유[두]
17 糸	纅	검은 새끼.→유[두]
21 糸	纍	맬. 산 이름.→유[두] [루]
14 17	遛	遛와 同字.→유[두]
21 鳥	鶹	올빼미.→유[두]

― 륙

04 06	六 ·	여섯.→뉴[이],→육[두]
15 戈	戮	죽일. 육시할. 죽음.→육[두]
11 16	陸 °	뭍. 육지. 뛸. 姓.→육[두] 金陸珍(김육진, 신라문관)
13 力	勠	합할.→육[두]

― 륜

08 人	侖	둥글. 생각할.→윤[두]
10 人	倫	인륜. 윤리. 무리.→윤[두] 全五倫(전오륜, 고려문관)
11 山	崙	뫼. 산 이름.→윤[두]
11 山	崘	☞崙자의 통용어.
11 12	淪	잔물결. 빠질. 거느릴. →윤[두]

14 糸	綸	실. 인끈. 다스릴.→윤[두] 朴處綸(박처륜, 조선문관)
15 車	輪・	바퀴. 둘레. 돌.→윤[두]
16 金	錀	금.→윤[두]
11 口	圇	완전할.→윤[두]
11 12	掄	가릴.→윤[두] [론]

— 률

12 山	崒	가파를.→율[두]
09 亻	律。	법. 풍류. 姓.→율[두] 兪鎭律(유진률, 항일운동)
13 14	慄	두려워할. 떨. 슬퍼할. →율[두]
10 木	栗・	밤. 견고할. 떨.→율[두]
11 玄	率	비율.→솔[통용]→율[두] 能率(능률) 引率(인솔)
15 禾	稞・	벼를 쌓은 모양.→율[두]
14 15	瑮	옥 무늬.→율[두]
13 14	溧	강 이름.→율[두]

— 릉

12 17	隆	높을. 성할. 클.→융[두] 申翊隆(신익륭, 조선문관)
17 疒	癃	느른할.→융[두]
17 穴	窿	활꼴.→융[두] 穹窿(궁륭)

15 16	憜	뜻.→융[두]

— 륵

11 力	勒	굴레. 새길. 억누를.→늑[두] 勒于金石(늑우금석)
06 08	肋	갈빗대. 늑골.→늑[두] 肋骨(늑골) 肋膜(늑막)
08 09	泐	돌 갈라질. 글씨를 쓰다.→늑 [두]

— 름

15 冫	凜	찰. 늠름하다.→늠[두] 凜凜(늠름)
15 冫	凛	☞凜자의 통용어.
16 广	廩	곳집.→늠[두] 廩人(늠인)
12 14	菻	나라 이름.→늠[두]
16 17	懍	서늘할. 차다.→늠[두]

— 릉

10 冫	凌	얼음. 얼음곳간. 떨.→능[두]
13 木	楞	모서리. 불교용어.→능[두]
13 木	棱	☞楞자의 통용어.
13 禾	稜	모서리.→능[두] 稜角(능각) 稜威(능위)
14 糸	綾	비단.→능[두]
12 14	菱	마름.→능[두]

11 16	陵	둔덕. 언덕. 왕릉.→능〔두〕 王陵(왕릉) 陵墓(능묘)
10 人	倰	넘을.→능〔두〕
15 17	薐	마름. 모나다.→능〔두〕

― 리

09 人	俐	똑똑할. 영리할.→이〔두〕
10 11	悧	☞俐자의 통용어.
09 人	俚	속될. 상스러움. 시골.→이〔두〕 俚俗(이속) 俚言(이언)
07 刀	利	이할. 이로움.→이〔두〕 車利錫(차이석, 독립운동)
06 口	吏	아전. 관원. 관리.→이〔두〕
10 口	唎	가는 소리.→이〔두〕
15 尸	履	신. 밟을.→이〔두〕 姜必履(강필리, 조선문관)
14 15	摛	퍼질.→이〔두〕
16 支	攲	바를.→이〔두〕
07 木	李	오얏. 姓.→이〔두〕
11 木	梨	배.→이〔두〕
10 11	浬	해리(海里). 노트(knot)의 역 어.→이〔두〕
10 11	溧	다다르다. 물소리.→이〔두〕
12 牛	犂	얼룩소 쟁기질할〔려〕→이〔두〕
11 牛	犁	☞犂자의 통용어.
10 11	狸	너구리.→이〔두〕
11 12	理	이치. 다스릴.→이〔두〕 徐理修(서이수, 조선학자)
15 16	璃	유리.→이〔두〕 瑠璃王(유리왕, 고구려왕)
12 疒	痢	설사.→이〔두〕
25 竹	籬	울타리.→이〔두〕 籬壁間物(이벽간물)
16 17	罹	근심할. 근심. 병에 걸릴. →이〔두〕 罹病(이병) 罹災(이재)
19 羊	羸	파리할. 고달플. 약할. →이〔두〕
11 13	莉	사과. 꽃.→이〔두〕
13 衣	裏	속. 안.→이〔두〕 →裡〔통용,13획〕
13 衣	裡	☞裏자의 통용어.
07 里	里	마을. 리수.→이〔두〕 元萬里(원만리, 조선문관)
18 里	釐	이(척도의 단위). 다스릴. 명 아주.→이〔두〕 釐定(이정) 釐替(이체)
09 厂	厘	☞釐자의 통용어.
19 隹	離	떠날. 괘 이름. 불.→이〔두〕 會者定離(회자정리)
11 冂	离	☞離자의 통용어.
18 魚	鯉	잉어. 편지. 서찰.→이〔두〕

13 刀	剺	벗길. 나누다.→이[두]
10 口	哩	어조사.→이[두]
14 女	嫠	과부. 홀어미.→이[두] 嫠不恤緯(이불휼위)
11 13	苢	다다를. 지위.→이[두] [률]
13 虫	蜊	참조개.→이[두]
17 虫	螭	교룡(蛟龍).→이[두] 螭首(이수)
14 豸	狸	삵. 살쾡이.→이[두]
23 26	邐	이어질.→이[두] 邐迆(이이)
21 鬼	魑	도깨비.→이[두] 魑魅(이매)
23 黍	䅠	새 잡는 풀.→이[두]
14 15	灕	스며들. 엷다.→이[두]
22 23	灕	물 이름.→이[두]

— 린

07 口	吝	아낄.인색함.주저함.→인[두] 吝嗇(인색) 吝惜(인석)
15 16	撛	붙들. 구원할.→인[두]
15 16	潾	맑을. 석간수.→인[두]
15 16	獜	튼튼할.→인[두]
16 火	燐	인. 도깨비불. 반딧불. →인[두]
16 17	璘	옥 무늬.→인[두]
20 22	藺	골풀.→인[두]
27 足	躪	짓밟을 躝자의 통용어.→인[두]
20 金	鏻	굳센 모양.→인[두]
15 19	鄰	이웃. 이웃할.→인[두] 相鄰(상린) 鄰近(인근)
15 20	隣	☞鄰자의 통용어.
23 魚	鱗	비늘.→인[두] 鱗介(인개) 鱗羅(인라)
23 鹿	麟	기린.→인[두] 盧伯麟(노백린, 독립운동)
17 鹿	麐	☞麟자의 통용어.
16 木	橉	나무 이름.→인[두]
14 米	粦	燐과 동자.→인[두]
14 米	粼	물 맑을. 내 모양.→인[두]
18 虫	蟒	반딧불.→인[두]
18 糸	繗	이을. 실 뽑을.→인[두]
15 山	嶙	가파를. 벼랑 깊숙한 모양.→인[두]
10 11	悋	아낄. 인색하다.→인[두]
17 石	磷	돌 틈으로 물 흐를. 엷은 돌. →인[두]
22 馬	驎	얼룩말.→인[두]

23 足	躪	짓밟을. 수레 자국.→인[두] 蹂躪(유린)	10 石	砬	돌 무너지는 소리.→입[두]
19 車	轔	수레 소리. 밟을.→인[두] 轔轢(인력) 轔轔(인린)	05 立	立	설. 굳을. 세울. 곧.→입[두] 裵興立(배흥립, 조선武將)
12 火	燐	불꽃.→인[두]	11 竹	笠	갓. 삿갓.→입[두]
16 日	曚	사람 이름.→인[두]	11 米	粒	쌀알. 낟알.→입[두]
16 斤	斴	물소리.→인[두]	08 山	岦	산 높은 모양.→입[두]
17 目	瞵	눈빛.→인[두]			

― 림

08 木	林	수풀. 빽빽할. 姓.→임[두] 吳慶林(오경림, 조선문관)
12 木	棽	무성할.→임[두], 침[통용]
11 水 12	淋	뿌릴. 물방울떨어질.→임[두] 淋巴腺(임파선) 淋汗(임한)
12 日	晽	알고자 할.→임[두]
12 13	琳	아름다운 옥.→임[두]
13 石	碄	깊을.→임[두]
17 臣	臨	임할. 왕림할.→임[두] 呂希臨(여희림, 조선학자)
16 雨	霖	장마.→임[두] 霖雨(임우) 夏霖(하림)
08 09	玲	아름다운 옥.→임[두]
13 疒	痳	임질.→임[두]

― 립

― 마

13 女	媽	어미.
11 广	麻	삼. 저릴. 姓. 麻衣(마의) 麻紙(마지)
15 手	摩	갈. 비빌. 만질. 헤아릴. 摩利支天(마리지천)
14 15	瑪	옥돌. 마노.
13 疒	痲	저릴. 마비할. 홍역.
13 石	碼	마노. 나루터. 야드. 碼瑙(마노) 碼頭(마두)
16 石	磨	갈. 맷돌. 磨石(마석) 磨光(마광)
10 馬	馬	말. 姓. 李濟馬(이제마, 조선학자)

21 鬼	魔	마귀. 악귀. 마술. 魔法(마법) 魔術(마술)
21 刀	劘	깎을. 힘쓰다.
16 虫	螞	말거머리. 왕개미.
17 虫	蟇	蟆와 同字.
14 麻	麽	麼의 속자.

— 막

14 宀	寞	쓸쓸할. 고요함. 寞天寂地(막천적지)
14 巾	幕・	장막. 군막. 開幕(개막) 幕僚(막료)
14 15	漠・	아득할. 사막.
15 17	膜	꺼풀.
11 13	莫・	말. 없을. 아닐. 莫逆之交(막역지교)
18 21	邈	멀. 아득할. 근심할. 邈然(막연) 邈志(막지)
16 目	瞙	눈 흐릴. 백태.
19 金	鏌	칼 이름. 鏌干(막간) 鏌鎁(막야)

— 만

06 十	卍	범자(梵字)의 만자(萬字).
10 女	娩	해산할. 娩痛(만통) 分娩(분만)
22 山	巒	메. 둥글고 낮은 산. 巒岡(만강) 巒峯(만봉)
22 弓	彎	당길. 굽을.
14 15	慢	거만할. 게으를. 느릴.
10 11	挽	당길. 말릴. 끌. 挽歌(만가) 挽回(만회)
11 日	晩。	늦을. 저물. 曹晩植(조만식, 민족운동)
11 日	曼	멀. 길. 曼聲(만성) 曼辭(만사)
14 15	滿・	찰. 가득할. 풍족할. 金東滿(김동만, 독립운동)
14 15	漫・	질. 부질없을. 흩어질. 崔英漫(최영만, 독립운동)
25 26	灣	물굽이.
16 目	瞞	흐릴. 속일.
13 15	萬。	일만. 姓→万[통용,3획] 奇宇萬(기우만, 한말의병)
03 一	万	▷萬字의 통용어.
15	蔓	덩굴. 덩굴질. 퍼질.
25 虫	蠻	오랑캐.
14 車	輓	수레를 끌. 輓歌(만가) 輓章(만장)
19 金	鏋	금(金). 금의 정기(精氣).
20 食	饅	만두(饅頭).
22 魚	鰻	뱀장어.
14 土	墁	흙손. 벽 장식.

14 女	嫚	업신여길. 게을리하다.
14 巾	幔	막(幕). 천막.
17 糸	縵	무늬 없는 비단. 무늬 없을.
18 言	謾	속일. 업신여길. 謾語(만어)
18 足	蹣	넘을. 뛰어넘다.
19 金	鏝	흙손.
21 髟	鬘	머리 장식. 머리털이 아름다운 모양.

— 말

10 口	唜	'끗'음을 표기하기 위하여 우리나라에서 만든 한자.
08 09	抹	바를. 칠할. 지울. 抹殺(말살) 抹消(말소)
05 木	末 ·	끝. 보잘것없을. 가루. 金末(김말, 여말선초학자)
08 09	沫	거품. 비말. 거품이 일. 땀 흘릴. 그만둠.
09 11	茉	말리(물푸레나뭇과의 상록관목).
20 21	襪	버선.
14 革	靺	오랑캐 이름. 靺鞨(말갈)
08 巾	帕	머리띠. 쌀다. 帕首(말수) 帕額(말액)
10 禾	秣	꼴. 말먹이.

— 망

03	亡	망할. 죽을. 잃을. 달아날.
06 女	妄 ·	망령될. 허망할. 실없을.
07 心	忘 °	잊을. 妄覺(망각) 忘我(망아)
06 07	忙	바쁠. 忙中閑(망중한)
11 月	望 °	바랄. 원망할. 徐有望(서유망, 조선문관)
14 月	朢	☞望자의 통용어.
14 糸	網	그물. 그물질할. 온통. 網紗(망사) 法網(법망)
08 09	罔 ·	없을. 그물. 속일.
07 09	芒	까끄라기. 가시. 억새. 芒剌在背(망자재배)
10 12	茫 ·	아득할. 망망할. 넓을. 멀. 茫茫大海(망망대해)
12 14	莽	풀. 잡초. 숲.
10 12	莽	☞莽자의 통용어.
15 車	輞	수레바퀴 테.
06 10	邙	산 이름.
11 12	惘	멍할. 멍한 모양. 慌惘(황망)
06 07	汒	황급할. 아득하다. 汒汒(망망)
15 16	漭	넓을.
18 鬼	魍	도깨비. 魍魎(망량)

── 매

10 土	埋·	묻을. 묻힐.
08 女	妹 ∘	누이〔손아래〕.
12 女	媒·	중매. 중매설.
12 宀	寐	잠을 잘. 죽을. 寐息(매식) 寐語(매어)
09 日	昧	어두울. 어리석을. 어둑새벽. 탐할. 무릅쓸.
08 木	枚	낱. 낱낱이. 줄기. 枚數(매수) 枚陳(매진)
11 木	梅·	매화. 절후 이름. 姓. 李梅窓(이매창, 조선시인)
07 毋	每 ∘	매양. 마다. 每番(매번)
13 火	煤	그을음. 먹. 석탄.
15 16	罵	욕할. 욕. 욕설.
09 11	苺	딸기.
12 貝	買 ∘	살. 賣買(매매) 買收(매수)
15 貝	賣 ∘	팔. 賣買(매매) 賣價(매가)
17 20	邁	멀리 갈. 돌. 순행. 지날. 늙을. 힘쓸.
15 鬼	魅	도깨비. 홀릴. 魅力(매력) 魅了(매료)
07 口	呆	어리석을. 미련하다.〔태〕
13 木	楳	梅와 同字.
08 09	沬	땅 이름.
08 09	玫	매괴(玫瑰). 붉은 옥 이름.
10 目	眛	어두울.
11 13	莓	나무딸기.
14 酉	酶	술밑.
15 雨	霉	매우(梅雨). 곰팡이.

── 맥

10 12	脈·	맥. 혈관. 줄기.
13 豸	貊	오랑캐. 조용할. 조용히 할. 맥수 이름.
09 14	陌	동서로 통하는 밭두둑 길.
21 馬	驀	뛰어넘을. 곧장. 줄곧.
11 麥	麥	밀. 보리. 麥秀之嘆(맥수지탄)
12 豸	貃	貊과 同字.
18 豸	貘	짐승 이름.

── 맹

08 子	孟·	맏. 첫. 맹랑할. 姓. 具思孟(구사맹, 조선명신)
08 氏	氓	백성. 서민. 貧氓(빈맹) 庶氓(서맹)
11 12	猛	사나울. 날랠. 엄할.

13 皿	盟 ·	맹세할. 盟誓(맹서) 同盟(동맹)
08 目	盲 ·	소경. 무지할. 어두울. 판수.
12 14	萌	싹틀. 싹. 경작. 姓.
16 瓦	甍	용마루. 싹트다. 甍棟(맹동)
08 田	甿	백성. 맹(氓)과 같음.
09 虫	虻	蝱과 同字.

━ 멱

16 冖	幂	덮을. 상보.
11 見	覓	구할. 찾을. 覓去(멱거)
13 巾	幎	덮을. 가리개. 幎冒(멱모)

━ 면

07 儿	免 °	면할. 허가할. 내칠. 벗을.
11 門	冕	면류관. 吉冕周(길면주, 조선학자)
09 力	勉 °	힘쓸. 부지런할. 李勉求(이면구, 조선문관)
12 木	棉	솜.
07 08	沔	물 이름. 물 그득히 흐를. 빠질.
09 目	眄	곁눈질할. 돌아볼. 흘길.
10 目	眠 ·	졸. 잠잘. 쉴. [민]

14 糸	綿 ·	솜. 잇닿을. 자세할. 감길. 宋綿初(송면초, 중국학자)
15 糸	緬	가는 실. 생각할. 가벼울. 緬想(면상) 緬羊(면양)
09 面	面 °	낯. 얼굴. 대할. 볼. 겉. 면. 郁面(욱면, 신라불교인)
15 麥	麪	밀가루. 국수.
20 麥	麵	☞ 麪자의 통용어.
09 人	俛	힘쓸. 부지런히 일하는 모양. 俛仰(면앙)
12 13	湎	빠질. 변천(變遷)하다.
15 糸	緜	綿과 同字.

━ 멸

13 14	滅 ·	멸할. 다할. 죽을. 불 꺼질. 常住不滅(상주불멸)
15 17	蔑	어두울. 잘 버릴. 속일. 蔑殺(멸살) 蔑視(멸시)
17 竹	篾	대껍질. 대 이름.
21 血	衊	모독할. 욕되게 하다.

━ 명

10 冖	冥 ·	어두울. 저승. 깊숙할.
06 口	名 ·	이름. 이름날. 사람. 安名世(안명세, 조선문관)
08 口	命 ·	목숨. 명령. 운수. 高敬命(고경명, 조선의병)
13 14	慏	마음 다하지 못할.

08 日	明	밝을. 이승. 똑똑할. 姓. 成世明(성세명, 조선문관)
14 日	暝	어두울. 잠잘. 밤.
12 木	椧	홈통[국].
09 10	洺	강 이름.
13 14	溟	바다. 적은 비.
05 皿	皿	그릇. 金皿(금명) 大皿(대명)
09 目	眀	明과 통용어.
15 目	瞑	눈감을. 어두울. 눈멀. [면] 瞑目調息(명목조식)
10 12	茗	차. 차나무. 茗柯有實理(명가유실리)
14 16	蓂	명협(요임금 때 서초 이름).
16 虫	螟	마디. 모기. 螟蛉子(명령자)
13 酉	酩	술 취할. 단술.
14 金	銘 ·	새길. 금석에 새긴 글. 座右銘(좌우명)
14 鳥	鳴	울. 새 울. 울릴. 尹鳴殷(윤명은, 조선孝子)
19 鳥	鵬	초명새.

━ 몌

| 09 10 | 袂 | 소매. 소맷자락.
袂口(몌구) 袂別(몌별) |

━ 모

09 人	侮 ·	업신여길. 능멸할.
09 冂	冒 ·	무릅쓸. 범할.
13 力	募 ·	부를. 널리 구할. 모을. 募集(모집) 應募(응모)
08 女	姆	유모. 여선생.
12 巾	帽	두건. 붓두껍. 帽子(모자) 帽章(모장)
15 心	慕 ·	사모할. 생각할. 解慕漱(해모수, 부여始祖)
15 手	摹	본뜰. 베낄.
14 15	摸	모뜰. 더듬어 찾을. 본뜰. 摸[模]倣(모방) 摸索(모색)
15 日	暮 。	저물. 디딜. 늦을. 늙을.
09 木	某 ·	아무. 某氏(모씨) 某種(모종)
15 木	模 ·	법. 본보기. 본. 본뜰. 申佐模(신좌모, 조선정치가)
16 木	橅	법. →무[통용]
05 母	母 。	어미. 근본. 유모. 암컷.
04 毛	毛 ·	털. 가벼울. 작을. 姓. 金鳳毛(김봉모, 麗정치가)
06 牛	牟	보리. 클. 땅 이름. 姓.
07 牛	牡	수컷. 열쇠. 牡瓦(모와) 牡牛(모우)
13 14	瑁	옥홀. 서옥. [매]
11 目	眸	눈동자.

05 矛	창. 矛盾(모순) 矛戈(모과)
10 耒 耗	벼. 덜릴. 쓸. 소식. 耗少(모소) 耗損(모손)
08 艸 10 芼	뽑을. 솎을. 국. 풀.
09 艸 11 茅	띠. 띠벨. 띳집. 茅居蒿狀(모거호상)
16 言 謀	꾀. 도모할.
18 言 謨	꾀. 閔令謨(민영모, 麗정치가)
14 豸 貌	모양. 거동. 꼴.
11 車 輅	임금이 타는 수레.
14 15 慔	힘쓸.
08 人 侔	가지런할. 힘쓰다.
09 女 姆	할미. 노모(老母).
12 女 媢	강샘할. 媢嫉(모질)
14 女 嫫	추녀. 못생긴 여자.
09 10 悔	탐할. 탐내는 모양.
10 方 旄	깃대 장식. 늙은이. 旄旄(정모)
07 白 皃	貌와 同字.
09 目 眊	눈 흐릴. 눈이 어둡다. 眊眊(모현) 昏眊(혼모)
10 老 耄	늙은이. 노쇠하다. 耄齡(모령) 耆耄(기모)
15 虫 蟊	해충(害蟲). 가뢰.
17 虫 蟲	蟊와 同字.
14 髟 髦	다팔머리. 빼어나다. 髦俊(모준)

━ 목

04 木 木	나무.
07 08 沐	목욕. 머리 감을. 張沐(장목, 중국학자)
08 牛 牧	칠. 기를. 다스릴. 이끌. 安牧(안목, 고려문관)
05 目 目	눈. 조목. 지목할. 目不識丁(목불식정)
13 目 睦	화목. 친할. 믿을. 姓. 和睦(화목) 親睦(친목)
16 禾 穆	화할. 아름다울. 공경할. 鄭允穆(정윤목, 조선학자)
20 鳥 鶩	집오리. 달릴.
09 11 苜	거여목.

━ 몰

| 08 歹 歾 | 죽을. 沒자의 통용어. 戰歾(전몰) 存歾(존몰) |
| 07 08 沒 | 빠질. 죽을. 없을. 다할. |

━ 몽

| 14 夕 夢 | 꿈. 꿈꿀. 鄭夢周(정몽주, 麗정치가) |
| 18 20 朦 | 풍성할. 클. [망] |

14/16	蒙 ·	어릴. 괘 이름. 입을. 金禮蒙(김예몽, 조선정치가)
17/巾	幪	덮을. 무성한 모양. 幪幪(몽몽)
17/18	懞	어두울. 어리석다.
18/日	曚	어두울. 曚曨(몽롱) 曚昧(몽매)
13/14	濛	이슬비.
17/18	濛	가랑비 올. 큰물. 濛雨(몽우)
16/目	瞢	어두울. 부끄러워하다.
19/目	瞛	청맹과니. 矇瞽(몽고) 矇瞍(몽수)
20/舟	艨	싸움배.
13/雨	霥	안개. 아지랑이.
25/鳥	鸏	물새 이름.

— 묘 —

05/卩	卯 ·	무성할. 토끼. 넷째 지지.
14/土	墓 ·	무덤.
07/女	妙 ·	묘할. 예쁠. 젊을.
09/立	竗	☞ 妙자의 통용어.
15/广	廟 ·	사당. 종묘. 묘당. 廟堂(묘당) 宗廟(종묘)
12/13	描	모뜰. 그릴.

09/日	昴	별 이름.
08/木	杳	어두울. 깊을. 아득할. 杳冥(묘명) 杳然(묘연)
12/13	渺	아득할. 작을.
11/12	猫	고양이. 닻.
10/田	畝	이랑. 두둑. 〔무〕
09/11	苗 ·	싹. 모종. 자손. 종족 이름. 苗木(묘목) 苗族(묘족)
16/金	錨	닻. 姓.
12/水	淼	물 아득할. 넓은 물.
09/目	眇	애꾸눈. 이루어질. 眇眇(묘묘)
18/20	藐	멀. 작다. 藐少(묘소) 藐視(묘시)
16/豸	貓	猫와 同字.

— 무 —

11/力	務 ·	힘쓸. 일. 직무. 職務(직무) 義務(의무)
07/工	巫	무당. 의사. 산 이름. 巫女(무녀) 巫卜(무복)
15/16	憮	어루만질. 멍할. 놀랄.〔후, 호〕
17/心	懋	힘쓸. 성대할. 성대히 할. 懋力(무력) 懋典(무전)
05/戈	戊 ·	별. 다섯째 천간.
08/09	拇	엄지손가락. 拇印(무인) 拇指(무지)

15 16 撫	어루만질. 좇을. 누를.
13 木 楙	우거질. 茂자의 통용어.
16 木 橆	법.→모〔통용〕
08 止 武	호반. 북방. 발자취. 굳셀. 安武(안무, 독립운동가)
04 毋 毋	없을. 말. 관 이름.
12 火 無	없을.→无〔고 통용. 4획〕 蔡無逸(채무일, 조선문인)
04 无 无	☞ 無자의 통용어.
11 12 珷	옥돌. 珷玞(무부)
10 田 畝	이랑.→묘〔통용〕
17 糸 繆	얽을. 동여맬. 속일.
14 舛 舞	춤출. 환롱할. 춤.
09 11 茂	무성할. 아름다울. 힘쓸. 朴世茂(박세무, 조선학자)
16 18 蕪	거칠. 달아날. 순무. 蕪菁(무청) 蕪湖(무호)
14 言 誣	꾸밀. 속일. 아첨할. 誣告(무고)
12 貝 貿	살. 무역할. 貿易(무역)
19 雨 霧	안개. 어둡다. 霧露(무로) 濃霧(농무)
18 鳥 鵡	앵무새.
16 人 儛	춤출.

15 口 嘸	분명하지 않을. 嘸然(무연)
15 广 廡	무성할. 집.
16 18 膴	두터울. 포(胞).
19 馬 騖	달릴. 힘쓰다. 騖望(무망) 騖馳(무치)
12 土 堥	언덕.

━━ 묵

15 土 墨	먹. 姓.
16 黑 默	잠잠할. 말 없을. 成近默(성근묵, 조선문관)
15 口 嘿	고요할. 말을 안하다. 嘿嘿(묵묵)

━━ 문

10 人 們	들. 살진.
06 刀 刎	목벨. 刎頸之交(문경지교)
07 口 吻	입술. 입가.
11 口 問	물을. 찾을. 문초할. 成三問(성삼문, 조선충신)
07 08 抆	닦을.
07 08 汶	물 이름. 姓.
04 文 文	글월. 글. 문서. 무늬. 姓. 宋文中(송문중, 고려문관)
08 火 炆	연기날.

10 糸	紋	문채. 무늬. 指紋(지문) 波紋(파문)	10 女	娙	장황할.
10 糸	紊	어지러울. 어지럽힐. 紊亂(문란) 紊碎(문쇄)	12 女	媚	아첨할. 아양떨. 사랑할. 媚笑(미소) 媚語(미어)
14 耳	聞°	들을. 들릴. 이름날. 柳季聞(유계문, 조선문관)	12 女	媄	빛 고울.
10 虫	蚊	모기. 蚊蚋負山(문예부산)	13 女	嫩	착할.
08 門	門°	문. 집안. 전문. 姓. 門前成市(문전성시)	07 尸	尾	꼬리. 끝. 별 이름.
12 雨	雯	구름이 이룬 무늬.	12 山	嵋	산 이름.
10 11	悗	잊을. 정직한 모양.	12 山	嵄	깊은 산.
17 18	懣	번거로울. 〔만〕	17 弓	彌	그칠. 더할. 미봉할. 金須彌山(김수미산, 신라인)
11 12	捫	어루만질. 쓰다듬다. 捫蝨(문슬) 捫心(문심)	08 弓	弥	彌자의 통용어.
15 16	璊	붉은 옥.	13 彳	微	작을. 친할. 어렴풋할.
08 09	玧	붉은 구슬. 〔윤〕	05 木	未	아닐. 여덟째 지지. 小川未明(소천미명, 일본인)
	— 물		11 木	梶	나무 끝.
04 勹	勿°	말. 없을. 아닐. 金勿力(김물력, 신라정치가)	13 木	楣	문미. 처마. 들보. 楣間(미간) 長楣(장미)
07 08	沕	아득할. 〔밀〕 沕漠(물막) 沕穆(물목)	09 10	洣	강 이름.
08 牛	物°	만물. 물건. 재물. 일. 金開物(김개물, 고려문관)	12 13	渼	물. 물 이름.
	— 미		12 13	湄	물가. 曲湄(곡미) 水湄(수미)
08 人	侎	어루만질.	17 18	瀰	치렁치렁하다. 〔니〕
08 口	味°	맛. 맛볼. 뜻. 기분. 맛들일. 林成味(임성미, 고려문관)	13 火	煝	빛날.

13 14 瑂	옥돌.
09 目 眉 ·	눈썹. 가장자리. 申眉(신미, 조선승려)
06 米 米 ｡	쌀. 미터. 姓.
09 羊 美 ｡	아름다울. 맛날. 申遵美(신준미, 조선학자)
17 19 薇	고비. 백일홍나무. 장미.
17 言 謎	수수께끼. 미혹시킬. 謎語(미어) 謎題(미제)
16 身 躾	모양낼.
10 13 迷 ·	미혹할.
19 非 靡	쓰러질. 쏠릴. 호사할. 〔마〕 靡衣媮食(미의투식)
23 黑 黴	곰팡이. 곰팡날. 때낄.
12 釆 寐	깊이 들어갈.
16 17 濔	물가. 가랑비.
08 一 釆	점점. 더욱더.
21 23 蘪	천궁(川芎). 궁궁이.
13 女 嫩	착하고 아름다울.
22 亠 亹	힘쓸. 亹亹(미미)
09 弓 弭	활고자. 그치다. 잊다.
10 攴 敉	어루만질. 편안하게 하다.

17 鹿 麋	큰 사슴. 짓무르다. 麋鹿(미록) 麋侯(미후)
20 21 瀰	물 넓을. 세차게 흐를.
20 21 獼	원숭이. 獼猿(미원) 獼猴(미후)
17 米 糜	죽. 문드러지다.
17 糸 縻	고삐. 얽어매다. 縻爛(미란) 縻鎖(미쇄)
09 11 茉	오미자.
23 25 蘼	장미. 천궁(川芎). 蘼蕪(미무)

── 민

08 山 岷	메. 산 이름.
08 心 忞	힘쓸.
07 08 忟	☞ 忞자의 통용어.
12 心 悶	번민할. 어두울. 번민. 悶死(민사) 悶絶(민절)
13 心 愍	근심할. 가엾어할.
15 心 慜	민첩할. 총명함.
15 16 憫 ·	민망할. 불쌍히 여길.
09 攴 敃	건강할. 굳셀. 힘쓸. 〔분〕
11 攴 敏 ·	민첩할. 예민할. 宋尙敏(송상민, 조선학자)
08 日 旻	하늘.

08 日	旼	화할. 온화할.
13 日	暋	강할. 번민할.
05 氏	民 ∘	백성. 孫一民(손일민, 독립운동)
08 09	泯	멸할. 다할. 泯默(민묵) 泯然(민연)
15 16	澠	물 편히 흐를. 졸졸 흐를.
08 09	玟	옥돌.
09 10	珉	옥돌.
13 14	瑉	☞珉자의 통용어.
09 石	砇	☞珉자의 통용어.
14 石	磻	☞珉자의 통용어.
09 目	盿	볼.
11 13	脗	물결 가없는 모양.
15 糸	緡	낚싯줄. 돈꿰미. [면] 緡綸(민륜) 緡絲(민면)
13 金	鈱	철판. 돈끈.
12 門	閔	불쌍히 여길. 閔慰(민위) 閔閔(민민)
14 門	閩	종족 이름.
14 頁	頣	강할. 굳세다.
18 頁	顲	강할.

10 11	䍐	낚싯줄. 토끼그물.
12 13	瑻	옥돌.
12 13	瑉	옥돌.
14 糸	緍	緡과 同字.
09 11	芇	속대[竹膚]. 많은 모양.
22 魚	鰵	민어.
13 黽	黽	힘쓸. 노력하다. 黽勉(민면)
10 目	眄	볼. [면]
17 金	鏂	돈 꿰미.

──── 밀

11 宀	密 ∘	빽빽할. 비밀할. 친할. 學密(학밀, 조선승려)
14 虫	蜜 •	꿀.
17 言	謐	조용할. 상세할. 삼갈.
15 木	樒	침향(沈香).
14 15	滵	물 빨리 흐를.

── 박

10 刀	剝	벗길. 벗겨질. 깎을. 다질. 剝民(박민) 剝皮(박피)
12 十	博 •	넓을. 博士(박사) 博物(박물)
08 09	拍 •	손뼉 칠. 장단. 가락. 拍掌大笑(박장대소)
15 16	撲	칠. 부딪힐.
06 木	朴 ∘	순박할. 밑둥. 姓.
16 木	樸	통나무. 순박할. 근본. [복] 樸野(박야) 樸拙(박졸)
08 09	泊	배 댈. 조촐할. 묵을. 碇泊(정박) 宿泊(숙박)
09 10	珀	호박. [백]
16 17	璞	옥돌. 소박할. 진실할.
14 竹	箔	발. 금종이. 잠박. 金箔(금박) 魚箔(어박)
11 米	粕	지게미. 古人糟粕(고인조박)
16 糸	縛	묶을. 포승. 얽을.
14 16	膊	포. 팔. 책살할.
11 舟	舶	큰 배.
17 19	薄 •	엷을. 얕을. 메마를. 야박할.
09 12	迫 •	핍박할. 다가올. 迫力(박력) 迫頭(박두)
13 金	鉑	금박.
13 雨	雹	누리. 우박.
14 馬	駁	얼룩얼룩할. 섞일. 칠. 駁論(박론) 駁正(박정)
10 十	亳	땅 이름. 엷다.
21 木	欂	두공(科栱).
14 片	牔	박공(牔栱).
18 金	鏄	종. 악기의 한 가지. 鏄鐘(박종)
16 馬	駮	짐승 이름. 논박(論駁)하다. 駮雜(박잡)
20 骨	髆	어깨뼈.

── 반

07 人	伴 •	짝. 동무. 따를. 따라갈.
05 十	半 ∘	반. 절반.
04 又	反 •	돌이킬. [번] 反省(반성) 反畓(번답)
09 又	叛 •	배반할.
08 09	拌	버릴. 섞을. [판]
13 14	搬	옮길.

19 手 攀 더위잡고 오를. 당길.
攀龍附鳳(반룡부봉)

12 文 斑 얼룩. 얼룩얼룩한 무늬.

14 木 槃 쟁반. 즐길.
槃木(반목) 槃停(반정)

08 09 泮 반수. 녹을. 경계. [판]

15 16 潘 물 이름. 姓.

10 11 班 • 반열. 나눌. 반. 양반. 姓.

10 田 畔 밭두둑. 배반할.

15 疒 瘢 ◦ 흉. 자국.

15 皿 盤 • 소반. 편안할.
金盤屈(김반굴, 신라무장)

15 石 磐 반석. 연이을.
磐石(반석) 磐峙(반치)

17 石 磻 물 이름. [파]

20 石 礬 광물 이름.
礬石(반석) 白礬(백반)

11 糸 絆 줄. 맬.

08 10 肦 구실 매길. 세금부과. [분]

10 舟 般 • 일반. 많을. 돌이킬. 옮길.
一般(일반) 般還(반환)

18 虫 蟠 서릴. 쌓을. 돌. 두를.

17 豕 豳 얼룩지다.→빈[통용]

08 11 返 • 돌아올.

13 頁 頒 나눌. 반쯤 셀. [분]
頒給(반급) 頒白(반백)

13 食 飯 ◦ 밥. 먹일. 기를. 먹을.

08 支 攽 나눌. 나누어 주다.

13 女 媻 비틀거릴. 느리게 걷다.

07 08 扳 끌어당길. 어기다.
扳價(반가)

14 手 搫 덜. 덜다. 옮기다.

08 月 肦 頒과 同字.

09 11 胖 희생의 반쪽. 편안할.

14 頁 頖 학교 이름.
頖宮(반궁)

16 虫 螌 가뢰. 진딧물.

— 발

09 力 勃 우쩍 일어날. 갑작스러울.
勃怒(발노) 勃如(발여)

08 09 拔 • 뺄. 뽑아낼. 뛰어날. 가릴.
趙文拔(조문발, 고려문관)

15 16 撥 다스릴. 덜. 퉁길. [벌]
撥亂反正(발란반정)

12 13 渤 바다. 바다 이름.
大野渤(대야발, 발해학자)

15 16 潑 활발할. 물 뿌릴. 사나울.
李潑(이발, 여말선초문관)

12 癶 發 ◦ 필. 드러낼. 일어날.
柳發(유발, 조선학자)

12 足 跋 밟을. 넘을. 비틀거릴

19 酉	醱	빚을.	07 彳	彷	방불할. 거닐. 비슷할.
13 金	鉢	바리때.	08 戶	房	방. 별 이름. 姓 馬應房(마응방, 조선의병)
15 髟	髮	터럭. 머리털. 길이의 단위.	08 攴	放	놓을. 내쫓을. 방자할.
15 鬼	魃	가물귀신. 가물.	04 方	方	모. 방위. 바야흐로. 책. 姓
09 火	炃	불기운.	10 方	旁	곁. 널리. 방. 기댈. [팽] 旁若無人(방약무인)
10 口	哱	어지러울. 군대에서 쓰는 악기. 哱囉(발라→바라)	08 日	昉	밝을. 비로소.
10 11	浡	일어날. 성(盛)하다. 浡然(발연)	08 木	枋	나무 이름. 어살. [병]
11 13	脖	배꼽. 목줄기.	14 木	榜	패. 방목. 게시. 매. 떼. 榜具(방구) 榜令(방령)
13 金	鈸	방울.	13 14	滂	죽죽 퍼부을. 뚝뚝 떨어질.
18 鳥	鵓	집비둘기.	15 石	磅	돌 떨어지는 소리.
— 방			10 糸	紡	지을. 실. 걸. 紡文績學(방문적학)
10 人	倣	본받을. 倣古(방고) 模倣(모방)	08 10	肪	살질. 비계.
12 人	傍	곁. 傍點(방점)	14 16	膀	오줌통. 옆구리. 膀胱(방광)
07 土	坊	막을. 동네. 坊坊曲曲(방방곡곡)	10 舟	舫	방주. 배. 舫船(방선) 舫人(방인)
07 女	妨	해로울. 방해할. 거리낄. 妨害(방해)	08 10	芳	꽃다울. 이름 빛날. 李茂芳(이무방, 조선初문관)
07 尢	尨	삽살개. 얼룩얼룩할. 클. 尨狗(방구) 尨大(방대)	14 16	蒡	우엉. 牛蒡(우방)
17 巾	幫	도울. 곁들.	10 虫	蚌	씹조개. 방합. 蚌殼(방각) 蚌珠(방주)
12 巾	幇	☞幫자의 통용어.	11 言	訪	찾을. 뵈올. 널리 물을. 探訪(탐방) 訪議(방의)

17 言	謗	헐뜯을. 비방.
07 11	邦·	나라. 姓. 安邦俊(안방준, 조선학자)
07 12	防°	막을. 둑. 방죽. 郭自防(곽자방, 조선의병)
19 龍	龐	클. 높을. 성.
06 人	仿	헤맬. 비스름할.
09 厂	厐	클. 넉넉하다. 두텁다. 厐洪(방홍)
13 彳	徬	거닐. 시중들. 곁. 徬徨(방황)
13 14	搒	배 저을. 매질할.
11 方	㿻	옹기장.
11 木	梆	목어(木魚). 딱따기.
14 片	牓	패. 게시판.
12 舟	舽	배[船].
16 虫	螃	방게.
18 金	鎊	깎을.
14 髟	髣	비슷할. 닮다. 髣髴(방불)
14 魚	魴	방어(魴魚).

— 배

10 人	俳	광대. 익살. 스러질. 俳優(배우)
10 人	倍·	갑절. 곱할. 더할. 곱.
05 匕	北	달아나다. 등지다.→북[통용] 敗北(패배)
11 土	培	북돋울. 가꿀. 金根培(김근배, 한말지사)
11 彳	徘	노닐. 徘徊(배회)
09 手	拜·	절. 절할. 삼가고 공경할. 禹拜善(우배선, 조선의병)
11 12	排	헤칠. 물리칠. 밀. 밀어낼.
08 木	杯	잔.→盃[속,통용,9획]
09 皿	盃	杯자의 통용어. 盃盂(배우) 盃盞(배잔)
12 13	湃	물소리. 물결칠.
12 火	焙	쬘. 배롱.
09 11	胚	아이 밸. 잉태. 시초.
09 11	背	등. 뒤. 등질. 어길. 배반할. 背恩忘德(배은망덕)
14 衣	裴	옷 치렁치렁할. 성.
14 衣	裵	☞裴자의 통용어.
14 15	褙	배자. 속옷. 배접할. 褙子(배자) 褙接(배접)
15 貝	賠	물어줄. 보상. 賠償(배상) 賠還(배환)
15 車	輩	무리. 동배. 떼지을.
10 酉	配·	짝. 배필. 나눌. 귀양 보낼. 配偶(배우) 配給(배급)

11/16 陪	모실. 도울. 더할.
15/17 蓓	꽃봉오리.
07 貝	보배(寶貝).
07 土 坏	언덕. 나직한 산. 坏土(배토)
05/06 扒	뺄. 뽑다.
12/13 琲	구슬꿰미.
14/16 蓓	꽃봉오리. 풀이름. 蓓蕾(배뢰)
09 人 伓	아니 될.

― 백

07 人 伯 ·	맏. 첫. 우두머리. 작위. 階伯(계백, 백제장군)
08 人 佰	일백.
08 巾 帛	비단. 명주. 폐백.
09 木 柏	잣→栢[속,통용,10획] 姜柏(강백, 조선문인)
10 木 栢	☞柏자의 통용어.

주의: 柏(백)은 정자로서 9획
      栢(백)은 속자(통용어)로서 10획

05 白 白 °	흰. 휠. 정결할. 밝을. 아뢸. 龍白(용백, 고려승려)
06 白 百 °	일백. 많을. 申百秀(신백수, 시인)
09/11 苩	성.

15 鬼 魄	넋. 몸. 달빛. [박, 탁] 亡魄(망백) 生魄(생백)
12 走 赴	급할. 넘을.
09/10 珀	호박.

― 번

15 巾 幡	표기. 나부낄.
15 木 樊	울타리. 농. 끝. 곁. 樊素小蠻(번소소만)
13 火 煩 ·	번거로울. 수고로울. 번민할.
16 火 燔	불사를. 제육.
12 田 番 °	번. 뒤칠. 차례. 번들.
17 石 磻	강 이름.→파[통용]
17 糸 繁 ·	성할. 많을. 번잡할. 繁盛(번성) 繁雜(번잡)
16/18 蕃	불을. 우거질. 많을.
19/21 藩	울타리. 지경. 지킬. 휘장.
21 飛 飜	날. 뒤집을. →翻[통용,18획]
18 羽 翻	날. 나부낄. 飜자의 통용어. 翻雲覆雨(번운복우)
18 糸 繙	되풀. 어지럽다.
16/18 膰	제사 고기. 膰肉(번육)
21/23 蘩	산흰쑥. 머위.

10 衱 속옷.
11

── 벌

06 伐。 칠. 벨. 자랑할. 훈공.
人   蘇伐公(소벌공, 신라촌장)

12 筏 떼. 큰 배.
竹   筏舫(벌방) 筏夫(벌부)

14 罰・ 죄. 벌줄. 벌.
15

14 閥 공로. 지체. 문지방.
門

16 橃 떼. 뗏목. 큰 배. [발]
木

15 罸 罰과 同字.
16

── 범

03 凡。 무릇. 대강. 평범할. 姓.
几   薄凡(박범, 삼국시대인)

06 帆 돛. 돛단배. 돛달.
巾

07 杋 나무 이름.
木

11 梵 깨끗할. 범어(梵語).
木

05 氾 넘칠. 땅 이름.
06

06 汎 물에 뜰. 넓을. 물 이름.
07   汎舟(범주) 汎說(범설)

08 泛 뜰. 물찰. 넓을. [봉, 핍]
09   泛舟(범주) 泛浸(범침)

12 渢 풍류소리.
13

05 犯・ 범할. 죄. 죄인.
06   犯罪(범죄)

15 範・ 법. 모뜰. 떳떳.
竹   申孝範(신효범, 독립운동)

09 范 풀이름. 법. 姓.
11

11 釩 털다.
金

14 渢 뜨는 모양.
15

11 笵 법(法). 틀.
竹

10 訉 말 많을.
言

19 颿 돛. 말이 질주하다.
風   颿船(범선) 颿然(범연)

── 법

08 法。 법. 방법. 본받을.
09   金法麟(김법린, 학자)

12 琺 법랑.
13   琺瑯質(법랑질)

── 벽

15 僻 후미질. 치우칠. 간사할. [비]
人   僻見(벽견) 僻路(벽로)

15 劈 뻐갤. 가름. 천둥.
刀

16 壁・ 바람. 진터.
土

17 擘 쪼갤. 당길. 엄지손가락.
手

17 檗 황경나무. 회양목.
木   苦檗(고벽) 黃檗(황벽)

21 蘗 檗자의 통용어.
23   蘗苦(벽고) 蘗木(벽목)

18 璧 구슬.
玉   玄尙璧(현상벽, 조선학자)

18 广	癖	적취. 버릇. 적병.
14 石	碧 ·	푸를. 푸른. 옥. 碧溪(벽계) 碧空(벽공)
13 辛	辟	임금. 〔피〕
21 門	闢	열. 물리칠. 피할. 田運闢(전운벽, 독립운동)
21 雨	霹	천둥. 벼락. 霹靂(벽력)
16 17	擗	가슴 칠. 열. 엄지손가락. 擗踊(벽용)
18 瓦	甓	벽돌. 甓瓦(벽와)
20 田	甂	가를. 나누다.
18 19	襞	주름. 접다.
24 鳥	鷿	논병아리.
26 黽	鼊	거북.

— 변

09 人	便	곧. 문득. 오줌눌.→편〔통용〕 便器(변기) 便秘(변비)
04 卜	卞	법. 姓.
05 廾	弁	고깔. 급할. 서둘. 〔반〕 弁言(변언) 弁韓(변한)
23 言	變 。	변할. 고칠. 재앙. 변고 魚變甲(어변갑, 조선문관)
16 辛	辨 ·	분별할. 가릴. 淸辨(청변, 인도승려)
21 辛	辯	말 잘할. 말. 따질. 懸辯(현변, 조선승려)

19 22	邊 ·	갓. 곁. 두메. 李邊(이변, 조선문관)
07 采	釆	분별하다. 辨의 本字.
07 08	忭	기뻐할.
07 08	抃	손뼉 칠. 抃踊(변용)
25 竹	籩	제기(祭器) 이름. 籩豆(변두)
10 12	胼	胼의 속자.
13 貝	駢	더할.
20 糸	辮	땋을. 땋은 머리. 辮髮(변발)
18 馬	骈	나란히 할. 〔병〕 骈儷(변려)
16 骨	骿	胼의 속자.
16 鳥	鴘	매.

— 별

07 刀	別 。	다를. 이별. 헤어질. 나눌.
16 目	瞥	해지는 기세.
11 13	莂	모종 낼. 병부.
17 18	撇	떨치다. 떨어지게 함.
13 香	馝	향기. 향기 날.
23 鳥	鷩	붉은 꿩.

25 黽	鼈	자라. 姓. 鼈甲(별갑) 鼈裙(별군)
23 魚	鼇	☞鼈자의 통용어.
17 香	馜	조금 향내 날.
12 力	勫	클.
09 火	炍	김 오를.
15 弓	彆	활 뒤틀릴.

—— 병

05 一	丙°	남녘. 셋째 천간. 李丙黙(이병묵, 독립운동)
10 人	倂	나란히 할. 다툴. 물리칠. 倂倨(병거) 倂肩(병견)
07 八	兵°	군사. 병졸. 兵家常事(병가상사)
11 尸	屛·	병풍. 물리칠. 朴之屛(박지병, 조선효자)
08 干	幷	아우를. 어울릴.→并[통용,6획] 幷州之情(병주지정)
06 干	并	☞幷자의 통용어.
08 09	抦	잡을.
09 日	昞	빛날.→昺[통용,9획]
09 日	昺	☞昞자의 통용어.
09 木	柄	자루. 권세 잡을. 李柄立(이병립, 독립운동)
12 木	棅	☞柄자의 통용어.
09 火	炳	빛날. 밝을. 尹斗炳(윤두병, 한말열사)
13 瓦	甁	병. 단지. 두레박. 시루. 甁沈簪折(병침잠절)
10 疒	病°	병. 근심할. 흠. 앓을. 병들. 霍去病(곽거병, 중국장군)
08 禾	秉	잡을. 벼묶음. 孫秉熙(손병희, 종교가)
10 立	竝·	아우를. 나란할. →並[약,통용,8획]
08 一	並	☞竝자의 통용어.
15 車	輧	부인의 수레. [변]
16 金	鉼	금화. 은화. 금덩이.
14 金	鈵	☞鉼자의 통용어.
17 食	餠	떡. 먹다.
18 馬	騈	땅 이름. [변]
14 糸	絣	이을.
14 缶	缾	두레박. 술을 담는 그릇. 缾罌(병앵)
10 13	迸	迸의 속자.
13 金	銔	굳을.

—— 보

09 人	保°	보전할. 기를. 맡을. 지킬. 姜保(강보, 고려문관)
09 人	俌	도울.

12 土	堡	마을. 방죽.
12 土	報 ˚	갚을. 대답할. 알릴. 여쭐.
20 宀	寶 ·	보배. 재보. 돈. 보배로울. 玉寶高(옥보고, 羅음악인)
08 宀	宝	☞寶자의 통용어.
10 11	珤	☞寶자의 통용어.
10 11	琓	☞寶자의 통용어.
12 日	普 ·	넓을. 두루. 鄭寅普(정인보, 학자)
07 止	步 ˚	걸음. 걸을. 운수.
08 止	步	☞步자의 통용어.
09 10	洑	보[국]. [복]
11 12	湺	물 이름.
15 16	潽	물 이름.
07 08	珤	옥 그릇.
07 用	甫	갓. 겨우. 남자의 미칭. 李甫欽(이보흠, 조선문관)
12 14	菩	보살. 보리. [배] 菩提樹(보리수)
12 13	補 ·	기울. 도울. 임관할. 補充(보충) 補助(보조)
14 15	褓	포대기.
19 言	譜 ·	족보. 계보. 악보.

14 車	輔	도울. 덧방나무. 輔弼(보필) 輔國(보국)
12 目	睉	볼.
12 皿	盙	제기(祭器) 이름.
18 竹	簠	제기(祭器) 이름. 簠簋(보궤)
13 15	葆	넓을. 풀 더부룩할.
27 雨	靌	보배.
15 鳥	鴇	능에. 느시. 鴇羽之嗟(보우지차)
19 黹	黼	수(繡). 천자의 예복. 黼黻(보불)
11 火	烳	횃불.
13 14	溥	넓을. [부]

── 복

06 人	伏 ˚	엎드릴. 굴복할. 숨을. 절후. 禹伏龍(우복룡, 조선문관)
14 人	僕	종. 하인. 마부. 붙을.
11 勹	匐	기어갈. 엎드릴. 匐枝(복지) 扶匐(부복)
02 卜	卜 ·	점. 점칠. 짐바리. 姓.
08 宀	宓	사람 이름. 姓. [밀]
12 彳	復 ˚	거듭. 회복할.→부[통용] 盧克復(노극복, 조선학자)

주의 復은 복, 또는 부로 두 가지 발음을 동시에 인정.

08 月	服 ∘	옷. 일할. 복종할. 복. 입을.	
14 示	福 ∘	복. 음복할. 상서로울. 安龍福(안용복, 조선외교인)	
13 15	腹 •	배. 마음.	
10 12	茯	복령(버섯의 일종).	
15 17	蔔	무.	
14 15	複 •	거듭. 겹칠. 겹옷.	
18 襾	覆 •	엎어질. 넘어질. 뒤집을. [부] 覆蓋(복개) 覆校(복교)	
16 車	輹	당토. 복토.	
16 車	輻	바퀴살. 다투어 모일. [부]	
17 金	鍑	솥.	
18 香	馥 •	향기.	
20 魚	鰒	전복. 鰒魚(복어)	
15 土	墣	흙덩이. [박]	
15 巾	幞	두건. 보자기. 幞巾(복건)	
05 06	扑	칠. 때리다.	
17 18	濮	강 이름. 濮上之音(복상지음)	
14 竹	箙	전동(화살을 넣는 통).	
12 14	菔	무. 칼집.	

15 虫	蝠	박쥐. 살무사. 蝙蝠(편복)	
15 虫	蝮	살무사. 큰 뱀. 蝮蛇(복사) 虺蝮(훼복)	
19 鳥	鵩	새 이름. 鵩鳥賦(복조부)	

─ 본

05 木	本 ∘	밑. 근본. 원래의 것. 책. 崔文本(최문본, 고려문관)	

─ 볼

08 乙	乶	우리말에서 '볼'음을 표기하는 글자로 뜻은 없음.	

─ 봉

10 人	俸	녹(祿). 봉급. 급료.	
08 大	奉 ∘	받들. 姓. 成奉祖(성봉조, 조선정치가)	
09 寸	封 ∘	봉할. 제후 봉할. 金封休(김봉휴, 신라문관)	
10 山	峯 •	봉우리.→峰[통용,10획]	
10 山	峰	☞峯자의 통용어.	
11 12	捧	받들.	
12 木	棒	몽둥이. 두드릴.	
14 15	漨	물 이름.	
10 11	浲	☞漨자의 통용어.	
11 火	烽	봉화.	

15 火	烽	연기 자욱할. 烽[수]
12 13	琫	칼장식. 칼치장.
17 糸	縫	꿰맬. 기울. 縫工(봉공) 縫匠(봉장)
15 17	蓬	쑥. 봉래. 蓬萊(봉래) 蓬矢(봉시)
13 虫	蜂 ·	벌.
11 14	逢 ·	만날. 宋天逢(송천봉, 고려문관)
15 金	鋒	날. 칼날. 끝. 先鋒(선봉) 銳鋒(예봉)
14 鳥	鳳 ·	새. 수봉황새. 姓. 白鳳學(백봉학, 항일투사)
07 09	芃	풀 무성할. 芃芃(봉봉)
04 丨	丰	예쁠. [풍]
08 夂	夆	끌. 끌다. 만나다.
17 竹	篷	뜸(대를 엮어 배나 수레 등을 덮는 물건).
13 糸	縫	꿰맬.
12 14	菶	풀 무성할. 菶茸(봉용)
15 鳥	鵬	봉새. 봉황새.

一 부

| 04 一 | 不 · | 아닌가.→불[통용] |
| 05 人 | 付 · | 부칠. 줄. 청할. 붙일. |

10 人	俯	숙일. 누울. 숨을. 俯仰不愧天地(부앙불괴천지)
12 人	傅	스승.
10 刀	剖	가를. 갈라질. 剖棺斬屍(부관참시)
11 刀	副 ·	버금. 다음.
07 口	否 ·	아니. 아닐. [비]
08 口	咐	분부할. 불.
11 土	埠	부두. 선창. 埠頭(부두)
04 大	夫 ·	지아비. 사내. 남편. 姓. 高瑩夫(고영부, 고려문관)
11 女	婦	며느리. 지어미. 아내.
07 子	孚 ·	믿을. 閔有孚(민유부, 조선문관)
14 子	孵	알깔. 알깰. 자랄. 孵卵(부란) 孵化(부화)
12 宀	富 ·	부자. 넉넉할. 辛富(신부, 고려무관)
08 广	府 ·	마을. 고을. 관청. 崔府(최부, 조선초문관)
12 彳	復	다시. 덮을.→복[통용]
07 08	扶 ·	붙들. 도울. 부축할. 扶養(부양) 扶助(부조)
15 攴	敷	펼. 베풀. 李滿敷(이만부, 조선학자)
08 斤	斧	도끼. 찍을. 벨. 斧鉞之刑(부월지형)
10 11	浮 ·	뜰. 근거 없을. 가벼울.

13/14	溥	넓을. 클. 물 이름. [보]	10 金	釜	가마솥. 용량의 단위. 釜中生魚(부중생어)
04 父	父	아비. 아버지. [보]	08 阜	阜	언덕. 클. 살찔. 성할.
11 竹	符	병부. 부신. 부적. 들어맞을. 閔天符(민천부, 조선무관)	08/13	附	붙일. 의지. 가까이할. 附和雷同(부화뇌동)
19 竹	簿	장부. 문서.	15 馬	駙	곁말. 가까울. 빠를. 駙馬都尉(부마도위)
06 缶	缶	장군. 양병. 질장구. 용량 이름. 瓦缶(와부) 土缶(토부)	13 鳥	鳧	물오리. 鳧趨雀躍(부추작약)
14 肉	腐	썩을. 낡을. 묵을.	09 人	俘	사로잡을. 가지다.
12/14	腑	장부. 五臟六腑(오장육부)	12 女	媍	婦와 同字.
15/17	膚	살. 얇을.	07/08	抔	움킬. 움켜 뜨다. 抔土(부토)
13 舟	艀	거룻배.	08/09	拊	어루만질. 사랑하다.
08/10	芙	부용. 연꽃.	11/12	掊	그러모을. 가를. 넘어뜨릴. 掊克(부극)
11/13	莩	독말풀. 갈대청. [표]	11 木	桴	마룻대. 뗏목.
09 言	訃	통부할. 부고. 이를. 訃告(부고) 訃音(부음)	14 木	榑	부상(榑桑, 전설상의 신비로운 나무 이름).
09 貝	負	질. 어길. 짐 질. 패할.	11/12	涪	물거품. 강 이름.
15 貝	賦	세금. 거둘. 구실. 부세. 줄. 裒賦(배부, 羅정치가)	08/09	玞	옥돌.
17 貝	賻	부의. 부의할. 賻儀(부의) 賻助(부조)	10 示	祔	합사(合祀)할. 祔祭(부제)
09 走	赴	다다를. 향할. 부고할.	13 竹	筟	대청. 죽여(竹茹).
11 足	趺	받침. 발뒤꿈치. 발등. 책상다리할.	09/10	罘	그물. 덮치기.
11/15	部	떼. 무리 거느릴. 부문. 部落(부락) 部類(부류)	12/13	罦	그물.

09 11	胕	장부(臟胕). 발. 종기.
08 10	苤	질경이. 당아욱.
09 11	苻	귀목풀. 깍지. 苻甲(부갑)
15 17	蔀	덧문. 작다. 蔀屋(부옥)
10 虫	蚨	파랑강충이.
13 虫	蜉	하루살이.
10 11	袝	나들이옷.
12 13	裒	모을. 많다. 裒斂(부렴) 裒會(부회)
12 足	跗	발등. 받침. 跗坐(부좌)
12 金	鈇	도끼. 큰 도끼. 鈇鉞(부월)
15 頁	頫	머리 숙일.
16 魚	鮒	붕어. 두꺼비.
15 麥	麩	밀기울.
11 13	荴	널리 퍼질.

— 북

| 05 匕 | 北 | 북녘.→배 [통용]
崔北(최북, 조선화가) |

— 분

| 04 刀 | 分 | 나눌. 구별할. |

07 口	吩	분부할.
15 口	噴	꾸짖을. 재채기할. 噴水(분수) 噴火(분화)
15 土	墳	무덤. 봉분.
08 大	奔	달아날. 패할. 분주할. 달릴.
16 大	奮	날칠. 떨칠. 힘쓸. 성낼.
08 心	忿	성낼. 분. 화.
15 16	憤	분할. 성낼.
07 08	扮	섞을. 아우를. 꾸밀. 扮飾(분식) 扮裝(분장)
08 日	昐	햇빛. 일광.
07 08	汾	물 이름. 물이 빙 도는 모양.
12 火	焚	탈. 태울. 넘어질. 焚書坑儒(분서갱유)
09 皿	盆	동이. 화분.
10 米	粉	가루. 분. 粉骨碎身(분골쇄신)
17 米	糞	똥. 대변. 거름 줄. 더러울. 糞土之牆(분토지장)
10 糸	紛	어지러울. 엉클어질.
08 10	芬	꽃다울. 향기.
12 貝	賁	클. 큰 북. [비, 륙]
12 雨	雰	안개. 눈날릴. 雰圍氣(분위기)

07 人	体	용렬할. 체(體)의 속자.
07 土	坌	먼지. 뿌릴. 坌集(분집)
07 巾	帉	걸레.
08 木	枌	나무 이름. 枌楡(분유)
12 木	棥	마룻대. 어지럽다.
12 木	棻	향내 나는 나무.
08 气	氛	기운. 조짐. 氛氣(분기) 氛氲(분온)
12 13	溢	용솟음할. 강 이름. 溢溢(분일)
16 17	濆	뿜을. 물가. 솟을. 濆涌(분용)
12 牛	犇	달아날. 달리다.
10 田	畚	삼태기. 畚揭(분국) 畚鍤(분삽)
09 石	砏	큰 소리. 거센 물결 소리.
11 竹	笨	거칠. 조잡하다.
08 10	肦	머리 클. 많은 모양. 〔반〕
14 16	臏	고깃국.
16 18	蕡	나무 우거질.
19 車	轒	병거(兵車).
16 糸	黺	수놓을.

| 17 鼠 | 鼢 | 두더지. |

── 불

04 一	不	아닐. 못할. 없을.→부〔통용〕 李不害(이불해, 조선화가)
07 人	佛	부처. 佛家(불가)
05 弓	弗	아닐. 어길.
08 彳	彿	비슷할.
08 09	拂	떨칠. 도울. 떨어뜨릴. 拂拭(불식) 拂出(불출)
08 山	岪	산길. 일어나는 모양.
10 示	祓	푸닥거리할. 祓除(불제)
11 糸	紱	인끈. 제복(祭服). 紱冕(불면)
11 色	艴	발끈할. 성난 얼굴. 艴然(불연)
09 11	茀	우거질. 주살 이름.
14 韋	韍	폐슬(蔽膝). 인끈.
15 髟	髴	비슷할. 부녀자의 머리 장식. 髣髴(방불)
17 黹	黻	수(繡). 폐슬(蔽膝). 黻黼(불보)

── 붕

| 11 山 | 崩 | 무너질. 임금 죽을. |
| 08 月 | 朋 | 벗. 무리.
成樂朋(성낙붕, 독립운동) |

12 木	棚	시렁. 잔교. 누각.
13 石	硼	붕사. 붕산. [평] 硼砂(붕사) 硼酸(붕산)
17 糸	繃	묶을. 감을. 포대기.
19 鳥	鵬	새. 붕새. 白大鵬(백대붕, 조선시인)
11 土	堋	묻을. 벗. 활터.
18 髟	髼	머리 흐트러질. 사물이 헝클어지다.
14 15	漰	물결치는 소리.

一 비

05 一	丕	클. 으뜸. 姓. 延丕(연비, 고구려장군)
12 人	備	갖출. 준비할. 曹備衡(조비형, 조선무관)
02 匕	匕	순가락. 匕首(비수) 匕箸(비저)
10 匚	匪	아닐. 대상자. 담을. 넣을. [분] 匪躬之節(비궁지절)
08 十	卑	낮을. 천할. 나라 이름.
11 大	奜	클.
06 女	妃	왕비. 배필. 짝.
11 女	婢	종. 여자의 낮춤말.
05 广	庀	다스릴.
07 广	庇	덮을. 의지할.

12 心	悲	슬플. 슬퍼할. 金大悲(김대비, 신라승려)
16 心	憊	고달플. 피곤할. 앓을.
12 戶	扉	사립. 문짝. 사립문.
07 08	批	뽑을. 깎아낼. 손으로 칠. 批評(비평) 批准(비준)
12 文	斐	문채날.
08 木	枇	비파나무. 참빗.
12 木	棐	돕다. 보좌함.
14 木	榧	비자나무.
04 比	比	견줄. 화할. 나란할. 孫比長(손비장, 조선문관)
09 比	毖	삼갈. 고달플. 멀. 알릴. 毖勞(비로) 毖湧(비용)
09 比	毗	도울. 명백할. 쇠퇴할. 배꼽. 毗首羯磨(비수갈마)
09 比	毘	毗자의 통용어. 비로자나.
08 09	沸	끓을. 끓일. 끓는 물. [불] 沸騰(비등) 沸湯(비탕)
08 09	泌	샘물 졸졸 흐를. 스밀. →필 [통용] 泌尿器(비뇨기)
12 13	琵	비파.
13 广	痺	암메추리. 저릴. 마비될.
09 石	砒	비소. 砒酸(비산) 砒素(비소)
13 石	碑	비석.

10 示	祕 •	숨길. 비밀. →秘 [속,통용,10획]
10 禾	秘	☞祕자의 통용어.
09 禾	秕	쭉정이. 더럽힐.
10 米	粃	쭉정이. 모를. 아닐.
10 糸	紕	잘못. 선두를. 가선. 다스릴. 紕漏(비루) 紕飾(비식)
14 羽	翡	물총새. 翡翠跳(비취도)
08 10	肥 •	살찔. 거름. 기름질.
12 14	脾	자라. 넓적다리. 脾肉之歎(비육지탄)
17 19	臂	팔. 팔뚝. 쇠뇌자루. 臂膊不向外曲(비박불향외곡)
12 14	菲	채소 이름. 엷을. 짚신. 향초.
14 虫	蜚	바퀴. 쌕쌔기. 날.
13 14	裨	도울. 보탤. 줄. 붙을.
15 言	誹	헐뜯을. 誹謗(비방) 誹章(비장)
20 言	譬	비유할. 비유. 깨달을. 譬喩(비유) 譬說(비설)
12 貝	費 •	소비할. 비용. 쓸.
14 18	鄙	마을. 식읍. 두메. 더러울.
08 非	非 。	아닐. 그를. 나무랄. 어긋날. 韓非(한비, 중국사상가)
09 飛	飛 •	날. 빠를. 높을. 尹飛卿(윤비경, 조선문관)

14 鼻	鼻 。	코 처음. 그릇. 손잡이.
16 雨	霏	눈 펄펄 내릴. 霏霏(비비)
10 人	俾	더할. 흘겨볼.
17 香	馞	향기로울.
07 人	伾	힘셀. 伾伾(비비)
06 人	仳	떠날. 추할.
10 刀	剕	발 벨.
06 土	圮	무너질. 허물어지다. 圮毁(비훼)
11 土	埤	더할. 하습(下濕)한 땅.
07 女	妣	죽은 어미.
07 尸	屁	방귀.
11 广	庳	집 낮을. 낮을.
11 12	悱	표현 못할. 悱憤(비분) 悱悱(비비)
12 木	椑	술통. 감나무.
07 08	沘	강 이름.
11 12	淝	강 이름.
11 12	淠	강 이름. 배가 가는 모양.
17 18	濞	물소리. 강 이름.

08 09 狒	비비(狒狒).
08 09 狉	삵의 새끼.
12 疒 痞	배 속 결릴. 체한 증세.
13 疒 痹	저릴. 저리다. 瘋痹(마비)
13 目 睥	흘겨볼. 엿보다. 睥睨(비예)
16 竹 篦	빗치개. 참빗.
10 糸 紕	꾸밀. 가선. 잘못.
19 20 羆	큰곰.
12 14 腓	장딴지. 피하다.
08 10 芘	풀이름. 당아욱.
08 10 芾	작은 모양.
12 14 萆	골풀. 비해(草薢).
14 16 䕷	腜와 同字.
10 虫 蚍	왕개미.
17 豸 貔	비휴(貔貅).
21 貝 贔	힘쓸. 노력하는 모양. 贔屭(비희)
22 車 轡	고삐. 재갈. 轡長則踏(비장즉답)
08 12 邳	클. 언덕.

11 15 郫	고을 이름.
13 門 閟	문 닫을. 숨기다.
11 16 陴	성가퀴. 돕다.
19 革 鞁	말 채비할.
18 馬 騑	곁마. 부마(副馬).
19 馬 騛	빠른 말. 준마(駿馬) 이름.
18 骨 髀	넓적다리. 장딴지. 髀肉之嘆(비육지탄)
21 鼓 鼙	마상고(馬上鼓).

── 빈 ──

16 人 儐	인도할. 대접할. 물리칠. 찡그릴.
19 口 嚬	찡그릴. 눈살을 찌푸림.
17 女 嬪	계집. 궁녀. 아내.
11 彡 彬	빛날. 姓. 文守彬(문수빈, 조선歌人)
06 人 份	☞彬자의 통용어.
17 18 擯	물리칠.
11 文 斌	빛날. 斌斌(빈빈) 章斌(장빈)
18 木 檳	빈랑나무. 빈랑.
18 歹 殯	초빈할. 파묻힐. 殯所(빈소) 殯殿(빈전)

10 11	浜	물가. 濱자의 통용어.		18 20	臏	종지뼈. 정강이뼈.
17 18	濱	물가. 다가올.		20 22	蘋	네가래. 蘋蘩(빈번) 蘋藻(빈조)
19 20	瀕	물가. 임박할. 瀕死(빈사) 瀕水(빈수)		24 頁	顰	찡그릴. 顰蹙(빈축)
06 牛	牝	암컷. 자물쇠. 골짜기. 牝鷄司晨(빈계사신)		24 髟	鬢	살쩍. 귀밑 털. 鬢毛(빈모)
08 09	玭	옥.		20 虫	蠙	진주조개.

―― 빙

18 19	璸	옥무늬가 아롱아롱할.		16 心	憑	의지할. 빙자할. 증거. 金憑(김빙, 조선문관)
19 禾	馪	향기.		05 水	氷 °	얼음. 얼. 李若氷(이약빙, 조선문관)
20 糸	繽	어지러울. 왕성한 모양.		13 耳	聘 •	방문. 부를. 장가들. 초빙할. 康渭聘(강위빙, 조선문관)
17 豕	豳	나라 이름.→ 반[통용]		17 馬	騁	달릴. 질주할. 펼. 발전시킴. 騁步(빙보) 騁志(빙지)
11 貝	貧 °	가난. 모자랄. 貧賤之交(빈천지교)		08 几	凭	기댈. 의지하다.
14 貝	賓 •	손. 손님. 공경할. 姓. 姜碩賓(강석빈, 정치가)		10 女	娉	장가들.
19 貝	贇	예쁠. 본음은 윤.				
16 頁	頻 •	자주. 찡그릴. 눈가. 頻度(빈도) 頻繁(빈번)				
22 金	鑌	빈철. 갈아 광낼.				
07 11	邠	나라 이름. 빛나다.				
19 雨	霦	옥 광채. 옥의 빛나는 빛.				
23 香	馪	향기 찌를.				
19 目	矉	찡그릴. 노려보다.				

―― 사

05 丿	乍	언뜻. 잠깐. 차라리. [작]

08 亅	事。	일. 섬길.
07 二	些。	적을. 어조사. 些事(사사) 些少(사소)
05 人	仕。	벼슬. 벼슬할. 섬길.
07 人	伺。	엿볼. 찾을. 살필.
07 人	似.	같을. 닮을. 비슷할.
08 人	使。	하여금. 사신. 가령. 시킬. 使用(사용) 特使(특사)
09 人	俟。	기다릴. 떼지어 갈. 클. [기] 俟何淸(사하청)
15 人	儸。	잘게 부술.
05 口	史。	사기. 사관. 역사. 姓. 河蘭史(하난사, 여류인사)
05 口	司.	맡을. 벼슬.
10 口	唆。	꾈. 부추길. 姓.
13 口	嗣。	이을. 후사. 자손. 익힐. 嗣人(사인) 嗣子(사자)
05 04	四。	넉. 넷. 四面楚歌(사면초가)
03 士	士。	선비. 사내. 군사. 벼슬. 成士達(성사달, 麗정치가)
12 大	奢。	사치할. 과분할. 오만할. 奢慾(사욕) 奢侈(사치)
10 女	娑。	가사. 춤출. 범어의 음역.
15 宀	寫.	베낄. 글씨 쓸. 기울일.
06 寸	寺。	절. [시]

10 寸	射。	쏠. [야,석,역] 射手(사수) 射中(석중)
03 己	巳。	뱀. 여섯째 지지.
10 巾	師。	스승. 군사. 姜師贊(강사찬, 고려문관)
11 彳	徙。	옮길. 넘길. 귀양보낼. 徙木之信(사목지신)
09 心	思。	생각. 그리워할. 卓思政(탁사정, 고려무관)
11 12	捨.	버릴. 베풀.
11 斗	斜.	비낄. 비스듬할.
12 斤	斯。	이. 이것. 어조사. 金斯多含(김사다함, 화랑)
09 木	査.	사실할. 조사할. 사돈. 査實(사실) 審査(심사)
09 木	柶。	수저. 숟가락. 윷 [국].
11 木	梭。	북(베틀에 달린 제구). 梭杼(사저) 梭投(사투)
06 歹	死。	죽을. 목숨.
07 08	沙。	모래. 고을 이름. 溫沙門(온사문, 麗장군)
08 09	泗。	물 이름.
12 13	渣。	찌끼. 침전물. 강 이름.
18 19	瀉。	쏟을. 게울. 설사할.
13 14	獅。	사자. 獅子奮迅(사자분신)
09 石	砂。	모래. 주사(朱砂).

08 示	社·	모일. 단체. 토지의 신. 社交(사교) 結社(결사)	11 赤	赦	놓을. 용서할. 용서. 姓. 赦免(사면) 赦狀(사장)
08 示	祀·	제사. 제사 지낼.	19 辛	辭	말씀. 글. 사양할. 사절할.
10 示	祠	제사 지낼. 제사. 신. 사당.	07 11	邪·	간사할. [야] 思無邪(사무사)
07 禾	私。	사사. 사사로이 할.	14 食	飼	기를. 칠. 飼料(사료) 飼育(사육)
16 竹	篩	체. 체질할. 篩子(사자) 篩土(사토)	15 馬	駟	사마. 사마수레. 駟不及舌(사불급설)
06 糸	糸	실.	21 鹿	麝	사향노루.
10 糸	紗	깁. 무명실. [묘] 紗籠中人(사롱중인)	12 人	傞	취하여 춤추는 모양.
12 糸	絲。	실. 거문고. 현악기.	10 刀	剚	찌를. 두다.
13 聿	肆	방자할. 늘어놓을. 줄. 드디어.	08 卩	卸	풀. 풀다. 떨어지다.
08 舌	舍。	집. 버릴. 쉴. 놓을. 姓.	08 口	咋	잠깐. 잠시.
11 13	莎	사초. 베짱이. [수]	08 女	姒	동서. 언니.
14 16	蓑	도롱이. 덮을. [쇠]	13 木	楂	떼. 뗏목.
11 虫	蛇·	뱀. 蛇足(사족)	14 木	榭	정자(亭子).
13 衣	裟	가사.	06 07	汜	지류(支流). 웅덩이.
12 言	詐·	속일. 詐欺(사기)	12 疒	痧	곽란(癨亂).
12 言	詞	글. 문체의 하나. 말씀.	14 皮	皻	여드름.
17 言	謝。	사례. 사죄할. 사절할. 姓. 謝禮(사례) 感謝(감사)	12 立	竢	기다릴.
15 貝	賜	줄. 하사함.	11 竹	笥	상자(箱子).

14 虫	蜡	납향(臘享). 蜡月(사월)
12 見	覘	엿볼. 훔쳐보다.
15 馬	駛	달릴. 빠르다. 駛河(사하)
15 魚	魦	鯊와 同字.
18 魚	鯊	문절망둑.
21 魚	鰤	물고기 이름.
10 11	涘	물가. 강가.
15 示	禠	복. 행복.

— 삭

09 刀	削 ·	깎을. 빼앗을.
15 攴	數	자주. 자주 할. 빨리 할. →수[통용], [촉]
19 火	爍	빛날.
10 月	朔 ·	초하루. 북쪽. 東方朔(동방삭, 중국문인)
10 糸	索	노. 노끈. 꼴. 헤어질.→색[통용] 索莫(삭막) 索然(삭연)
23 金	鑠	녹일. 갈다.
13 14	搠	바를.
14 木	槊	창.
14 16	蒴	말오줌때. 접골목(接骨木). 蒴果(삭과)

— 산

12 人	傘	우산. 일산. 傘下(산하) 雨傘(우산)
07 刀	刪	깎을. 삭제함.
03 山	山	메. 뫼. 산. 金生山(김생산, 한말의병)
12 攴	散 ∘	헤어질. 흩을. 흩어질.
06 07	汕	오구(그물의 일종). 뜰.
09 10	珊	산호(珊瑚).
11 生	産 ∘	날. 낳을. 産地(산지) 國産(국산)
11 生	產	産과 동자.
08 疒	疝	산증(장신경통).
10 示	祘	셀.
14 竹	算 ∘	산술. 셈할. 산가지. 算出(산출) 採算(채산)
14 16	蒜	달래. 마늘.
14 酉	酸 ∘	실. 아플. 슬플. 원소 이름.
20 雨	霰 ·	싸라기눈. 霰彈(산탄)
14 15	僐	큰 은덕. 착할.
13 刀	剷	깎을. 베다. [찬]
08 女	姍	헐뜯을. 비웃다.

II 인명용 한자와 그 해설 315

22 子	孿	쌍둥이. 잇다. [련]	
16 木	橵	산자.	
15/16	潛	潛과 同字.	
15/16	潸	눈물 흐를. 비가 오는 모양.	
10/11	狻	사자(獅子).	
18 糸	繖	일산(日傘). 우산.	
10 言	訕	헐뜯을. 비방하다. 訕謗(산방)	
19 金	鏟	대패. 깎다. [찬]	
17 竹	簅	큰 피리.	

── 살 ──

07 乙	乷	음역자(音譯字).
15/16	撒	놓을. 흩을. 뿌릴. 姓. 撒水(살수) 撒布(살포)
11 殳	殺	죽일. 없앨. 죽을. →쇄 [동용] 殺身成仁(살신성인)
13 火	煞	죽일. →殺[仝]
18/20	薩	보살. 菩薩道(보살도)

── 삼 ──

03 一	三	셋. 석. 거듭. 姜春三(강춘삼, 한말의병)
11 厶	參	셋. 석.→참 [통용] 文參(문삼, 조선孝子)

07 木	杉	삼나무. 스기나무.
12 木	森	삼삼할. 나무 빽빽할. 李森(이삼, 조선문관)
14/15	滲	물이 밸. 샐. 滲出(삼출) 滲透(삼투)
08/10	芟	벨. 낫.
15/17	蔘	우뚝할. 쓸쓸할. 인삼. 늘어질
08/09	衫	적삼. 옷.
17 米	糝	나물죽.
11 金	釤	낫. 큰 대패.
21 髟	鬖	헝클어질.

── 삽 ──

12/13	插	꽂을. 가래. 插入(삽입) 插畵(삽화)
12/13	挿	☞插자의 통용어.
15/16	澁	껄끄러울. 막힐. 어려울. 떫을.
12 金	鈒	창. 아로새길.
14 風	颯	바람소리. 성할. 쇠할.
04 十	卅	서른. 삼십.
11 口	唼	쪼아 먹을. 훌쩍 마시다.
13 欠	歃	마실. 꽂다. 歃血(삽혈)

14 羽	翜	운삽(雲翜). 덮개.	09 广	庠	주대(周代)의 학교
17 金	鍤	가래. 바늘.	12 广	廂	곁채. 곁방.
15 雨	霅	흩어질. 땅 이름.	13 心	想 ◦	생각할.
16 雨	霎	가랑비. 비 올. 霎雨(삽우)	14 15	爽	성품 밝을.
			10 木	桑 ◦	뽕나무. 姓. 桑田碧海(상전벽해)

― 상

03 一	上 ◦	윗. 오를. 앞. 첫째 임금. 金上琦(김상기, 고려문관)	15 木	樣	도토리. →양[통용]
13 人	傷 ◦	상할. 다칠. 해칠. 애태울.	16 木	橡	상수리나무. 상수리.
14 人	像 ◦	형상. 본뜰. 모양. 像形(상형) 實像(실상)	12 13	湘	물 이름. 끓일.
17 人	償 ◦	갚을. 배상.	15 16	潒	세찰.
11 口	商 ◦	장사. 헤아릴. 나라. 짐작할. 李商在(이상재, 독립운동)	11 爻	爽	시원할. 밝을. 굳셀. 어그러질. 爽氣(상기) 爽快(상쾌)
12 口	喪 ◦	잃을. 죽을. 망할. 초상.	08 片	牀	책상. 자리. →床[속,통용,7획]
14 口	嘗 ◦	일찍. 맛볼. 姓.	08 犬	狀	형상.→장[통용] 狀勢(상세) 狀罷(장파)
14 土	塽	높은 땅. 높고 밝은 토지.	09 目	相	서로. 볼. 재상. 도울. 모습. 宋能相(송능상, 조선학자)
20 女	孀	홀어미. 과부.	11 示	祥	상서. 조짐. 착할. 吳祥瑞(오상서, 항일투사)
08 小	尙 ◦	오히려. 숭상할. 높일. 姓. 金尙憲(김상헌, 조선정치가)	15 竹	箱	상자. 곳집. 箱子(상자) 箱屋(상옥)
09 山	峠	산고개. 일본 한자. 인명용 한자에 넣지 않아야 하며 음은 없음.	12 羊	翔	날개. 빙빙 돌아날. 朴道翔(박도상, 조선문관)
11 巾	常 ◦	항상. 늘. 법. 보통. 떳떳할. 李秉常(이병상, 조선문관)	14 衣	裳	치마. 黃裳元吉(황상원길)
07 广	床 ◦	평상.	18 角	觴	술잔. 잔낼.

13 言	詳 ·	자세. 상세할.
12 豕	象 ·	코끼리. 형상. 宋象仁(송상인, 조선문관)
15 貝	賞 °	상줄. 구경할. 칭찬할. 상. 賞勳(상훈) 鑑賞(감상)
17 雨	霜	서리. 세월. 履霜堅氷(이상견빙)
11 彳	徜	노닐. 어정거리다. 徜佯(상양)
10 日	晌	정오(正午). 나절.
15 歹	殤	일찍 죽을. 殤服(상복) 殤死(상사)
11 甘	甞	嘗의 속자.
15 糸	緗	담황색.
18 金	鑲	방울 소리.
19 頁	顙	이마. 꼭대기. 顙汗(상한)
21 鬲	鬺	삶을. 익히다.

― 새

13 土	塞 ·	변방. 요새. →색 [통용] 塞翁之馬(새옹지마)
19 玉	璽	인장. 옥새. 姓.
17 貝	賽	굿. 굿할. 주사위. 姓.
20 魚	鰓	아가미.
12 13	愢	마음 맞지 않을. [시]

| 20 口 | 嚫 | 가득 채울. |

― 색

13 口	嗇	아낄. 탐낼. 인색할.
13 土	塞	막을. 막힐. →새 [통용]
18 禾	穡	거둘. 수확. 농사. 곡식. 아낄.
10 糸	索 ·	찾을. 더듬을. →삭 [통용] 索引(색인) 索求(색구)
06 色	色 °	빛. 낯빛. 색. 색정.
15 木	槭	앙상할. 槭槭(색색)
16 17	濇	껄끄러울.
17 18	瀒	깔깔할.

― 생

09 牛	牲	희생(제사에 쓰이는 짐승).
05 生	生 °	낳을. 살. 삶. 싱싱할. 기를. 安魯生(안노생, 고려문관)
12 生	甥	생질. 사위. 姓.
09 目	省	덜. 허물. 재앙. →성 [통용] 省略(생략) 省約(생약)
11 竹	笙	생황. 대자리. 笙磬同音(생경동음)
10 目	眚	눈에 백태 낄.
13 金	鉎	녹.

一 서

11 人	偦	재주 있을.
14 土	墅	농막. 별업. 별장. 家墅(가서) 村墅(촌서)
12 土	壻	사위. 남편. 벗. 사내. →壻[통용]
12 女	婿	☞壻자의 통용어.
17 山	嶼	작은 섬.
17 山	與	☞嶼자의 통용어.
07 广	序 ○	차례. 실마리. 학교. 담.
11 广	庶 •	뭇. 여러. 무리. 거의.
10 彳	徐 •	천천히. 천천히 할. 姓
10 心	恕 •	용서. 동정할. 어질. 郭忠恕(곽충서, 중국학자)
07 心	忞	☞恕자의 통용어.
11 心	忞	기쁠. →여
12 13	慸	지혜.
07 08	抒	펼. 마음 털어놓을. 풀.
13 14	揟	물 품을. 고을 이름.
11 攴	敍	펼. 차례.→叙[속,통용,9획] 孫敍倫(손서륜, 조선충신)
09 又	叙	☞敍자의 통용어.
11 攴	敘	☞敍자의 통용어.
13 日	暑 ○	더울. 더위.
18 日	曙	새벽. 샐. 曙光(서광) 曙星(서성)
10 日	書 •	글. 책. 문서. 편지. 쓸. 書簡(서간) 圖書(도서)
12 木	棲	깃들일. 쉴.→栖[통용,10획]
10 木	栖	☞棲자의 통용어.
11 12	捿	☞棲자의 통용어.
12 13	湑	거를.
12 牛	犀	무소. 무소뿔. 굳을. 박씨. 犀甲(서갑) 犀舟(서주)
13 14	瑞	상서. 상서로울. 金宗瑞(김종서, 조선정치가)
13 竹	筮	점. 점칠. 점대. 筮短龜長(서단귀장)
12 糸	絮	솜. 솜옷. 버들개지. [처] 絮絮叨叨(서서도도)
15 糸	緖 •	실마리. 찾을. 나머지. 일. 柳熙緖(유희서, 조선문관)
14 15	署 •	마을. 관청. 일 나눌. 官署(관서)
09 11	胥	서로 기다릴. 볼. 도울. 胥動浮言(서동부언)
15 糸	緒	☞胥자의 통용어.
12 舌	舒	펼. 펴질. 조용할. 느릴.
18 20	薯	마. 산약(山藥).

18 20 艸	蒬	고울.
06 襾	西 ◦	서녘. 姓. 召西奴(소서노, 동명왕비)
14 言	誓 •	맹세. 맹세할. 경계. 알릴. 誓文(서문) 誓約(서약)
16 言	諝	슬기로울. 속일. 거짓. 허위.
15 言	謂	☞諝자의 통용어.
11 14	逝 •	갈. 죽음. 이에. 逝去(서거) 逝川(서천)
15 金	鋤	호미. 김맬. 없애 버릴.
12 黍	黍	기장. 메기장. 술그릇. 黍離之歎(서리지탄)
13 鼠	鼠	쥐. 근심할. 鼠憑社貴(서빙사귀)
14 禾	穑	거두어들인 곡식.
12 火	焱	밝을.
17 20	遾	미칠. 멀다.
16 口	噬	씹을. 깨물다. 噬臍莫及(서제막급)
15 16	撕	훈계할. 잡도리하다.
16 17	澨	물가. 강 이름.
10 糸	紓	느슨할. 화해하다.
13 耒	耡	구실 이름. 호미.
08 10	芧	도토리. 상수리나무. [여]

13 金	鉏	어긋날. 호미.
14 女	嬥	여자 이름.
16 豕	豫	펼. [예]
13 木	楈	나무 이름.

─ 석

03 夕	夕 ◦	저녁. 기울. 비스듬할.
15 大	奭	클. [혁] 裵東奭(배동석, 독립운동)
10 巾	席 ◦	자리. 앉을 자리. 姓. 座席(좌석) 公席(공석)
11 12	惜 ◦	아낄. 아깝게 여길.
08 日	昔 ◦	옛. 어제. 姓. 古昔(고석) 昔日(석일)
12 日	晳	밝을. 분석할. 尹晳(윤석, 조선문관)
12 日	晰	☞晳자의 통용어.
08 木	析 •	쪼갤. 풀. 나눌. 析三極(석삼극)
06 07	汐	저녁 조수. 석조.
11 12	淅	쌀 일. 빗소리. 사미.
15 16	潟	개펄.
05 石	石 ◦	돌. 섬. 姓. 金鏡石(김경석, 한말의병)
14 石	碩	클. 충실할. 姜碩德(강석덕, 조선명신)

10 禾	秜	섬(열 말).
12 白	舄	크다. 큰 모양. →작 [통용]
20 采	釋 •	놓을. 풀이. 부처. 姓 釋明(석명) 解釋(해석)
14 16	蓆	클. 자리.
13 金	鉐	놋쇠.
16 金	錫	주석. 줄. 지팡이. 芮承錫(예승석, 독립운동)
18 鼠	鼫	석서(鼫鼠).
15 16	褯	어린아이 옷.
08 石	矽	규소(硅素).
12 14	腊	포(脯). 심하다.
14 虫	蜥	도마뱀. 蜥蜴(석척)
17 石	碣	주춧돌.

― 선

06 二	亘	펼.
05 人	仙 °	신선. 仙姿玉質(선자옥질)
13 人	僊	신선. 姓. 仙 [仝] 上僊(상선) 神僊(신선)
06 儿	先 °	먼저. 앞설. 옛. 宋學先(송학선, 항일투사)
12 口	善 °	착할. 좋을. 옳게 여길. 白善行(백선행, 女사업가)

15 土	墡	백토.
14 女	嫙	예쁠.
15 女	嬋	고울. 선연할.
09 宀	宣 •	베풀. 널리. 펼. 姓 雄宣(웅선, 신라정치가)
12 13	愃	쾌할. 너그러울. [훤]
10 戶	扇	부채. 부채질할.
16 攴	敾	다스릴.
11 方	旋 •	돌. 빙빙 돌. 돌아올. 義旋(의선, 고려승려)
09 10	洒	삼갈. 놀랄.
12 13	渲	바림. 물적실. 渲淡(선담) 渲染(선염)
14 火	煽	일. 붙일. 부채질할. 煽動(선동) 煽燻(선표)
10 11	珗	옥 다음가는 돌.
11 12	琁	아름다운 옥.
13 14	瑄	구슬. 여섯 치 구슬.
15 16	璇	옥. 옥 이름.
18 19	璿	구슬. 아름다운 옥. 璿珠(선주) 璿璣(선기)
22 广	癬	옴(피부병의 일종).
17 示	禪 •	중. 사양할. 전위할. 좌선할.

15 糸	線	실. 줄. 금.
18 糸	繕	기울. 다스릴. 모아 엮을. 갖출. 修繕(수선) 繕補(선보)
13 羊	羨	부러울. 부러워할.
13 15	腺	샘.
16 18	膳	반찬. 올릴. 먹을.
21 食	饍	☞膳자의 통용어.
11 舟	船	배.
21 23	蘚	이끼. 蘚苔(선태) 蘚花(선화)
18 虫	蟬	매미. 이을. 뻗을. 아름다울.
13 言	詵	많을. 모일. [신]
13 足	跣	맨발. 맨발로 다닐. 돌아다닐. 跣足(선족) 跣走(선주)
16 19	選	뽑을. 가릴. 뽑을. 洪萬選(홍만선, 조선학자)
14 金	銑	윤이 나는 쇠. 활의 금장식.
20 金	鐥	복자 [국].
17 魚	鮮	빛날. 고울. 드물. 姓.
19 言	譔	가르칠. 다르다.
16 目	瞱	아름다울.
17 18	璿	아름다운 옥 이름.

09 10	洗	깨끗할. 씻다. →세 [통용]
13 小	尟	尠과 同字.
05 山	仚	仙과 同字.
16 欠	歚	고을.
12 竹	筅	솔.
14 糸	綫	실. 줄.
20 言	譱	善의 본자.
19 金	鏇	갈이틀. 고패.
33 魚	鱻	드물. 생선.
20 馬	騸	거세(去勢)할. 접붙이다.
23 魚	鱓	드렁허리.
08 禾	秈	메벼.
10 火	炨	들불.
15 日	暶	밝을.
12 羊	羡	부러워할.

── 설

| 11 人 | 偰 | 맑을. |
| 09 大 | 契 | 사람 이름. →계 [통용], [글] |

10 尸	屑	가루. 부서질. 잗달. 교활할. 屑然(설연) 屑意(설의)
13 木	楔	문설주. 쐐기. 앵두나무. 楔形文字(설형문자)
08 09	泄	샐. 넘칠. 섞을. [예]
09 10	洩	샐. 줄. 덜. 姓. [예]
12 13	渫	칠. 흩을. 그칠. 더러울. [접]
12 内	禼	사람 이름. 은나라 시조
11 卜	卨	禼자의 통용어. 韓圭卨(한규설, 정치가)
06 舌	舌	혀. 말.
15 17	䯂	향기로울.
17 19	薛	쑥. 나라 이름. 姓.
17 衣	褻	속옷. 평복. 더러울. 褻狎(설압) 褻言(설언)
11 言	設	베풀. 세울. 찾을. 가령. 設立(설립) 設令(설령)
14 言	說	말씀. 언론. →열,세 [통용] 演說(연설) 遊說(유세)
11 雨	雪	눈. 씻을. 雪上加霜(설상가상)
21 齒	齧	깨물. 씹을. 이 갈.
13 14	揲	쓸어버릴.
12 女	媟	깔볼. 얕보다.
12 13	揲	셀. 세다. 짚다. 揲蓍(설시)

15 日	暬	설만(褻慢)할.
19 火	爇	불사를.
14 石	碟	가죽 다룰.
14 禾	稧	볏짚.
11 糸	紲	고삐. 매다.
09 木	枻	도지개(활을 바로잡는 틀). [예]

— 섬

10 刀	剡	땅 이름. [염] 剡削(염삭) 剡手(염수)
16 日	暹	해돋을. 나아갈.
21 歹	殲	멸할. 섬멸할.
23 糸	纖	가늘. 작을. 자세할. 아낄.
19 虫	蟾	두꺼비. 달 빛날.
20 貝	贍	넉넉할. 진휼할. 姓.
10 門	閃	엿볼. 언뜻 보일. 번득일. 閃光(섬광) 閃火(섬화)
10 15	陝	땅 이름. 姓. 陝府鐵牛(섬부철우)
20 女	孅	가늘. 가냘프다. 孅弱(섬약)
16 17	憸	간사할. 생각함이 많다.
14 15	摻	가늘. 여리고 가냘프다.

13 目	睒	언뜻 볼. 엿보다.
20 言	譫	헛소리. 수다스럽다.
14 金	銛	가래. 날카롭다. 銛銳(섬예)
17 韭	韱	산부추.

── 섭

21 22	攝 ·	잡을. 겸할. 대신할. 조섭할.
21 木	欇	삿자리.
10 11	涉 ·	건널. 지칠. 겪을. 관계할. 廉相涉(염상섭, 작가)
17 火	爕	화할. 불꽃. 嚴正爕(엄정섭, 독립운동)
13 糸	緤	비단.
13 15	葉	고을 이름. 姓→엽 [통용] 葉公好龍(섭공호룡)
24 足	躞	걸을. 걸어가는 모양. 躞蹀(섭접)
25 足	躡	밟을. 따르다. 躡蹤(섭종)
21 口	囁	소곤거릴. 속삭이다. 囁嚅(섭유)
21 22	慴	두려워할. 으르다. 慴服(섭복)
21 22	灄	강 이름.
18 耳	聶	소곤거릴. 합할.
26 金	鑷	족집게. 뽑다.

| 27 頁 | 顳 | 관자놀이.
顳顬(섭유) |

── 성

10 土	城 °	재. 성. 白龍城(백용성, 불교인)
09 土	堿	城의 속자.
08 女	姓 °	성. 씨. 백성.
10 女	娍	헌걸찰. 아름다울. 여자 이름.
10 宀	宬	서고(書庫).
08 09	性 °	성품. 바탕. 성. 朴性默(박성묵, 항일투사)
12 13	惺	깨달을.
07 戈	成 °	이룰. 될. 姓 薛景成(설경성, 고려名醫)
06 戈	成	成의 속자.
09 日	星 °	별. 세월. 姓 張在星(장재성, 독립운동)
11 日	晟	밝을.→晠 [통용, 11획] 陳武晟(진무성, 조선장군)
10 日	晠	☞晟자의 통용어.
11 日	晠	☞晟자의 통용어.
12 13	猩	성성이. 猩紅熱(성홍열)
11 12	瑆	옥.
13 14	瑆	옥.

12 皿	盛	성할. 많을. 담을. 全盛鎬(전성호, 독립운동)
11 皿	盛	盛의 속자.
09 目	省	살필. 볼. 마을.→생[통용] 安省(안성, 조선초문관)
13 竹	筬	바디. 대 이름.
13 耳	聖	성인. 지손할. 거룩할. 弓寅聖(궁인성, 독립운동)
13 耳	聖	☞聖자의 통용어.
17 耳	聲	소리. 말. 풍류소리. 밝힐. 金觀聲(김관성, 사업가)
9 11	胜	새 이름. 비린내.→정[통용]
13 15	腥	날고기. 생고기. 누릴. 더러울.
14 言	誠	정성. 진실. 孟思誠(맹사성, 조선초명신)
13 言	誠	誠의 속자.
12 貝	賸	넉넉할. 재물.
16 酉	醒	깰. 깨달을. 술 깰.
15 耳	瞿	귀 밝을.
17 馬	騂	붉은 말. 붉다.

── 세

05 一	世	인간. 세대. 세상. 평생. 范世東(범세동, 고려학자)
13 力	勢	권세. 형세. 위세. 기세.

09 女	姻	여자의 이름자.
06 07	忕	익힐.
13 止	歲	해. 나이. 세월.
09 10	洗	씻을. 깨끗할.→선[통용]
09 10	洒	씻을. 깨끗하게 하다.
10 11	涗	잿물.
12 禾	稅	부세. 놓을. 세금. [태,탈]
11 竹	笹	가는 대.
11 糸	細	가늘. 잘. 자세할.
14 言	說	달랠.머무를.→설,열[통용] [탈] 說大人則藐之(세대인즉묘지)
12 貝	貰	외상으로 살. 용서할. 놓아줄.
15 金	銴	수레 버팀나무 맬 끈.
11 ㅋ	彗	풀이름. 살별.
10 巾	帨	수건. 닦다.
18 糸	繐	가늘고 설핀 베. [혜]
13 虫	蛻	허물. 매미나 뱀 등의 허물. [태]

── 쇼

| 07 力 | 劭 | 힘쓸. 아름답다. |

07 卩	邵	높을. 뛰어나다.
05 口	召・	부를. 姓. 于召(우소, 백제장군)
16 口	嘯	휘파람 불. 부르짖을. 읊조릴. [질]
13 土	塑	토우. 흙이겨 만들.
10 宀	宵	밤(야).작을.어두울.어리석을 宵衣旰食(소의간식)
03 小	小。	작을. 적을. 조금. 金小浪(김소랑, 연극인)
04 小	少。	젊을. 적을.
11 巛	巢	깃들일. 새집. 보금자리.
13 14	愫	정성. 참뜻.
08 戶	所。	바. 것. 곳. 처소 所感(소감) 居所(거소)
11 12	掃・	쓸.
13 14	搔	긁을. 떠들.
09 日	昭・	밝을. 소명할. 李陽昭(이양소, 조선隱士)
09 木	梢	과녁.나무 흔들릴.욕상(浴牀)
11 木	梳	얼레빗. 빗을.
08 09	沼	늪. 못. 魚有沼(어유소, 조선무관)
10 11	消。	사라질. 삭일. 끝. 물러설.
20 21	瀟	물 이름. 맑을. 비바람칠. 瀟湘八景(소상팔경)

09 火	炤	밝을. 昭[소]. [조, 작]
16 火	燒・	사를. 불사를.
09 10	珀	아름다운 옥.
11 疋	疏	글. 소통할. 나물.→疎[소]
11 疋	疎・	☞疏자의 통용어.
15 疒	瘙	살갗병. 피부병.
16 禾	穌	기뻐할.
12 生	甦	☞穌자의 통용어.
10 竹	笑。	웃을. 談笑(담소) 微笑(미소)
09 口	咲	☞笑자의 통용어.
17 竹	篠	조릿대. 삼태기. 篠原(소원) 篠驂(소참)
19 竹	簫	퉁소. 조릿대. 활고자.
10 糸	素。	흴. 흰 깁. 질박할. 본디. 乙巴素(을파소, 句재상)
11 糸	紹	이을. 孔紹(공소, 한국공씨시조)
15 17	蔬・	나물. 채소
17 19	蕭	쑥. 시끄러울. 바쁠. 울. 蕭敷艾榮(소부애영)
20 22	蘇・	깨어날. 회생할. 차조기. 姓. 淵蓋蘇文(연개소문, 句장군)
12 言	訴・	아뢸. 하소연할. 송사할. 訴訟(소송) 呼訴(호소)

11 14 逍	거닐.
14 17 遡	거슬러 올라갈. 따라 내려갈. 향할. 遡及(소급) 遡風(소풍)
13 14 溯	☞遡자의 통용어.
08 12 邵	높을. 姓.
15 金 銷	녹을. 녹일. 꺼질. 쇠할. 銷鋒灌燧(소봉관수)
15 雨 霄	하늘. 하늘기운.
19 雨 䨑	☞霄자의 통용어.
14 音 韶	풍류. 아름다울.
20 馬 騷	소동할. 시끄러울. 풍류. 騷亂(소란)
17 行 衛	정결할.
15 16 璅	옥돌.
12 人 傃	향할.
18 鹵 䴑	소금 굴.
07 人 佋	소목(佋穆). 소개할.
13 口 嗉	멀떠구니(날짐승의 모이주머니).
11 土 埽	쓸. 털다. 埽除(소제)
13 土 塐	흙 빚을.
14 心 愬	하소연할. 향하다. [색]

10 11 㨘	없앨. 칠.
15 木 橆	풀막. 움막.
08 09 泝	거슬러 올라갈. 향하다.
13 竹 筿	가는 대.
15 竹 箾	음악. 순(舜)임금의 음악.
17 糸 繅	고치 켤. 繅車(소거)
13 羽 翛	날개 찢어질.
14 16 膆	멀떠구니.
16 舟 艘	배. 배의 총칭(總稱).
13 虫 蛸	갈거미. 사마귀 알.
12 酉 酥	연유(煉乳). [소]
17 鬼 魈	이매(魑魅, 산의 요괴).
18 魚 鮹	물고기 이름.
10 金 釗	볼. 깎을. [쇠]
11 火 焇	녹일. 말릴.

― 속

| 09 人 俗 | 풍속. 속될. 인간 세상. |
| 20 尸 屬 | 붙을. 이을. 무리. |

07 木	束・	묶을. 묶음. 약속할. 束手無策(속수무책)
10 11	涑	물 이름. [수] 涑水記聞(속수기문)
12 米	粟・	조. 벼. 오곡.
21 糸	續°	이을. 續出(속출) 繼續(계속)
17 言	謖	일어날. 여밀. 뛰어날.
22 貝	贖	속죄할. 속바칠.
11 14	速°	빠를. 速達(속달) 秒速(초속)
09 10	洬	비 올.
15 18	遬	빠를.

── 손

10 子	孫・	손자. 姓. 裵仲孫(배중손, 고려무장)
12 己	巽	부드러울. 사양할. 괘 이름. 姓. 巽與之言(손여지언)
13 14	損・	덜. 감할. 상할. 잃을. 損益盈虛(손익영허)
14 16	蓀	향초. 창포
14 17	遜	사양. 겸손할. 사양할. 沈思遜(심사손, 조선문관)
12 食	飧	저녁밥. 밥.
11 食	飱	☞飧자의 통용어.

── 솔

09 乙	乺	솔.
09 巾	帥	거느릴. 좇을.→수[통용]
11 玄	率	거느릴. 앞장설.→률[통용] 統率(통솔) 確率(확률)
15 18	達	군사를 거느릴.
17 行	衛	거느릴. 인도할.
13 穴	窣	구멍에서 갑자기 나올.
17 虫	蟀	귀뚜라미. 蟋蟀(실솔)

── 송

07 宀	宋	나라. 姓.
10 11	悚	두려워할. 悚慄(송률) 悚息(송식)
08 木	松	솔. 소나무. 宋松禮(송송례, 麗정치가)
11 12	淞	물 이름. 淞陵江(송릉강)
12 立	竦	삼갈.
11 言	訟	송사. 시비할.
14 言	誦	욀. 소리내어 읽을.
10 13	送°	보낼. 送舊迎新(송구영신)
13 頁	頌・	칭송할. 문체 이름. 頌德(송덕) 讚頌(찬송)
16 17	憽	똑똑할.

| 18 髟 鬆 | 더벅머리. |

| 주의 | 인명용 한자란 성(姓)을 제외한 이름[名]의 한자를 말함. |

― 쇄

08 刀	刷	문지를. 인쇄할. 박을.
11 殳	殺	덜. 빠를. 매우.→살[통용] 殺到(쇄도) 殺損(쇄손)
22 23	灑	뿌릴. 가를. 던질. 깨끗할.
13 石	碎	부술. 부서질. 잘. 碎骨粉身(쇄골분신)
18 金	鎖	잠글. 쇠사슬. 자물쇠.
18 金	鎻	☞鎖자의 통용어.
23 日	曬	쬘. 曬書(쇄서) 曬風(쇄풍)
14 15	瑣	자질구레할. 젊고 예쁘다. 瑣屑(쇄설)

― 쇠

| 10 衣 | 衰 | 쇠할. 약할. 작아지다.[최, 사] |
| 10 金 | 釗 | 힘쓸. 볼. 쇠고동. [소] |

― 수

10 人	修	닦을. 익힐. →脩[본, 통용, 13획]
11 13	脩	☞修자의 통용어.
08 又	受	받을. 입을. 河受―(하수일, 조선학자)
14 口	嗽	기침. 양치질할. [삭]
05 口	囚	가둘. 갇힐. 죄수.
08 土	垂	드리울. 거의.
14 土	壽	목숨. 나이. 宋麒壽(송기수, 조선학자)
07 寸	寿	☞壽자의 통용어.
13 女	嫂	형수. 노부인.
06 宀	守	지킬. 벼슬. 살필. 姓 白守貞(백수정, 고려장군)
08 山	岫	산굴. 암굴산. 산봉우리.
08 山	峀	☞岫자의 통용어.
09 巾	帥	장수. 거느릴.→솔[통용] 元帥(원수) 帥[率]先(솔선)
13 心	愁	수심. 근심. 근심할.
06 戈	戍	지킬. 수자리. 둔영. 戍死(수사) 戍守(수수)
04 手	手	손. 손수 할. 재주. 수단. 權達手(권달수, 조선학자)
11 12	授	줄. 가르칠. 授與(수여) 傳授(전수)
13 14	搜	찾을. 수색. [소] 搜査(수사) 搜索(수색)
06 攴	收	거둘.
15 攴	數	셈. 셈할.→삭[통용] 數學(수학) 數數(삭삭)
16 木	樹	나무. 심을. 세울. 李樹廷(이수정, 조선인)

10 歹	殊	다를. 뛰어날. 殊常(수상) 殊勳(수훈)
04 水	水	물. 별 이름. 고를. 丁大水(정대수, 조선무장)
09 10	洙	물. 물 이름. 申光洙(신광수, 조선문관)
14 15	漱	양치질할. 빨. 씻을. 漱石枕流(수석침류)
17 火	燧	부싯돌. 봉화.
09 10	狩	사냥. 사냥할. 순행.
19 犬	獸	짐승. 길짐승.
11 12	琇	옥돌.
17 18	璲	패옥(허리띠에 차는 옥).
20 21	瓍	구슬.
15 疒	瘦	파리할. 야윌.
13 目	睡	졸. 잠잘.
13 目	睟	바로 볼.
12 目	瞧	물 이름.
16 17	濉	☞ 睢자의 통용어.
07 禾	秀	빼어날. 팰. 이삭 나올. 宋秀萬(송수만, 항일투사)
17 禾	穗	이삭. 보리이삭.
15 禾	穂	☞ 穗자의 통용어.

14 米	粹	순전할. 정할. 순수할. 金光粹(김광수, 조선시인)
13 糸	綏	끈. 갓끈. 편안할. 〔유, 타〕
14 糸	綬	끈. 인끈. 문채옷. 結綬(결수) 文綬(문수)
18 糸	繡	수놓을. 비단.
11 羊	羞	나아갈. 드릴. 부끄럼. 수치. 羞惡之心(수오지심)
10 12	茱	수유나무.
14 16	蓚	기쁠.
14 16	蒐	모을. 사냥. 숨길. 꼭두서니. 蒐補(수보) 蒐田(수전)
19 21	藪	수풀. 늪.
10 11	袖	소매. 소매에 넣을. 姓. 袖手傍觀(수수방관)
15 貝	賥	재물. 재화.
15 言	誰	누구. 발어사. 誰怨誰咎(수원수구)
23 言	讎	원수. 대답할. 갚을. 맞을.
23 言	讐	☞ 讎자의 통용어.
15 豆	豎	설. 세울.
13 立	竪	☞ 豎자의 통용어.
16 車	輸	실을. 실어 낼. 질.
13 16	遂	마침내. 이룰. 통달할. 姜大遂(강대수, 조선정치가)

18 21	邃	깊을. 현묘함. 멀.		11 口	售	팔. 팔아넘기다.
13 酉	酬	잔돌릴. 보낼. 갚음.		13 广	廋	숨길. 구하다.
14 金	銖	저울눈.		12 日	晬	돌. 일주년. 晬宴(수연)
15 金	銹	녹. 녹슬.		04 殳	殳	창. 나무 지팡이.
12 17	隋	나라.		08 09	泅	헤엄칠.
16 21	隧	굴. 길. 돌. 회전. [추]		13 14	溲	반죽할. 적실.
16 21	隨	따를. 때에 따라. 李隨(이수, 여말선초重臣)		15 目	瞍	소경. 여위다. [소]
17 隹	雖	비록.		10 示	祟	빌미.
14 雨	需	음식. 모름지기. 기다릴. 需要(수요) 必需(필수)		21 竹	籔	휘(16말들이 용량).
12 頁	須	모름지기. 수염. 趙須(조수, 조선문인)		12 14	腟	얼굴 윤기 있을.
09 首	首	머리. 우두머리. 첫째. 처음. 良首(양수, 신라인)		14 16	䐈	파리할.
23 骨	髓	골수(뼛속에 차 있는 물질).		17 19	䯒	골수(骨髓).
19 鳥	鶐	새매.		11 16	陲	위태할. 근처.
22 髟	鬚	아랫수염. 鬚根(수근) 鬚面(수면)		19 風	颼	바람소리.
11 宀	宿	별자리. 星宿(성수)		19 食	饈	드릴.
06 07	汓	헤엄칠.		13 糸	繡	수놓을.
17 18	璓	옥 이름.			一 숙	
10 又	叟	늙은이. 움직일. 쌀 씻는 소리.		08 又	叔	아재비. 韓叔昌(한숙창, 조선문관)

14 土	塾	글방.
06 夕	夙	일찍. 빠를. 삼갈. 姓. 夙夜(숙야) 夙怨(숙원)
11 子	孰・	누구. 어느. 무엇.
11 宀	宿。	잘. 묵을. 지킬. 惠宿(혜숙, 신라승려)
17 木	橚	밋밋할. 무성할.
11 12	淑・	맑을. 착할. 얌전할. 사모할. 鄭淑夏(정숙하, 조선문관)
16 17	潚	빠를. 姓. [축, 소]
15 火	熟	익을. 성숙할. 낯익을. 熟達(숙달) 成熟(성숙)
12 13	琡	구슬. 옥 이름.
18 19	璹	옥그릇.
13 聿	肅	엄숙. 공경할. 삼갈. 元肅(원숙, 조선문관)
12 14	菽	콩. 대두. 흰 콩. 菽麥不辨(숙맥불변)
10 人	俶	갑자기. 문득. 俶忽(숙홀)
10 人	俶	비롯할. 비로소. 정리하다. 俶獻(숙헌)
19 人	儵	빠를. 검다.
11 女	婌	궁녀 벼슬 이름.
22 馬	驌	말 이름. 옛날의 양마(良馬) 이름.
24 鳥	鷫	신조(神鳥).

─ 순

07 巛	巡・	돌. 순행. 두루 돌. 돌아다닐. (10획이 아님)
09 彳	徇	경영할. 부릴. 두루. 돌.
12 彳	循・	돌. 좇을. 어루만질. 金循義(김순의, 조선명의)
09 10	恂	미쁠. 두려워할. [준]
06 日	旬・	열흘. 10년. 두루 펼. 꽉 찰.
10 木	栒	악기 다는 틀.
13 木	楯	난간. 뽑을. 뺌. [준]
16 木	橓	무궁화. 근화.
10 歹	殉・	순장. 따라죽을. 좇을.
09 10	洵	진실로. [현]
11 12	淳・	순박. 순박할. 申復淳(신복순, 조선문관)
12 火	焞	밝을.→돈[통용]. [퇴]
10 11	珣	옥돌. 옥 이름.
09 目	盾	방패. 矛盾(모순) 甲盾(갑순)
17 目	瞬・	눈 깜짝할.
12 竹	笋	죽순. 대싹. 姓.
10 糸	純。	순전할. 천진할. 실. 도타울. [준] 成世純(성세순, 조선문관)

11 脣·	입술.	08 腌	광대뼈. 말린 고기.
13	脣亡齒寒(순망치한)	10	
12 舜	임금 이름. 姓.	16 駒	말이 달리는 모양.
舛	李舜臣(이순신, 조선名將)	馬	
10 荀	풀.	19 鬊	헝클어진 머리. 머리털.
12	荀氏八龍(순씨팔룡)	髟	
15 蓴	순채. 부들이삭.	19 鶉	메추라기. 아름답다.
17	蓴羹鱸膾(순갱노회)	鳥	鶉衣(순의)
16 蕣	무궁화나무. 목근.	─ 술	
18			
13 詢	물을. 상의. 같을.	06 戌。	개. 열한째 지지.
言		戈	
15 諄	가르칠. 도울.	11 術·	길. 재주. 기술. 꾀.
言		行	
15 醇。	순숙할. 순후할.	09 述·	기록. 지을. 책 쓸. 펼. 말할.
酉	醇篤(순독) 醇醇(순순)	12	權繼述(권계술, 항일투사)
16 錞	쇠북악기.	13 鉥	긴 바늘. 인도할.
金		金	
12 順。	순할. 온순할. 좇을. 따를.	08 圹	높을.
頁	柳寬順(유관순, 항일열사)	土	
13 馴	길들. 길들일. 순할. 익숙할.	11 絉	끈.
馬	〔훈〕	糸	
09 岶	깊숙할.	─ 숭	
山			
09 姁	미칠. 여자 처음 올.	11 崇。	높을. 높일.
女		山	申崇謙(신숭겸, 고려공신)
08 甸	시킬. 하여금.	11 崧	우뚝 솟을. 숭산. 姓.
田		山	
08 侚	재빠를. 깊다.	13 嵩	숭산. 높을. 姓.
人		山	嵩崖(숭애) 嵩岫(숭수)
09 盹	졸.	12 菘	배추.
目		14	菘菜(숭채)
11 眴	깜작일. 놀라다.	─ 쉬	
目			
09 紃	끈. 법. 〔천〕	10 倅	버금. 다음.
糸		人	

11 淬 12	담금질할. 차다. [쵀] 淬礪(쉬려)		17 隰 22	진펄. 개간지. 隰地(습지)
12 焠 火	담금질.			

─ 슬

13 瑟 14	비파. 악기 이름.			─ 승
17 璱 18	아름다운 옥. 푸른 구슬.		06 丞 一	이을. 도울. 벼슬 이름.
15 膝 17	무릎.		10 乘 ノ ·	탈. 의지할. 곱할. 수레. 대. 柳乘(유승, 조선학자)
15 蝨 虫	이. 섞일. 蝨處褌中(슬처곤중)		14 僧 人 ·	중. 王僧辯(왕승변, 中정치가)
15 璱 16	푸른 구슬.		12 勝 力 ·	이길. 맡을. 훌륭할. 姓 成勝(성승, 조선충신)
21 瑟 青	붉고 푸를.		04 升 十	오를. 괘 이름. 나아갈. 되. 慶大升(경대승, 고려장군)
08 虱 虫	蝨과 同字.		13 塍 土	논두둑.
			08 承 手	이을. 받을. 받들. 姓 愼承善(신승선, 조선정치가)

─ 습

09 拾 10 ·	주울.→십 [통용]		08 昇 日 ·	오를. 해가 떠오를. 姓 金昇鉉(김승현, 독립운동)
17 濕 18 ·	젖을. 축축할. 柳濕(유습, 조선무장)		05 氶 水	들. 구할.
11 習 羽 ·	익힐. 배울. 익숙할. 버릇. 金時習(김시습, 조선학자)		14 榺 木	바디집.
16 褶 17	사마치. 주름. [첩]		19 繩 糸	노. 먹줄. 법. 묶을. [잉,민] 繩趨尺度(승추척도)
22 襲 衣 ·	엄습. 인할. 엄습할. 姓		19 蠅 虫	파리. 깡충거미. 蠅頭細書(승두세서)
14 慴 15	두려워할. 으르다. [접] 慴伏(습복)		10 陞 15	오를. 나아갈.
15 榍 木	쐐기. 비녀장.		07 阩 12	☞陞자의 통용어.
			08 丞 山	도울. 공경할.
			11 阩 16	해 돋을.

22 髟	鬤	머리털 헝클어질.	
11 12 水	溣	물 이름.	

ㅡ 시

08 人	侍 ・	모실. 받들.
11 人	偲	굳셀.
11 匕	匙	순가락. 姓.
15 口	嘶	울. 말이 욺. 널리 욺. 목쉴. 嘶馬(시마) 嘶號(시호)
08 女	始 。	비로소 비롯할. 처음. 蘇始萬(소시만, 조선학자)
12 女	媤	시집. 남편의 집.
12 女	媞	자세할.→제[통용]
03 尸	尸	주검. 시동. 위패. 진칠. 尸坐齋立(시좌재립)
09 尸	屍	주검. 송장. 屍身(시신) 屍體(시체)
09 尸	屎	똥. 대변. [히]
05 巾	市 。	저자. 장. 시가.
13 弋	弑 ・	죽일.
09 10 心	恃	믿을. 어미. 恃德者昌(시덕자창)
12 13 心	愢	겸손할. [새]
09 方	施 。	베풀. 줄. 姓. 李施愛(이시애, 조선인)

09 日	是 。	이. 옳을. 張是奎(장시규, 조선문관)
10 日	時 。	때. 철. 宋時吉(송시길, 조선문관)
09 木	柿	감나무. 감.
09 木	柹	☞枾자의 통용어.
09 木	枾	☞柿자의 통용어.
09 木	柴	섶. 姓. [채]
13 毛	毸	날개 벌릴.
11 12 犬	猜	시새울. 투기함. 의심할. 시기. 猜忌(시기) 猜妬(시투)
05 矢	矢 ・	살. 맹세할. 화살. 弓矢(궁시) 嚆矢(효시)
05 示	示 。	보일. 지시할.
14 示	禔	편안할.
10 羽	翅	날개. 지느러미. 날.
14 16	蒔	모종할. 이식할. 소회향.
14 16	蓍	톱풀.
12 見	視 。	볼. 보일. 살필.
13 言	詩	글. 시. 李之詩(이지시, 조선순국자)
13 言	試 ・	시험. 시험할. 맛볼. 試金石(시금석)
16 言	諡	시호. 시호 내릴.

16 言	諰	이. 바로잡을.→체[통용]
07 豕	豕	돼지. 豕交獸畜(시교수축)
10 豸	豺	승냥이. 豺狼橫道(시랑횡도)
11 糸	絁	깁. 명주.
08 09	沶	현(縣) 이름.
16 言	諰	두려워할. 諰諰(시시)
09 目	眂	볼. 보다.
15 水	漦	흐를.
08 儿	兕	외뿔들소. 兕觥(시굉) 兕牛(시우)
13 厂	厮	廝와 同字.
12 口	啻	뿐. 다만 ~뿐 아니라.
13 土	塒	홰. 횃대. 깃.
15 厂	廝	하인. 나누다.
09 木	枲	모시풀.
15 16	澌	다할. 없어지다. 澌盡(시진)
15 糸	緦	시마복(緦麻服).
14 羽	翄	날개.
11 豆	豉	메주. 된장 따위.

26 酉	釃	거를. 진한 술. 釃渠(시거) 釃酒(시주)
17 金	鍉	순가락.
18 頁	顋	뺨. 볼.〔새〕
08 日	旹	때. 계절.
10 目	眎	볼. 본받을.
12 彳	徥	슬슬 걸을.
14 木	榯	나무 곧게 설.

— 식

11 土	埴	진흙.
12 宀	寔	이. 참.
06 弋	式°	법. 제도 벼슬 이름. 楊凝式(양응식, 중서예가)
10 心	息°	쉴. 그칠. 생길. 자식. 自彊不息(자강불식)
09 10	拭	닦을.
10 木	栻	점통. 점치는 판.
12 木	植°	심을. 식물. 曹植(조식, 조선학자)
12 歹	殖	불을. 심을. 殖産(식산) 殖貨(식화)
12 13	湜	맑을. 물 맑을.
14 火	熄	꺼질. 사라질.

15 竹	簽	땅 이름.	19 20	璶	옥돌.
19 言	識	알. 볼.→지[통용]. [치] 識見(식견) 標識(표지)	05 田	申	납. 원숭이. 거듭. 姓. 李錫申(이석신, 의학자)
13 車	軾	수레 난간. 鄭軾(정식, 조선문관)	10 示	神	귀신. 신령. 정신. 영묘한. 陽神(양신, 고구려재상)
09 食	食	음식. 먹을. [사]	11 糸	紳	띠. 벼슬아치. 점잖은 사람. 姜紳(강신, 조선문관)
14 食	飾	꾸밀.	12 14	腎	콩팥. 자지. 불알. 腎虛腰痛(신허요통)
14 食	蝕	꾸밀. 꾸밈. 가선. 蝕言(식언) 蝕裝(식장)	06 臣	臣	신하. 백성. 신. 金得臣(김득신, 조선화가)
13 女	媳	며느리.	11 13	莘	풀. 약 이름. 나라 이름.

— 신

			17 19	薪	섶. 땔나무.
07 人	伸 ·	펼. 늘일. 기지개. 말할. 柳伸(유신, 고려문관)	18 20	藎	조개풀. 나아갈. 나머지.
08 人	侁	갈. 떼지어 갈. 姓.	13 虫	蜃	대합조개. 이무기. 상여. 제기.
09 人	信 °	믿을. 편지. 소식. 표지. 沈友信(심우신, 조선무장)	10 言	訊	물을. 죄 조사할.
08 口	呻	끙끙거릴. 읊조릴.	07 身	身	몸. 權哲身(권철신, 조선순교자)
10 女	娠	애밸. 잉태할. 움직일.	07 辛	辛 °	매울. 괴로울. 姓.
10 宀	宸	집. 대궐. 하늘. 宸影(신영) 宸翰(신한)	07 辰	辰	일월성. 날(하루). 때.→진[통용] 辰夜(신야) 辰時(진시)
13 14	愼 ·	삼갈. 정성스럴. 姓. [진] 盧思愼(노사신, 조선문관)	07 10	迅	빠를. 魯迅(노신, 중국작가)
13 斤	新 °	새. 새로울. 처음. 尹新之(윤신지, 조선인)	09 口	哂	비웃을. 웃다. 哂笑(신소)
11 日	晨 ·	새벽.	06 口	囟	정수리. 숫구멍. 囟門(신문)
18 火	燼	탄 나머지. 나머지.	09 女	姺	나라 이름.

06, 07 汎	물 뿌릴. 묻다. 汎掃(신소)
09 矧矢	하물며. 잇몸.
11, 13 脤	제육(祭肉).
21 貝 賑	전별(餞別)할. 賑儀(신의)
15 頁 瞦	눈 크게 뜨고 볼.
16 馬 駪	말이 많을.
16 火 燊	불꽃 성한 모양.

── 실 ──

05 大 失°	잃을. 그르칠. 잘못할.
09 宀 室°	집. 방. 아내. 별 이름. 敎室(교실) 家室(가실)
14 宀 實	열매. 실제. 사실. 참될. [지] 蔣英實(장영실, 조선과학자)
08 宀 実	☞實자의 통용어.
11 心 悉	다. 다할.
17 虫 蟋	귀뚜라미. 蟋蟀(실솔)

── 심 ──

15 宀 審 •	살필. 조사할. 자세할. 밝힐. 金審言(김심언, 고려충신)
12 寸 尋 •	찾을. 궁구할. 尋訪(심방) 尋求(심구)
04 心 心 •	마음. 생각. 심장. 별 이름. 金心伯(김심백, 고려무관)

07, 08 沁	물 이름. 밸.
07, 08 沈	즙. 즙액. 姓.→침[통용] 沈德潛(심덕잠, 淸나라 시인)
11, 12 深	깊을. 깊이. 짙을. 梁應深(양응심, 조선무관)
18, 19 瀋	즙. 즙액. 물 이름.
09 甘 甚°	심할. 더욱. 매우.
08, 10 芯	골풀. 중심.
16 言 諶	참. 믿을. 참으로. 姓.
15, 16 潯	물가. 못. 강 이름.
16 火 燖	삶을. 따뜻하게 하다.
13, 15 葚	오디. 뽕나무 열매.
20 金 鐔	날밑. [담]
23 魚 鱏	철갑상어.

── 십 ──

04 人 什	열 사람. 열.→집[통용]
02, 10 十°	열. 十匙一飯(십시일반)
09, 10 拾	열.→습[통용]

── 쌍 ──

18 隹 雙 •	쌍. 돌. 짝. 雙手(쌍수) 雙肩(쌍견)

| 04 又 | 双 | ☞雙자의 통용어. |

一 씨

| 04 氏 | 氏 | 각시. 성. 땅 이름.
林氏(임씨, 조선여류문인) |

| 주
의 | 성(姓)은 반드시 한자(漢字)로 출생신고를 해야 하나 이름[名]은 한자(허용 한자 중에서) 또는 한글로 신고가 가능하다. |

一 아

08 二	亞 ·	버금. 작을.
07 二	亜	☞亞자의 통용어.
09 人	俄	잠시. 갑자기. 기울. 높을.
08 儿	兒	아이. 兒童(아동)
07 儿	児	☞兒자의 통용어.
10 口	哦	읊을.
11 口	啞	벙어리. 까마귀소리. [액] 啞子得夢(아자득몽)
08 女	妸	여자의 요염한 모양.

10 女	娥	예쁠. 여자의 자(字). 娥皇(아황)
11 女	婀	아리따울.
11 女	婭	☞婀자의 통용어.
11 女	娅	동서.
10 山	峨	산 높을. 산 이름.
10 山	峩	☞峨자의 통용어.
07 戈	我 ·	나. 우리.
04 牙	牙	어금니. 상아. 대장기. 牙器(아기) 牙錢(아전)
12 白	皒	흰빛.
09 石	砑	갈.
12 石	磀	바위.
08 10	芽 ·	움. 싹. 芽生(아생) 萌芽(맹아)
11 13	莪	쑥.
13 虫	蛾	나방. 눈썹. 초승달. [의]
13 行	衙	아문. 마을. 관청.
11 言	訝	맞을. 의아할. 놀랄.
08 13	阿 ·	언덕. 아름다울. 姓.
12 隹	雅 ·	맑을. 아담할. 바를. 鄭世雅(정세아, 조선의병)

| 16 食 | 餓 | 주릴. |

| 15 鳥 | 鴉 | 큰부리까마귀. 검을. |

| 18 鳥 | 鵝 | 거위. 진(陣) 이름. 姓. |

| 12 木 | 椏 | 가장귀. |

| 11 口 | 啊 | 사랑하고 미워하는 소리. |

| 08 女 | 妸 | 여자를 가르치는 선생. |

| 11/12 犬 | 猗 | 부드러울. 온순하다. |

| 08 木 | 枒 | 가장귀진 모양. |

| 03 丨 | 丫 | 가장귀. 두 가닥.
丫鬟(아환) |

| 10 疒 | 疴 | 병(病). |

| 10 竹 | 笌 | 대순[竹筍]. |

| 08/11 辶 | 迓 | 마중할. |

| 16 金 | 錏 | 투구 목가림. |

| 18 鳥 | 鵞 | 鵝와 同字. |

| 14 言 | 誐 | 좋을. |

악

| 11 土 | 堊 | 백토. 흰 흙. |

| 08 山 | 岳 | 메뿌리. 큰 산.
申岳(신악, 독립운동) |

| 17 山 | 嶽 | 메. 큰 산.
潘嶽(반악, 중국문인) |

| 12 巾 | 幄 | 휘장. 장막. |

| 12 心 | 惡 | 악할. 나쁠.→오[통용]
惡戰苦鬪(악전고투) |

| 12/13 心 | 愕 | 놀랄.
愕立(악립) 愕胎(악치) |

| 12/13 手 | 握 | 쥘. 한움큼. 주먹. 손잡이.
握月擔風(악월담풍) |

| 15 木 | 樂 | 풍류.→락, 요[통용] |

| 12/13 水 | 渥 | 짙을. 두터울. 젖을. 적실. |

| 12/16 邑 | 鄂 | 나라 이름. 고을 이름. 나타
날. 놀랄. |

| 17 金 | 鍔 | 칼날. 가장자리. |

| 18 頁 | 顎 | 턱.
上顎(상악) 下顎(하악) |

| 20 魚 | 鰐 | 악어. |

| 24 齒 | 齷 | 작을. 잔달. 안착할. |

| 11 人 | 偓 | 악착할. 신선 이름. |

| 09 口 | 咢 | 놀랄. 직언(直言)하는 모양. |

| 12 口 | 喔 | 닭소리. 억지로 웃는 모양. |

| 16 口 | 噩 | 놀랄. 엄숙하다. |

| 13/15 肉 | 腭 | 齶과 同字. |

| 13/15 艸 | 萼 | 꽃받침.
花萼(화악) |

16 見	覵	오래 볼.
16 言	諤	직언(直言)할. 諤諤(악악)
20 鳥	鶚	물수리.
24 齒	齶	잇몸.

― 안

09 女	姲	여자의 이름자.
11 女	嫣	고울.
06 宀	安。	편안. 편안할. 어찌. 姓. 金安國(김안국, 조선명신)
08 山	岸・	언덕. 沿岸(연안) 涯岸(애안)
09 10	按	누를. 어루만질. 살필.
10 日	晏	늦을. 姓. 丁晏(정안, 중국학자)
10 木	案。	책상. 기안할. 金案實(김안실, 천도교인)
10 木	桉	☞案자의 통용어.
16 火	鴈	불빛. 불.
11 目	眼。	눈. 요점. 淸眼(청안, 조선승려)
12 隹	雁	기러기. 雁柱(안주)
15 鳥	鴈・	☞雁자의 통용어.
15 革	鞍	안장(鞍裝). 안장 지울.

18 頁	顔。	얼굴. 빛. 색채. 산 높을. 姜希顔(강희안, 조선명신)
17 魚	鮟	아귀.
08 石	研	산의 돌. 돌이 희고 깨끗한 모양.
08 人	侒	편안할. 늦을.
19 食	餡。	배부를. 〔온〕
06 07	犴	들개. 야견(野犬).
07 女	晏	편안할.
16 金	銻	연한 쇠.
09 10	浽	더운물.

― 알

14 斗	斡	돌. 姓.〔간〕 斡旋(알선) 斡運(알운)
16 言	謁・	뵈올. 아릴. 拜謁(배알) 謁見(알현)
08 車	軋	삐걱거릴. 형벌 이름. 姓.
16 門	閼	막을. 틀어막을. 〔어, 연〕
14 口	嘎	새소리.
12 13	挖	뽑을. 挖苗(알묘)
06 穴	空	구멍. 더듬다.
10 言	訐	들추어낼. 비방하다.

― 알

13 遏 막을. 알맞게 하다.
16 辶 遏雲(알운) 遏絶(알절)

15 頞 콧마루. 콧대.
頁

17 鴶 뻐꾸기.
鳥

― 암

11 唵 움켜먹을. 머금을.
口

23 巖 바위.→岩[약,통용,8획]
山 金巖(김암, 신라병술가)

08 岩 ☞巖자의 통용어.
山

11 庵 암자. 초막.
广 庵子(암자) 草庵(초암)

13 暗 어두울. 흐릴. 가만히.
日

17 癌 암. 악성 종양.
疒

12 菴 암자. 진주봉. 가릴.
14

17 闇 어두울. 밤. 여막. 어둡게 할.
門

12 唵 잠꼬대. 다물다.
口

12 媕 머뭇거릴. 아름답다.
女

12 嵓 嵒과 同字.
山

12 晻 어두울. 어두운 모양. [엄]
日 晻昧(암매)

13 腤 고기 삶을. 삶다.
15

13 葊 菴의 고자.
15

― 압

17 壓 누를.
土 壓搾(압착)

08 押 수결. 주관할. 누를. [갑]
09 押送(압송) 押收(압수)

08 狎 익을. 친압할. 업신여길.
09 狎而敬之(압이경지)

16 鴨 집오리.
鳥

― 앙

15 庵 암자(庵子).
17

16 諳 욀. 알다. 깨닫다.
言

16 頷 끄덕일. [함]
頁

17 馣 향기로울.
香

21 黯 어두울. 검다.
黑 黯然(암연)

06 仰 우러를. 우러러볼. 姓.
人

05 央 가운데.
大 中央(중앙) 央求(앙구)

08 怏 원망할.
09

08 昂 밝을. 오를.
日 趙素昂(조소앙, 독립운동)

09 昻 ☞昂자의 통용어.
日

09 殃 재앙.
歹 殃禍(앙화)

10 秧 벼의 모. 심을. 무성할.
禾 秧揷(앙삽) 秧田(앙전)

16 鳥	鴦	원앙(鴛鴦).
04 卩	卬	나. 자신. 우러를.
08 土	坱	먼지. 끝이 없는 모양.
10 皿	盎	동이. 넘치다. 盎盎(앙앙) 盎然(앙연)
14 革	鞅	가슴걸이. 교활할. 鞅掌(앙장)
08 09	泱	끝없을. 광대할.

── 애

08 厂	厓	언덕.
09 口	哀	슬플. 슬퍼할. 常哀(상애, 후백제장군)
10 口	唉	그래. 대답 소리.
10 土	埃	티끌. 먼지. 埃及(애급) 埃滅(애멸)
11 山	崖	언덕. 낭떠러지.
13 心	愛	사랑. 사랑할. 사모. 아낄. 姜敬愛(강경애, 여류작가)
17 日	曖	희미할. 흐림. 가릴.
11 12	涯	물가. 가. 끝. 無涯(무애) 生涯(생애)
11 火	焱	빛날. 더울.
19 石	礙	거리낄. 막을.
13 石	碍	☞ 礙자의 통용어.

05 08	艾	쑥. 약쑥. 늙은이. 기를. 〔예〕 艾老(애노) 艾人(애인)
15 貝	賹	사람 이름.
13 18	隘	좁을. 더러울. 험할. 〔액〕
24 雨	靄	놀. 아지랑이. 오를.
15 人	僾	어렴풋할. 숨다.
11 口	啀	물어뜯을.
16 口	噯	숨. 어머나(감탄사). 噯氣(애기)
10 女	娭	여자종. 장난치다.
11 山	崕	崖와 同字.
10 11	挨	칠. 밀치다.
11 12	捱	막을. 늘어지다.
11 欠	欸	한숨 쉴. 화낼.
14 15	漄	涯와 同字.
13 14	獃	어리석을. 실의(失意)한 모양.
15 白	皚	흴. 흰 모양. 皚皚(애애)
13 目	睚	눈초리. 쳐다보다.
18 目	曖	흐릿할. 가리워지다.
15 石	磑	단단할. 맷돌.

17/19 薆 숨길. 덮다.
20/22 薆 우거질. 열매 많이 열릴.
薆薆(애애) 薆然(애연)
25/雨 靉 구름 낄. [의]
靉靉(애애)
17/馬 騃 어리석을.
06/08 艾 쑥. [예]

── 액

04/厂 厄 · 액. 재앙.
07/08 扼 누를. 멍에.
扼喉撫背(액후무배)
11/12 掖 겨드랑이. 낄. 곁문. 후궁.
11/12 液 진. 즙.
16/糸 縊 목맬.
12/14 腋 겨드랑이.
18/頁 額 · 이마. 머릿수. 편액.
額數(액수) 總額(총액)
08/口 呃 울. 웃는 소리.
05/戶 戹 좁을. 괴로워하다.
13/14 搤 잡을. 조르다.
07/12 阸 막힐. 험하다.
阸窮(액궁)

── 앵

21/木 櫻 앵두나무.
20/缶 罌 항아리.
餠罌(병앵)
21/鳥 鶯 꾀꼬리.
28/鳥 鸚 앵무새. 앵무조개.
20/口 嚶 새소리. 방울 소리.
13/女 媖 예쁠. 아름다운 모양. [영]
16/缶 甖 물독. 술 단지.

── 야

03/乙 也 。 어조사. 또한.
11/人 倻 나라 이름.
倻溪集(야계집)
07/氵 冶 풀무. 쇠 불릴. 단련할.
公冶長(공야장, 중국학자)
08/夕 夜 。 밤. 姓.
13/心 惹 이끌. 끌어당김.
惹起鬧端(야기요단)
10/11 揶 빈정거릴. 놀릴.
12/13 挪 ☞挪자의 통용어.
13/木 椰 야자나무.
13/父 爺 아비.
09/耳 耶 · 어조사. 아버지.
耶孃(야양) 耶枉(야왕)

| 09 若 | 반야. 난야. 姓.→약[통용]
| 11 |
| 11 野 | 들. 성 밖. 분야. 질박할.
| 里 | 李野淳(이야순, 조선학자)
| 11 埜 | ☞野자의 통용어.
| 土 |

── 약

| 10 弱 | 약할. 나이 젊을. 어릴.
| 弓 | 弱肉强食(약육강식)
| 09 約 | 언약. 대략. 약속할. [요]
| 糸 | 李約東(이약동, 조선문관)
| 09 若 | 같을. 너. 만약.→야[통용]
| 11 | 高若海(고약해, 조선문관)
| 13 蒻 | 어수리. 어수리 잎. 약. [적]
| 15 |
| 14 蒻 | 구약나물.
| 16 |
| 19 藥 | 약.
| 21 | 藥局(약국)
| 21 躍 | 뛸.
| 足 | 金躍淵(김약연, 교육자)
| 21 爚 | 사를. 빛나다.
| 火 |
| 22 禴 | 종묘 제사 이름.
| 示 |
| 16 篛 | 箬과 同字.
| 竹 |
| 23 籥 | 피리. 자물쇠. 잠그다.
| 竹 |
| 25 鑰 | 자물쇠. 닫다. 들어가다.
| 金 | 鑰匙(약시)
| 21 鸙 | 댓닭.
| 鳥 |
| 17 龠 | 피리. 용량의 단위.
| 龠 |

掠→략[본]. 略→략[본]

── 양

| 08 佯 | 속일. 거짓. 노닐.
| 人 | 佯若不知(양약부지)
| 20 壤 | 흙덩이. 부드러운 흙. 땅.
| 土 |
| 20 孃 | 어미. [낭]
| 女 |
| 10 恙 | 병. 근심.
| 心 |
| 12 揚 | 날릴. 떨칠. 높일. 나타날.
| 13 | 揚弓擧矢(양궁거시)
| 13 敭 | ☞揚자의 통용어.
| 攴 |
| 20 攘 | 물리칠. 덜. 걷을. [녕]
| 21 |
| 13 暘 | 해돋이. 말릴. 밝을.
| 日 |
| 12 椋 | 푸조나무.
| 木 |
| 13 楊 | 버들. 姓.
| 木 |
| 15 樣 | 모양. 본.→상[통용]
| 木 | 樣式(양식) 貌樣(모양)
| 09 洋 | 바다. 물결. 넓을.
| 10 |
| 14 漾 | 물 이름. 출렁거릴. 뜰.
| 15 |
| 18 瀁 | 물 이름. 넓을.
| 19 |
| 13 煬 | 땔. 쬘. 녹일.
| 火 |
| 11 痒 | 병. 질병. 앓을. 종기.
| 疒 |

II 인명용 한자와 그 해설

14 疒	瘍	두창. 부스럼. 상처.
22 示	禳	물리칠.
22 禾	穰	짚. 풍년. 빌. 넉넉할.
06 羊	羊	양. 公羊壽(공양수, 중국학자)
17 衣	襄	도울. 멍에. 오를. 姓.
24 言	讓	사양. 겸손할. 文讓穆(문양목, 항일투사)
24 酉	釀	빚을. 술.
12/17	陽	볕. 해. 자득할. 밝을. 朴陽東(박양동, 조선학자)
09 日	昜	☞陽자의 통용어.
15 食	養	기를. 가르칠. 봉양할. 金養根(김양근, 조선문관)
09 亻	佯	노닐. 佯狂(양광)
20/21	瀼	이슬 많은 모양.
10 火	烊	구울. 녹이다.
20 疒	癢	가려울. 넓다.
11 目	眻	예쁠.
21/23	蘘	양하(蘘荷).
16 車	輰	임금의 수레.
25 金	鑲	거푸집 속.

| 18 風 | 颺 | 날릴. 새가 날아오르다.
颺言(양언) 飛颺(비양) |
| 27 馬 | 驤 | 머리 들. 뛰어오르다. |

亮→량[본]. 俍→량[본]
兩→량[본]. 涼→량[본]
梁→량[본]. 樑→량[본]
量→량[본]. 糧→량[본]
良→량[본]. 諒→량[본]

— 어

11 口	唹	웃을.
10 囗	圄	옥. 감옥. 가둘.
11 彳	御	모실. 어거할. 거느릴.
08 方	於	어조사. 姓. 金於珍(김어진, 고려무관)
14/15	漁	고기잡을. 빼앗을. 탐낼. 漁父之利(어부지리)
13 疒	瘀	병. 질병. 어혈.
16 示	禦	막을. 빙어. 굳셀.
14 言	語	말할. 논란할. 語不成說(어불성설)
12 馬	馭	말 부릴. 馭風之客(어풍지객)
11 魚	魚	물고기. 姓.
22 齒	齬	맞지 않을.
16 行	衛	그칠. 막을.

11 口	圊	마부. 마구간.
11 攴	敔	막을. 악기 이름.
11 12	淤	진흙.
13 食	飫	물릴. 주연(酒宴).

─ 억

15 人	億	억. 많은 수. 孫承億(손승억, 항일투사)
16 17	憶	생각. 기억할.
07 08	抑	문득. 누를. 억울할. 대체.
17 木	檍	싸리. 참죽나무.
17 19	臆	가슴. 막힐. 臆決(억결) 臆出(억출)
19 糸	繶	끈.

─ 언

11 人	偃	쓰러질. 쏠릴. 누울. 쉴. 偃武修文(언무수문)
12 土	堰	보. 방죽.
14 女	嫣	예쁠.
09 彡	彦	선비. 재덕이 뛰어난. 高時彦(고시언, 조선시인)
09 彡	彥	☞彦자의 통용어.
11 火	焉	어찌. 어조사.

07 言	言	말씀. 말. 法言(법언, 고려승려)
16 言	諺	언문. 속담. 속어. 상말.
13 人	傿	고을 이름.
09 匚	匽	엎드릴. 도랑.
27 言	讞	죄 의논할. 정직하다. [얼] 讞議(언의)
14 18	鄢	고을 이름.
22 鼠	鼴	두더지.
23 鼠	鼹	鼴과 同字.
14 口	嫣	즐거울.
20 鳥	鷗	봉황. 봉새.

─ 얼

19 子	孼	서자. 천민. 재앙. 괴롭힐.
22 米	糱	누룩. 빚을.
23 米	糵	☞糱자의 통용어.
21 23	蘖	움. 싹.
09 乙	乻	땅 이름.
10 自	臬	말뚝. 과녁.

─ 엄

10 人	俺	나. [암]	16 20	鄴	땅 이름.

─ 에

| 10 心 | 恚 | 성낼. |
| 16 日 | 曀 | 음산할. |

─ 엔

| 04 冂 | 円 | 圓자의 통용어.
일본 화폐 단위. |

─ 여

22 人 儼 공근할. 근엄할.

20 口 嚴 엄할. 엄숙할. 혹독할. 姓.
          麗嚴(여엄, 麗初승려)

17 厂 厳 ☞嚴자의 통용어.

08 大 奄 문득.

11 12 掩 가리울. 걷을.

11 12 淹 담글. 머무를. 넓을.
          淹久(엄구) 淹旬(엄순)

20 龍 龑 높고 밝을.

11 山 崦 산 이름.

24 日 曮 해 다닐.

13 14 罨 그물.

15 酉 醃 절인 남새.

16 門 閹 내시.

03 广 广 집. 마룻대.

─ 업

16 山 嶪 높을. 산 높은 모양.

13 木 業 업. 선악의 소행.
          奇貞業(기정업, 고려명의)

16 山 嶪 業과 同字.

04 亅	予	나. 줄. 허락할.
07 人	余	나. 姓.
06 女	如	같을. 어떠할. 어찌. 갈. 如是(여시) 如何(여하)
07 女	妤	궁녀의 벼슬 이름.
11 心	悆	기쁠.→서[통용]
18 欠	歟	그런가.
06 07 汝	너. 姓. 閔汝雲(민여운, 조선의병)
18 19 璵	옥.
19 石 礖	사람 이름.
14 臼 與	줄. 더불어 할. 같이할. 陳與義(진여의, 중국시인)
13 舟 艅	배 이름.

10 12 艸	茹	연할. 먹을. 받을. 채소 茹淡(여담) 茹素(여소)	20 言	譯・번역할. 통변할. 통역할.
17 車	輿	수레. 천지. 많을. 여럿. 郭興(곽여, 고려문인)	10 13 辶	逆。거스를. 거역할. 어긋날.
21 車	轝・	수레.	23 馬	驛・역말. 역참. 역마을. 역.
16 食	餘。	남을. 나머지. 딴 일. 姜善餘(강선여, 조선문관)	16 山	嶧 산 이름.
10 臼	舁	마주들. [거]	16 17 忄	懌 기뻐할. 순종하다.
06 亻	伃	아름다울.	11 12 氵	淢 빨리 호를. 거스르다.
08 亻	伽	온순할.	16 門	閾 문지방.
10 11 忄	悇	기쁠.		力→력[본]. 曆→력[본] 歷→력[본]

侶→려[본]. 勵→려[본]
呂→려[본]. 慮→려[본]
旅→려[본]. 麗→려[본]
黎→려[본]. 女→녀[본]

역

06 亠	亦。	또. 또한.
11 土	域・	지경. 구역.
07 彳	役・	역사. 부역. 일. 役事(역사) 役割(역할)
08 日	易。	바꿀. 변할.→이[통용] 鄭易(정역, 조선초문관)
12 日	暘	볕날. 볕 시원치 않을.
09 疒	疫。	염병. 전염병.
19 糸	繹	당길. 찾을. 통할. 다스릴.[석]

연

09 儿	兗	강 이름. 兗州(연주)
08 儿	兖	☞兗자의 통용어.
19 口	嚥	삼킬.
12 土	堧	빈 터. 공지. 강가.
09 女	姸	고울. 사랑스러울.
07 女	妍	☞姸자의 통용어.
10 女	娟	고울. 어여쁠.
09 女	姢	☞娟자의 통용어.
10 女	娫	빛날.

15 女	嬿	姓.
19 女	孍	아름다울.
10 宀	宴・	잔치. 편안할.
07 廴	延・	끌. 늘일. 물릴. 이을. 姓. 顔延之(안연지, 중국문인)
10 11	挻	당길. 달아날. 오래. [선]
10 11	捐	버릴. 덜. 기부. 捐金(연금) 捐助(연조)
20 日	曣	더울.
13 木	椽	서까래. 기어오를. 사닥다리. 椽大之筆(연대지필)
07 08	沇	물 이름.
08 09	沿・	좇을. 물 따라 내려갈.
10 11	涓	물방울. 벼슬 이름.
10 11	涎	침. 점액. 졸졸 흐를.
11 12	淵	못. 깊을. 張志淵(장지연, 한말학자)
11 12	渊	☞淵자의 통용어.
14 15	演・	넓을. 연약할. 넓힐. 沈演(심연, 조선문관)
12 火	然。	그럴. 그러할. 옳을. 허락할. 坦然(탄연, 고려승려)
13 火	煙・	연기. 안개.→烟[통용,10획]
10 火	烟	☞煙자의 통용어.

16 火	燃	불탈. 불태울.
16 火	燕・	나라. 제비. 편안할. 쉴. 姓. 燕雀(연작) 燕君(연군)
13 14	瓓	옥돌.
18 19	瓀	옥돌.
11 石	硏。	갈. 연구할. 벼루.
12 石	硯	벼루.
11 石	砜	☞硯자의 통용어.
13 竹	筵	자리.
15 糸	緣・	인연. 인할. 가장자리. 가선. 金緣(김연, 조선문관)
17 糸	縯	길. [인]
11 13	莚	이름. 만연할.
09 行	衍	넓을. 퍼질. 수 이름. 辛景衍(신경연, 조선무과)
23 酉	醼	잔치.
11 車	軟	부드러울. 연할. 柔軟(유연)
16 車	輭	☞軟자의 통용어.
13 金	鉛	납. 분.
14 鳥	鳶	솔개. 연. 鳶目冤耳(연목토이)
07 土	均	따를. [균]

15 戈	戜	사람 이름.
07 囗	囦	淵의 고자.
10 土	埏	땅의 끝.
10 11	悁	성낼. 근심하다.
12 13	掾	도울. 掾吏(연리)
19 木	櫞	구연. 레몬.
12 13	涊	물 이름.
20 22	臙	연지(臙脂). 목.
15 虫	蜎	웅숭깊을. 장구벌레.
20 虫	蠕	꿈틀거릴.
23 言	讌	잔치. 주연(酒宴).

年→년[본]. 憐→련[본].
戀→련[본]. 煉→련[본]
璉→련[본]. 練→련[본]
聯→련[본]. 蓮→련[본]
連→련[본]. 鍊→련[본]

━━ 열

09 口	咽	막힐. 목멜.→인[통용]. [연]
10 11	悅	기쁠. 기뻐할. 즐거울. 沈悅(심열, 조선정치가)
15 16	渷	물 흐르는 모양. [일]

15 火	熱	더욱. 뜨거울. 열. 바쁠.
14 言	說	기뻐할. 셈. 姓→설,세[통용] [탈] 說往說來(설왕설래)
15 門	閱	지낼. 볼. 살필. 읽을. 겪을.
15 口	噎	목멜. 근심하다.

列→렬[본]. 劣→렬[본].
洌→렬[본]. 烈→렬[본].
裂→렬[본]

━━ 염

14 厂	厭	싫어할. 싫증. 막을.[암, 엽, 읍] 厭離穢土(염리예토)
09 木	染	물들일. 물들.
08 火	炎	불꽃. 불탈. 더울. 顧炎武(고염무, 중국학자)
12 火	焰	불꽃.
12 13	琰	홀. 서옥.
24 色	豔	고울. 광택. 부러워할. →艶[19획, 통용]
19 色	艶	☞豔자의 통용어.
09 11	冉	성할. 우거질. 천연할.
16 門	閻	마을의 문. 촌락. 마을. 姓 閻浮檀金(염부단금)
14 髟	髥	구레나룻.
24 鹵	鹽	소금. 鹽田(염전)

II 인명용 한자와 그 해설

05 冂	冉	나아갈. 부드럽다. 冉冉(염염)
18 心	懕	편안할. 넉넉할.
12 戶	扊	빗장. 문빗장.
18 木	檿	산뽕나무.
26/27	灎	灩의 속자.
23 食	饜	물릴. 흐뭇하다. 饜足(염족)
24 鬼	魘	가위눌릴. 〔압〕
26 黑	黶	검정사마귀.

念→념[본]. 廉→렴[본].
斂→렴[본]. 濂→렴[본].
簾→렴[본].

─ 엽

16 日	曄	빛날. 許曄(허엽, 조선학자)
14 火	熀	환한 모양.→황〔통용〕
16 火	燁	빛날. 金光燁(김광엽, 조선문관)
13/15	葉	잎. 대. 세(世).→섭〔통용〕 申萬葉(신만엽, 조선음악인)
16 日	暈	曄과 同字.
20 火	爗	燁과 同字.
23 面	靨	보조개. 靨笑(엽소)

09 木	葉	나뭇잎.

─ 영

08 口	咏	읊을. 咏頌(영송) 咏嘆(영탄)
13 土	塋	무덤. 뫼.
16 女	嬴	찰. 가득함.
17 女	嬰	갓난아이. 닿을. 두를. 걸릴.
17 山	嶸	가파를.
15 彡	影	그림자. 초상. 影像(영상) 近影(근영)
21/22	懹	지킬.
09 日	映	비칠. 비출.
13 日	暎	☞映자의 통용어.
13 月	朠	달빛.
13 木	楹	기둥. 괴임목.
14 木	榮	영화. 성할. 명예. 宋德榮(송덕영, 조선무관)
09 木	栄	☞榮자의 통용어.
10 木	荣	☞榮자의 통용어.
05 水	永	길. 오랠. 姓. 朴永善(박영선, 조선의학자)
08/09	泳	헤엄칠. 吳時泳(오시영, 시인)

12 13	渶	물 맑을.
15 水	潁	물 이름. 潁水隱士(영수은사)
20 21	濴	물소리.
17 18	瀯	☞瀯자의 통용어.
13 火	煐	사람 이름.
17 火	營 ·	집. 헤아릴. 다스릴. 진.
13 14	瑛	옥 광채.
15 玉	瑩	구슬.→형[통용] 崔瑩(최영, 고려명장)
21 22	瓔	옥돌. 구슬목걸이.
09 皿	盈	찰.
16 禾	穎	이삭. 끝. 빼어날. 고리.
23 糸	纓	갓끈. 노. 새끼. 가슴걸이. 纓冠(영관) 纓紳(영신)
09 11 英 °		꽃부리. 영웅. 재주 뛰어날. 孫英濟(손영제, 조선문관)
20 虫	蠑	영원.
13 言	詠 ·	읊을. 노래할. (12획으로도 봄)
08 11	迎 °	맞을. 맞이할.
17 金	鍈	방울소리.
17 雨	霙	진눈깨비.

10 11	泳	거침없이 흐를. 가라앉을.
12 目	眳	똑바로 볼.
09 木	栐	나무 이름.
17 18	濚	瀯과 同字.
22 疒	癭	혹. 벙어리. 癭瘤(영류)
18 音	韺	풍류(風流) 이름.
14 石	碤	물속 돌. 무늬가 있는 돌.
16 糸	縈	얽힐. 굽다. 縈紆(영우) 縈廻(영회)
20 貝	贏	남을. 지나치다. 贏得(영득) 贏餘(영여)
10 14	郢	땅 이름.
07 日	昊	클. [대]
14 貝	賏	자개를 이어 펜 목걸이.

寧→녕[본]. 令→령[본]
伶→령[본]. 嶺→령[본]
玲→령[본]. 鈴→령[본]
零→령[본]. 靈→령[본]
領→령[본]. 齡→령[본]

― 예

02 乂	깎을. 다스릴. 평온할. [애] 乂安(예안) 乂淸(예청)
10 人 倪	어린아이. 끝. 나눌. 흘길. 倪瓚(예찬. 元代문인화가)

Ⅱ 인명용 한자와 그 해설 353

04 刀	刈	벨. 낫. 姓. 刈除(예제) 刈穫(예확)		05 08	艾	다스릴. [애]
16 又	叡	밝을.→睿[통용, 14획] 叡旨(예지) 叡智(예지)		08 10	芮	물가. 나라. 姓.
12 口	睿	☞叡자의 통용어.		15 17	蓺	심을.
14 目	睿	☞叡자의 통용어.		16 18	蕊	꽃술.
19 又	叡	☞叡자의 통용어.		20 22	蘂	☞蕊자의 통용어.
11 土	堄	성가퀴.		19 21	藝 。	재주. 학문. 법.
15 土	埶	심을.		11 土	埶	☞藝자의 통용어.
14 女	嫕	유순할.		08 10	芸	☞藝자의 통용어.
06 日	曳	끌. 끌릴. 고달플. 曳牛却行(예우각행)		13 衣	裔	옷깃. 후손. 弓裔(궁예, 태봉왕)
16 木	蘂	꽃술.		13 言	詣	이를. 갈. 나아갈.
19 癶	蘂	아름다울.		21 言	譽 •	기릴. 명예.
07 08	汭	물굽이. 물가. 안쪽.		16 豕	豫 •	미리. 기뻐할. 참여할. [서] 豫防(예방) 豫報(예보)
16 17	濊	깊을. 더러울. [활]		15 金	銳 •	날카로울. 빠를. 날쌜.
11 12	猊	사자. 猊座(예좌) 猊下(예하)		16 雨	霓	무지개. 姓. 霓裳羽衣曲(예상우의곡)
09 10	珸	옥돌.		13 頁	預	미리. 맡길. 預金(예금) 預知(예지)
16 疒	瘱	고요할.		11 15	郳	나라 이름.
18 禾	穢	거칠. 잡초. 더럽힐. 악할.		15 辛	嬖	다스릴. 편안할.
09 羽	羿	사람 이름.		09 巾	帠	법. 법칙.

11 12	汜	물가. 끝.
08 儿	兒	연약할.
22 口	囈	잠꼬대. 웃다.
14 女	嫛	유순할. 갓난아이.
09 10	拽	끌. 질질 끌다. 拽白(예백) 拽身(예신)
11 12	抴	비낄. 땅길.
08 木	枘	장부. 촉꽂이.
16 17	獩	민족 이름. 獩貊(예맥)
13 目	睨	흘겨볼. 엿보다.
16 目	瞖	눈에 백태 낄.
17 糸	緊	검붉은 비단. 탄식하는 소리.
17 羽	翳	일산(日傘). 몸 가리개.
17 19	薉	거친 풀.
10 虫	蚋	蜹와 同字.
14 虫	蜺	무지개. 쓰르라미. 雲蜺(운예) 虹蜺(홍예)
19 魚	鯢	도롱뇽.
22 鳥	鷖	갈매기. 검푸른 빛.
19 鹿	麑	사자. 사슴 새끼.

07 匚	医	화살통. [의]
09 木	枻	배의 키. [설]
06 08	艾	다스릴. [애]

例→례[본]. 禮→례[본].

― 오

04 05	五	다섯. 다섯 번. 徐丙五(서병오, 서화가)
06 人	伍	항오 대오 반. 다섯. 姓
09 人	俉	맞이할.
13 人	傲	거만할. 업신여길.
04 十	午	낮. 일곱째 지지.
07 口	吾	나. 李存吾(이존오, 고려충신)
07 口	吳	나라. 姓
13 口	嗚	슬플. 탄식할. 노랫소리.
13 土	塢	마을. 촌락. 보루. 둑.
16 土	墺	물가. 땅 이름. [욱] 墺地利(오지리)
13 大	奧	아랫목. 그윽할. 쌓을.
10 女	娛	즐길. 즐거워할.
14 宀	寤	깰. 깨달을. 꿈. 寤寐不忘(오매불망)

10 11	悟°	깰. 깨달을. 깨우쳐 줄. 始悟(시오, 조선승려)	24 黽	鼇	자라. 鼇戴(오대) 鼇頭(오두)
12 心	惡	미워할. 헐뜯을. → 악[통용] 惡醉而强酒(오취이강주)	22 魚	鰲	☞ 鼇자의 통용어.
16 17	懊	한할.	20 頁	頟	높을. 높고 클.
11 攴	敖	거만할. 놀. 시끄러울. 敖不可長(오불가장)	06 人	仵	짝. 거스르다. 仵逆(오역)
08 日	旿	낮. 날 밝을.	09 人	俣	가지.
11 日	晤	밝을.	10 口	唔	글 읽는 소리.
11 木	梧	벽오동나무.	14 口	嗷	시끄러울. 嗷嗷(오오)
06 07	汚°	더러울. 낮을.	15 口	噁	성낼. 성내는 모양.
10 11	浯	강 이름.	06 土	圬	흙손.
16 17	澳	깊을. 땅 이름. [욱]	12 女	嫯	업신여길.
10 火	烏°	까마귀. 검을. 어찌. 탄식할. 延烏郎(연오랑, 신라설화)	07 08	忤	거스를. 어지럽다. 忤逆(오역) 忤耳(오이)
15 火	熬	볶을. 근심하는 소리.	14 15	慠	오만할. 慠慢(오만)
17 火	燠	위로할.→우, 욱[통용]	10 11	捂	닿을. 향하다.
15 犬	獒	개. 맹견.	06 07	汙	汚와 同字.
11 12	珸	옥돌. 옥 다음가는 돌.	16 穴	窹	굴뚝.
13 竹	筽	버들고리. 조	17 耳	聱	듣지 아니할. 뭇소리.
13 虫	蜈	지네.	11 13	莫	풀이름.
14 言	誤°	그르칠. 잘못. 틀릴.	18 19	襖	웃옷. 가죽 옷.

18 言	謷	헐뜯을. 고매할.	13 14	溫	따뜻할. 부드러울. 姓. 南孝溫(남효온, 조선생육신)
07 10	迂	迂의 본자.	14 15	瑥	사람 이름.
08 11	迕	만날. 거스르다. 迕視(오시)	15 广	瘟	염병. 돌림병.
15 18	遨	놀. 즐겁게 놀다. 遨遊(오유)	10 皿	昷	어질. 따뜻할.
19 金	鏊	번철.	09 日	昷	☞ 昷자의 통용어.
19 金	鏖	무찌를.	15 禾	穏	번성하는 모양.
16 阝	隩	굽이. 간직하다. 숨기다.	19 禾	穩	온자할. 편안할. 평온할. 穩健(온건) 穩當(온당)
21 馬	驁	준마(駿馬). 오만하다.	14 禾	穏	☞ 穩자의 통용어.
20 鼠	鼯	날다람쥐.	16 禾	穩	☞ 穩자의 통용어.
07 08	扤	젤, 재다.	16 糸	縕	삼부스러기. 헌솜. 솜옷. 삼베. 縕緒(온서) 縕袍(온포)

—— 옥

09 尸	屋	집. 덮개.	20 22	蘊	쌓을. 쌓일. 모을. 마름.
07 08	沃	기름질. 윤택할. 손 씻을. 林尙沃(임상옥, 조선무역인)	14 木	榲	팥배나무. 기둥.
14 犬	獄	옥. 감옥. 소송.	19 香	馧	향기로울.
05 玉	玉	옥. 아름다울. 훌륭할. 姓. 徐宗玉(서종옥, 조선정치가)	19 食	餫	보리를 서로 먹을. [안]
13 金	鈺	금. 南宮鈺(남궁옥, 조선서화가)	12 女	媼	嫗의 속자.
			13 14	慍	성낼. 괴로워할.

—— 온

13 女	嫗	노파. 할미. 땅의 신(神).	14 气	氲	기운 성할. 氤氳(온분) 氤氳(온인)
			14 火	熅	어스레할.

17 車	輼	와거(臥車).		13 隹	雍	화할. 학교. 姓.
17 酉	醞	빗을. 조화하다. 너그러움. 醞釀(온양)		22 食	饔	아침밥. 익은 음식. 요리할.
19 韋	韞	감출. 싸다.		12 口	喁	숨 쉴. 우러러 따르다. 〔우〕
17 19	蘊	풍부할. 붕어마름. 쌓을.		21 广	廱	화락할. 막히다.
16 人	儓	편안할. 〔은〕		13 14	滃	구름 일.

─ 올

03 儿	兀	우뚝할. 민둥민둥할. 무식할. 兀然獨坐(올연독좌)		18 广	癰	癰과 同字.
07 木	杌	위태로울. 걸상. 杌子(올자)		08 内	禺	姓.
13 口	嗢	목멜. 웃다.		19 缶	甕	독. 두레박.
14 16	膃	살질. 살지고 부드럽다. 膃肭(올눌)		14 16	蓊	우거질. 장다리.
				18 隹	雝	막을. 할미새. 雝渠(옹거)

─ 옹

16 土	壅	막을. 막힐. 姓.		18 頁	顒	공경할. 온화한 모양.

─ 와

16 17	擁 ·	낄. 안을. 가질. 抱擁(포옹) 擁護(옹호)		12 13	渦	소용돌이. 소용돌이 칠. 渦水(와수) 渦中(와중)
09 瓦	瓮	항아리.		05 瓦	瓦 °	기와. 질그릇.
18 瓦	甕	항아리. 甕算畵餠(옹산화병)		14 穴	窩	굴. 움집. 窩停主人(와정주인)
23 广	癕	악창. 등창. 癰의 본자.		14 穴	窪	구덩이. 우묵할. 깊을.
10 羽	翁 ·	늙은이. 아버지 姓. 崔啓翁(최계옹, 조선문관)		08 臣	臥 °	누울. 굽힐. 臥薪嘗膽(와신상담)
10 邑	邕	막을. 화락할. 姓.		12 虫	蛙	개구리. 음란할. 〔왜〕 蛙鳴蟬噪(와명선조)

15 虫	蝸	달팽이. 蝸牛角上(와우각상)		08 宀	宛	완연. 굽을. 쌓을. [원, 울] 宛丘(완구) 宛然(완연)
11 言	訛	잘못될. 그릇될. 사투리. 속일.		07 山	岏	산 뾰죽한 모양.
09 口	哇	토할. 울음소리.		11 木	梡	나무 이름.
07 口	囮	후림새. 바꾸다. 〔유〕		12 木	椀	주발. 식기.
11 女	媕	정숙할.		10 11	浣	빨. 씻을. 말미.
08 木	枴	옹이.		08 09	玩	희롱. 놀. 구경할. 李玩(이완, 조선학자)
09 10	洼	웅덩이. 깊다. 강 이름.		11 12	琓	서옥(瑞玉).
12 13	猧	발바리.		12 13	琬	서옥. 아름다운 옥.
10 穴	窊	우묵할. 우묵한 땅. 窊隆(와륭)		13 石	碗	주발. 盌자의 통용어.
13 15	萵	상추.		15 糸	緩	늦을. 느릴. 느슨할. 늘어질.
19 言	譌	거짓말. 바꾸다. 譌言(와언) 譌字(와자)		15 羽	翫	갖고 놀. 즐길. 탐할. 아낄.
09 女	娃	예쁠. 〔왜〕		11 13	脘	밥통. 육포. 밥통포.
― 완				12 14	腕	팔목. 팔뚝. 팔〔국〕. 腕骨(완골) 腕力(완력)
10 土	垸	회 섞어 칠할.		11 13	莞	웃을. 왕골.
07 女	妧	좋을. 고울.		15 豆	豌	완두. 콩엿.
11 女	婉	어여쁠. 순할.→원〔통용〕		07 12	阮	나라 이름. 姓.→원〔통용〕 阮大鋮(완대성, 明末정치가)
11 女	婠	점잖을. 아기 통통할. 예쁠.		16 金	鋺	저울. 〔원〕
07 宀	完	완전. 완전히 할. 成汝完(성여완, 고려충신)		13 頁	頑	완고할. 탐할. 頑石點頭(완석점두)

― 왜

10 人	倭	나라. 왜국.
09 女	娃	예쁠. 미인. [와]
09 止	歪	비뚤. [외, 의] 歪曲(왜곡) 歪詩(의시)
13 矢	矮	작을. 짧을. 짧게 할.
12 女	媧	여신(女神). [와]

― 외

05 夕	外°	바깥. 외방. 멀리할.
13 山	嵬	높을. 괴이할. 평탄치 않을.
21 山	巍	높을.
12·13	猥	뒤섞일. 더러울. 많을.
09 田	畏·	두려워할.
11 人	偎	어렴풋할. 가까워지다. 偎愛(외애)
12 山	崴	嵔와 同字.
12 山	嵔	높을. 산이 높고 험한 모양.
12·13	渨	잠길. 더러워질.
13 火	煨	불씨. 굽다. 煨燼(외신)
14 石	碨	돌 고르지 않을.

抏·杬·刓·忨·惋·涴·盌·輐

07·08	抏	꺾을. 가지고 놀.
08 木	杬	주무를.
06 刀	刓	깎을. 닳다. 刓缺(완결)
07·08	忨	탐할. 헛되이 보내다.
11·12	惋	한탄할. 惋惜(완석)
11·12	涴	물 굽이쳐 흐를.
10 皿	盌	주발.
14 車	輐	둥글.

― 왈

| 04 日 | 曰° | 가로[가로되, 말하되]. 徐曰甫(서왈보, 비행사) |

― 왕

08 彳	往°	갈. 옛. 이따금.
08 日	旺	왕성할. 旺盛(왕성) 興旺(흥왕)
08 木	枉	굽을. 굽히어 나아갈. 枉臨(왕림)
07·08	汪	넓을. 汪芒(왕망) 汪汪(왕왕)
04 玉	王°	임금. 성할. 클. 姓. 檀君王儉(단군왕검, 國祖)
18·19	瀇	물 깊고 넓을.
09·12	迬	갈.

15 石	磽	높고 험한 모양.
18 耳	聵	배냇귀머거리.
13 18	隗	험할. 산 이름.

ㅛ 요

14 人	僥	요행. 난쟁이. 姓. 僥倖萬一(요행만일)
05 山	凹	오목할. 凹面鏡(요면경)
12 土	堯	임금. 높을. 李堯憲(이요헌, 조선문관)
04 大	夭	일찍 죽을. 굽을. 무성할. 어릴. 〔오〕夭折(요절) 夭昏(요혼)
07 女	妖	아리따울. 괴이할. 요귀. 妖精(요정) 妖花(요화)
09 女	姚	예쁠. 멀. 날랠. 〔조〕
15 山	嶢	높을. 嶢嶢者易缺(요요자이결)
08 09	拗	꺾을. 비꼬일. 〔욱〕
13 14	搖	흔들. 흔들릴. 李搖(이요, 조선학자)
18 19	擾	길들일. 순할. 어지러울.
14 日	暚	밝을. 햇빛.
18 日	曜	비칠. 빛날. 요일. 일월성신.
15 木	樂	좋아할. →악, 락〔통용〕
16 木	橈	짧은 노. 〔뇨〕 橈敗(요패) 橈凶(요흉)

18 火	燿	비칠. 빛날. 빛. 〔삭〕
14 15	瑤	옥. 아름다운 옥.
10 穴	窈	그윽할. 얌전할. 어두울. 窈窕淑女(요조숙녀)
15 穴	窯	가마. 오지그릇.
17 糸	繇	우거질. 부역. 근심할. 〔유,주〕 繇戍(요수) 繇役(요역)
18 糸	繞	얽힐. 감길. 두를. 포장.
20 羽	燿	빛날. 朱燿燮(주요섭, 작가)
13 15	腰	허리.
18 虫	蟯	요충. 작은 벌레.
09 襾	要	중요. 구할. 모을. 기다릴.
17 言	謠	노래. 소문.
14 17	遙	멀. 노닐. 거닐. 遙然(요연) 遙遙(요요)
17 20	邀	맞이할. 구할. 불러들일.
21 食	饒	넉넉할. 기름질. 너그러울. 豊饒(풍요) 饒民(요민)
11 人	偠	낭창거릴. 낭창낭창하다.
12 口	喓	벌레 소리.
08 土	垇	팬 곳. 우묵한 곳.
15 土	墝	메마른 땅. 평평하지 않을. 墝埆(요각)

15 女	嬈	예쁠. 아름다운 모양.
03 幺	幺	작을. 어리다. 幺麽(요마)
13 亻	傜	구실. 부역(賦役). 傜賦(요부)
16 彳	徼	구할. 순찰할. 맞을.
08 歹	殀	일찍 죽을. 殀壽(요수)
15/16	澆	물 댈. 엷다. [교]
09 示	祅	재앙. 祅變(요변)
09 穴	突	깊을. 문지도리 소리.
10 穴	窅	움펑눈. 멀리 바라보다.
16/18	藙	풋나무.
16/19	遶	두를. 에워싸다.
21 鳥	鷂	익더귀.
09 糸	約	믿을. [약]

了→료[본]. 僚→료[본].
料→료[본].

── 욕 ──

15 心	慾	욕심.
11 欠	欲	하고자 할. 바랄. 욕심.
10/11	浴	목욕. 목욕할. 미역감을.

16 糸	縟	채색. 번다할. 자리.
15/16	褥	요. 헝겊깔개.
10 辰	辱	욕. 욕될. 더럽힐.
13/14	溽	무더울.
14/16	蓐	요. 거적자리. 깃. 蓐瘡(욕창)

── 용 ──

09 人	俑	목우(木偶). 爲俑(위용) 作俑(작용)
12 人	倯	불안할.
13 人	傭	품팔이할. 품살. 품삯 [총]. 傭兵(용병) 傭役(용역)
09 力	勇	날랠. 날쌜. 용맹할. 鄭神勇(정신용, 고려장군)
10 土	埇	길 돋울. 골목길.
14 土	墉	담. 보루.
05 宀	宂	번거로울.
04 冖	冗	宂자의 통용어.
10 宀	容	얼굴. 담을. 용납할. 용서할. 金尙容(김상용, 조선정치가)
11 广	庸	떳떳. 쓸. 화할. 수고로울. 徐相庸(서상용, 독립운동)
14 心	慂	종용할.
14 木	榕	용나무.

15 木	榵	살대나무.
10 11	涌	물 솟을.
12 13	湧	☞涌자의 통용어.
13 14	溶	녹을. 질펀히 흐를. 金溶禹(김용우, 은행가)
14 15	瑢	옥소리.
05 用	用ᐤ	쓸. 쓰일. 써. 吳用千(오용천, 독립운동)
07 用	甬	길. 섬. 휘. 쇠북꼭지. 甬道(용도) 甬路(용로)
17 耳	聳	솟을. 솟게 할. 〔송〕
10 12	茸	아름다울. 풀날. 녹용.
14 16	蓉	부용. 연꽃.
14 足	踊	뛸.
18 金	鎔	녹일. 거푸집. 姜日鎔(강일용, 항일투사)
14 火	熔	☞鎔자의 통용어.
19 金	鏞	쇠북. 丁若鏞(정약용, 조선학자)
10 戈	戜	날랠.
13 山	嶸	산 이름.
14 15	慵	게으를. 慵懶(용라) 慵惰(용타)
15 心	憃	천치(天癡).

12 石	硧	숫돌.
11 臼	舂	찧을. 해가 지다. 舂歌(용가) 舂炊(용취)
13 虫	蛹	번데기.
16 足	踴	踊과 同字.

龍→룡〔본〕.

一 우

03 二	于ᐤ	어조사. 갈. 姓. 昔于老(석우로, 신라장군)
07 人	佑	도울. 도움. 成佑吉(성우길, 조선장군)
09 人	俁	모양 장대할.
11 人	偶・	짝. 배필. 우연. 허수아비.
17 人	優・	광대. 넉넉할. 도타울.
02 又	又ᐤ	또. 趙又新(조우신, 조선문관)
04 又	友	벗. 벗할. 우애. 沈友勝(심우승, 조선정치가)
05 口	右ᐤ	옳을. 오른쪽. 숭상할.
06 土	圩	언덕. 웅덩이.
12 土	堣	모퉁이.
06 宀	宇ᐤ	집. 하늘. 세계. 천지. 사방. 姜宇奎(강우규, 독립운동)
12 宀	寓	붙여 살. 붙일.

04 尢	尤	더욱. 허물. 탓할.
12 13	愉	기쁠.
13 心	愚 •	어리석을. 崔濟愚(최제우, 종교인)
14 15	慪	삼갈.
15 心	憂 °	근심. 상제 될.
06 07	扜	지휘할. 가질.
07 日	旰	클. 해뜰.
17 火	燠	위로할.→오, 욱[통용]
04 牛	牛 °	소. 별 이름. 牽牛翁(견우옹, 신라학자)
07 08	玗	옥돌. 옥 같은 돌.
13 14	瑀	옥돌.
08 皿	盂	사발. 진 이름. 姓.
10 示	祐	도울. 다행할. 申祐(신우, 조선初효자)
14 示	禑	복.
09 内	禹	임금. 하우씨. 姓. 柳秉禹(유병우, 항일투사)
09 糸	紆	굽을. 굽힐. 얽힐. 울적할. 紆餘曲折(우여곡절)
06 羽	羽 •	깃. 날개. 새. 도울. 申大羽(신대우, 조선문관)
07 09	芋	토란. [후]

19 21	藕	연뿌리. 연근. 연. 藕斷絲連(우단사련)
13 虍	虞	생각할. 근심할. 걱정. 잘못. 虞美人草(우미인초)
07 10	迂	멀. 돌. 굽을.
13 16	遇 °	만날. 당할. 대접할. 安遇(안우, 조선문관)
06 10	邘	나라 이름.
11 15	郵 •	파발. 우편. 역. 역말.
11 金	釪	창고달. 바리때.
12 17	隅	구석. 모퉁이. 귀. 절개. 隅曲(우곡) 隅奥(우오)
08 雨	雨 °	비. 비올. 申伯雨(신백우, 독립운동)
07 水	宩	☞雨자의 통용어.
11 雨	雩	기우제. 기우제 지낼.
14 雨	霸	물소리. 오음.
11 皿	盂	물 소용돌이쳐 흐를.
12 亠	亐	나를.
11 人	偊	혼자 걸을. 삼가는 모양.
06 口	吁	탄식할. 근심하다.
12 山	嵎	산모롱이. 구석. 嵎夷(우이)
12 广	庽	寓와 同字.

07 木	杅	잔. 누를.
09 疒	疣	사마귀.
08 目	盱	처다볼. 크다. 바라다.
09 竹	竽	피리. 피리의 한 가지.
14 耒	耦	짝. 논밭을 갈다. 耦耕(우경)
20 耒	穤	씨 덮을. 곰방메.
18 言	譃	망령되이 말할. 譃言(우언)
16 足	踽	홀로 갈. 곱사등이.
17 金	鍝	귀고리.
13 鹿	麀	암사슴. 麀鹿(우록)
18 鹿	麌	수사슴. 떼지어 모여드는 모양.
24 齒	齲	충치(蟲齒). 이가 아프다. 齲齒(우치)
06 人	优	오곡이 휠.
10 言	訏	속일. 클.
11 言	訧	잘못. 허물.
12 宀	寓	집.

— 욱

11 力	勖	힘쓸. 권면할.
10 彡	彧	문채. 빛날.
06 日	旭	빛날. 날빛. 밝을. 해 돋을.
09 日	昱	날빛. 빛날. 閔昱(민욱, 조선학자)
10 木	栯	산앵두.
13 火	煜	빛날. 불꽃.
17 火	燠	따뜻할. →오, 욱[통용]
13 玉	項	구슬.
13 禾	稶	서직(黍稷) 무성할.
15 禾	穋	☞稶자의 통용어.
09 邑 13	郁	빛날. 姓. 尹郁烈(윤욱렬, 조선문관)
16 彡	馘	빛날.

— 운

04 二	云 °	이를. 말할. 表云(표운, 조선승려)
07 大	奀	높을.
13 日	暈	무리. 햇무리. 현기증 날.
16 木	橒	나무 무늬. 나무 이름.
14 歹	殞	죽을. 떨어질. 떨어뜨릴. 殞石(운석) 殞碎(운쇄)
07 08	沄	흐를. 끓는 모양.

15/16 溳	큰 물결 일.		18/雨 霣	떨어질. 스러지다.
14/火 煴	빛이 노란.		13/音 韵	韻과 同字.
15/穴 窨	구름이 일.		07/女 妘	여자의 자(字).

── 울

16/竹 篔	대[竹] 이름.		04/乙 乯	우리말에서 '울'음을 적는 글자로 뜻은 없다.
18/竹 篔	☞篔자의 통용어.		11/13 蔚	고을 이름. 땅 이름. 金蔚山(김울산, 사업가)
10/耒 耘	김맬. 없앨.		12/14 菀	무성할.
08/10 芸	운향. 많을. →예[통용] 芸夫(운부) 芸峽(운질)		29/鬯 鬱	산앵두나무. 심황. 우거질. 막힐. 鬱憤(울분) 鬱蒼(울창)
16/18 蕓	평지.		18/黑 黦	검을. 짚을.
16/貝 賱	넉넉할.		08/宀 宛	맺힐. [완]
13/16 運	옮길. 운전할. 부릴. 나를. 成運(성운, 조선선비)			

── 웅

13/18 隕	떨어질. 잃을. 무너질. [원] 隕石(운석) 隕星(운성)		14/火 熊	곰.
12/雨 雲	구름. 姓. 羅雲奎(나운규, 영화인)		12/隹 雄	수컷. 수. 웅장할. 씩씩할. 桓雄(환웅, 신시천황)
19/音 韻	운. 운치. 咸在韻(함재운, 음악인)			

── 원

10/口 員	더할. 姓.		04/儿 元	으뜸. 처음. 시작. 근본. 姓. 申元祿(신원록, 조선孝子)
13/17 鄖	나라 이름.		10/冖 冤	원통할. 원한.
19/頁 顒	얼굴빛 다급할.		11/冖 寃	☞冤자의 통용어.
12/13 惲	도타울. 중후(重厚)하다.			
10/糸 紜	어지러울.			

10 厂	原	언덕. 근원. 근본. 둔덕. 李原(이원, 조선上臣)	09 爪	爰	이에. 성별. 바꿀. 느즈러질.
10 口	員	관원. 인원. 둥글.	13 14	猿	원숭이. 猿猴取月(원후취월)
09 貝	負	☞員자의 통용어.	13 14	瑗	구슬. 閔泰瑗(민태원, 작가)
13 口	圓	둥글. 원. 둘레. 온전할. 圓卓(원탁) 圓熟(원숙)	10 竹	筅	대무늬.
13 口	園	동산. 뜰. 능. 밭.	09 11	苑	동산. 金河苑(김하원, 한말의사)
09 土	垣	담.	10 衣	袁	옷이 긴. 姓.
11 女	婉	순할. 아름다울. 사랑할. →완[통용]	14 15	緩	패옥 띠. 노리개 띠.
12 女	媛	어여쁠. 예쁠. 젊은 여자. 安媛(안원, 조선여류시인)	17 車	轅	수레. 멍에.
13 女	嫄	후직(后稷) 어머니의 이름.	14 17	遠	멀. 심오할. 깊을. 崔致遠(최치원, 신라碩學)
09 心	怨	원망. 미워할. 원수.	16 金	鋺	저울. [완]
14 心	愿	성실할. 愿恭(원공) 愿朴(원박)	07 12	阮	나라 이름. 姓.→완[통용] 阮元(완원, 淸代학자)
12 13	援	도울. 끌. 잡아당길.	10 15	院	집.
08 月	朊	달빛 희미할.	19 頁	願	원할. 바랄. 소원.
08 木	杬	이팝나무. 모탕.	16 鳥	鴛	원앙(鴛鴦). 姓.
07 08	沅	물 이름.	20 23	邍	넓은 언덕.
09 10	洹	물 이름.	10 人	倇	기쁠. 권할.
12 13	湲	흐를. [완]	13 木	楥	느티나무.
13 14	源	근원. 貢天源(공천원, 고려무관)	08 10	芫	팥꽃나무.

17/19	薗	園과 同字.	06 卩	危。 위태할. 두려워할. 높을.
14 虫	蜿	굼틀거릴. 지렁이.	12 囗	圍。 에울. 두를. 둘레. 둘러쌀.
17 言	諉	천천히 말할. 끊이지 않는 모양.	08 女	委。 버릴. 자세할. 맡길. 의젓할.
20 馬	騵	배 흰 월따말.	09 女	威。 위엄. 세력. 으를. 趙威明(조위명, 조선문관)
19 鳥	鵷	원추새. 봉황의 한 가지.	11 寸	尉。 벼슬 이름. 위로할.
17 黽	黿	자라. 큰 자라.	15 心	慰。 위로. 위로할.
12/13	猨	猿과 同字.	13 日	暐。 빛날.
13/14	湲	물 흐를.	12/13	渭。 위수. 물 이름.
— 월			12 爪	爲。 할. 만들. 위할. 될. 행위. 康有爲(강유위, 중국학자)
04 月	月。	달. 세월. 金素月(김소월, 시인)	13/14	瑋。 구슬. 옥 이름.
12 走	越。	건널. 넘칠. 넘을. 뛰어날.	15 糸	緯。 씨. 씨줄. 씨금. 文緯世(문위세, 조선의병)
13 金	鉞	도끼. 斧鉞(부월)	09/11	胃。 비위. 밥통. 위.
06 刀	刖	벨. 발꿈치를 베는 형벌. 刖刑(월형)	12/14	萎。 시들. 앓을. 쇠미할. 둥글레.
12 米	粤	어조사. 두텁다. 종족 이름.	13/15	葦。 갈대. 거룻배.
— 위			16/18	蔿。 애기풀. 고을 이름. 姓.
07 人	位。	벼슬. 자리. 지위. 위치. 金位良(김위량, 고려무관)	15 虫	蝟。 고슴도치. 번잡할. 蝟毛(위모) 蝟縮(위축)
11 人	偉。	거룩할. 위대할. 훌륭할. 金偉男(김위남, 조선문인)	16 行	衛。 호위. 지킴→衞 [본,통용;16획] 安衛(안위, 조선문관)
14 人	僞。	거짓. 속일.	16 行	衞。 지킴. 지킬. 막을. 나라 이름. 衞士坐甲(위사좌갑)

14 15 韡	아름다울. 향낭. [휘]
16 言	謂 • 이를. 고할. 일컬을.
13 16	違 • 어길. 잘못.
09 韋	韋 가죽. 韋編三絶(위편삼절)
18 鬼	魏 나라. 姓.
21 韋	韡 꽃 활짝 필.
12 口	喟 한숨. 한숨 쉬다. 喟然歎息(위연탄식)
12 巾	幃 휘장. 향낭(香囊).
15 火	熨 눌러 덥게 할.
13 疒	痿 저릴. 마비되다.
13 15	蔿 초목 무성한 모양.
15 言	諉 번거롭게 할. 맡기다.
12 15	逶 구불구불 갈. 비껴가는 모양. 逶迤(위이)
17 門	闈 대궐 작은문. 쪽문.
18 韋	韙 바를. 옳다.
17 食	餧 먹일. 기르다. 밥.
13 骨	骪 굽을. 모이다.
13 火	煒 빛날.

유

08 乙	乳 • 젖. 젖 먹이다. 낳다.
08 人	侑 권할. 너그러울.
16 人	儒 • 선비. 유교. 于述儒(우술유, 고려문관)
09 入	兪 맑을. 姓.
09 入	俞 ☞兪자의 통용어.
11 口	唯 。 오직. 대답할. 唯我獨尊(유아독존)
12 口	喩 깨우칠. 비유할. 좋아할.
09 口	囿 동산. 정원. 囿苑(유원)
09 女	姷 짝.
11 女	婑 예쁜. 아름다울.
17 子	孺 젖먹이. 사모할. 낳을.
09 宀	宥 용서할. 너그러울.
05 幺	幼 어릴. 어린이. 裵幼華(배유화, 조선학자)
09 幺	幽 깊을. 숨을. 그윽할. 아득할.
12 广	庾 창고 姓.
11 心	悠 멀. 아득할. 한가할. 근심할.
11 12	惟 생각할. 오직. 한갓. 異惟忠(이유충, 고려문관)

12 13 心	愉	기뻐할. [투] 愉色婉容(유색완용)
13 心	愈 ∘	나을. 병나을. 더욱. 鄭東愈(정동유, 조선학자)
12 13	揄	끌. 퍼낼. 빈정거릴. [요]
07 攴	攸	바. 곳. 달릴. 아득할. 攸然(유연) 攸乎(유호)
18 日	曘	해 빛깔.
06 月	有 ∘	있을. 가질. 혹. 어떤. 또 辛有定(신유정, 조선초무관)
09 木	柚	유자나무. [축]
09 木	柔 ∘	부드러울. 순할. 연약할. 崔士柔(최사유, 조선문관)
13 木	榆	느릅나무.
13 木	楢	졸참나무. 화톳불 피울.
08 09	油 ∘	기름. 사물의 모양.
09 10	洧	물 이름.
12 13	游	헤엄칠. 뜰. 놀. 놀이. [류] 游居有常(유거유상)
17 18	濡	젖을. 적실. 베풀. 습기.
12 13	湻	☞濡자의 통용어.
15 片	牖	바라지.
12 13	猶 ∘	오히려. 같을. 머뭇거릴.
13 犬	猷	꾀. 꾀할. 그릴. 같을.

12 13	瑈	옥돌.
13 14	瑜	옥. 옥빛. 瑜伽三密(유가삼밀)
05 田	由 ∘	말미암을. 까닭. 紐由(유유, 고구려충신)
18 疒	癒	병 나을. 瘉자의 통용어.
10 禾	秞	벼와 기장 무성할.
14 糸	維 ∘	얽을. 맬. 벼리. 오직. 申維翰(신유한, 조선문장가)
11 耳	聊	고요할.
09 臼	臾	잠깐. 姓. [용]
13 15	萸	수유나무.
12 13	裕 ∘	넉넉할. 너그러울. 徐文裕(서문유, 조선정치가)
14 言	誘	이끌. 꾈. 당길. 高誘(고유, 중국학자)
16 言	諛	아첨할. 아첨. 기꺼이 따를.
16 言	諭	깨우칠. 간할. 비유할. [투] 諭旨免官(유지면관)
16 足	踰	넘을. 이길. 나을. 더욱. [요]
16 足	蹂	밟을. 짓밟을.
11 14	逌	빙그레 웃는 모양.
13 16	遊 ∘	놀. 즐길. 여행할. 떠돌.
13 16	逾	넘을. 지날. 더욱. 逾月(유월) 逾日(유일)

16 19	遺	끼칠. 남길. 잃을. 버릴. 줄.	14 疒	瘀	근심하여 앓을.
07 酉	酉	닭. 열째 지지.	14 穴	窬	작은 문. 넘다. 〔두〕
12 釆	釉	윤. 광택.	15 穴	窳	비뚤. 낮다. 약해지다.
17 金	鍮	자연동. 놋쇠. 姓.	32 竹	籲	부를.
16 18	薐	꽃 축 늘어진 모양.	15 米	糅	섞을. 섞이다. 먹을.
12 生	甤	열매 많이 열릴.	14 糸	緌	갓끈. 기(旗). 잇다.
12 13	渘	물. 물 이름.	13 15	腴	아랫배 살찔. 땅이 기름지다.
13 14	瑈	옥 이름.	11 13	萸	강아지풀. 萸言(유언) 萸草(유초)
14 雨	需	부드러울. 〔수〕	16 18	蕕	누린내풀.
12 13	揉	주무를. 휠.	11 虫	蜏	꿈틀거릴. 나나니벌.
11 巾	帷	휘장. 帷幕(유막)	11 虫	蚰	그리마. 蚰蜒(유연)
04 冖	冘	머뭇거릴. 주저하다.	15 虫	蝤	하루살이.
08 口	呦	울. 목이 메다.	14 15	褕	고울. 옷이 아름답다.
19 土	壝	제단(祭壇). 토담.	17 黑	黝	검푸를. 검다.
08 09	泑	잿물. 못 이름.	23 言	讉	성낼.
18 鼠	鼬	족제비.	18 革	鞣	다룸가죽. 부드럽다. 鞣皮(유피)
26 龠	籲	부를. 외치다. 누그러지다.	17 魚	鮪	다랑어.
14 疒	瘉	병 나을. 괴로워하다. 앓을.	18 火	燸	따뜻할.

Ⅱ 인명용 한자와 그 해설

19 遺
20   떼지어 놀.

13 歈
欠   노래.

18 誐
言   나아갈.

紐→뉴[본]. 劉→류[본].
柳→류[본]. 類→류[본].
流→류[본]. 留→류[본].
琉→류[본].

― 육

11 堉
土   흙. 토옥할.

14 毓
毋   기를. 어릴. 姓.

06 肉
肉   고기. 살. 몸. 혈연.

08 育
10   칠. 기를.
       朴育和(박육화, 고려문관)

| 주의 | 育의 08은 옥편의 획수, 10은 작명시의 획수임. |

17 儥
人   팔. 사다.

六→륙[본]. 陸→륙[본].

― 윤

04 允
儿   진실로 허락할. 마땅할.
       諸葛允信(제갈윤신, 의병)

15 奫
大   물 충충할. 샘물.

04 尹
尸   맏. 姓.
       安夢尹(안몽윤, 조선무관)

08 昀
日   햇빛.

15 潤
16   젖을. 윤택할. 불을.
       申潤福(신윤복, 조선화가)

08 玧
09   옥빛. 붉을. [문]

09 胤
11   맏아들. 자손.
       趙錫胤(조석윤, 조선문관)

11 亂
亻   ☞胤자의 통용어.

11 蒕
13   연뿌리.

19 贇
貝   예쁠. 아름다운 모양.→빈[통용]

12 鈗
金   병기.

12 閏
門   윤달.
       崔閏德(최윤덕, 조선정치가)

13 閠
門   ☞閏자의 통용어.

15 閏
門   ☞閏자의 통용어.

07 阭
12   높을. 돌. [연]

15 鋆
金   금(金).

16 橍
木   나무 이름.

07 沇
08   향나무. [연]

04 匀
勹   나눌. [균]

04 勻
勹   나눌. [균]

侖→륜[본]. 倫→륜[본].
崙→륜[본]. 綸→륜[본].
輪→륜[본].

― 율

07 08	汩	흐를. 맑을.→골[통용]
15 16	潏	물 흐르는 모양.
16 火	燏	빛나는 모양.
06 聿	聿	붓. 마침내. 이에. 스스로.
10 13	建	가는 모양.→건[통용]
16 鳥	鴥	빨리 날. 빠르다.
12 矛	矞	송곳질 할. 꽃구름.
13 風	颶	큰 바람.
20 雨	霱	상서로운 구름. [휼]

律→률[본]. 栗→률[본].
率→률[본].

― 융

06 戈	戎	병장기. 싸움수레. 군사. 오랑캐. 戎車(융차) 戎馬(융마)
19 20	瀜	깊을.
12 糸	絨	융. 발 고운 베.
16 虫	融	화할. 밝을. 화합할. 융통할. 姜融(강융, 고려문관)
09 10	狨	원숭이 이름. 융. 사납다.

隆→륭[본].

― 은

16 人	億	남에게 기댈. [온]
07 口	听	웃는 모양.
07 土	圻	언덕.
09 土	垠	가. 지경. 가장자리. 李垠(이은, 영친왕)
10 心	恩	은혜. 사랑할. 姓. 金恩輝(김은휘, 조선문관)
14 心	慇	근심할. 은근한.
16 心	憗	억지로.
10 殳	殷	나라. 姓. 宋徵殷(송징은, 조선학자)
18 木	檼	겹들보. 대마루.
21 木	櫽	바로잡을.
09 10	溵	물가. 물 흐르는 동쪽.
13 14	滻	물소리. 물 이름. 濦자의 통용어.
17 18	濦	물 이름. 물소리.
10 11	珢	옥돌.
14 15	璴	사람 이름.
14 16	蔉	풀빛 푸른.

14/16 艹	풀이름.
21/23 蘟	인동덩굴.
11 言 訢	공손한 모양.
14 金 銀	은. 은빛. 돈.
15 門 誾	즐거울. 이야기할.
19 門 闇	☞誾자의 통용어.
17/22 隱	숨을. 숨길. 은퇴할. 隱忍自重(은인자중)
10 口 圁	물 이름.
17 山 嶾	산 높을.
27 齒 齗	웃을. 이 가지런할.
13/14 溵	물 이름.
18 口 嚚	어리석을. 말에 거짓이 많다.
10 土 垽	앙금. 빙 누르다.
10/11 狺	으르렁거릴.
22 疒 癮	두드러기.
10 言 訔	논쟁할.
14/18 鄞	땅 이름.
19 齒 齗	잇몸. 말다툼하다.

― 을

01 乙	새. 제비. 둘째 천간. 南乙珍(남을진, 고려충신)
06 土 圪	담 높은 모양.
12 鳥 鳦	제비. 현조(玄鳥).

― 음

07 口 吟	읊을. 끙끙 앓을. 吟風弄月(음풍농월)
12/13 愔	화평할.
11/12 淫	간음할. 과할. 심할.
15/17 蔭	그늘. 해그림자. 가릴.
11/16 陰	그늘. 음. 음기. 흐릴. 姓
09 音 音	소리. 음악. 소식. 乙音(을음, 백제인)
20 音 馨	소리 화할.
13 食 飮	마실. 마실 것. 음료.
12 口 喑	벙어리. 외치다.
11 山 崟	험준할. 산봉우리.
14 广 廕	덮을. 감싸다. 그늘.
19 雨 霪	장마. 霪霖(음림)
17 口 噾	크게 외칠.

━ 읍

12,13 揖 읍할. 사양할. [집]
08,09 泣 울.
07 邑 고을. 마을. 도읍. 근심할.
10,11 悒 근심할. 마음이 즐겁지 않음. 悒悒(읍읍)
10,11 挹 뜰. 당기다. 누르다.
10,11 浥 젖을. 감돌다. 姓. 浥塵(읍진)

━ 응

16 凝 얼. 엉길. 굳힐. 이룰. 凝固(응고) 凝凍(응동)
17 應 응할. 대답할. 응당. 姓. 都應兪(도응유, 조선학자)
22 瞪 말끄러미 볼.
17,19 膺 가슴. 받을.
23 鷹 매. 송골매.

━ 의

08 依 의지할. 의거할.
10 倚 의지할. 기댈. 치우칠. 依門之望(의문지망)
15 儀 거동. 모형. 법도. 본보기. 慶儀(경의, 고려문관)
11 宜 마땅. 옳을. 柳宜建(유의건, 조선학자)

13 意 뜻. 생각.
22 懿 아름다울. 통탄하는 소리.
17,18 擬 헤아릴. 비길. 본뜰. 擬足投跡(의족투적)
12 椅 의나무. 벽오동나무. 교의.
15 毅 굳셀. 朴毅長(박의장, 조선문관)
14 疑 의심할. 의심.
07 矣 어조사.
13 義 옳을. 바를. 정의. 의리. 辛義敬(신의경, 독립운동)
19 艤 차릴.
17,19 薏 율무. [억] 薏苡之讒(의이지참)
19 蟻 개미. 검을.
06 衣 옷. 웃옷. 옷 입을.
15 誼 정의. 옳을. 도타울. 의. 賈誼(가의, 중국학자)
20 議 의논. 의논할.
18 醫 의원. 병 고칠.
09 妳 여자 이름자.
11,12 猗 아름다울. 온순한 모양. 猗猗(의의)
16 礙 의심할. 본뜨다. 침체할.

12 冫	溰	눈서리 흰 모양. [애]
16 刀	剴	코 벨. 쪼개다.
17 山	嶷	산 이름.
12 欠	欹	아(감탄사).
14 15	漪	물놀이. 잔물결. 漪瀾(의란)
18 石	礒	돌 모양.
21 食	饐	쉴. 음식이 썩다. [애]
16 虫	螘	개미. 말개미. 螘垤(의질)
07 匚	医	의원. [예]

ㅡ 이

02 二	二°	두. 둘. 둘째. 두 번. 宇野活二(우야활이, 日人)
05 人	以°	써. 부터. 까닭. 또 생각할. 姜以式(강이식, 句장군)
06 人	伊	저. 姓. 亡伊(망이, 고려인)
06 大	夷・	어질. 동이족. 큰 활. 王夷甫(왕이보, 고려무관)
09 女	姨	이모. 처형제. 서모. 姨母(이모) 姨從(이종)
09 女	姻	여자 이름.
12 女	嬄	기쁠.
03 己	已°	이미. 그칠. 말. 너무. 뿐. 已往之事(이왕지사)

06 弓	弛	활부릴. 느슨할. 풀릴. [치]
18 ㅋ	彛	떳떳. 법.
18 ㅋ	彝	彛자의 통용어. 李彝章(이이장, 조선문관)
08 09	怡	화할. 南怡(남이, 조선장군)
08 日	易	쉬울. 편할. →역 [통용] 白居易(백거이, 중국시인)
07 木	杝	떠날. 피나무.
14 爻	爾	너. 그. 어조사. 呂爾載(여이재, 조선정치가)
09 10	珆	옥돌. →태 [통용]
10 11	珥	귀고리. 햇무리. 날밑. 李珥(이이, 조선대학자)
12 田	異°	다를. 이상할. 姓. 金異斯夫(김이사부, 羅人)
11 疒	痍	상처. 다칠. 부상.
11 禾	移	옮길. 바꿀. 모낼.
06 而	而°	말 이을. 어조사. 너. 뿐. 高而虛(고이허, 독립운동)
06 耳	耳	귀. 따름. 뿐. 李耳(이이, 老子의 이름)
10 12	胹	힘줄이 강할.
13 聿	肄	익힐. 수고 움. 나머지.
09 11	苡	질경이. 율무.
10 12	荑	벨. 깎을. [제]

12 貝 貽	줄. 증여. 끼칠.
12 貝 貳	두. 둘. 버금.
18 21 邇	가까울. 가까이할.
15 頁 頤	턱. 기를. 괘 이름. 頤神養性(이신양성)
14 食 飴	엿. 단맛. [사]
17 鳥 鴯	제비.
12 羊 羡	고을 이름.
09 己 配	아름다울. 즐거울.
08 人 佴	버금. 다음.
14 广 廙	공경할. 삼갈.
09 口 咿	선웃음 칠. 억지로 웃다. 咿啞(이아)
05 小 尒	尓와 同字.
11 木 栮	목이(木耳).
09 10 洟	콧물.
10 言 訑	으쓱거릴. 訑訑(이이)
09 12 迤	비스듬할. 잇닿은 모양.
08 隶 隶	미칠. 이르다. 근본.
10 貝 貤	거듭할.

| 12 耳 珥 | 화할. |
| 17 20 爾 | 번성할. |

泥→니[본]. 利→리[본].
吏→리[본]. 履→리[본].
李→리[본]. 梨→리[본].
理→리[본]. 璃→리[본].
离→니[본]. 莉→리[본].
裏→리[본]. 裡→리[본].
里→리[본]. 離→리[본].
尼→니[본].

— 익

20 21 瀷	스며 흐를.
15 火 熤	사람 이름.
10 皿 益	더할. 이익. 유익할. 金益兼(김익겸, 조선정치가)
11 羽 翌	이튿날. 다음날. 翌年(익년) 翌月(익월)
11 羽 翊	도울. 宋鍾翊(송종익, 독립운동)
18 羽 翼	날개. 도울. 호위할. 이튿날. 宋翼弼(송익필, 조선학자)
17 言 謚	웃을. [시]
03 弋 弋	주살. 잡다. 검은 빛깔.
21 鳥 鷁	새 이름. 익조(鷁鳥).

— 인

| 02 人 人 | 사람. 남. 백성. 인품. 李人稙(이인직, 작가) |

04 人	仁	어질. 인자할. 씨. 金仁貞(김인정, 女사업가)	15 16	㱓 마당.
06 心	忈	☞仁자의 통용어.	12 糸	絪 자리.
07 心	忎	☞仁자의 통용어.	08 10	芢 풀이름.
02 儿	儿	어진 사람.	10 12	茵 깔개. 사철쑥. 茵席之臣(인석지신)
03 刀	刃	날. 칼날. 칼질할.	10 虫	蚓 지렁이.
06 卩	印	묻을. 도장. 찍을. 姓. 金承印(김승인, 고려문관)	14 言	認 알. 허락할. 인정할.
09 口	咽	목구멍. 목. 북칠. →열 [통용] [연] 咽喉之地(인후지지)	16 言	諲 공경할.
06 囗	因	인할. 이어받을. 의지할. 高因厚(고인후, 조선의병)	13 革	靭 가슴걸이.
09 女	姻	혼인.	12 韋	韌 질길. 韌帶(인대) 韌皮(인피)
11 宀	寅	동방. 셋째 지지. 삼갈. 宋寅(송인, 조선명신)	12 革	靭 ☞韌자의 통용어.
04 弓	引	이끌. 늘일. 맡을. 끌. 당길. 辛引孫(신인손, 조선학자)	15 17	䏖 등심. 등골뼈.
07 心	忍	참을. 모질. 잔인할.	17 18	濥 물줄기. 물문.
14 日	䭆	소고 치며 풍류 끄는 소리.	11 禾	稇 벼꽃.
14 日	䭆	☞䭆자의 통용어.	15 弋	戭 창. 姓.
10 气	氤	기운. 천지 기운 어릴.	05 人	仞 길(높이, 깊이를 재는 단위). 재다. 충만하다.
06 07	汅	젖어 맞붙을.	12 土	埋 막을. 빠지다. 사다리. 埋圮(인비) 埋塞(인색)
12 13	湮	빠질. [연] 湮滅(인멸) 湮放(인방)	14 夕	夤 조심할. 삼가다. 연관되다. 夤緣(인연)
07 牛	牣	가득할. 더할.	11 女	婣 姻과 同字.

09 10 洇	湮과 同字.
14 示 禋	제사 지낼. [연] 禋潔(인결)
11 12 裀	요. 겹옷.
11 示 禋	제사 지낼.
12 金 釼	주석.

潾→린[본]. 璘→린[본].
隣→린[본]. 麟→린[본].

― 일

01 一 一	한. 하나. 첫째. 오로지. 姜一淳(강일순, 종교가)
07 人 佚	편할. 숨을. 허물. [질]
08 人 佾	줄춤. 가로줄. 四佾(사일) 八佾(팔일)
12 士 壹	한. 하나. 오직. 오로지. 全泰壹(전태일, 열사)
04 日 日	날. 해. 낮. 徐相日(서상일, 정치가)
13 14 溢	넘칠. 가득할.
12 15 逸	편안. 뛰어날. 兪大逸(유대일)
11 14 逸	☞ 逸자의 통용어.
18 金 鎰	근. 權奇鎰(권기일, 독립운동)
14 馬 馹	역마(驛馬).
08 09 泆	끓을. 넘치다. 제멋대로 하다.

12 車 軼	앞지를. 빼어나다. 달리다.
08 欠 欥	기뻐할.

― 임

06 人 任	믿을. 맡을. 맡길. 姓. 成任(성임, 조선학자)
04 士 壬	북방. 아홉째 천간. 간사할.
07 女 姙	아이 밸. →妊[통용, 9획]
09 女 妊	☞ 姙자의 통용어.
10 心 恁	생각할. 이러할.
13 禾 稔	여물. 풍년들. [념]
10 12 荏	들깨. 부드러울. 왕콩. 천연할.
11 言 訮	생각할.
13 貝 賃	품팔이. 품팔이할. 빌. 세낼.
13 言 訫	믿을. 생각할.
12 糸 絍	紝과 同字.
09 10 衽	옷깃. 여미다. 소매.
14 金 鈓	젖을. 구부러지다.
13 食 飪	익힐. 잘 끓인 음식.

林→림[본]. 琳→림[본].
臨→림[본]. 霖→림[본].

― 입

02 入 入 。 들. 들일. 들어올. 들어갈.

04 廿 卄 스물. 20.

03 十 卄 ☞廿자의 통용어.

立→립[본]. 竝→립[본].
粒→립[본].

― 잉

04 人 仍 인할. 기댈. 오히려. 자주.
仍多(잉다) 仍用(잉용)

11 刀 剩 넉넉할. 남을.

05 子 孕 애 밸. 잉태.

08 艿 움풀. 풀.
10

13 女 媵 보낼. 몸종.
媵妾(잉첩)

― 자

05 人 仔 자세.

08 刀 刺 · 찌를. 가시. →척[통용]
刺戟(자극) 刺殺(척살)

09 口 咨 물을. 탄식할.
咨文(자문) 咨訪(자방)

08 女 姊 맏누이. →姉[속, 8획, 통용]
姊妹(자매) 姊夫(자부)

08 女 姉 。 ☞姊자의 통용어.

09 女 姿 · 맵시. 모양. 태도.

03 子 子 。 아들. 첫째 지지. 작위. 씨.
成子濟(성자제, 조선서예가)

06 子 字 · 글자. 사랑할. 기를.
字典(자전) 字養(자양)

07 子 孜 부지런할. 힘쓸. 사랑할.
孜孜營營(자자영영)

10 心 恣 · 방자. 방자할.

14 心 慈 。 인자. 어머니. 사랑.
南慈賢(남자현, 독립운동)

12 滋 맛있을. 우거질. 번식할
13 滋養(자양) 滋味(자미)

08 火 炙 구울. 고기구이. 가까이할.
→적[통용]

13 火 煮 끓일. 익힐. 구울. 익을.
煮豆燃萁(자두연기)

10 玆 · 이. 검을.
12

10 玄 茲 ☞玆자의 통용어.

11 瓦 瓷 오지그릇.

10 疒 疵 흉터. 결점. 흉볼.

15 石 磁 지남석. 자기. 자석.

08 禾 秄 북돋을.

11 糸	紫	붉을. 자줏빛.
09 10	者	놈. 사람. 것. 어조사. 記者(기자) 使者(사자)
06 自	自	스스로. 몸소. ~로부터. 金自貞(김자정, 조선문관)
10 12	茨	띠. 가시나무, 납가새.
15 17	蔗	사탕수수. 맛날. 좋을. 재미날.
18 20	藉	깔개. 자리. 깔. 빌릴.
16 言	諮	물을. 상의할. 諮問(자문) 諮諏(자추)
13 貝	資	재물. 재화. 자본. 천성.
13 佳	雌	암컷. 암. 약할. 질. 金守雌(김수자, 고려문관)
15 16	褯	어린아이 옷. [석]
08 口	呰	꾸짖을. 비방하다. 흠.
17 女	孹	누각 장식할.
06 子	孖	쌍둥이. 우거지다.
13 子	孳	부지런할. 낳을. 孳尾(자미)
09 木	柘	산뽕나무. 적황색(赤黃色).
08 09	泚	강 이름.
10 牛	牸	암컷. 암소.
10 目	眦	眥와 同字.

10 目	眥	흘길. 눈초리가 찢어지다. 眥裂(자열)
09 耒	耔	북돋을. 북돋우어 가꾸다.
10 12	胾	고깃점.
09 11	茈	지치. 가지런하지 않은 모양.
12 14	蓾	茱와 同字.
09 虫	蚝	며루.
12 角	觜	털뿔[毛角]. 뾰족한 끝. 觜宿(자수)
12 言	訾	헐뜯을. 생각하다. 헤아리다. 訾訾(자자) 訾毀(자훼)
12 貝	貲	재물. 대속(代贖)하다.
16 赤	赭	붉은 흙. 붉은 빛. 赭面(자면)
18 金	鎡	호미. 솥의 한 가지.
17 頁	頿	코밑수염.
15 髟	髭	코밑수염. 콧수염.
16 魚	鮓	젓. 해파리.
21 鳥	鷀	가마우지.
22 鳥	鷓	자고(鷓鴣).
12 米	粢	기장.

작

07 人	作	지을. 일으킬. 행할. 일할. 李作仁(이작인, 고려문관)	06 07	洓	삶을. 물소리. 푸다.
03 勹	勺	잔질할. 구기.	12 火	焯	밝을. 불사르다.
21 口	嚼	씹을. 맛볼. 술 강제로 권할.	06 07	犳	짐승 이름.
09 斤	斫	찍을. 칠. 姓.	13 石	碏	삼갈. 조심하다.
09 日	昨	어제. 과거. 姓. 昨今(작금) 昨日(작일)			― 잔
07 火	灼	쬐일. 사를.	12 子	孱	잔약할. 나약할. 높을. 신음할.
09 火	炸	터질. 튀길. 화약 터질.	12 木	棧	잔교. 창고. 주막. 우리. 쇠북. 〔전〕
18 爪	爵	벼슬. 작위. 술잔. 男爵(남작) 爵位(작위)	12 歹	殘	쇠잔. 남을. 나머지. 모질.
14 糸	綽	너그러울. 얌전할. 많을. 綽綽然有餘裕(작작연유여유)	15 16 氵	潺	졸졸 흐를. 눈물 흐를.
12 鳥	鳥	까치. →석〔통용〕	13 皿	盞	작은 술잔.
07 09	芍	작약. 연실.	10 刀	剗	깎을. 농기구. 〔전〕
09 酉	酌	잔질할. 술 따를. 짐작할.	22 馬	驏	안장 얹지 않은 말.
11 佳	雀	참새.			― 잠
19 鳥	鵲	까치.	07 山	岑	봉우리. 높을. 날카로울.
08 山	崒	산 높을. 산이 높은 모양.	15 日	暫	잠깐.
08 09	怍	부끄러워할. 안색을 바꾸다.	15 16 氵	潛	잠길. 자맥질할. →潛〔통용, 16획〕 申潛(신잠, 조선문관)
13 斤	斮	쪼갤.	15 16	潜	☞潛자의 통용어.
09 木	柞	나무 이름. 나라 이름. 柞蠶(작잠)	15 竹	箴	경계. 箴銘(잠명) 箴言(잠언)

18 竹	簪	비녀. 꽂을. 빼를. 簪纓世族(잠영세족)
24 虫	蠶	누에. 蠶室(잠실)
10 11	涔	괸 물. 큰물. 떨어지다.

── 잡

18 佳	雜 ·	섞일. 섞을. 번거로울.
05 卜	卡	관(關).
21 口	囃	춤 돕는 소리.
10 目	眨	눈 깜작일. 애꾸눈.
17 石	磼	산 높을. 산이 우뚝 솟은 모양.
17 18	襍	雜의 본자.

── 장

03 一	丈 ·	길. 어른. 길이의 단위.
05 人	仗	병장기. 호위. 기댈. 지팡이.
06 匚	匠	장인(匠人). 장색.
12 土	場 °	마당. 곳. 場內(장내) 工場(공장)
16 土	墻	담장. 牆과 통용어.
17 爿	牆 ·	☞墻자의 통용어.
07 士	壯 °	장할. 씩씩할. 굳셀.
06 士	壯	☞壯자의 통용어.
10 大	奘	클.
14 大	獎 ·	권면할. 장려할. 獎勵(장려)
15 大	奬	☞獎자의 통용어.
11 寸	將 ·	장수. 장차. 써. 나아갈. 李將大(이장대, 고려인)
10 寸	将	☞將자의 통용어.
11 巾	帳	장막. 휘장. 치부책.
11 弓	張 ·	베풀. 벌일. 당길. 姓. 李宗張(이종장, 조선무관)
12 手	掌 ·	손바닥. 맡을. 주장할.
15 日	暲	밝을. 날빛 나올.
07 木	杖	몽둥이. 짚을. 지팡이.
15 木	樟	녹나무.
17 木	檣	돛대. 檣頭(장두) 檣牙(장아)
22 木	欌	장롱[국].
14 15	漳	물 이름.
15 水	漿	미음. 마실 것. 풀먹일.
08 犬	狀 ·	문서. 편지.→상[통용] 狀元(장원) 行狀(행장)
14 15	獐	노루.

II 인명용 한자와 그 해설

15/16 璋	구슬. 아들 낳은 경사.	
11/立 章。	글장. 밝을. 도장. 姓. 成世章(성세장, 조선문관)	
12/米 粧・	단장할.	
13/15 腸・	창자.	
22/24 臟・	오장.	
14/臣 臧	착할. 종. 감출. 숨을. 臧去(장거) 臧否(장부)	
11/13 莊・	씩씩할. 姓.→庄[속,통용,6획] 劉克莊(유극장, 중국문인)	
06/广 庄	☞莊자의 통용어.	
13/15 葬・	장사. 장사지낼.	
15/17 蔣	줄. 나라 이름. 姓.	
17/19 薔	장미.	
18/20 藏	감출. 간직할. 곳간. 광. 道藏(도장, 백제승려)	
13/衣 裝・	행장. 꾸밀. 치장할. 차릴.	
21/貝 臟	장물. 뇌물받을. 감출. 臟物(장물) 臟罪(장죄)	
18/酉 醬・	장(된장, 간장).	
08/長 長。	어른. 길. 길이. 오랠. 權順長(권순장, 조선의인)	
14/19 障・	막을. 거리낄. 막힐.	
13/人 偉	놀랄. 남편의 형.	

07/女 妝	꾸밀. 화장(化粧).	
16/女 嬙	궁녀.	
14/山 嶂	높고 가파른 산.	
16/广 廧	담. 오랑캐 이름.	
08/戈 戕	죽일. 마음이 곱지 어질다.	
10/爿 牂	암양. 성(盛)한 모양.	
16/广 瘴	장기(瘴氣). 풍토병. 열병.	
13/米 粧	妝과 同字.	
10/羊 牂	숫양.	
12/14 萇	나무 이름.	
14/18 鄣	나라 이름.	
19/金 鏘	금옥(金玉) 소리. 鏘鏘(장장)	
17/食 餦	산자(饊子).	
22/鹿 麞	노루.	

― 재

06/冂 再。	두 번. 두. 거듭. 다시. 吉再(길재, 조선학자)	
09/口 哉。	어조사. 비롯할.	
06/土 在。	있을. 살. 孫在奎(손재규, 한말의병)	

10 宀	宰 ·	재상. 주장할. 다스릴.
03 04	才 ·	재주. 재간. 吳世才(오세재, 고려학자)
10 11	捚	손바닥에 받을.
07 木	材 ·	재목. 감. 재료. 金大材(김대재, 고려공신)
10 木	栽 ·	심을. 李栽(이재, 조선학자)
11 木	梓	가래나무. 목수. 고향.
12 13	溨	맑을.
13 14	滓	찌꺼기. 침전물. 때.
07 火	災 ·	재앙.
16 糸	縡	일[事]. 실을.
12 衣	裁 ·	마를. 끊을. 결단할. 裁斷(재단) 裁判(재판)
10 貝	財 ·	재물.
16 貝	賊	재물.
13 車	載 ·	실을. 해. 徐載弼(서재필, 독립운동)
17 齊	齋	재계. 집. 李會齋(이회재, 조선학자)
21 齊	齎	가져갈. 아(탄식 소리). [자,제]
13 14	潌	물 이름.
10 攴	粂	집.

12 山	崽	자식.
06 07	扗	있을.
14 木	榟	梓와 同字.
06 火	灾	災와 同字.
23 糸	纔	겨우. 한 번 물들인 명주. 纔方(재방) 纔至(재지)
09 土	哉	심을. 묘목.

── 쟁

08 爪	爭 ·	다툴. 간할.
14 竹	箏	쟁. 풍경.
15 言	諍	간할. 간하는 말. 멈출.
16 金	錚	꽹과리. 징.
11 山	崢	가파를. 높은 재. 崢嶸(쟁영)
11 12	猙	짐승 이름.
12 13	琤	옥 소리. 물건이 부딪는 소리.
18 金	鎗	종소리. 금석(金石)의 소리.

── 저

| 07 人 | 佇 | 우두커니 설. 기다릴. |
| 07 人 | 低 · | 낮을. 구부릴. |

18 人	儲	쌓을. 버금. 동궁. 황태자.	20 22	藷	마. 고구마. 사탕수수.
08 口	咀	씹을. 방자. 방자할.	12 言	詛	저주할. 저주. 헐뜯을. 막을.
08 女	姐	누이. 계집아이. 교만할.	12 貝	貯	저축. 쌓을. 저장할.
08 广	底	밑. 속. 구석. 이를.	20 足	躇	머뭇거릴. 밟을. [착]
08 09	抵	밀. 막을. 거스릴. 대저.	11 14	這	이. 此와 뜻이 같음. 這箇(저개) 這般(저반)
08 木	杵	절굿공이. 다듬잇방망이. 방패. 杵臼之交(저구지교)	08 12	邸	객사. 姓.
13 木	楮	닥나무. 종이. 돈. 姓.	13 隹	雎	물수리.
15 木	樗	가죽나무.	20 齒	齟	어긋날. 맞지 않을.
08 09	沮	그칠. 막을. 꺾일. 샐. 담글.	05 宀	宁	쌓을. 저장하다.
12 13	渚	물가. 모래섬.	08 山	岨	돌산. 험하다. 울퉁불퉁할.
08 09	狙	긴팔원숭이. 엿볼. 노릴. 찾을. 狙公(저공) 狙詐(저사)	08 木	杼	북. 베틀의 북. 얇다. 杼梭(저사)
12 13	猪	돼지. 豬자의 통용어. 猪突豨勇(저돌희용)	09 木	柢	뿌리. 뿌리를 내리다.
10 疒	疽	악창(악성 종기).	05 氏	氐	근본. 근심하다. 종족 이름.
15 竹	箸	젓가락. 나타날. 두드러질. [착]	15 16	潴	瀦와 同字.
11 糸	紵	모시풀. 모시. 紵絺(저치) 紵布(저포)	19 20	瀦	웅덩이. 물이 괴다. 瀦宅(저택)
09 11	苧	모시풀.	09 牛	牴	닿을. 만나다. 숫양. 牴牾(저오)
12 14	菹	김치. 절일. [자]	10 11	罝	짐승 그물. 그물. [차]
13 15	著	나타날. 지을. [착] 姜敏著(강민저, 조선학자)	11 羊	羝	숫양. 羝羊觸藩(저양촉번)

09 11	苴	신 바닥 창.
11 虫	蛆	구더기.
10 11	袛	속적삼.
14 15	褚	솜옷. 주머니. 쌓다.
12 角	觝	닥뜨릴. 도달하다.
12 言	詆	꾸짖을. 들추어내다. 근본.
12 17	陼	삼각주. 물가.

── 적

13 力	勣	공적. 績과 통용어.
06 口	吊	이를. 다다를. [조]
14 女	嫡	아내. 맏아들. 嫡男(적남) 嫡女(적녀)
11 宀	寂 ·	고요할. 쓸쓸할. 죽을.
14 15	摘 ·	딸. 들추어낼. 摘要(적요) 指摘(지적)
15 支	敵	대적할. 원수. 대등할. 仁者無敵(인자무적)
14 15	滴	물방울. 물방울 떨어질.
08 火	炙	구울. 고기구이. 가까이할.→자 [통용] 炙手可熱(자수가열)
07 08	狄	오랑캐. 악공. 아전. 빠를.
08 白	的 °	적실할. 과녁. 접미사. 的實(적실) 的中(적중)

16 禾	積 ·	쌓을. 거듭할. 萬積(만적, 고려인)
11 竹	笛	피리. 저.
20 竹	籍 ·	호적. 등록부. 서적. 문서. 阮籍(완적, 중국시인)
17 糸	績	길쌈. 공. 길쌈할.
14 羽	翟	꿩. 무적. 깃옷. [책,탁] 翟公書門(적공서문)
11 13	荻	물억새. 갈피리. 姓.
18 言	謫	꾸짖을. 죄줄. 귀양갈. 운기. 謫客(적객) 謫仙(적선)
13 貝	賊 ·	도적. 도둑. 도둑질. 賊反荷杖(적반하장)
07 赤	赤 ·	붉을. 빌. 아무것도 없을. 穀梁赤(곡량적, 中國학자)
13 足	跡	발자취.─蹟[통용] 人跡(인적) 追跡(추적)
18 足	蹟	자취. 사적. 古蹟(고적) 行蹟(행적)
09 12	迪	나아갈. 李彦迪(이언적, 조선학자)
10 13	迹	자취. 좇을. 상고할.
15 18	適 ·	마침. 맞을. 마땅할. 갈. 姜大適(강대적, 조선의병)
19 金	鏑	살촉. 화살촉. 우는 살촉.
15 木	樀	처마. 두드리는 소리.
16 石	磧	서덜. 여울. 사막. 磧礫(적력)
22 米	糴	쌀 사들일. 구두쇠. 糴米(적미)

12 艸 14	茆	연밥. 연실(蓮實). 〔효〕
22 見	覿	볼. 만나다. 눈이 붉다. 覿面(적면)
11 辵 14	逖	멀. 아득하다. 멀리하다.
13 馬	駜	별박이. 사나운 말.

― 전

07 人	佃	밭갈. 밭. 소작인. 사냥인. 佃夫(전부) 佃作(전작)
08 人	佺	신선 이름.
13 人	傳 ˙	전할. 펼. 옮길. 전기. 禹性傳(우성전, 조선문관)
06 入	全	온전. 모두. 전부. 姓. 申翊全(신익전, 조선문관)
08 八	典 ˙	법. 법식. 기준. 책. 의식. 李典(이전, 조선관리)
09 刀	前	앞. 먼저. 朴光前(박광전, 조선문관)
11 刀	剪	가위. 벨.
13 土	塡	오랠. 편안할.→진〔통용〕
14 土	塼	벽돌.
12 大	奠	정할. 둘. 전올릴. 제수.
11 寸	專 ˙	오로지. 마음대로 할. 李孟專(이맹전, 조선충신)
10 尸	展 ˙	펼. 벌일. 살필. 나아갈.
15 广	廛	터. 전방. 상점. 전방세받을.
10 心 11	悛	고칠. 이을. 悛改(전개) 悛心(전심)
16 戈	戰 ˙	싸움. 싸울. 두려워 떨. 戰戰兢兢(전전긍긍)
10 木	栓	나무못.
13 殳	殿 ˙	대궐. 전각. 군사 뒤.
17 毛	氈	모전. 姓.
16 水 17	澱	찌끼. 앙금. 괼. 얕은 물.
13 火	煎	달일. 졸일. 끓일. 지질. 煎茶(전다) 煎迫(전박)
12 玉 13	琠	구슬.
05 田	田 ˙	밭. 사냥할. 姓. 金起田(김기전, 문필가)
07 田	甸	경기. 왕터 5백리.
09 田	畑	밭.
24 疒	癲	미칠. 광증. 癲〔仝〕
12 竹	筌	통발. 섶.
14 竹	箋	찌지. 부전. 전지. 문서. 편지. 말할.
15 竹	箭	화살. 이대(대나무 일종). 나아갈.
15 竹	篆	전자. 姓.
21 糸	纏	얽힐. 묶을.
10 艸 12	荃	향초. 통발. 가는 베.

13 言	詮	의논할. 갖출.
17 車	輾	돌. 구를. 타작[국]. [년 輾轉反側(전전반측)
18 車	轉	구를. 굴릴. 돌. 옮길. 轉禍爲福(전화위복)
13 金	鈿	비녀. 나전세공.
14 金	銓	저울질할. 가릴.
16 金	錢	돈. 무게 단위. 姓.
21 金	鐫	새길. 조각. 물리칠.
13 隹	雋	살진 고기. 姓.→준[통용] 雋永之論(전영지론)
13 雨	電	번개. 전기.
19 頁	顚	머리. 이마. 꼭대기. 뒤집힐. 顚倒衣裳(전도의상)
22 頁	顫	떨릴. 냄새 잘 맡을.
17 食	餞	전송할. 보낼. 餞別(전별) 餞送(전송)
07 口	吮	빨. 핥다. [연]
21 口	囀	지저귈. 울림 가락.
14 女	嫥	오로지.
08 尸	屇	구멍.
22 山	巓	산꼭대기. 머리. 오로지.
14 戈	戩	멸할. 모두. 행복.

12 13	揃	자를. 적을. 나누다.
10 方	旃	기(旗). 장막. 휘장.
10 木	栴	단향목(檀香木).
12 13	濺	씻을. 물을 뿌리다. 강 이름. 濺雪(전설)
16 17	澶	물 고요히 흐를.
12 片	牋	장계(狀啓). 편지. 종이.
16 瓦	甎	벽돌. 바닥에 까는 벽돌. 瓦甎(와전)
09 田	畋	밭 갈. 사냥하다. 畋獵(전렵)
11 疒	痊	병 나을. 痊癒(전유)
18 疒	癜	어루러기. 癜風(전풍)
16 石	磚	甎의 속자.
22 竹	籛	姓. 대 이름.
19 羊	羶	누린내. 비린내. 나무 냄새.
15 羽	翦	자를. 가위. 화살.
12 14	腆	두터울. 많이 차리다. 좋다.
15 17	膞	저민 고기. 조각. 장딴지.
22 足	躔	궤도(軌道). 돌다. 가다. 躔次(전차)
13 車	輇	수레. 작은 재주. 輇才(전재)

17 20 辿	머뭇거릴. 돌. 변천할.
18 22 廊	가게. 상점.
15 金 錂	새길.
16 金 鼎	가마솥.
16 靑 靛	청대(靑黛, 쪽으로 만든 검푸른 물감).
16 面 靦	부끄러워할. 뻔뻔한 낯.
18 頁 顓	전단(專斷)할. 삼가는 모양. 顓頊(전욱, 삼황오제의 하나)
12 食 飦	죽.
18 食 饘	죽.
19 髟 髵	살쩍 늘어질.
24 魚 鱣	철갑상어.
24 鳥 鸇	새매.
15 貝 賟	넉넉할. 부유할.

— 절

04 刀 切 ·	간절. 끊을.→체 [통용] 切除(절제) 一切(일체)
14 戈 截	끊을. 말 잘할. 截長補短(절장보단)
07 08 折 ·	꺾을. 굽힐. 타협할.
11 日 晢	밝을. 반짝반짝할.

10 11 浙	물 이름. 땅 이름.
20 疒 癤	부스럼.
22 穴 竊 ·	훔칠. 도둑질. 명백할. 붙일. 竊鉤者誅(절구자주)
15 竹 節 ◦	마디. 토막. 예절. 절개. 權節(권절, 조선충신)
12 糸 絕 ·	끊을. 떨어질. 뛰어날. 絕長補短(절장보단)
12 糸 絶	☞絕자의 통용어.
07 山 岊	산모롱이. 산이 높은 모양.

— 점

05 卜 占 ·	점칠. 점. 차지할. 姓.
08 山 岾	땅 이름. [재]
08 广 店 ◦	가게.
14 15 漸 ·	점점. 들. 스밀. 번질. 文益漸(문익점, 고려학자)
11 米 粘	끈끈할. 차질. 붙일. 姓. 粘續頭尾(점속두미)
16 雨 霑	젖을. 적실. 은혜를 베풂.
16 魚 鮎	메기.
17 黑 點 ·	점. 점 찍을.→点〔속, 통용, 9획〕閔點(민점, 조선문관)
08 大 奌	☞點자의 통용어.
09 火 点	☞點자의 통용어.

07 人	佔	볼. 보다. 속삭이다. 佔畢(점필)	12 足	跕	밟을. 떨어지다.

07 人 佔 볼. 보다. 속삭이다. 佔畢(점필)

14 土 墊 빠질. 파다. 땅이 낮다.

09 10 砧 이지러질. 흠. 헤아릴.

11 竹 笘 회초리.

18 竹 簟 삿자리. 대자리. 대 이름.

09 11 苫 이엉. 거적.
苫席(점석) 苫前(점전)

15 17 蔪 쌀. 싸다.

11 虫 蛅 쐐기.

12 見 覘 엿볼. 보다.

14 風 颭 물결 일. 살랑거리다.

17 黍 黏 붙을. 차지다. 풀.
黏膜(점막) 黏性(점성)

── 접

11 12 接 접할. 댈. 이을. 맞을.

14 15 摺 접을. 주름. [랍]
摺本(접본) 摺紙(접지)

15 虫 蝶 나비.
胡蝶(호접)

12 木 椄 접붙일. 형틀.
椄木(접목)

13 木 楪 평상. 접다.
楪子(접자)

14 虫 蜨 나비.

12 足 跕 밟을. 떨어지다.

16 足 蹀 밟을. 잔걸음으로 가는 모양.
蹀躞(접섭) 蹀足(접족)

20 魚 鰈 바닷물고기.

── 정

02 一 丁 고무래. 장정. 넷째 천간. 姓.
金大丁(김대정, 조선인)

04 二 井 우물. 정자 꼴. 취락. 姓.
成夢井(성몽정, 조선명신)

09 亠 亭 정자. 집. 역마을. 여인숙.

07 人 征 바삐 갈. 급히 가는 모양.

11 人 停 머무를. 머무르게 할.

11 人 偵 탐문할. 정탐.

07 口 呈 드릴. 보일. 드러낼.
呈示(정시) 呈納(정납)

11 土 埩 다스릴. 못 이름.

07 女 姃 안존할.

08 女 妌 여자 단정할.

12 女 婷 예쁠.

08 宀 定 정할. 편안할. 그칠.
方定煥(방정환, 문학가)

12 巾 幀 화상. 그림 족자.

10 广 庭 뜰. 조정. 집안.
黃庭堅(황정견, 중국시인)

07 廴	廷	조정. 법정. 宋廷奎(송정규, 조선문관)
08 彳	征	칠. 정벌할. 갈. 여행할.
11 12	情	뜻. 정. 사랑. 실정.
10 11	挺	뺄. 곧을.
08 攴	政	정사. 다스릴. (9획이 아님) 惟政(유정, 조선고승)
16 攴	整	정제할. 가지런할.
11 方	旌	기. 나타낼. 姓.
12 日	晶	맑을. 밝을. 수정. 결정.
12 日	晸	해 돋는 모양.
06 木	朾	칠.
09 木	柾	나무 바를.
11 木	桯	평상. 앞걸상.
11 木	梃	외줄기. 꼿꼿한 모양.
13 木	楨	광나무. 근본.
17 木	檉	위성류.
05 止	正	바를. 바로잡을. 본. 柳正源(유정원, 조선학자)
05 06	汀	물가.
10 11	涏	물찰. [전]

11 12	淀	얕은 웅덩이.
11 12	淨	맑을. 깨끗할. 體淨(체정, 조선승려)
12 13	渟	괼. 머무를. 물가. 渟膏凝碧(정고응벽)
12 13	湞	물 이름.
19 20	瀞	맑을. 깨끗할.
06 火	灯	열화.
09 火	炡	불 번쩍거릴.
06 07	玎	옥 소리.
11 12	珵	옥돌. 패옥(佩玉).
11 12	珽	홀.
07 田	町	밭두둑.
10 目	眐	바라볼.
13 目	睛	눈알. 안구. 方睛(방청) 白睛(백청)
13 石	碇	닻. 닻 내릴. 碇泊(정박) 碇宿(정숙)
14 示	禎	상서.
12 禾	程	길. 법식. 한정. 과정. 姓. 李時程(이시정, 조선문관)
09 穴	穽	함정. 허방다리.
14 米	精	정할. 깨끗할. 정신. 精潔(정결) 精讀(정독)

13 糸	綎	실 인끈.
13 舟	艇	거룻배. 艇子(정자) 競艇(경정)
09 11	胜	새 이름.→성[통용]
09 言	訂	。의논할. 고칠.
16 言	諪	고를.
09 貝	貞	。곧을. 바를. 孫貞圭(손정규, 교육가)
15 19	鄭	나라. 중할. 姓. 鄭重(정중) 鄭圃(정포)
09 酉	酊	술 취할.
10 金	釘	못. 박을.
13 金	鉦	징.
15 金	鋌	쇳덩이.
15 金	鋥	칼날 세울.
16 金	錠	등자. 신선로. 제기.
15 雨	霆	천둥소리. 번개. 霆激(정격) 霆奮(정분)
11 青	彭	조촐하게 꾸밀.
13 青	靖	편안할.
14 青	靘	검푸른빛.
15 青	靚	단장할. 안존할. 조용할. 부를. 靚衣(정의) 靚莊(정장)

16 青	靜	。고요. 조용할. 고요할. 休靜(휴정, 조선고승)
14 青	静	☞靜자의 통용어.
11 頁	頂	이마. 정수리. 꼭대기.
17 頁	頱	아름다운 모양.
13 鼎	鼎	솥. 세발 솥. 孫鼎九(손정구, 조선문관)
09 人	侹	긴 모양. 평평하다. 侹侹(정정)
11 12	掟	펼. 떨칠.
16 頁	頲	곧을. 사람의 이름.
05 口	叮	정성스러울. 패옥 비파 등의 소리.
11 女	婧	날씬할. 조촐하다. 아름답다.
08 09	怔	두려워할. 당황하다. 怔忡(정충)
12 木	棖	문설주. 닿다. 현악기 소리.
07 疒	疔	정. 헌데.
13 竹	筳	꾸릿대. 대오리.
11 13	莛	줄기. 대들보
12 言	証	간(諫)할.
14 酉	酲	숙취(宿醉). 물리다. 酒酲(주정)
13 16	逞	엿볼. 정탐하다.

19 瀞 맑을.
20

— 제

16 儕 동배. 벗. 동아리.
人

08 制 제도. 법. 억제할. 누를. 법도.
刀

16 劑 약재. 약제. 한도 〔자〕
刀

17 嚌 맛볼. 제사지낼. 제사.
口

12 堤 언덕. 방죽. 둑.
土　朴堤上(박제상, 신라충신)

12 媞 안존할. 예쁠.→시
女

09 帝 。임금.
巾

07 弟 。아우. 제자.
弓

10 悌 공경. 공손할.
11　　白弘悌(백홍제, 조선의인)

12 提 。끌. 들. 내놓을. 〔리〕
13

11 梯 사다리. 나무 어릴.
木

17 濟 。건널. 건질. 구제할. 이룰.
18　　安孝濟(안효제, 조선애국자)

11 済 ☞濟자의 통용어.
12

13 瑅 제당. 옥 이름.
14

11 祭 。제사. 제사 지낼. 〔채〕
示

14 禔 편안할.
示

11 第 。차례. 집. 과거. 시험.
竹　陳第(진제, 중국학자)

18 臍 배꼽. 꼭지.
20

18 薺 냉이.
20　甘心如薺(감심여제)

14 製 지을. 만들. 마를.
衣

16 諸 무릇. 모든. 여러. 姓
言　諸子百家(제자백가)

16 蹄 굽. 발. 올무. 밟을.
足

16 醍 맑은 술. 우락(牛酪).
酉　醍醐味(제호미)

10 除 덜. 버릴. 나눗셈.
15

14 際 。즈음. 가. 끝. 어름. 사귈.
19　程際盛(정제성, 중국학자)

22 霽 갤. 풀릴. 풀.
雨　霽月光風(제월광풍)

18 題 글제. 제목. 이마. 문제.
頁

14 齊 。모두. 가지런할. 나라. 〔재〕
齊　鄭齊斗(정제두, 조선학자)

11 儕 준걸. 못날.
人

09 姼 예쁠. 아름답다.
女　姼姼(제제)

11 晢 별이 빛날. 〔절〕
日　晢晢(제제)

10 娣 여동생.
女

17 擠 밀. 다가서다. 접근하다.
18　擠脚(제각) 擠摧(제최)

11 猘 미친 개.
12

12 目	睇	흘끗 볼. 맞아 볼. 睇眄(제면) 睇視(제시)
12 禾	稊	돌피. 싹.
15 糸	緹	붉은 비단. 붉은 빛.
16 足	蹄	찰. 짐승의 발굽.
17 足	蹏	굽. 달리다. 밟다.
21 足	躋	오를. 떨어지다. 躋攀(제반) 登躋(등제)
17 金	鍗	그릇.
12 17	隄	둑. 제방. 언덕.
19 韭	齏	齏와 同字.
17 魚	鯷	메기.
20 魚	鯷	메기.
17 22	隮	오를.

— 조

09 人	俎	도마. 적대.
06 儿	兆	억조. 점괘. 빌미. 조짐. 洪基兆(홍기조, 독립운동)
10 冫	凋	시들. 느른할. 姓
07 力	助	도울. 比助夫(비조부, 羅정치가)
15 口	嘲	비웃을. 조롱할. 지저귈. 嘲弄(조롱) 嘲評(조평)
04 弓	弔	조상할.
11 彡	彫	새길. 시들.
11 12	措	둘. 베풀.
16 17	操	잡을. 곡조. 다룰. 지조
06 日	早	이를. 일찍.
09 日	昭	밝을. [소]
10 日	晁	아침. 고을 이름.
11 日	曺	나라. 무리. 姓 [曺→10획]
10 日	曹	한국의 姓 曺자의 통용어. [국]
12 月	朝	아침. 조정. 임금 뵐. 왕조. 徐海朝(서해조, 조선정치가)
11 木	條	가지. 조리. 조목.
12 木	棗	대추나무. 대추. 姓
08 木	枣	☞棗자의 통용어.
15 木	槽	구유. 술통. 물통. 홈통. 槽廠(조창) 槽攊(조력)
14 15	漕	배 저을. 배로 실어 나를. 뱃길.
15 16	潮	밀물. 썰물. 조수.
13 火	照	비칠. 비출. 대조할. 明照(명조, 조선승려)
17 火	燥	마를.

04 爪	손톱. 깍지. 긁을. 할퀼. 爪士(조사) 爪牙(조아)	20 足 躁	떠들. 시끄러울. 거칠. 빠를.
17 18 璪	면류관 드림 옥.	11 14 造	지을. 만들. 이룰. 갑자기. 造林(조림) 深造(심조)
11 目 眺	바라볼. 조망.	15 18 遭	만날. 두를. 번.
10 示 祖	할아비. 선조 조상. 시초 白光祖(백광조, 조선문관)	11 金 釣	낚시. 낚을.
10 示 祚	복. 지위. 徐景祚(서경조, 목사)	08 13 阻	험할. 떨어질. 저상할. 막을.
10 禾 租	부세. 구실. 세금. 세낼.	16 佳 雕	수리. 새길. 시들. 姓. 雕文刻鏤(조문각루)
13 禾 稠	빽빽할. 진할. 움직일. 姓. 稠人廣衆(조인광중)	11 鳥 鳥	새.
11 穴 窕	안존할. 얌전할. 고울.	14 山 嶆	깊을. 깊다.
11 米 粗	거칠. 클. 대강. 암자. 초막. 粗衣粗食(조의조식)	08 人 佻	방정맞을. 생각이 얕다. 輕佻(경조)
17 米 糟	지게미. 찌끼. 막걸리. 糟糠之妻(조강지처)	13 人 傮	마칠.
11 糸 組	인끈. 짤. 만들. 끈.	02 刀 刁	바라. 흔들려 움직이는 모양. 刁斗(조두)
19 糸 繰	감색 비단. 야청 통견. [소]	10 厂 厝	둘. 두다.
14 聿 肇	비로소. 민첩할.	14 口 嘈	시끄러울. 여러 가지 소리. 嘈雜(조잡)
20 22 藻	조류. 무늬. 꾸밈. 그릴.	16 口 噪	떠들썩할. 떠들다. 噪音(조음)
10 虫 蚤	벼룩. 일찍. 손톱. 蚤牙之士(조아지사)	17 女 嬥	날씬할. 춤추다. 바꾸다.
12 言 詔	조서. 고할.	08 彳 徂	갈. 비로서. 막다. 徂暑(조서)
15 言 調	고루. 뽑을. 가릴. 調和(조화) 調査(조사)	16 17 懆	근심할.
14 走 趙	찌를. 미칠. 작을. 오랠. 姓. 趙南星(조남성, 明末정치가)	07 08 找	상앗대.

09 歹	殂	죽을. 殂落(조락)
16 17	澡	씻을. 깨끗이 하다. 다스리다. 澡鑵(조관) 澡濯(조탁)
12 13	琱	옥 다듬을. 새기다. 그리다.
07 白	皂	하인. 검은 빛. 이르다. 皂蓋(조개) 皂白(조백)
11 示	祧	조묘(祧廟).
21 穴	竈	부엌. 조왕(竈王). 竈突(조돌) 竈神(조신)
10 竹	笊	조리. 새집. 笊籬(조리)
17 米	糙	매조미쌀. 거칠다.
25 米	糶	쌀 내어 팔. 환곡(還穀).
12 糸	綢	비단 긴 모양.
13 糸	絛	끈.
09 11	胙	제사 지낸 고기. [작]
17 19	臊	누릴. 누리다. 부끄러워하다. 臊腥(조성) 腥臊(성조)
17 舟	艚	거룻배. 배.
15 17	蔦	담쟁이. 蔦蘿(조라)
14 虫	蜩	굼틀거릴. 매미.
13 言	誂	꾈. 희롱하다. 갑자기.
20 言	譟	시끄러울. 기뻐하다. 울다.

12 金	釣	낚시.
14 金	銚	가래. 쟁기. 긴 창.
16 金	錞	쟁개비.
19 魚	鯛	도미.
19 鳥	鵰	수리. 독수리.
18 黽	鼂	아침. 바다거북.
09 火	炤	비출. [소]
10 日	晀	밝을.

— 족

11 方	族	겨레. 일가. 친족. 동류.
17 竹	簇	조릿대. 모일. 떼. [주, 착]
07 足	足	발. 넉넉할. 具足達(구족달, 麗서예가)
19 金	鏃	화살촉. 살촉.
16 广	瘯	피부병 이름.

— 존

06 子	存	있을. 물을. 林存(임존, 고려문인)
12 寸	尊	높을. 어른. 공경할. 높일. 李尊庇(이존비, 고려문관)
09 10	拵	의지할.

― 졸

08 卒。 군사. 갑자기. 마칠. 죽을.
十

08 拙· 졸할. 못생길.
09

11 猝 갑작스러울.
12 　　猝富(졸부) 猝死(졸사)

― 종

10 伀 신인. 옛 신인.
人

08 宗。 마루. 으뜸. 종묘. 姓.
宀 　　金宗南(김종남, 조선음악인)

11 從。 좇을. 모실.
亻 　　高從厚(고종후, 조선충신)

11 悰 즐거울.
12

15 憽 놀랄. 종용할. 권할.
心

09 柊 나무 이름. 방망이.
木

13 椶 종려나무.
木

12 棕 ☞椶자의 통용어.
木

11 淙 물소리.
12

12 琮 옥돌.
13

15 璁 패옥소리.
16

14 種 심을. 종류. 씨. 종자.
禾 　　種豆得豆(종두득두)

11 終。 마침. 다할. 끝날.
糸 　　韓終孫(한종손, 조선문관)

14 綜 모을. 자세할.
糸 　　綜合(종합) 綜覽(종람)

17 縱· 놓을. 놓아줄. 세로.
糸

13 腫 부스럼. 부르틀.
15 　　腫氣(종기) 腫瘡(종창)

16 踵 발꿈치. 뒤밟을. 이를. 자주.
足

18 蹤 발자취.
足

15 踪 ☞蹤자의 통용어.
足

17 鍾 쇠북. 모일.→鐘[통용]
金

20 鐘。 쇠북. 종. 姓.
金 　　金鐘正(김종정, 조선문관)

06 仫 두려워할. 겁내다. 여러.
人

14 憽 생각할.
15

15 樅 전나무. 우거진 모양.
木

14 瘇 수중다리. 다리가 붓다.
疒

17 螽 누리. 베짱이. 메뚜기.
虫 　　螽斯(종사)

― 좌

07 佐· 도울.
人 　　金佐鎭(김좌진, 독립운동)

07 坐 앉을. 죄 입을.
土

05 左 왼. 왼쪽. 증거. 도울.
工 　　徐左輔(서좌보, 조선정치가)

10 座· 자리. 위치. 지위.
广 　　座席(좌석)

10/11	挫	꺾을. 꺾일.
09/刀	剉	꺾을. 모서리를 없애다.
12/广	痤	뾰루지. 옴. 등창.
11/13	莝	여물. 꼴을 베다. 莝豆(좌두)
17/髟	髽	북상투.

一 죄

| 13/14 | 罪 | 。허물. 죄. |

一 주

05/丶	主	。임금. 주인. 주장할.
07/人	住	。머무를. 살. 사는 곳. 住居(주거) 常住(상주)
08/人	侏	난쟁이. 광대. 속일.
11/人	做	지을.
08/口	呪	방자. 방자할. 빌. 다니리. 呪文(주문) 呪術(주술)
08/口	周	· 두루. 둘레. 두를. 姓. 成周德(성주덕, 천문학자)
14/口	嗾	부추길. 선동함. [수]
09/大	奏	· 아뢸. 나아갈.
08/女	姓	여자 이름자. 예쁠.
09/女	姝	예쁠. 연약할. 꾸밀. 순종할.

08/宀	宙	。집. 하늘. 무한한. 고금. 吉善宙(길선주, 독립운동)
06/巛	州	· 골. 고을. 삼각주. 州郡(주군) 州牧(주목)
15/广	廚	부엌. 주방. 상자. 姓. 廚奴(주노) 廚房(주방)
08/09	拄	버틸. 拄杖(주장)
11/日	晝	。낮. 晝耕夜讀(주경야독)
06/木	朱	。붉을. 姓. 金朱烈(김주열, 열사)
09/木	柱	· 기둥. 기러기발. 버틸. 徐漢柱(서한주, 조선학자)
10/木	株	· 나무. 그루. 주식.
08/09	注	。부을. 물댈. 주낼. 주의할.
09/10	洲	물가. 섬. 대륙.
12/13	湊	물 모일.
15/16	澍	적실. 흘러들어갈. 姓.
09/火	炷	심지.
18/火	燽	드러날. 현저할.
10/11	珠	구슬. 진주. 덩어리. 姓.
19/田	疇	이랑. 무리. 밭두둑. 羅錫疇(나석주, 독립운동)
13/白	皗	밝을. 비단 흴.
20/竹	籌	살. 산가지. 꾀. 징발할. [도]

09 糸	紂	껑거리끈. 밀치끈. 주임금.	10 酉	酎	진한 술. 전국 술. 주금.
11 糸	紬	명주. 모을. 철할. 결. 紬緞(주단) 紬次(주차)	10 酉	酒	술.
12 糸	絑	붉을.	13 金	鉒	쇳돌. 광석.
14 糸	綢	얽을. 얽힐. 동여맬. [도]	22 金	鑄	지을. 부어 만들.
14 耳	聏	귀.	15 馬	駐	머물. 머무를.
09 冂	冑	투구.	12 木	椆	영수목. 삿대.
06 舟	舟 ·	배. 申末舟(신말주, 조선문관)	12 日	晭	밝을.
12 虫	蛛	거미.	10 11	珘	옥. 사람의 이름.
12 言	註	주낼.	11 糸	紸	댈. 서로 닿게 하다.
13 言	誅	벨. 칠. 멸할. 덜. 다스릴.	15 言	調	아침. [조]
12 貝	貯	재물.	12 日	晭	햇빛.
07 走	走 。	달릴. 달아날. 달음질할. 走馬加鞭(주마가편)	06 一	丢	잃어버릴. 가다. 떠나다.
21 足	躊	머뭇거릴. 망설일.	08 人	侜	속일. 사실을 가리다.
16 車	輳	모일. 사물이 한곳에 모임.	16 人	儔	짝. 동아리. 누구.
12 15	週	두루. 주일.	12 寸	尌	세울. 서다. 하인.
13 16	遒	닥칠. 굳을. 모일. 遒人(주인) 遒盡(주진)	17 巾	幬	휘장. 수레바퀴에 씌운 가죽.
11 14	逎	☞ 遒자의 통용어.	11 石	硃	주사(朱砂).
09 13	邾	나라 이름.	21 竹	籒	주문(籒文). 읽다. 篆籒(전주)

19 黽	鼅	거미.	09 人	俊 · 준걸. 뛰어날. 큰. 姓. 張俊河(장준하, 언론인)
09 11	跗	○○. [부]	14 人	儔 모을. 무리.
13 15	腠	살결.	15 人	儁 준걸.
15 17	蔟	모일. 모이다. 나아가다.	10 氵	准 평할. 승인할. 準[속] 准將(준장) 批准(비준)
12 足	趾	멈출. 발이 바르지 못하다.	11 土	埻 과녁. 법. 법칙.
13 14	裯	홑이불. 장막. 휘장.	16 宀	寯 새 살찔.
12 言	説	呪와 同字.	10 山	峻 높을. 가파를. 속할. 盧峻命(노준명, 조선문관)
15 貝	賙	진휼(賑恤)할. 주다. 보태다. 賙恤(주휼)	13 心	惷 어수선할.
13 走	趚	사람 이름.	11 日	晙 밝을. 이른 아침.
13 車	輔	끌채. 굳센 모양.	16 木	樽 술그릇. 그칠. 樽俎折衝(준조절충)
16 雨	霌	구름비 모양.	10 11	浚 깊을. 빼앗을. 許浚(허준, 조선名醫)
16 雨	霔	장마. 때맞추어 오는 비.	13 14	準 · 법. 고를. 평평할. 비길. 全琫準(전봉준, 조선혁명가)
09 11	胄	자손. 맏아들.	13 氵	凖 ☞ 準자의 통용어.
11 氵	湊	물 모일.	17 18	濬 깊을. 成文濬(성문준, 조선학자)
― 죽			12 口	睿 ☞ 濬자의 통용어.
06 竹	竹°	대. 대나무. 實竹(실죽, 신라장군)	11 火	焌 불 댕길.
12 米	粥	죽. 미음. 죽먹을. 姓.	12 田	畯 농부. 권농관. 준걸.
― 준			12 目	睃 볼.

12 立 竣 마칠. 그칠.

17 立 竴 기쁠.

10 糸 純 선두를. 〔순〕

13 15 葰 꽃술. 왕성함.

21 虫 蠢 굼틀거릴. 어리석을. 일어날.

10 13 逡 앞설.

11 14 逡 뒷걸음질칠. 머뭇거릴. 토끼.

16 19 遵 · 좇을. 행할.
奇遵(기준, 조선정치가)

18 門 儁 뛰어날.

10 15 陖 가파를. 높을.

| 10 土 埈 ☞陖자의 통용어. |

10 隹 隼 송골매.

13 隹 雋 영특할. 글 이름.→전〔통용〕

16 食 餕 대궁.

17 馬 駿 준마.
尹德駿(윤덕준, 조선문관)

16 17 儁 똑똑할.

20 金 鐏 창고달.

10 彳 後 물러갈.

12 皮 皴 주름. 트다.
皴法(준법)

15 土 墫 술 단지.
墫酒(준주) 墫壺(준호)

15 16 撙 누를. 모이다. 겸손하다.
撙節(준절)

14 糸 綧 어지러울.

18 缶 罇 술두루미.

23 魚 鱒 송어(松魚).
鱒魚(준어)

14 足 踆 그칠. 웅크릴. 물러나다.
踆烏(준오)

19 足 蹲 웅크릴. 모으다. 춤추다.
蹲踞(준거)

18 鳥 鵔 금계(金鷄).

11 人 偆 부자.

14 人 僎 돕는 사람.

— 줄

09 11 茁 싹. 姓.

09 乙 乼 줄.

— 중

04 丨 中 。가운데. 속. 사이. 맞출.
宋日中(송일중, 조선서예가)

06 人 仲 · 버금. 둘째. 가운데.
康仲珍(강중진, 조선문관)

12 血 衆 。무리. 많을.

09 里	重	무거울. 거듭할. 중요할. 金重漢(김중한, 항일투사)
11 目	眾	衆의 본자.

― 즉

09 口	即	곧. 이제. 즉. 나아갈. 即時(즉시) 即位(즉위)
07 口	卽	☞ 卽자의 통용어.
12 口	喞	두런거릴. 탄식하는 소리.

― 즐

19 木	櫛	빗. 빗질할. 촘촘히 설.
20 馬	騭	수말. 안정하다. 이루어지다.

― 즙

13 木	楫	노. 노 저을.→집[통용]
05 06	汁	즙.진액.국물.진눈깨비.[협] 汁滓(즙재) 汁洽(협흡)
13 15	葺	지붕을 일. 기울. 겹칠.
17 木	檝	楫과 同字.
17 19	蕺	삼백초

― 증

15 土	增	더할. 많아질. 吳壽增(오수증, 고려문관)
15 16	憎	미워할.

09 10	拯	건질. 도울. 구원. 들. 拯撫(증무) 拯恤(증휼)
12 日	曾	일찍. 곧. 거듭. 이에. 李景曾(이경증, 조선문관)
09 火	烝	불기운. 찔.
17 瓦	甑	시루.
10 疒	症	병세.
18 糸	繒	명주. 비단. 주살.
14 16	蒸	찔.
19 言	證	증거. 증험할. 證據(증거) 考證(고증)
19 貝	贈	줄.
15 山	嶒	산 높고 험할. 嶒崚(증릉)
17 矢	矰	주살. 짧은 화살.
17 18	罾	어망(漁網).

― 지

04 丿	之	갈. ~의. 이. 申之悌(신지제, 조선문관)
07 厂	厎	숫돌. 정할.
05 口	只	다만.
07 口	吱	가는 소리.
09 口	咫	여덟 치. 8촌. 咫尺不辨(지척불변)

II 인명용 한자와 그 해설 403

06 土	地 ˚	땅. 곳. 지위. 처지. 河緯地(하위지, 조선사육신)
07 土	址	터.
07 心	志 ˚	뜻. 뜻할. 적을. 기록할. 安志(안지, 조선학자)
09/10 扌	持 ·	가질. 잡을. 지닐. 尹持忠(윤지충, 순교자)
09/10 扌	指 ˚	손가락. 가리킬. 金指南(김지남, 조선역관)
15 手	摯	잡을. 올릴. 지극할. 사나울.
04 支	支 ˚	가를. 지탱할. 헤아릴. 支柱(지주) 支拂(지불)
06 日	旨	뜻. 생각. 맛좋을. 竹旨(죽지, 신라대신)
12 日	智 ·	지혜. 슬기. 姓. 李智活(이지활, 조선충신)
16 矢	䂞	☞智자의 통용어.
08 木	枝 ˚	가지. 버틸. 朴枝華(박지화, 조선학자)
09 木	枳	탱자나무. 해칠.
04 止	止 ˚	그칠. 낮을. 고요할. 安止(안지, 조선문관)
06/07 氵	池 ·	못. 姓.
07/08 氵	沚	물가.
07/08 氵	泜	가지런할.
09/10 氵	洔	섬. 갑자기 불은 물.
14/15 氵	漬	담글. 잠길. 젖을. 물들.

08 矢	知 ˚	알. 분별할. 깨달을. 주장할. 知識(지식) 知事(지사)
10 矢	矧	☞知자의 통용어.
10 石	砥	숫돌. 갈. 평평할. 砥石(지석) 砥原(지원)
09 示	祉	복. 韓祉(한지, 조선문관)
10 示	祗	공경할.
10 糸	紙	종이.
08/10 肉	肢	팔다리.
10/12 肉	脂	비계. 기름기. 진. 연지. 脂肪(지방) 脂韋(지위)
06 至	至 ˚	이를. 지극할. 白任至(백임지, 고려무관)
08/10 艸	芝	지초(芝草).
08/10 艸	芷	어수리.
14 虫	蜘	거미.
14 言	誌 ·	기록. 기록할. 梁誌(양지, 조선충신)
19 言	識	적을. 표할. 표→식 [통용]
18 貝	贄	폐백. [얼] 贄敬(지경) 贄帛(지백)
11 足	趾	발꿈치. 그칠.
16/19 辶	遲 ˚	더딜. 늦을. 기다릴.
15 金	鋕	새길.

14 馬	馱	굳셀.
06 力	勁	굳을.
07/08 忄	恀	믿을.
07 土	坻	모래섬. 마당.
13/14 扌	揩	버틸. 괴다.
14 示	禔	복. 편안하다. [제]
11 角	觗	합할. 만날.
08 土	坻	모래섬. 물가. 머무를. 坻石(지석)
14 土	墀	섬돌 위 뜰. 섬돌.
14 木	榰	주춧돌. 버티다.
08/09 氵	泜	강 이름.
12 疒	痣	사마귀.
10 禾	秪	벼 처음 익을.
16 竹	篪	저(笛) 이름. 대 이름.
10 舌	舐	핥을. 빨다.
15 足	踟	머뭇거릴. 주저하다. 踟躕(지주)
22 足	躓	넘어질. 부딪치다. 밟다.
12 車	軹	굴대 머리. 격자창. 두 갈래.

07/12	阯	터. 토대. 산기슭.
17 魚	鮨	젓갈. 물고기의 젓갈.
22 鳥	鷙	맹금(猛禽). 사납다. 鷙鳥(지조)
07/08	抵	손뼉 칠. 근심하다. 받다.
14 宀	實	도달할. [실]
15/16	潪	땅 젖을.
09/10	祗	마침.

— 직

08 目	直	곧을. 바를. 바로. 번. 洪直弼(홍직필, 조선학자)
13 禾	稙	올벼. 조도. 吳冕稙(오면직, 독립운동)
15 禾	稷	기장. 메기장. 피. 吳稷(오직, 조선무관)
18 糸	織	짤.
18 耳	職	벼슬. 직품. 직분.
15 示	禝	사람 이름.

— 진

16 人	儘	다할.
10 口	唇	놀랄. 경악. [순]
13 口	嗔	성낼. [전] 嗔怒(진노) 嗔責(진책)

404

13 土	塡	오랠. 누를. 다할.→전[통용]
14 土	塵	티끌. 먼지.
08 09	抮	휘어잡을. 거머잡을. 껴안을.
10 11	振・	떨칠. 떨. 진동할. 구원할. 崔振東(최진동, 독립운동)
13 14	搢	꽂을. 흔들. 요동시킴. 搢紳(진신) 搢笏(진홀)
09 日	昣	밝을.
10 日	晉	나라. 나아갈.→晋[속,통용,10획] 孫晋泰(손진태, 사학자)
10 日	晋	☞ 晉자의 통용어.
08 木	枃	사침대.
11 木	桭	처마. 기둥 사이. 가지런히 할.
14 木	榛	개암나무. 가시나무. 덤불.
14 木	槇	뿌리 모일.
15 禾	稹	떨기로 날.
09 歹	殄	끊어질. 다할. 면할. 앓을. 죽을. 殄沒(진몰) 殄破(진파)
09 10	津	나루. 침. 진액. 넘칠.
13 14	溱	물 이름. 이를. 많을. 펴질. 姓.
09 10	珍・	보배. 보배로울. 진기할. 裵珍極(배진극, 의학박사)
13 金	鉁	☞ 珍자의 통용어.

09 10	珎	☞ 珍자의 통용어.
14 15	瑱	귀고리.
14 15	瑨	옥돌.→瑨[속,통용, 15획]
14 15	瑨	☞ 瑨자의 통용어.
16 17	璡	옥돌.
10 田	畛	두둑. 지경. 본바탕. 아뢸.
10 疒	疹	홍역. 앓을.
14 皿	盡。	다할. 극진할.
06 尸	尽	☞ 盡자의 통용어.
10 目	眞。	참. 거짓 아닐. 바를. 姓. 李眞洙(이진수, 조선문관)
10 目	真	☞ 眞자의 통용어.
15 目	瞋	부릅뜰. 성낼. 瞋目張膽(진목장담)
15 示	禛	복받을.
10 禾	秦	나라. 姓.
16 糸	縉	분홍빛. 붉은 비단.
16 糸	縝	고울. 찬찬할. 검은 머리. 맺을. 縝紛(진분) 縝緻(진치)
11 臣	昣	밝을.
14 16	蓁	우거질.

16 至	臻	이를. 도달함. 모일.
15 17	蔯	사철쑥.
10 11	袗	홑옷. 수놓은 옷. 검은 옷. 가장자리. 아름다울.
12 言	診	볼. 맥을 봄. 증거. 점칠. 診斷(진단) 診脈(진맥)
14 貝	賑	넉넉할. 구휼할.
12 車	軫	수레. 尹軫(윤진, 조선의병)
07 辰	辰	별. 다섯째 지지. →신 [통용] 邕夢辰(옹몽진, 조선문관)
12 15	進	나아갈. 오를. 올릴. 金進洙(김진수, 조선문인)
18 金	鎭	진정. 진압할. 편안케 할. 李鎭龍(이진룡, 독립운동)
10 15	陣	진칠. 진. 陣頭(진두) 陣營(진영)
11 16	陳	베풀. 벌일. 말할. 姓. 陳情(진정) 陳列(진열)
15 雨	震	우레. 진동. 천둥. 괘 이름. 公震遠(공진원, 항일투사)
13 靑	䳜	바를.
11 攴	敐	다스릴.
11 目	眹	눈동자. 조짐. 흔적.
09 人	侲	동자(童子). 어린이. 착하다. 侲子(진자)
10 11	肆	옥 이름.
17 虫	蠠	설렐. 불안정하다.

12 走	趁	좇을. 떠들. 달리다. 趁時(진시) 趁早(진조)
20 髟	鬒	숱 많을. 鬒髮(진발)
14 言	診	움직일.
12 13	愼	땅 이름.
13 14	滇	현 이름.
17 車	轃	이를.
13 14	慎	땅 이름. [신]

— 질

08 人	侄	어리석을. 단단할. 머무를. 조카.
05 口	叱	꾸짖을. 책망할. 叱正(질정) 叱咤(질타)
09 女	姪	조카.
13 女	嫉	시새움할. 시새움질.
08 巾	帙	책갑. 책. 책권. 차례. 姓.
10 木	桎	차꼬. 차꼬 채울. 막힐. 쐐기.
19 20	瓆	사람 이름.
10 疒	疾	병. 괴로워할. 조심할. 辛棄疾(신기질, 중국시인)
10 禾	秩	차례. 녹. 관직.
11 穴	窒	막을. 막힐. 머물. 멈출. [절] 窒隙蹈瑕(질극도하)

15/17 腟	새살 날.		15/16 溱	솟을. 샘날.→ 〔통용,16획〕
12/虫 蛭	거머리. 개밋둑. 그리마. 姓.		15/16 潧	☞潧자의 통용어.
15/貝 質	바탕. 근본. 품성. 질박할. 金質燁(김질엽, 조선음악인)		15/糸 緝	모일. 모을. 〔즙〕 緝合(집합) 緝和(집화)
12/足 跌	넘어질. 지나칠. 잘못할. 달릴. 跌倒(질도) 跌失(질실)		16/車 輯	모을. 모일. 화목할.
09/12 迭	갈마들. 번갈아. 姓. 〔일〕		20/金 鏶	쇳조각.
09/土 垤	개밋둑. 언덕.		12/佳 集	모을. 나아갈. 문집. 金集(김집, 조선학자)
12/糸 絰	질. 요질(腰絰).		09/口 咠	귓속말 할.
14/16 蒺	남가새. 벌레 이름. 蒺藜(질려)		13/戈 戢	거둘. 〔즙〕
09/13 郅	고을 이름. 이르다. 크다.		― 징 ―	
23/金 鑕	모루.		15/彳 徵	부를. 거둘. 〔치〕 權徵(권징, 조선문관)
― 짐 ―			19/心 懲	징계. 징계할.
13/斗 斟	술따를. 짐작할. 머뭇거릴. 姓.		15/16 澄	맑을. 趙澄(조징, 조선문관)
10/月 朕	나. 조짐.		15/16 澂	맑을.
15/鳥 鴆	짐새. 鴆毒(짐독)		18/19 瀓	澂과 同字.
― 집 ―			20/广 癥	적취(積聚). 발에 난 부스럼.
04/人 什	시편. 세간.→십〔통용〕 什佰之器(십백지기)		17/目 瞪	바로 볼. 노려보다.
11/土 執	잡을. 가질. 벗. 姓. 趙執信(조집신, 중국시인)			
13/木 楫	돛대. 노.→즙〔통용〕			

― 차

05 一	且	또. 또한. 우선. 구차할.
08 人	侘	자랑할. 낙망할.
10 人	借	빌. 빌릴. 도울. 가령.
03 又	叉	깍지 낄. 갈래.
13 口	嗟	탄식할. 감탄할. 탄식. 감탄. 嗟來之食(차래지식)
24 大	钁	너그러울.
09 女	姹	예쁜 여자.
13 山	嵯	우뚝 솟을. [치]
10 工	差	어긋날. 다를. [치] 千差萬別(천차만별)
06 欠	次	버금. 다음. 차례. 번. 異次頓(이차돈, 羅순교자)
06 止	此	이. 이에. 그칠.
14/15	瑳	고울. 웃을. 연마할.
12 石	硨	옥돌.
15 石	磋	갈. 연마함. 학문을 닦음.

14 竹	箚	찌를. 이를. 옴. 닿을. 적을. 箚記(차기) 箚子(차자)
10/12	茶	차나무. 차.→다[통용]
17 足	蹉	넘어질. 지날. 어긋날. 틀릴. 蹉跌(차질) 蹉跎(차타)
07 車	車	수레. 姓.→거[통용]
15/18	遮	막을. 가릴. 수다스러울. [자] 遮那敎主(자나교주)
21 鹵	鹺	소금. 鹺賈(차고)
08 人	伣	재빠를. 빠르다. 버금.
07 山	岔	갈림길. 어긋나다.
11 彳	徣	빌릴.
14 木	槎	나무 벨. 무구(武具) 이름.

― 착

10/11	捉	잡을.
13/14	搾	짤. 짜냄. 搾乳(착유) 搾取(착취)
10 穴	窄	좁을. 닥칠.
12 羊	着	부딪칠. 붙을. 입을. 쓸.
16 金	錯	섞일. 어긋날. 그르칠.
28 金	鑿	끌. 뚫을. 경형. 생각. [조] 鑿飮耕食(착음경식)
22 齒	齪	작을. 잔달.

18 戈	戳	창으로 무찌를.
16 17	擉	찌를. 작살.
14 斤	斲	깎을. 깎아내다. 새기다.

── 찬

21 人	儧	일 공론할.
17 人	儧	☞儧자의 통용어.
22 山	巑	뾰족한 산.
15 16	撰	가릴. 글 지을.
22 23	攢	옹기종기 모일.
23 木	欑	모일.
16 17	澯	맑을. 물 모양.
17 火	燦	빛날. 李燦(이찬, 조선의학자)
17 18	璨	옥빛.
23 24	瓉	옥그릇. 安瓚(안찬, 조선의관)
18 穴	竄	숨을. 달아날. 내칠. 숨길.
16 竹	篡	빼앗을. 잡을.
17 竹	簒	☞篡자의 통용어.
13 米	粲	빛날. 金粲(김찬, 조선명신)

20 糸	纂	모을. 편찬할.
25 糸	纘	이을.
26 言	讃	도울. 기릴. →讚[속, 22획, 통용]
22 言	讚	☞讃자의 통용어.
19 貝	贊	찬성할.→贊[속,15획,통용] 宋贊(송찬, 조선문관)
15 貝	賛	☞贊자의 통용어.
27 金	鑽	뚫을. 송곳.
16 食	餐	먹을. 음식. 거둘. [손]
21 食	饌	차려낼. 음식. 饌需(찬수) 饌盒(찬합)
22 女	孏	희고 환할.
21 刀	劗	머리 깎을.
29 火	爨	불 땔. 부뚜막.
26 走	趲	놀라 흩어질. 재촉하다.
21 22	攛	던질.

── 찰

08 刀	刹	기둥. 절. 탑. 剎자의 통용어. 刹那主義(찰나주의)
14 宀	察	살필. 상고할.
17 18	擦	비빌. 문지름.

05 木	札	패. 편지. 미늘. 적을. 노. 札瘥夭昏(찰차요혼)
11 糸	紮	묶을. 머무를.
04 05	扎	뺄. 베 짜는 소리.

── 참

14 人	僭	참람할. 어그러질. 사치. 거짓. 僭賞濫刑(참상남형)
11 厶	參°	참여할. 낄. 별. →삼 [통용]
14 土	塹	해자. 팔. 구덩이를 팜.
15 心	慙 °	부끄러울. →慚 [통용,15획]
14 15	慚	☞慙자의 통용어.
14 15	慘 °	슬플. 참혹할. 애쓸.
20 21	懺	뉘우칠. 懺禮(참례) 懺悔(참회)
11 斤	斬	벨. 끊어질. 도련하지 않은 상복. 斬剡之哀(참염지애)
10 立	站	우두커니 설. 역마을.
24 言	讖	조짐. 참서. 뉘우칠.
24 言	讒	헐뜯을. 하리놀. 참소 속일.
19 人	儳	어긋날. 빠르다. 참견하다.
14 山	嶄	높을. 파다. 빼어나다. 嶄然(참연)
20 山	巉	가파를. 높고 험하다. 巉巖(참암)
15 16	僣	僭의 속자.
20 21	攙	찌를. 날카롭다. 돕다.
15 木	槧	판(版). 편지. 문서. [첨] 槧本(참본)
21 木	欃	살별. 혜성(彗星). 박달나무.
17 比	毚	토끼. 조금. 탐하다.
19 言	譖	참소(譖訴)할.
19 金	鏨	끌. 파다. 새기다.
25 金	鑱	보습.
26 食	饞	탐할. 걸신들리다.
21 馬	驂	곁마. 말. 驂乘(참승)
23 黑	黲	검푸르죽죽할. 검다.

── 창

10 人	倉 °	창고 급할. 곳집. 姓. 倉卒之間(창졸지간)
10 人	倡	여광대. 여배우. 갈보. 미칠. 倡家(창가) 倡婦(창부)
12 刀	創	찌를. 비롯할. 시작할.
11 口	唱 °	부를. 인도할. 노래.
11 女	娼	노는 계집. 창기.
15 广	廠	허청.

Ⅱ 인명용 한자와 그 해설

14 彡 彰	빛날. 밝을. 나타낼. 彰彰(창창) 表彰(표창)	
13 14 愴	슬퍼할. 비통함.	
12 攴 敞	넓을. 드러날. 시원할.	
08 日 昌	창성. 창성할. 徐昌載(서창재, 조선학자)	
10 日 昶	밝을. (9획이 아님) 金在昶(김재창, 독립운동)	
14 日 暢	화창. 통할. 자랄. 펼.	
14 木 槍	창. 다다를. 소총. 姓. 槍劍(창검) 槍法(창법)	
13 14 滄	바다. 푸를. 찰. 싸늘할. 滄海桑田(창해상전)	
14 15 漲	불을. 가득 차서 넘침.	
11 12 猖	미칠.	
15 疒 瘡	부스럼. 종기. 상처.	
11 穴 窓	창. 창문. 바라지.	
12 14 脹	부를. 불룩해짐.	
16 舟 艙	선창. 艙間(창간) 船艙(선창)	
12 14 菖	창포.	
14 16 蒼	푸를. 무성할. 蒼空(창공) 蒼天(창천)	
11 12 淐	물 이름.	
12 日 唱	사람의 이름자.	

11 12 淌	큰 물결. 물이 흐르는 모양.	
10 人 倀	홀로 설. 미칠. 길 잃을. 倀鬼(창귀)	
12 人 傖	천할. 문란하다.	
12 冫 凔	찰. 춥다. 차가운 모양.	
08 刀 刅	創과 同字.	
11 12 悵	슬퍼할. 마음 아파하다. 悵惘(창망)	
11 12 惝	멍할. 놀라는 모양.	
14 戈 戧	다칠. 새겨 넣다.	
13 14 搶	닿을. 돛 올릴. 어지러울. 搶奪(창탈)	
16 毛 氅	새털. 새의 우모(羽毛). 氅衣(창의)	
14 15 瑲	옥빛.	
12 穴 窗	窓의 본자.	
17 足 蹌	추창할. 흔들리다.	
16 金 鋹	날카로울. 예리하다.	
16 門 閶	천문(天門). 가을 바람. 閶闔(창합)	
10 鬯 鬯	울창주(鬱鬯酒).	
21 鳥 鶬	왜가리.	

― 채

- 13 人 債・ 빚.
- 11 土 埰 사패지. 채지.
- 11 女 婇 여자 이름자.
- 11 宀 寀 동관. 식읍.
- 14 宀 寨 나무우리. 木寨(목채) 外寨(외채)
- 11 彡 彩・ 채색. 채색할. 광채. 빛날.
- 11/12 採 캘. 가려낼.
- 13 目 睬 속된 말.
- 12 木 棌 참나무.
- 12/13 琗 옥문채 찬란할.
- 10 石 砦 진터. 보루.
- 14 糸 綵 비단. 채색. 綵衣娛親(채의오친)
- 12/14 菜 나물. 姓.
- 15/17 蔡 나라. 거북. 姓. 元繼蔡(원계채, 조선문관)
- 11 貝 責 빚. 부채.
- 08 采 釆 취할. 캘. 무늬. 姓. 申采浩(신채호, 사학자)
- 11 金 釵 비녀. [차]

- 10/12 茝 구릿대. [치]
- 11 示 祭 나라 이름. [제]

― 책

- 05 冂 冊 책. 서적. 冊[소]
- 05 冂 册 。☞冊자의 통용어.
- 09 木 栅 울짱. 성채. 말뚝. →柵 [통용,9획]
- 12 竹 策・ 꾀. 계책. 대쪽. 채찍. 策定(책정) 政策(정책)
- 11 貝 責。 책할. 꾸짖을. 책임. 임무.
- 14 口 嘖 외칠. 새소리. 말다툼하다. 嘖嘖(책책)
- 14 巾 幘 건(巾). 머리띠. 꼭대기.
- 15 石 磔 찢을. 가르다.
- 11 竹 笧 册과 同字.
- 17 竹 簀 살평상. 대자리.
- 11 虫 蚱 벼메뚜기. 말매미. 蚱蜢(책맹) 蚱蟬(책선)

주의 이름[名]자가 인명용 한자에 포함되지 않을 때는 한글로 기재하여 신고

― 처

- 10 冫 凄 찰. 싸늘할. 쓸쓸할. 凄凉(처량) 凄絶(처절)
- 08 女 妻。 아내. 시집보낼.

11/12 悽	슬플. 슬퍼할. 애통할.	
11/虍 處	곳. 살. 있을. 처할. 安處誠(안처성, 조선문관)	
05/几 処	☞處자의 통용어.	
11/12 淒	쓸쓸할.	
12/14 萋	풀 성하게 우거질. [체, 차] 萋萋(처처)	
19/見 覰	覷의 속자.	
11/15 郪	땅 이름.	

― 척

10/人 倜	기개 있을. 높이 들. 뛰어날. 倜儻不羈(척당불기)	
08/刀 刺	찌를. 정탐할.→자[통용] 刺股讀書(자고독서)	
10/刀 剔	뼈바를. 벨. 깎을. 버릴. [체]	
14/土 墌	기지. 터. 토대.	
08/土 圻	☞墌자의 통용어.	
04/尸 尺	자. 짧을. 작을. 편지. 毛尺(모척, 백제장군)	
15/心 慼	근심할. 근심. 걱정.	
14/15 憾	☞慼자의 통용어.	
11/戈 戚	친척. 겨레. 슬플. 근심할.	
08/09 拓	주울. 열. 헤칠.→탁[통용] 兪拓基(유척기, 조선문신)	

18/19 擲	던질. 내버림. 擲地作金石聲(척지작금석성)	
05/斤 斥	물리칠. 내칠. 망볼.	
14/15 滌	닦을. 씻을. 청소할.	
15/广 瘠	파리할. 메마를. 궁핍할. 瘠薄(척박) 瘠土(척토)	
10/12 脊	등골뼈. 등성마루. 조리. 脊令在原(척령재원)	
18/足 蹠	밟을. 발바닥. 이를. [저]	
10/15 陟	오를. 올릴. 나아갈. 高應陟(고응척, 조선학자)	
10/隹 隻	하나. 짝. 척. 隻履西歸(척리서귀)	
13/土 墌	박토(薄土). 메마른 땅.	
11/12 惕	두려워할. 놀라다. 근심하다. 惕懼(척구)	
10/11 抈	칠. 치다. 때리다.	
14/15 撫	주울. 주워 모으다.	
14/虫 蜴	도마뱀.	
12/足 跖	발바닥. 밟다. 盜跖(도척)	
22/足 躑	머뭇거릴. 뛰어오르다. 躑躅(척촉)	

― 천

05/人 仟	일천. 천 사람.	
03/十 千	일천. 여러. 많은. 宋千喜(송천희, 조선정치가)	

12 口	喘	숨. 호흡. 숨찰. 코 골.
04 大	天	하늘. 하느님. 임금. 姓 吳天民(오천민, 조선학자)
03 川	川	내. 仇珍川(구진천, 신라인)
16 17	擅	천단. 제멋대로 함. 멋대로.
09 水	泉	샘. 돈 이름. 泉石膏肓(천석고황)
11 12	淺	얕을. 옅을. 엷을.
07 08	玔	옥고리.
09 穴	穿	뚫을. 뚫릴. 구멍.
06 舛	舛	어그러질. 틀릴. 어지러울.
10 12	茜	꼭두서니.
17 19	薦	천거할. 드릴. 깔. 薦擧(천거) 推薦(추천)
15 貝	賤	천할. 업신여길. 값쌀.
15 足	踐	밟을. 오를. 행할.
16 19	遷	옮길. 바꿀. 귀양보낼. 姓 司馬遷(사마천, 中사학자)
11 金	釧	팔가락지. 姓.
20 門	闡	열. 밝힐. 넓을. 一闡底迦(일천저가)
06 11	阡	언덕. 李阡(이천, 고려장군)
24 革	韆	그네. 鞦韆(추천)

10 人	倩	엷을. 얇다.
10 人	倩	예쁠. 남자의 미칭(美稱).
14 人	僢	舛과 同字.
15 人	儃	머뭇거릴. 거닐다.
09 10	洊	이를. 자주.
18 19	濺	흩뿌릴. 빨리 흐를.
09 示	祆	하늘. 신(神). 〔현〕
12 至	臻	거듭. 거듭 오다.
07 09	芊	풀 무성할. 초목 섞일.
10 12	荐	거듭할. 풀[草]. 빈번히.
14 16	蒨	꼭두서니.
16 18	蕆	경계할. 갖추다. 풀다.
07 10	辿	천천히 걸을. 느릿느릿 걷다.
18 靑	靝	하늘.

── 철

05 口	凸	볼록할. 凸形(철형) 凹凸(요철)
10 口	哲	밝을. 슬기로울. 朴永哲(박영철, 애국지사)
12 口	喆	哲자의 통용어. 金尙喆(김상철, 조선문관)

15 彳	徹 ·	사무칠. 뚫을. 통할. 朱基徹(주기철, 목사)
11 心	悊	밝을.
15/16	撤	걷을. 필. 제거할.
15/16	澈	맑을. 淸澈(청철) 鏡澈(경철)
17 目	瞮	눈 밝을.
14 糸	綴	이을. 철할. 꿰맬. 맬.
15 車	輟	그칠. 기울.
19 車	轍	바퀴자국. 轍環天下(철환천하)
21 金	鐵 ·	쇠. 무기. 단단할. 金鐵(김철, 독립운동가)
13 金	鉄	☞鐵자의 통용어.
10 刀	剟	깎을. 삭제하다. 찌르다.
11 口	啜	마실. 먹다. 울다. 啜泣(철읍) 啜汁(철즙)
10 土	埑	밝을.
11/12	惙	근심할. 애태우는 모양.
11/12	掇	주울. 줍다. 가리다. 깎다. 掇拾(철습)
19 欠	歠	마실. 마시는 음식.
14 金	銕	쇠. 철(鐵)의 古字.
16 金	錣	물미. 산가지.

14 食	飻	탐할.
18 食	餮	탐할. 饕餮(도철)

첨

13 人	僉	다.
06 小	尖 ·	뾰족할. 날카로울.
08/09	沾	젖을. 적실. 〔점, 첩〕
11/12	添 ·	더할. 덧붙일. 金添慶(김첨경, 조선정치가)
11 甘	甜	달. 맛날. 낮잠.
11 甘	甛	☞甜자의 통용어.
18 目	瞻	우러러볼.
19 竹	簽	농(죽롱). 쪽지. 표제. 서명함. 簽記(첨기) 簽名(첨명)
23 竹	籤	제비. 시험할. 산가지.
16 言	詹	이를. 수다스러울. 볼. 〔담〕 詹公之術(첨공지술)
15 言	諂	아첨할. 아양떨.
16 巾	幨	휘장(揮帳). 옷깃. 幨帷(첨유)
07/08	忝	더럽힐. 욕됨.
12 心	惉	팰. 패다.
17 木	檐	처마. 추녀. 檐階(첨계) 檐鈴(첨령)

21 木	櫼	쐐기. 동자기둥.
20 21	瀸	적실. 두루 미치다.
19 竹	簷	처마. 갓모자. 簷橼(첨연)
18 19	襜	행주치마.

— 첩

12 土	堞	성가퀴.
08 女	妾 ·	첩. 계집아이.
08 巾	帖	문서. 장부. [체] 權帖(권첩, 조선문관)
11 12	捷	빠를. 이길.
13 片	牒	서찰. 계보. 사령. 증서.
22 田	疊	겹쳐질. 포개질. 무명.
13 目	睫	속눈썹. 눈 감을.
16 言	諜	염탐할. 염탐꾼. 편안히 할. 諜報(첩보) 諜知(첩지)
12 貝	貼	붙을. 붙일. 메울. 편안할. 貼夫(첩부) 貼書(첩서)
14 車	輒	문득. 번번이. 직립할. 姓
10 人	倢	빠를. 굳세다.
08 口	呫	소곤거릴. 작은 모양. [첩] 呫囁(첩섭)
12 口	喋	재잘거릴. 喋喋(첩첩)

| 08 09 | 怗 | 고요할. 조용하다. 따르다. |
| 17 衣 | 褺 | 겹옷. 고을 이름. |

— 청

25 广	廳 ·	대청. 관청. 마을. 마루.
12 日	晴 °	갤. 날이 갤. 晴雲秋月(청운추월)
12 日	晴	☞晴자의 통용어.
11 12	淸 °	맑을. 깨끗할. 妙淸(묘청, 고려승려)
11 12	淸	☞淸자의 통용어.
22 耳	聽 °	들을. 들어줄. 판결할.
12 14	菁	우거질. [정]
15 言	請 °	청할. 물을. 알릴. 請求(청구) 請牒(청첩)
15 言	請	☞請자의 통용어.
08 靑	靑 °	푸를. 동쪽. 봄. 젊음. 池靑天(지청천, 독립운동)
08 靑	靑	☞靑자의 통용어.
19 魚	鯖	청어. [정]
10 冫	凊	서늘할. 선선하다. 춥다.
11 口	圊	뒷간. 변소.
14 虫	蜻	귀뚜라미. 씽씽매미. 잠자리. 蜻蜒(청령) 蜻蛉(청령)

19 鳥	鶅	해오라기.	09 石	砌	섬돌. 겹쳐 쌓다. 砌城(체성) 砌草(체초)
11 女	婧	여자 정결할.	13 15	蒂	蔕와 同字.

── 체

04 刀	切	온통. 전부.→절〔통용〕	15 髟	髢	머리 깎을.
09 刀	剃	깎을. 머리를 깎음. 剃度(체도) 剃頭(체두)	15 17	蔕	가시. 꼭지.
12 日	替・	대신. 바꿀. 대신할.	24 雨	靆	구름 낄. 밝지 않다.
10 11	涕	눈물. 울.			

── 초

14 15	滯・	막힐. 쌓일. 남을. 엉길. 滯滯泥泥(체체이니)	09 人	俏	닮을.
15 糸	締	맺을.	07 刀	初。	처음. 첫. 李濟初(이제초, 조선인)
16 言	諦	살필. 이치. 〔제〕 諦視(체시) 要諦(요체)	13 刀	劋	노곤할. 괴롭힐. 날랠. 勦〔소〕
16 言	諟	자세히 할.→시〔통용〕	10 口	哨	파수병. 뾰족할. 〔소〕 哨兵(초병) 步哨(보초)
12 15	逮・	쫓을. 잡을. 단아할. 〔태〕	08 山	岧	산 높은 모양.
14 17	遞	갈릴. 역말.	15 16	憔	파리할. 시달릴. 탈.
23 骨	體。	몸. 근본. 体〔약〕	07 08	抄・	뺄. 뽑을. 베낄. 가로챌.
09 10	玼	옥빛 깨끗할.	08 09	招。	부를. 불러올.
12 木	棣	산앵두나무. 통하다.	11 木	梢	나무 끝. 우듬지. 끝. 〔소〕
12 彐	彘	돼지.	12 木	椒	산초나무. 산꼭대기. 산정. 향기로울. 椒房之親(초방지친)
15 歹	殢	나른할. 고단하다. 막히다.	13 木	楚	나라. 고을. 싸리. 매질할. 朴楚植(박초식, 항일투사)
			16 木	樵	나무할. 땔나무.

08 火	炒	볶을. 불에 익힘.	23 黹	𪓐	오색 고운 빛.
12 火	焦	탈. 그을릴. 초조할.	11 人	俶	어질지 못할.
12 石	硝	초석. 硝酸(초산) 硝石(초석)	14 人	僬	명찰(明察)할. 달릴. 僬僥(초요)
17 石	礁	숨은 바윗돌.	13 力	勦	노곤할. 빼앗다. 勦滅(초멸) 勦說(초설)
18 石	礎	주춧돌. 申礎(신초, 조선무장)	15 口	噍	먹을. 씹다. 새소리. 噍類(초류)
09 禾	秒	초(시간 단위). [묘] 秒速(초속) 秒針(초침)	15 女	嫶	수척할.
12 禾	稍	점점. 녹. 작을. 끝. [소] 稍蠶食之(초잠식지)	10 山	峭	가파를. 엄하다. 선명한 모양. 峭急(초급) 峭絶(초절)
07 09	肖	같을. 닮을. 작을. 姓.	15 山	嶕	높을. 산꼭대기.
09 11	苕	완두. 능소화. 이삭. 우뚝할.	08 09	怊	슬퍼할. 실의(失意)한 모양. 怊悵(초창)
10 12	草	풀. 초잡을.→艸 [통용,6획] 草綠同色(초록동색)	10 11	悄	근심할. 엄할. 고요하다. 悄愴(초창) 悄悄(초초)
06 艸	艸	☞草자의 통용어.	12 13	愀	정색(正色)할. 삼가다.
16 18	蕉	파초.	08 木	杪	끝. 작다. 가늘다.
12 豸	貂	담비. 狗尾續貂(구미속초)	16 火	燋	홰. 그을다. 파리하다.
12 走	超	뛸. 뛰어넘을. 뛰어날. 慧超(혜초, 신라승려)	13 糸	綃	생사(生絲). 무늬 비단. 綃紗(초사) 生綃(생초)
12 酉	酢	초. 신맛. [작]	10 耒	耖	밭 거듭 갈. 써레.
15 酉	醋	초. 신 조미료. [작]	14 言	誚	꾸짖을. 책망하다.
19 酉	醮	제사지낼. 빌. 술 따를. 다할.	19 言	譙	꾸짖을. 높은 누각. 譙樓(초루)
11 金	鈔	좋을. 좋은 쇠.	15 走	趠	뛸. 넘다.

12 車	軺	수레. 軺車(초거) 軺軒(초헌)
09 12	迢	멀. 아득하다. 높은 모양.
12 金	鈔	노략질할. 지폐. 집어내다. 鈔盜(초도)
17 金	鍬	가래. 괭이.
17 金	鏾	鍬와 同字.
16 革	鞘	칼집. 선후걸이.
21 頁	顠	파리할. 근심하는 모양.
15 髟	髫	다박머리. 髫齡(초령) 髫齔(초츤)
23 鳥	鷦	뱁새. 교부조(巧婦鳥). 鷦鷯(초료)
20 齒	齠	이를 갈. 齠年(초년)
08 女	妱	여자의 자(字).

― 촉

09 人	促・	재촉. 독촉할. 촉박할.
24 口	囑	청촉할. 부탁할. 囑言(촉언) 囑託(촉탁)
17 火	燭・	촛불. 밝을. 촉광. 燭光(촉광) 華燭(화촉)
24 目	矗	우거질. 곧을. 우뚝 솟을.
13 虫	蜀	나비애벌레. 고을 이름. 혼자. 蜀犬吠日(촉견폐일)
20 角	觸・	찌를. 닿을. 범할. 一觸卽發(일촉즉발)
25 日	矚	비출.
25 火	爥	囑과 同字.
26 目	矚	볼. 자세히 보다. 矚目(촉목)
17 19	蠋	촉규화(蜀葵花).
20 足	躅	머뭇거릴. 밟다.
23 骨	髑	해골.

― 촌

03 寸	寸。	마디. 적을. 작을. 헤아릴. 白永寸(백영촌, 한말의병)
06 07	忖	헤아릴. 姓.
07 木	村。	마을. 시골. 村家(촌가) 農村(농촌)
07 11	邨	☞村자의 통용어.
06 口	吋	인치.

― 총

10 ?	冢	무덤. 봉토.
13 土	塚	☞冢자의 통용어.
18 又	叢	떨기. 모을. 떼. 叢林(총림) 叢書(총서)
19 宀	寵	괼. 사랑할. 귀여워할. 吳延寵(오연총, 고려문관)
11 心	悤	바쁠. 허둥댐.

14 15	憁	실심할. 바쁠.
14 15	摠	거느릴. 묶을. 모두. 總[소]
17 糸	總・	거느릴. 모을. 합할. 다. 洪總角(홍총각, 조선의인)
14 糸	総	☞總자의 통용어.
17 耳	聰・	귀밝을. 聦[속] 薛聰(설총, 신라석학)
14 耳	聡	☞聰자의 통용어.
15 17	蔥	파. 푸를. 葱자의 통용어.
14 金	銃・	총. 도끼자루 구멍.
13 15	葱	蔥의 속자.
15 17	蓯	순무. 풀이 우거진 모양.
19 金	鏦	창(槍). 찌르다.
21 馬	驄	총이말. 청총마(青驄馬).

── 촬

| 15 16 | 撮 | 집을. 모을. 자밤. 취할. 撮影(촬영) 撮土(촬토) |

── 최

13 人	催°	재촉. 열. 베풀. 訥催(눌최, 신라장군)
11 山	崔	높을. 姓.
12 日	最°	가장. 제일. 申最(신최, 조선문관)

15 口	嘬	깨물. 물다. 탐하다.
14 15	摧	꺾을. 누르다. 막다. 摧折(최절)
14 木	榱	서까래.
14 15	漼	깊을. 눈서리 쌓인 모양.
15 16	璀	옥빛 찬란할.
16 石	磪	산 높고 험한 모양.
16 糸	縗	상복(喪服) 이름.
11 13	膗	갓난아이 음부(陰部).

── 추

15 土	墜	떨어질. 떨어뜨릴. 무너질.
08 09	抽・	뺄. 뽑을.
11 12	推・	밀. 천거할. [퇴] 安之推(안지추, 중국학자)
12 木	椎	망치. 방망이. 칠. 어리석을.
13 木	楸	가래나무. 바둑판.
15 木	樞	지도리. 고동. 宋樞(송추, 종교인)
12 13	湫	서늘할. 못. 근심할. [초]
15 皮	皺	주름. 주름잡힐. 밤송이.
09 禾	秋°	가을. 때. 해. 姓.

10 艸	芻	꼴. 꼴꾼. 풀먹는 짐승. 짚. 芻蕘之說(추요지설)
13 15	萩	쑥. 개오동나무.
15 言	諏	물을. 상의함.
17 走	趨	추창할. 향할. [촉]
10 13	追	따를. 좇을. 쫓을. 金日追(김일추, 중국학자)
13 17	鄒	땅 이름. 姓.
09 酉	酋	오래될. 술. 끝날. 뛰어날.
17 酉	醜	더러울. 추할. 같을.
16 金	錐	송곳. 立錐之地(입추지지)
16 金	錘	저울추. 무게.
18 金	鎚	쇠몽둥이. 저울추. [퇴]
18 隹	雛	병아리. 새새끼. 아이.
20 馬	騶	마부. 거덜. 기수. 달릴.
20 魚	鰌	미꾸라지. 능가할.
20 魚	鰍	☞鰌자의 통용어.
14 人	僦	빌릴. 보내다. 모이다.
12 口	啾	소리. 웅얼거리다. 啾啾(추추)
11 女	媰	별 이름. 미녀.

08 巾	帚	비. 쓸다. 별 이름.
11 12	惆	실심할. 슬퍼하다. 惆然(추연) 惆愴(추창)
11 12	捶	종아리 칠. 채찍. 찧다. 捶笞(추태)
13 手	揫	모을. 묶다.
13 14	搥	칠.
14 瓦	甃	벽돌담. 꾸미다.
16 广	瘳	나을. 병이 나아지다. 줄다.
14 竹	箠	채찍. 채찍질하다. 箠楚(추초)
17 竹	簉	버금 자리. 부관(副官).
16 糸	縋	매달. 줄.
16 糸	縐	주름질. 가늘다. 무늬.
14 16	蒭	芻와 同字.
11 16	陬	모퉁이. 굽이진 곳.
08 隹	隹	새. 높고 크다.
18 革	鞦	그네. 鞦韆(추천)
18 馬	騅	오추마(烏騅馬).
18 鬼	魋	북상투.
19 鳥	鵻	호도애. 산비둘기.

20 鳥	鷟	무수리.	11 舟	舳	고물. 배의 뒷부분. 舳艫(축로)
21 鳥	鶵	원추(鵷鶵) 새. 병아리.	08 豕	豖	발 얽힌 돼지걸음.
33 鹿	麤	거칠. 굵은 베. 麤米(추미) 麤疎(추소)	18 足	踧	종종걸음칠. 다리가 오그라들 다.
21 禾	秌	秋의 고자.	18 黽	鼀	두꺼비.

── 축 ──

── 춘 ──

04 一	丑°	소. 둘째 지지.	09 日	春°	봄. 楊萬春(양만춘, 句명장)
10 田	畜•	칠. 가축. 쌓을. 기를. 畜産(축산) 畜〔蓄〕積(축적)	13 木	椿	나무. 姓. 徐椿(서춘, 언론인)
10 示	祝°	빌. 축하할. 축문.	13 14	瑃	옥 이름.
08 竹	竺	대나무. 나라 이름. 姓. 〔독〕 竺經(축경) 竺國(축국)	16 貝	賰	넉넉할.
12 竹	筑	악기 이름. 주울.			

── 출 ──

16 竹	築•	쌓을. 다질. 지을. 李起築(이기축, 조선공신)	05 凵	出°	날. 나갈. 뛰어날. 시집갈. 徐德出(서덕출, 문학가)
17 糸	縮•	줄어질. 오그라들. 줄.	05 木	朮	차조. 삽주. 姓. 秫〔술〕
14 16	蓄•	저축. 쌓을. 쌓아둘. 貯蓄(저축) 蓄積(축적)	17 黑	黜	떨어뜨릴. 물리칠. 黜責(출책) 黜斥(출척)
18 足	蹙	줄일. 닥칠. 고생할. 재촉할. 〔척〕	10 禾	秫	차조. 찰기장.

── 충 ──

19 足	蹴	찰. 삼갈. 밟을. 공경할. 蹴球(축구) 蹴踏(축답)	05 儿	充°	채울. 가득할. 찰. 막을. 李達充(이달충, 고려학자)
12 車	軸	수레바퀴. 굴대. 安軸(안축, 고려학자)	08 心	忠°	충성. 徐世忠(서세충, 독립운동)
11 14	逐•	쫓을. 다툴. 逐鹿之戰(축록지전)	07 08	沖	화할. 어릴. →冲〔속,통용,6획〕 朴純沖(박순충, 고려문관)
08 女	妯	동서.			

06 冫	冲	☞沖자의 통용어.
10 11	琉	귀고리 옥.
18 虫	蟲	◦ 벌레.→虫〔약,통용,6획〕

06 虫	虫	☞蟲자의 통용어.
15 行	衝	• 찌를. 뚫을. 부딪칠.
10 衣	衷	가운데. 정성. 절충할. 朴尙衷(박상충, 고려학자)
07 08	忡	근심할. 걱정하다. 忡忡(충충)

── 췌

11 12	悴	파리할. 근심할.
16 18	膵	이자(췌장). 膵臟(췌장) 膵液(췌액)
12 14	萃	떨기. 모을. 〔취〕
18 貝	贅	모을. 군더더기. 저당잡힐. 혹.
12 13	惴	두려워할. 惴慄(췌율)
12 13	揣	잴. 생각하다. 헤아리다. 揣摩(췌마) 揣知(췌지)
13 疒	瘁	병들. 여위다. 근심하다.
17 頁	顇	파리할. 병들다. 순수하다.

── 취

08 又	取	◦ 가질. 취할. 取捨選擇(취사선택)

07 口	吹	◦ 불. 충동할. 부추길.
15 口	嘴	부리.
11 女	娶	장가들. 장가. 娶陰麗華(취음여화)
12 尢	就	나아갈. 이룰. 金就文(김취문, 조선청백리)
08 火	炊	불땔. 불. 吹〔통용,7획〕 炊骨易子(취골역자)
14 羽	翠	푸를. 비취.
14 耳	聚	모을. 모일. 마을. 촌락. 尹聚東(윤취동, 조선학자)
10 12	脆	무를. 연할. 가벼울.
10 自	臭	냄새. 냄새 날. 썩을.
15 走	趣	나아갈. 주창할. 빨리 갈.
15 酉	醉	• 취할.
24 馬	驟	달릴. 몰. 갑작스러울. 驟雨不終日(취우부종일)
23 鳥	鷲	수리.
10 一	冣	모을.
16 木	橇	덧신. 〔교〕
12 毛	毳	솜털. 썰매. 부드럽다.

── 측

04 人	仄	기울. 치솟을. 어렴풋할. 곁. 仄韻(측운) 仄日(측일)

11 人	側·	곁. 기울일. 기울어질.
12 广	廁	뒷간. 변소.
11 厂	厠	☞廁자의 통용어.
12/13	惻	슬퍼할. 惻隱之心(측은지심)
12/13	測·	헤아릴. 측량할. 잴. 測定(측정) 豫測(예측)
08 日	昃	기울. 오후.

── 층

| 15 尸 | 層· | 층. 겹. |

── 치

08 人	侈	사치할. 오만할. 클. 많을.
10 人	値·	만날. 값.
13 口	嗤	웃을. 웃음거리.
09 山	峙	고개. 산 우뚝 설. 金峙(김치, 조선초학자)
15 巾	幟	표기(표지가 있는 기).
10 心	恥·	부끄러울.
11 木	梔	치자나무.
08/09	治。	다스릴. 병 고칠. 田禹治(전우치, 조선도인)
11/12	淄	물 이름. 검은빛. 검게 물들 일. 淄澠辨味(치승변미)

16 火	熾	성할. 맹렬할. 불꽃.
11 广	痔	치질. 痔疾(치질) 痔核(치핵)
19 广	癡	어리석을. 미련함. 미칠. 癡人說夢(치인설몽)
13 广	痴	☞癡자의 통용어.
13 禾	稚·	어릴. 어린 벼.
17 禾	穉	☞稚자의 통용어.
14 糸	緇	검을. 검은빛. 검은 옷. 중. 緇衣(치의)
15 糸	緻	고울. 찬찬할. 기울.
13/14	置·	둘. 베풀. 安置民(안치민, 고려문관)
09 至	致。	이를. 다할. 줄. 부를. 兪致鳳(유치봉, 조선서화가)
10 虫	蚩	얕볼. 업신여길. 어리석을. 蚩笑(치소) 蚩惡(치악)
15 車	輜	짐수레. 바퀴살 끝.
13 隹	雉	꿩.
13 馬	馳	달릴.
15 齒	齒。	이. 나이. 늘어설. 벌일.
05 口	卮	잔. 술잔. 卮酒(치주)
09 口	哆	클. 너그러운 모양.
13 宀	寘	둘. 받아들이다. 차다.

11 田	畤	재터. 경계. 우뚝 서다.	11 攵	敕	勅과 同字.

― 친

11 疒	痓	악할.	16 見	親	친할. 가까울. 어버이. 親睦(친목) 親族(친족)
13 糸	絺	칡베. 수놓을. 갈포 홑옷. 絺紛(치격)	20 木	櫬	무궁화나무.
12 艹	菑	묵정밭. 묵힌 밭. 일구다.	21 22	襯	속옷. 가까이하다. 베풀다.
17 19	薙	풀 벨. 백목련.			

― 칠

15 16	褫	빼앗을. 벗다. 풀다. 褫職(치직) 褫奪(치탈)	02 07	七	일곱. 일곱 번. 崔七夕(최칠석, 조선초무관)
07 豸	豸	발 없는 벌레. 풀다.	09 木	柒	옻나무. 옻칠. 漆자의 통용어.
13 足	跱	머뭇거릴. 갖추다. 두다.	14 15	漆	물. 옻칠할. 검을. 캄캄할.
16 金	錙	저울눈. 성(盛)하다.			

― 침

06 11	阤	비탈. 벼랑. 경사지다.	09 人	侵	침노할. 범할.
19 魚	鯔	숭어. 鯔魚(치어)	14 宀	寢	잘. 쉴. 그칠.
16 鳥	鴟	솔개. 올빼미.	08 木	枕	베개. 벨. 침목.
16 鳥	鴙	꿩.	12 木	棽	뒤덮일. → 림 [통용]
17 鳥	鵄	鴟와 同字.	07 08	沈	잠길. 빠질. → 심 [통용] 沈潛(침잠) 沈氏(심씨)

― 칙

09 刀	則	법. 법칙. [즉] 李則(이칙, 조선문관)	10 11	浸	젖을. 잠길. 적실. 번질.
09 力	勅	신칙할. 칙서. 경계할.	12 13	琛	보배.
13 食	飭	신칙할. 갖출. 삼갈. 힘쓸.	10 石	砧	다듬잇돌. 모탕. 砧石(침석) 砧杵(침저)

10 金 針。 바늘. 침.

17 金 鍼 바늘. 침. 찌를.
鍼孔(침공) 鍼術(침술)

13 宀 寢 잠길. 점점.

07
08 忱 정성. 참마음.

13 木 椹 모탕. 과녁. 다듬잇돌.

11
15 郴 고을 이름. 姓.

15 金 鋟 새길. 날카롭다. 송곳.
鋟木(침목) 鋟板(침판)

17 馬 駸 말 달릴. 빨리 지나가는 모양.
駸駸(침침)

── 칩

17 虫 蟄 엎드릴. 겨울잠 잘.

── 칭

10 禾 秤 저울.
睦世秤(목세칭, 조선학자)

14 禾 稱・ 일컬을. 부를. 헤아릴.
權必稱(권필칭, 조선무관)

── 쾌

04 大 夬 터놓을. 쾌쾌. [결]

07
08 快。 쾌할. 시원할. 빠를.
快樂(쾌락) 快速(쾌속)

16 口 噲 목구멍. 시원하다. 밝다.

── 타

05 人 他。 다를. 딴. 남.
他山之石(타산지석)

09 口 咤 꾸짖을. 입맛다실. 슬퍼할.

11 口 唾 침. 침뱉을.
唾面自乾(타면자건)

15 土 墮・ 떨어질. 떨어뜨릴.

07 女 妥・ 편안. 온당할. 평온할.
妥當(타당) 妥協(타협)

12
13 惰 게으를. 게으름. 사투리.
惰氣滿滿(타기만만)

05
06 打。 칠. 타. 다스
打開(타개) 安打(안타)

08
09 拖 끌. 끌어당김.
拖紫懷金(타자회금)

06 木 朶 늘어질. 움직일. 가지.

16 木	橢	길쭉할.
13 木	楕	☞橢자의 통용어.
11 舟	舵	키. 柁[소] 舵工(타공) 舵手(타수)
08 13	陀	비탈질. 陀羅尼呪(다라니주:범어)
13 馬	馱	짐. [태]
15 馬	駝	곱사등이. 실을. 태울. 약대. 駝鷄(타계) 駝鳥(타조)
07 人	佗	다를. 더할. 입을. 편안하다.
08 土	坨	비탈질. 타(陀)의 속자.
08 09	拕	拖와 同字.
09 木	柁	키. 배의 키. 柁樓(타루)
08 09	沱	물 이름. 물 흐르는 모양.
12 言	詑	속일. 가벼이 보다.
13 言	詫	자랑할. 속이다.
12 足	跎	헛디딜. 때를 놓치다.
13 身	躱	비킬. 피하다. 몸소. 躱閃(타섬) 躱熱(타열)
15 馬	馳	駝와 同字.
16 魚	鮀	모래무지.
16 鳥	鴕	타조.
25 黽	鼉	악어(鰐魚). 鼉鼓(타고)

— 탁

10 人	倬	클. 밝을.
08 十	卓	높을. 뛰어날. 책상. 姓. 尹卓然(윤탁연, 조선정치가)
11 口	啄	쫄. 부리로 쪼아 먹음. [주]
08 土	坼	터질. 갈라질. 싹틀.
09 广	度	잴. 헤아릴. 물을.→도[통용] 度德量力(탁덕양력)
06 07	托·	부탁. 받침. 의지할. 맡길.
08 09	拓	밀칠. 박을.→척[통용] 拓本(탁본) 拓土(척토)
17 18	擢	뽑을. 선별함. 빼낼.
12 日	晫	밝을.
09 木	柝	딱딱이. 열. 열릴. 터질.
16 木	橐	전대(주머니).
14 木	槖	☞橐자의 통용어.
16 17	濁·	흐릴. 어지러울.
17 18	濯·	빨. 빨래할. 씻을.
12 13	琢	다듬을. 쫄. 鄭琢(정탁, 조선학자)
12 13	琸	사람 이름.

10 言	託	부탁. 부탁할. 의지할. 委託(위탁) 請託(청탁)
15 足	踔	멀. 탁월할.
21 金	鐸	방울. 요령. 李鐸(이탁, 독립운동)
08 09	拆	터질. 뜯다. 분별하다. 拆裂(탁렬)
08 09	沰	붉을. 방울져 떨어지다.
11 12	涿	들을. 땅 이름. 涿鹿(탁록)
08 石	矺	나무 이름.
22 竹	籜	대껍질. 풀이름.
20 22	蘀	낙엽. 떨어지다. 풀이름.
12 15	逴	멀. 아득하다. 넘다. 逴行(탁행)

― 탄

07 口	吞	삼킬.
14 口	嘆	한숨 쉴. 탄식함. 歎[仝] 嘆哭(탄곡) 嘆息(탄식)
08 土	坦	넓을. 평탄할. 평평할. 坦坦大路(탄탄대로)
15 弓	彈 ∙	탈. 탄핵할. 탄알. 姓.
15 16	憚	꺼릴. 미워함. 고달플. 수고할.
15 欠	歎 ∙	탄식. 기릴. 감탄할.
22 23	灘	여울. 해 이름.

09 火	炭 ∙	숯. 숯불. 석탄. 원소 이름.
14 糸	綻	솔기 터질. 터질. 필. 꿰맬.
14 言	誕 ∙	클. 기를. 거짓말. 놓을. 誕辰(탄신) 誕放(탄방)
16 日	暺	밝을.
16 17	憻	너그러울.
22 23	攤	펼. 벼르다. 펼치다.
16 歹	殫	다할. 쓰러지다. 두루. 殫竭(탄갈) 殫亡(탄망)
24 广	癱	사지 틀릴. 마비증. 癱瘓(탄탄)
22 馬	驒	연전총(連錢驄).

― 탈

14 大	奪 ∙	빼앗을. 잃을.
11 13	脫 ∘	벗을. 빠질.
09 人	侻	추할. 못생기다. 맞다.

― 탐

11 12	探 ∘	더듬을. 찾을. 정탐할.
09 目	眈	노려볼. 으늑할.
10 耳	耽	즐길. 지나치게 즐길. 賈耽(가탐, 중국지리학자)
11 貝	貪	탐할. 탐낼.

14 口	喑	많을. 소리.
07 心	忐	마음 허할.
11 酉	酖	탐닉할.

― 탑

13 土	塔・	탑.
14 木	榻	걸상. 거친 무명.
12 人	儓	모질.
13 土	塌	떨어질. 땅이 낮다.
13 14	搨	베낄. 박다. 搨本(탑본)

― 탕

08 宀	宕	방탕할. 지나칠. 넓을.
08 巾	帑	나라 곳집. 〔노〕
12 13	湯・	끓을. 끓일. 끓는 물.
16 米	糖	사탕. 엿. 〔당〕
16 18	蕩	쓸. 움직일. 옮길. 클. 넓을. 蕩蕩平平(탕탕평평)
16 火	燙	데울. 손을 쬐다.
17 皿	盪	씻을. 부딪힐. 밀다.
14 石	碭	무늬 있는 돌. 지나치다.

| 21 23 | 盪 | 쓸. |

― 태

07 儿	兌	서방. 연못. 기꺼울. 괘 이름. 金兌錬(김태련, 독립운동)
05 口	台	별. 柳台佐(유태좌, 조선학자)
04 大	太・	콩. 처음. 클. 첫째. 姓 王太(왕태, 조선시인)
09 心	怠	게으를. 거만할.
14 心	態	태도. 모양. 態度(태도) 姿態(자태)
09 歹	殆・	위태할. 위태로울. 거의.
07 08	汰	흐를. 씻을. 밀릴. 추릴.
09 水	泰	클. 심할. 편안할. 괘 이름. 金道泰(김도태, 교육가)
09 10	玳	용무늬 있는 홀 옥.
11 竹	笞	매질할. 볼기칠. 태형.
09 11	胎	태. 새끼 밸. 아이 밸.
09 11	苔	이끼. 苔石(태석) 笞泉(태천)
12 足	跆	밟을. 노래할.
08 12	邰	나라. 땅 이름.
12 金	鈦	차꼬. 티타늄.
14 風	颱	태풍(颱風).

16 鮐 魚	복어(鰒魚).
11 脫 13	느릿느릿할. [탈]
10 娧 女	느릿느릿 하는 모양.
09 迨 12	미칠. 이르다.
11 埭 土	보.
08 㙉 子	아이 밸.
15 駘 馬	둔마(鈍馬). 들피질. 둔하다. 駘蕩(태탕)
06 忲 07	사치할.
13 澾 14	물.

― 택

09 坨 土	언덕.
06 宅 宀	집. 구덩이.→댁 [통용] 閔宅基(민택기, 서화가)
16 擇 17	가릴. 고를. 뽑을. 擇日(택일) 選擇(선택)
16 澤 17	못. 은혜. 덕택. 윤택할. 李珍澤(이진택, 독립운동)

― 탱

15 撑 16	버팀목. 버틸. 배저을. 撑자의 통용어. 撑腸拄腹(탱장주복)
15 撐 16	버틸. 버팀목. 배부르다. 撐柱(탱주) 撐支(탱지)
12 牚 牙	버팀목. 버티다.

― 터

| 18 攄 19 | 펼. 오를. 姓. |

― 토

08 兎 儿	토끼. 달.
07 兔 儿	☞兎자의 통용어.
06 吐 口	뱉을. 게울. 토할. 펼.
03 土 土	흙. 땅. 오행의 하나. 金賢土(김현토, 독립운동)
10 討 言	칠. 찾을. 궁구할. 구할. 討伐(토벌) 討議(토의)

― 톤

| 15 噋 口 | 입 기운. |

― 통

14 慟 15	서러워할.
11 桶 木	통.
09 洞 10	꿰뚫을. 통달할.→동 [통용] 洞達(통달) 洞察(통찰)
12 痛 疒	아플. 원통할. 상할. 심할.
12 筒 竹	대통. 통. 통소
12 統 糸	거느릴. 벼리. 합칠. 統治(통치) 統一(통일)
11 通 14	통할. 형통할. 다닐. 알릴. 金吉通(김길통, 조선정치가)

II 인명용 한자와 그 해설 **431**

09 恫 상심할. 두려워하다.
10

15 樋 나무 이름.
木

13 筒 대통. 낚시.
竹

── 퇴

11 堆 언덕. 쌓을.
土

14 槌 내던질. 칠. 망치. [추]
木

14 腿 다릿살. 다리.
16   大腿部(대퇴부)

15 褪 벗을. 물러설. 바랠.
16   褪色(퇴색) 褪英(퇴영)

10 退° 물러갈. 물리칠. 겸손할.
13

16 頹 질풍. 떨어질. 무너질. 쇠할.
頁

15 隤 무너뜨릴. 내리다. 잃다.
20

── 투

11 偸 훔칠. 탐낼. 가벼울. 구차할.
人   偸卷度紙(투권도지)

10 套 클. 겹칠. 모퉁이. 우리.
大

08 妬 강새암할. 투기할. 시새울.
女

07 投° 던질. 줄. 보낼. 버릴.
08

11 透. 투철할. 통할.
14

20 鬪. 싸움. 싸울. 다툴.
門

07 妒 투기(妬忌)할. 시기하다.
女

12 渝 달라질. 넘치다. 땅 이름.
13   渝色(투색)

14 骰 주사위.
骨   骰子(투자)

── 통

07 佟 강 이름. 姓.
人

── 특

15 慝 악할. 간사할. 재앙. 속일.
心

10 特° 특별. 다만. 짝.
牛   特技(특기) 特殊(특수)

07 忒 변할. 어긋나다. 의심하다.
心

── 틈

18 闖 엿볼. 쑥 내밀.
門

── 파

08 坡 언덕.
土   白坡(백파, 조선승려)

11 婆 할미. [바]
女

04 己	巴	땅 이름.
07 08	把	잡을. 가질. 자루. 지킬.
15 16	播	씨 뿌릴. 달아날. 퍼뜨릴. 播種(파종) 傳播(전파)
18 19	擺	열. 흔들. 벌여놓을. 擺動(파동) 擺列(파열)
08 木	杷	발고무래. 비파나무. 써레.
08 09	波	물결. 波瀾萬丈(파란만장)
09 10	派	물 갈래. 갈래 보낼.
08 爪	爬	긁을. 잡을. 길. 爬羅剔抉(파라척결)
12 13	琶	비파.
10 石	破	파할. 깨뜨릴. 깨어질. 穢破(예파, 신라장군)
15 16	罷	파할. 마칠. 그만둘.
08 10	芭	파초.
12 足	跛	절뚝발이. 절룩거릴. [피]
14 頁	頗	자못. 치우칠. 頗多(파다) 便頗(편파)
05 口	叵	어려울. 불가능하다. 마침내. 叵耐(파내)
07 女	妑	여자 이름자.
08 山	岥	비탈. 고개. 무너지는 모양.
08 09	怕	두려워할. 부끄러워하다.

24 25	灞	강 이름. 灞橋(파교)
08 父	爸	아비. 늙은이의 존칭.
09 10	玻	유리(琉璃). 玻璃(파리)
17 白	皤	머리 센 모양. 희다.
10 竹	笆	가시대. 대바자.
19 竹	簸	까부를. 까불리다. 簸弄(파롱) 簸揚(파양)
10 耒	耙	써레. 쇠스랑.
12 14	菠	시금치.
13 15	葩	꽃. 흩어지다.
15 19	鄱	고을 이름. 鄱陽(파양)

— 판

07 刀	判	쪼갤. 판단할. 姓.
07 土	坂	언덕. 늪.
08 木	板	널. 판목. 板子(판자) 板刻(판각)
08 片	版	조각. 판목. 짜갤. 호적. 版木(판목) 銅版(동판)
19 瓜	瓣	오이씨. 꽃잎. 날름쇠 [국].
11 貝	販	팔. 장사.
16 辛	辦	힘쓸. 갖출.

| 12 金 | 鈑 | 금화. 널조각. |

| 07 12 | 阪 | 언덕. 비탈. 기울다. |

― 팔

| 02 08 | 八 | 여덟.
申八均(신팔균, 항일투사) |

| 05 口 | 叭 | 벌릴. 나발. |

| 10 11 | 捌 | 깨뜨릴. 여덟. |

| 06 木 | 杚 | 고무래(농기구의 한 가지). |

| 05 06 | 汃 | 물결치는 소리. |

― 패

| 08 人 | 佩 | 찰. 패옥. |

| 10 口 | 唄 | 인도 노래.
梵唄(범패) 唄音(패음) |

| 10 11 | 悖 | 어그러질. [발] |

| 11 攴 | 敗 | 패할. 무너질. 헐. 썩을. |

| 07 08 | 沛 | 늪. 갈. 흐를. 클. 빼를. |

| 10 11 | 浿 | 물 이름. |

| 12 片 | 牌 | 패. 간판. 방패.
牌甲(패갑) 牌刀(패도) |

| 10 11 | 狽 | 이리. 허겁지겁할. |

| 13 禾 | 稗 | 피. 잘. 기다릴.
稗官小說(패관소설) |

| 21 雨 | 霸 | 으뜸. 권세 잡을.
霸權(패권) 霸者(패자) |

| 19 襾 | 覇 | ☞霸자의 통용어. |

| 07 貝 | 貝 | 조개. 재물. |

| 07 子 | 孛 | 살별. 혜성(彗星). |

| 10 方 | 旆 | 기(旗). 깃발. 앞장서다.
懸旆(현패) |

| 10 11 | 珮 | 佩와 同字. |

| 15 雨 | 霈 | 비 쏟아질. 물이 흐르는 모양. |

― 팽

| 12 彡 | 彭 | 땅. 姓.
朴彭年(박팽년, 조선학자) |

| 15 16 | 澎 | 물소리. 물결 부딪칠. |

| 11 火 | 烹 | 삶을. 삶아질. 요리. |

| 16 18 | 膨 | 부를. 불룩해질.
膨大(팽대) 膨脹(팽창) |

| 10 石 | 砰 | 물결 소리. 돌 구르는 소리. |

| 09 示 | 祊 | 제사 이름. |

| 18 虫 | 蟚 | 蟛과 同字. |

| 18 虫 | 蟛 | 방게.
蟛蜞(팽기) 蟛蟹(팽활) |

― 팍

| 12 13 | 愎 | 팩할. 성질이 강퍅함. |

― 편

09 人	便。	편할. 마땅할.→변 [통용] 惠便(혜편, 고구려승려)
11 人	偏.	편벽될. 치우칠. 기울.
09 戶	扁	작을. 특별할. 姓.
04 片	片。	조각. 쪽. 한 쪽. 姓. 斷片(단편) 片言(편언)
15 竹	篇。	책. 편. 篇首(편수) 前篇(전편)
15 糸	編.	얽을. 책 맨 끈. 책 지을. 編輯(편집) 編成(편성)
15 羽	翩	훌쩍 날. 나부낄. 오락가락할.
13 16	遍	두루. [변] 遍歷(편력) 遍照(변조)
18 革	鞭	채찍. 채찍질할. 鞭鸞笞鳳(편란태봉)
19 馬	騙	뛰어오를. 속일.
11 匚	匾	얇을. 납작하다. 편액(扁額).
12 彳	徧	두루. 치우칠. 덜다. 徧歷(편력)
12 13	惼	좁을. 편협하다.
15 糸	緶	꿰맬. 옷의 가선을 두르다.
15 舟	艑	거룻배. [변]
13 15	萹	마디풀. 초목이 흔들리는 모양. [변]
15 虫	蝙	박쥐. 蝙蝠(편복)
14 15	編	좁을. 성급하다. 褊陋(편루)
16 言	諞	말 교묘히 할.

― 폄

12 貝	貶	덜. 떨어뜨릴. 물리칠.
10 石	砭	돌침. 돌침을 놓다.
10 穴	窆	하관(下棺)할.

― 평

08 土	坪	들. 崔坪(최평, 고려문관)
05 干	平。	평할. 다스릴. 화평할. 姓. 文一平(문일평, 사학자)
09 木	枰	판. 바둑·장기판. 은행나무.
08 09	泙	물소리.
12 14	萍	개구리밥. 萍水相逢(평수상봉)
12 言	評.	의논. 평론할. 요량할. 列評(열평, 고려문관)
08 09	怦	조급할. 성실하게 일하는 모양.
08 09	抨	탄핵(彈劾)할.
09 11	苹	개구리밥. 쑥. 갈대. 苹果(평과)
15 17	漭	부평초. 개구리밥.
16 魚	鮃	넙치. 비목어(比目魚).

― 폐

07 口	吠	짖을. 개가 짖음. 吠形吠聲(폐형폐성)
16 女	嬖	미천한 사람을 사랑할. 嬖女(폐녀) 嬖人(폐인)
15 巾	幣・	폐백. 비단. 예물. 돈. 幣帛(폐백) 紙幣(지폐)
15 广	廢・	폐할. 버릴.
15 廾	弊・	해질. 폐단. 폐해. 나쁠.
18 攴	斃	넘어질. 넘어뜨릴. 斃而後已(폐이후이)
08 10	肺・	허파. 부아.
16 18	蔽・	가릴. 가리울.
11 門	閉。	닫을. 막을. 막힐. 마칠.
10 15	陛・	섬돌. 陛下(폐하) 陛見(폐현)
12 攴	敝・	해질. 힘쓸. 옷이 떨어지다.
10 11	狴	짐승 이름. 감옥.
16 犬	獘	넘어질. 짐승 이름.
17 疒	癈	폐질(廢疾). 버리다.

― 포

07 人	佈	펼. 佈告(포고) 佈置(포치)
05 勹	包・	쌀. 꾸릴. 姓.
09 勹	匍	기어갈.
11 勹	匏	박. 바가지. 8음의 하나.
08 口	咆	으르렁거릴. 불끈 화를 냄.
10 口	哺	머금을. 물 먹일. 哺乳動物(포유동물)
10 口	圃	남새밭. 농군. 姓.
05 巾	布。	베. 피륙. 펼. [보] 伊里布(이리포, 중국인)
08 09	怖	두려워할. 떨. 두려움. 으를.
08 09	抛	던질. 버릴.
07 08	拋	☞抛자의 통용어.
08 09	抱・	안을. 품을. 가질. 抱負(포부) 抱擁(포옹)
10 11	捕	잡을.
15 日	暴・	사나울. 사나움. 급할. →폭[통용]
08 09	泡	거품. 성할. 흐를. 물 이름. 泡沫(포말) 泡山(포산)
10 11	浦・	물가. 개펄. 浦口(포구) 浦邊(포변)
10 广	疱	마마. 천연두.
10 石	砲	돌쇠뇌. 대포. 砲煙彈雨(포연탄우)
09 11	胞・	태. 세포.
09 11	脯	태의. 배. 두창. 세포.

09 艹 11	苞	그령. 더부룩이 날. 덤불. 밀.
13 艹 15	葡	포도 나라 이름.
14 艹 16	蒲	노름. 도박. 부들.
10 衤 11	袍	솜옷. 웃옷. 속옷. 앞깃.
15 衣	褒	기릴. 칭찬할.
11 辶 14	逋	달아날. 포탈할.
15 金	鋪	문고리. 펼. 퍼질. 앓을. 鋪張揚厲(포장양려)
14 食	飽	배부를. 물릴. 찰. 가득할.
16 魚	鮑	절인 어물. 갖바치. 전복. 鮑魚之肆(포어지사)
17 人	儤	번(番). 숙직. 가외의 일.
08 广	庖	부엌. 요리사. 요리. 庖宰(포재) 庖丁(포정)
11 日	晡	신시(申時). 저녁 무렵.
17 日	曝	갑자기.
09 火	炮	터질. 통째로 구울. 炮烙之刑(포락지형)
09 火	炰	구울. 굽다. 거칠다.
14 言	誧	도울. 큰소리치다.
13 金	鉋	대패. 솔. 파다. 鉋屑(포설)
14 革	鞄	혁공(革工).

| 16 食 | 餔 | 새참. 밥. 먹다. 마시다. |
| 18 魚 | 鯆 | 돌고래. 해돈(海豚). |

── 폭

12 巾	幅 ·	폭. 넓이.
15 日	暴 °	사나울. 지나칠. →포[통용]
19 日	曝	햇볕에 쬘.
18 氵 19	瀑	폭포. 〔포, 팍〕
19 火	爆	폭발할.
16 車	輻	바퀴살. 다투어 모일. 〔부〕

── 표

10 人	俵	나누어 줄. 흩을. 俵分(표분) 俵子(표자)
13 刀	剽	표독할. 겁박할. 빠를.
11 彡	彪	표범의 문채.
14 15	標	날랠. 재빠름. 가벼울.
07 木	杓	자루. 북두자루. 金宗杓(김종표, 조선樂師)
15 木	標	표할. 기록할. 나타낼. 金震標(김진표, 조선문관)
14 氵 15	漂	빨래. 뜰. 떠들.
16 瓜	瓢	바가지. 瓢子(표자) 瓢蟲(표충)

11 示	票 .	표. 쪽지. 표할.
09 衣	表 。	밖. 거죽. 겉. 본. 모범. 姓. 表裏(표리) 表音(표음)
10 豸	豹	표범.
20 風	飄	회오리바람. 질풍. 빠를. 방랑할.
21 風	飆	폭풍. 회오리바람. 바람.
21 風	飇	☞飆자의 통용어.
21 馬	驃	누런 말. 관직 이름.
17 耳	聽	겨우 들을.
13 人	僄	가벼울. 날래다. 민첩하다.
13 力	勡	으를. 위협하다.
14 口	嘌	빠를. 흔들리다. 어지럽다.
14 女	嫖	날랠. 민첩하다. 음란하다.
14 手 15	摽	칠. 손짓할. 버리다. 摽梅(표매)
11 歹	殍	주려 죽을. 굶주려 죽다.
15 火	熛	불똥. 불꽃. 빛나다. 붉다.
17 糸	縹	옥색. 아득하다. 나부끼다.
13 衣 14	裱	목도리. 소매 끝. 표구.
19 金	鏢	칼 끝. 칼집 끝의 장식.

23 金	鑣	재갈. 성(盛)한 모양.
10 髟	髟	머리털 드리워질.
22 魚	鰾	부레.

품

09 口	品 。	품수. 물건. 등급. 물품. 법. 乾品(건품, 신라장군)
13 禾	稟	품할. 여쭐. 바탕. 명받을. 稟性(품성) 稟受(품수)

풍

13 木	楓	단풍. 단풍나무. 丹楓(단풍) 楓葉(풍엽)
16 言	諷	욀. 변죽울릴. 간할.
18 豆	豐	풍년.→豊[속,통용13획] 金在豐(김재풍, 독립운동)
13 豆	豊	☞豐자의 통용어.
09 風	風	바람. 가르침. 풍속. 경치 笑春風(소춘풍, 조선열녀)
12 馬	馮	姓. [빙] 馮夢龍(풍몽룡, 明末문사)
14 疒	瘋	두풍(頭風). 미치다.

피

08 彳	彼 。	저. 저이. 저편. 彼此一般(피차일반)
08 09	披	헤칠. 열. 펼. 나눌. 입을. 披髮徒跣(피발도선)
10 疒	疲 .	파리할. 피곤할. 지칠.

| 05 皮 | 皮 。 가죽. 껍질. 姓. [비]
| 10/11 皮 | 被 · 입을. 받을. 이불.
| 17/20 辶 | 避 · 피할. 면할.
| 08/13 阝 | 陂 못. 저수지. 곁. 기울어질. [파]
| 12 言 | 詖 치우칠. 기울다. 분석하다. 詖辭(피사) 險詖(험피)
| 14 革 | 鞁 가슴걸이. 고삐.
| 15 髟 | 髲 다리. 월자(月子).

— 픽

| 13/15 肉 | 腷 답답할. 물건의 소리.

— 필

| 07 人 | 佖 점잖을. 가득할. 견줄.
| 04 匚 | 匹 。 짝. 상대. 혼자. 하나. 匹夫匹婦(필부필부)
| 12 弓 | 弼 · 도울. 姓. 거듭. 金宏弼(김굉필, 조선정치가)
| 05 心 | 必 。 반드시. 꼭. 필연코. 孫必大(손필대, 조선시인)
| 08/09 氵 | 泌 물. 黃泌秀(황필수, 조선명의)
| 09/10 玉 | 珌 칼 장식.
| 11 田 | 畢 · 다할. 마칠. 다. 畢竟(필경) 軍畢(군필)
| 05 疋 | 疋 필. 끗. [소] 疋馬(필마) 疋帛(필백)

| 12 竹 | 筆 。 붓. 글씨. 글.
| 09/11 艹 | 苾 향기로울. 풀이름.
| 13 金 | 鉍 창 자루. 도끼자루.
| 14 香 | 馝 향기.
| 12 水 | 滭 샘 용솟을.
| 15 攴 | 㸐 불 모양.
| 08 口 | 咇 향기로울. 咇咇(필필)
| 14/15 氵 | 滭 샘물 용솟음칠.
| 17 竹 | 篳 울타리. 사립문. 악기 이름. 篳篥(필률)
| 16/17 罒 | 罼 족대. 물고기 잡는 기구.
| 15/17 艹 | 蓽 콩. 식물의 가시. 사립문.
| 16 角 | 觱 필률. 쌀쌀하다. 용솟음치다. 觱篥(필률)
| 18 足 | 蹕 길 치울. 임금의 거둥. 蹕路(필로)
| 20 革 | 韠 슬갑(膝甲).
| 20 韋 | 韠 폐슬(蔽膝). 슬갑(膝甲).
| 19 鳥 | 鵖 떼까마귀. [비]
| 15 馬 | 馝 말 살찔. 말이 배불리 먹다.

— 핍

05 ノ	乏	떨어질. 빌. 모자랄. 폐할. 乏困(핍곤) 乏月(핍월)
13 16	逼	가까울. 핍박할. 다가올.
11 人	偪	다가올. 배가 부르다. 偪軌(핍궤) 偪側(핍측)

13 14	瑕	티. 흠. 허물. 틈. 瑕疵(하자) 瑕玷(하점)
14 石	碬	숫돌.
11 13	荷	∘연. 질. 멜. 짐.
15 虫	蝦	두꺼비. 새우.
19 言	謓	사람의 이름.
12 貝	賀	∘하례. 하례할. 姓. 李賀(이하, 중국시인)
16 赤	赮	붉을.
13 16	遐	멀. 어찌. 遐圻(하기) 遐年(하년)
13 門	閜	크게 열릴.
17 雨	霞	안개. 노을.
20 魚	鰕	두꺼비. 새우. 蝦[仝]
13 火	煆	불사를.
17 19	蕸	연잎.
09 欠	欱	크게 웃을.
08 09	抲	지휘할. 멜.
16 口	嗬	웃을. 껄껄 웃을.
07 山	岈	산골 휑할.
17 18	懗	속일.

一 하

03 一	下	∘아래. 낮출. 내릴. 下意上達(하의상달)
07 人	何	어찌. 누구. 얼마. 姓.
07 口	呀	입벌릴.
14 口	嘏	클. 복.
17 口	嚇	웃을.
10 夊	夏	∘여름. 왕조 이름. 姓. 成夏宗(성하종, 조선문관)
09 日	昰	☞夏자의 통용어.
13 广	廈	집. 큰 집.→厦[속, 통용, 12획]
12 广	厦	☞廈자의 통용어.
08 09	河	∘물. 강. 내. 姓. 柳榮河(유영하, 조선명신)

14 疒	瘕	기생충병. 흠집.
17 缶	罅	틈. 갈라 터지다.
17 金	鍜	목투구.
14/15	㦬	뜻 없음.

── 학

13 口	嗃	엄할.
17 土	壑	구렁. 골.
16 子	學 ˙	배울. 본받을. 깨달을. 成汝學(성여학, 조선문장가)
08 子	学	☞ 學자의 통용어.
09 虍	虐	해롭게 할. 학대할. 사나울. 재앙. 虐待(학대) 虐政(학정)
16 言	謔	농할. 희학질함. 농.
21 鳥	鶴 ˙	학. 두루미. 崔鶴齡(최학령, 조선학자)
09/10	狢	오소리.
15 疒	瘧	학질(瘧疾). 말라리아.
21 白	皬	휠. 희다.
12 石	确	자갈땅. 박(薄)하다. 바르다.
10/14	郝	고을 이름. 姓.
24 鳥	鷽	메까치. 작은 비둘기.

── 한

14 人	儠	위엄스러울.
15 女	嫺	아담할.
12 宀	寒 ˚	찰. 떨. 빈한할. 어려울.
17 山	巏	산 높은 모양.
09/10	恨 ˚	한할. 뉘우칠.
10/11	悍	사나울. 굳셀. 성급할. 悍堅(한견) 悍忌(한기)
07 日	旱 ˙	가물.
16 木	橌	큰 나무.
06/07	汗 ˙	땀. 물 질편할. 金汗(김한, 조선문관)
14/15	漢 ˚	한수. 물 이름. 은하. 梁漢默(양한묵, 독립운동)
15/16	澣	옷 빨.
15/16	瀾	아득히 넓은 모양.
19/20	瀚	바다. 북해.
07 网	罕	그물. 드물. 정기. 별 이름.
16 羽	翰	날개. 붓. 글. 편지. 높이. 金翰東(김한동, 조선문관)
12 門	閑	막을. 등한할. 閒〔仝〕
12 門	閒	한가할. 편안할.

16 門	閑	익힐.
09 14	限	한정. 한정할. 지경.
17 韋	韓	나라 이름. 姓. 李韓久(이한구, 조선의병)
06 07	扞	막을. 덮다. 扞馬(한마) 扞拒(한거)
06 07	忓	착할. 좋을.
06 10	邗	땅 이름.
15 女	嫻	嫺과 同字.
10 11	捍	막을. 움직일. 굳은 모양.
15 日	暵	말릴. 햇볕에 쬐어 말리다.
11 門	閈	이문(里門). 마을. 문.
17 馬	駻	사나운 말. 안장.
23 鳥	鶾	솔개. 흰 꿩.
17 鼻	鼾	코 골. 코 고는 소리. 鼾睡(한수)
08 12	邯	고을 이름. [감, 함]
18 隹	雗	흰 꿩.

── 할

12 刀	割 ·	벨. 끊을. 나눌. 가를.
17 車	轄	수레 비녀장할.

15 目	瞎	애꾸눈. 소경. 어둡다.

── 함

08 口	函	함. 글월. 편지. 書函(서함) 函封(함봉)
07 口	含 ·	머금을. 품을. 宋含弘(송함홍, 麗정치가)
09 口	咸 ·	다. 姓. 咸告(함고) 咸集(함집)
12 口	喊	소리칠. 다물. 喊聲(함성) 高喊(고함)
18 木	檻	난간. 우리. 함정. 잡을. 욕기.
11 12	涵	젖을.
15 糸	緘	봉할. 묶을. 봉한 자리. 緘口不言(함구불언)
20 舟	艦	병선. 전선.
12 14	菡	연봉오리.
14 金	銜	재갈. 관함. 원망할. 銜尾相隨(함미상수)
11 口	啣	☞ 銜자의 통용어.
11 16	陷 ·	빠질. 함정. 무너질.
20 鹵	鹹	소금기. 짤. 鹹水之魚(함수지어)
11 13	萏	꽃봉오리. 핀 꽃. 꽃술.
16 言	諴	화할. 정성. 희롱하다.
21 車	轞	함거(轞車). 수레가 울리는 소리.

| 20 門 闞 | 범 소리. 개소리. |

── 합

06 口 合	모을. 맞을. 합할. 合心(합심) 合格(합격)
09 口 哈	마실. 입을 대고 마심.
11 皿 盒	합.
12 虫 蛤	대합조개. 기생개구리. 두꺼비. 蛤子(합자) 蛤蜆(합현)
14 門 閤	협문. 대궐. 마을.
18 門 闔	문짝. 닫을. 뜸. 전부. 闔門之士(합문지사)
10/15 陜	고을. →협 [통용]
08 勹 匌	돌. 돌다. 기운이 막히다.
13 口 嗑	말 많을. 웃음소리.
09 木 柙	우리(짐승을 가두는 시설).
14 木 榼	통. 술통이나 물통 따위.
13/14 溘	갑자기. 이르다. 다다르다. 溘然(합연)
10 皿 盍	덮을. 합하다.
09/13 郃	고을 이름. 맞다. 일치하다.

── 항

04 亠 亢	높을. 대적할.
06 人 伉	짝. 겨룰. 굳셀. 교만할. 伉健(항건) 伉直(항직)
09 女 姮	항아. 미인. 여자의 자(字).
14 女 嫦	☞姮자의 통용어.
09 己 巷	구렁. 거리. 골목.
09/10 恒	항상. 떳떳할. 明以恒(명이항, 교육가)
09/10 恆	☞恒자의 통용어.
07/08 抗	겨룰. 막을. 들. 올릴. 皇甫抗(황보항, 고려시인)
08 木 杭	건널. 나룻배. 고을 이름.
10 木 桁	차꼬. 배다리. 횃대. 桁楊(항양)
07/08 沆	물. 河沆(하항, 조선학자)
12/13 港	구렁. 항구.
09 缶 缸	항아리.
07/09 肛	부풀. 똥구멍. 肛門(항문) 脫肛(탈항)
10 舟 航	배. 배로 물 건널. 날.
06 行 行	항렬. 줄. 대열.→행 [통용]
09/14 降	항복할. 떨어질.→강 [통용] 降伏(항복) 降書(항서)
12 頁 項	목. 조목. 클.
05 大 夯	멜. 나무로 달구질하다.

― 해

08 火	炕	말릴. 양(胖)을 골. 마르다. 炕暴(항포)
12 缶	缿	벙어리저금통.
13 頁	頏	새 날아 내릴. 목[頸]. 頡頏(힐항)

― 해

06 十	亥 ◦	돼지. 열두번째 지지. 돝.
11 人	偕	함께. 굳셀. 趙偕(조해, 중국학자)
08 口	哈	비웃을.
09 口	咳	방긋 웃을. 기침. 咳唾成珠(해타성주)
09 土	垓	땅 가장자리. 지경. 수비.
10 大	奚 ◦	어찌. 종. 종족 이름.
09 子	孩	어린아이. 어릴. 어를. 웃을.
10 宀	害 ◦	해할. 해칠. 손해. 어찌. 申不害(신불해, 중국학자)
16 17 忄	懈	게으름. 게으를. 懈弛(해이) 懈怠(해태)
13 木	楷	법. 본보기. 해서. 楷素(해소) 楷書(해서)
10 11 氵	海 ◦	바다. 널리. 크게. 姓. 權山海(권산해, 조선의인)
09 10 氵	海	☞海자의 통용어.
19 20 氵	瀣	이슬의 기운.
13 14 玉	瑎	검은 옥돌.

19 虫	蟹	게. 蟹甲(해갑) 蟹卵(해란)
13 角	解 ◦	풀. 가를. 흩을. 벗을. 莫古解(막고해, 백제장군)
13 言	該 ◦	그. 해당할. 갖출. 넓을.
16 言	諧	화할. 글 이름. 宋汝諧(송여해, 조선문관)
17 20 辶	邂	만날. 우연히 만남.
16 馬	駭	놀랄. 놀랠. 駭人耳目(해인이목)
16 骨	骸	뼈. 몸. 정강이뼈.
16 17 氵	瀣	바다 이름.
09 示	祄	하늘이 도울.
10 日	晐	갖출.
16 山	嶰	골짜기. 산골짜기.
16 广	廨	관아(官衙).
10 欠	欬	기침. 천식. 소곤거리다.
16 17 犭	獬	짐승 이름. 굳센 모양. 獬豸(해치)
11 疒	痎	학질(瘧疾). 옴.
17 19 艹	薤	염교 [해]
17 酉	醢	젓갈. 魚醢(어해)
15 頁	頦	턱. 아래턱. 추하다. 볼.

17 魚	鮭	어채(魚菜).
09 女	姟	조의 백 배.
11 目	眩	눈 큰 모양.
09 14 阝	陔	언덕. 계단.
12 糸	絯	묶을. 걸다.

― 핵

08 力	劾	캐물을. 劾論(핵론) 彈劾(탄핵)
10 木	核 ·	핵실. 씨. 과실 씨. 核果(핵과) 核心(핵심)
16 羽	翮	깃촉.
19 襾	覈	핵실(覈實)할. 엄하다. 覈辨(핵변)

― 행

10 人	倖	다행. 요행. 아첨할. 총애함. 倖曲(행곡) 倖門(행문)
08 干	幸 °	다행. 요행. 바랄. 權幸(권행), 안동권씨시조)
07 木	杏	살구. 은행.
11 12 氵	涬	큰물 모양. 기운.
10 12 艹	荇	노랑어리연꽃. 姓.
06 行	行 °	행할. 다닐.→항〔통용〕 沈得行(심득행, 조선문관)
11 12 忄	悻	성낼. 발끈 화내는 모양.

― 향

08 亠	享 ·	누릴. 받을. 제사지낼.
06 口	向 °	향할. 대할. 나아갈. 접대.
19 口	嚮	접때. 지난번. 향할. 누릴. 嚮利忘義(향리망의)
10 日	晑	밝을.
10 11 玉	珦	구슬. 옥 이름.
13 17 阝	鄕 ·	마을. 시골. 고향. 鄕校(향교) 鄕土(향토)
22 音	響 ·	소리. 울릴. 울리는 소리.
15 食	餉	건량. 군량. 군비. 보낼.
22 食	饗	대접할. 제사지낼. 드릴. 먹을. 饗宴(향연) 饗應(향응)
09 香	香 °	향기. 향기로울.
20 鹿	麐	사향사슴.
17 19 艹	薌	곡식 냄새.

― 허

15 口	噓	내불. 탄식할.
15 土	墟	터. 옛터.
12 虍	虛 ·	빌. 헛될. 약할. 金太虛(김태허, 조선무장)
11 言	許 °	허락. 가량. 쯤. 매우. 姓. 李許謙(이허겸, 고려문관)

16 欠	歔	흐느낄. 두려워하다. 歔欷(허희)

― 헌

16 心	憲・	법. 법 뵈일. 민첩할. 咸錫憲(함석헌, 사상가)
20 木	櫶	나무 이름.
20 犬	獻・	드릴. 어진 사람. 黃孝獻(황효헌, 조선문관)
10 車	軒・	난간. 추녀. 초헌. 툇마루. 軒軒丈夫(헌헌장부)
16 車	幰	초헌(軺軒).
19 20	憓	깨달을. 알.
08 日	旰	밝을.
23 山	巚	巘과 同字.
19 巾	幰	수레 포장.
19 20	攇	비길.

― 헐

13 欠	歇	쉴. 그칠. 헐할. 값쌀.

― 험

16 21	險・	험할. 위태로울. 간악할.
23 馬	驗・	증험할. 시험할. 살필.
16 山	嶮	險과 同字.

16 17	玁	오랑캐 이름. 玁狁(험윤)
23 24	獫	오랑캐 이름.

― 혁

08 人	侐	고요할.
09 大	奕	클. 근심할. 겹칠. 차례.
11 火	烇	붉을. 밝을.
12 火	焱	불꽃. 세찬 불꽃.
18 火	爀	빛날. 金尙爀(김상혁, 조선학자)
14 赤	赫	빛날. 鮮于赫(선우혁, 독립운동)
21 赤	赩	붉은빛.
09 革	革・	가죽. 고칠. 괘 이름. 金斯革(김사혁, 고려무관)
17 口	嚇	성낼. 嚇怒(혁노)
09 廾	弈	바둑. 弈棋(혁기) 博弈(박혁)
09 10	洫	봇도랑. 논 사이의 도랑.
18 鬥	鬩	다툴. 고요한 모양. 원망하다. 鬩墻(혁장)

― 현

09 人	俔	엿볼. 염탐꾼. 바람개비. 〔견〕
15 人	儇	영리할. 빠를.

08 口	呟	소리. 음성.
10 山	峴	고개. 산 이름.
08 弓	弦	활시위. 악기줄. 반달.
11 弓	發	활.
08/09	怰	팔 [賣].
20 心	懸 ·	달. 매달. 걸. 멀.
09 日	昡	햇빛. 일광.
11 日	晛	별기운.
08/09	泫	물 깊을. 이슬빛.
09 火	炫	밝을. 白光炫(백광현, 조선명의)
05 玄	玄 ·	검을. 오묘할. 깊을. 姓. 蘗玄(얼현, 조선여류시인)
09/10	玹	옥돌.
11/12	現 °	나타날. 이제. 지금.
11/12	琄	패옥 늘어질.
10 目	眩	아찔할. 현혹할. 어두울. [환] 眩氣(현기) 眩目(현목)
12 目	睍	불거진 눈. 흘끗 볼. 고울.
11 糸	絃 ·	줄. 악기줄. 현악기. 탈.
12 糸	絢	무늬. 빠를. 고울. [순] 絢美(현미) 絢飾(현식)

16 糸	縣 ·	고을. 매달. 떨어질.
11 舟	舷	뱃전. 舷舷相摩(현현상마)
11 行	衒	자랑할.
12 貝	眩	☞衒자의 통용어.
07 見	見	볼. 뵐. 보일. 나타날. →견 [통용]
20 言	譞	깨달을. 슬기.
15 貝	賢 °	어질. 어진 이. 安時賢(안시현, 조선문관)
13 金	鉉	솥귀. 申鉉九(신현구, 독립운동)
15 金	銷	노구솥.
10/15	俔	한정할.
23 頁	顯 ·	나타날. 밝을. 높을. 귀할. 沈益顯(심익현, 조선문관)
18 頁	顕	☞顯자의 통용어.
16 女	嬛	정숙한 모양. 嬛嬛(현현)
10 女	娊	여자의 이름자.
08 女	姟	절개 있을.
26/27	灦	물. 물 모양.
12 木	樞	땅 이름.
17 馬	騆	철총이.

10 疒	痃	힘줄 당기는 병. 痃癖(현벽)
19 糸	繯	얽을. 두르다. 매다.
19 羽	翾	조금 날. 빠르다.
13 虫	蜆	가막조개.
14 言	詗	간하는 말.
15 金	鋗	작은 끌.
22 言	譞	구할.

──── 혈

03 子	孑	고단할. 남을. 나머지. 짧을. 孑孑單身(혈혈단신)
05 穴	穴 ·	구멍. 움. 굴.
06 血	血 。	피.
09 頁	頁	머리. 두부. [엽]
12 糸	絜	헤아릴. 絜矩(혈구)
13 走	趐	나아갈.

──── 혐

| 13 女 | 嫌 · | 싫어할. 의심할. 혐의. 嫌忌(혐기) 嫌疑(혐의) |

──── 협

| 09 人 | 俠 | 협사. 협기. |

08 氵	冾	화할.
08 十	協 ·	화할. 도울. 힘을 합할. 全協(전협, 항일투사)
07 大	夾	낄. 가까울. 부축할.
10 山	峽	골. 물낀 산골.
10 11	挾	낄. 도울. 감출. 挾攻(협공) 挾扶(협부)
10 11	浹	젖을. 金璽浹(김새협, 독립운동)
10 11	狹	좁을. 좁힐. 좁아질. 狹軌(협궤) 狹小(협소)
10 12	脅 ·	갈빗대. 겨드랑이.
10 12	脇	☞脅자의 통용어.
11 13	莢	꼬투리. 명협. 조협.
15 金	鋏	부젓가락. 칼. 집게. 劍鋏(검협) 長鋏(장협)
10 15	陜	좁을.→합[통용]
16 頁	頰	뺨. 姓.
09 匚	匧	篋과 同字.
05 口	叶	화합할. 맞다.
10 土	埉	물가.
09 10	恊	協과 同字.
10 11	悏	悿과 同字.

| 12 13 忺 | 쾌할. 흡족하다. 마땅하다. |
| 15 竹 篋 | 상자. 좁고 긴 네모난 상자. 篋笥(협사) 竹篋(죽협) |

─ 형

07 亠 亨	형통할. 呂運亨(여운형, 정치가)
05 儿 兄	맏. 형. 언니.
06 刀 刑	형벌. 형벌할.
09 土 型	거푸집. 법. 본보기.
07 彡 形	형상. 모양. 꼴. 얼굴. 朴形(박형, 조선문관)
08 09 洞	멀. 찰. 깊을.
14 水 滎	못 이름. 물 이름. 물결 일.
18 19 瀅	맑을. 金根瀅(김근형, 항일투사)
21 22 灐	사람 이름에 쓰는 자.
09 火 炯	밝을. 金始炯(김시형, 조선문관)
14 火 熒	등불. 비칠. 빛날. 개똥벌레.
10 11 珩	구슬. 李世珩(이세형, 조선학자)
15 玉 瑩	옥빛. →영 [통용]
10 12 荊	모형. 곤장. 荊자의 통용어.
16 虫 螢	개똥벌레. 螢雪之功(형설지공)

16 行 衡	저울대. 평평할. 저울. 楊士衡(양사형, 조선문관)
09 12 迥	멀. 빛날.
10 13 逈	☞迥자의 통용어.
09 13 邢	땅 이름. 나라 이름. 姓
18 金 鎣	줄. 꾸밀. 장식함.
20 香 馨	꽃다울. 李文馨(이문형, 조선문관)
08 人 侀	이룰. 성취하다.
14 夂 夐	멀. 멀다. 아득하다.
10 女 娙	여관(女官) 이름.
12 言 詗	염탐할. 구하다. 탐구하다. 詗察(형찰)
10 15 陘	지레목. 비탈. 고개.

─ 혜

04 八 兮	어조사. 具須兮(구수혜, 신라무장)
15 宀 寭	밝힐.
11 彐 彗	비. 별. 彗掃(혜소) 彗星(혜성)
12 心 惠	은혜. 인자할. 줄. 崔惠吉(최혜길, 조선문관)
10 心 恵	☞惠자의 통용어.
15 心 慧	지혜. 밝을. 민첩할. 慧眼(혜안) 智慧(지혜)

15/16 憓	순할. 유순함. 순종함.	16/木 槵	나무 이름.
15/日 暳	반짝거릴.	— 호	
16/18 蕙	난초. 혜초. 金貞蕙(김정혜, 女교육가)	05/丿 乎°	온. 어조사. 行乎(행호, 조선승려)
19/言 譓	슬기 많을. 순할.	04/二 互·	서로.
22/言 譿	슬기로울. 재주와 슬기.	08/口 呼°	부를. 부르짖을. 숨 내쉴. 呼兄呼弟(호형호제)
17/足 蹊	지름길. 좁은 길. 건널. 기다릴. 蹊田奪牛(혜전탈우)	17/土 壕	해자. 못. 지명.
19/酉 醯	초. 육장.	11/士 壺	병. 항아리.
20/金 鏸	날카로울.	06/女 好°	좋을. 아름다울. 좋아할. 成好善(성호선, 조선문관)
15/革 鞋	신.	11/女 娎	여자의 마음 영리할.
02/匸 匸	감출. 덮다.	08/山 岵	초목이 우거진 산.
11/言 訢	진실한 말. 정성스런 말.	08/弓 弧	활. 활꼴 곡선. 弧矢(호시) 弧宴(호연)
12/人 傒	묶을. 기다릴. 매다.	04/戶 戶°	지게문. 집.
14/口 嘒	가냘플. 희미하다.	11/戶 扈	넓을. 뒤따를. 호종할. 姓
13/彳 徯	샛길. 좁은 길. 기다리다. 徯徑(혜경)	08/日 昊	하늘. 여름 하늘. 金泰昊(김태호, 독립운동)
15/木 槥	널. 작은 관. 나무 이름.	11/日 晧	밝을.
09/目 盻	흘겨볼. 돌아보다. [예]	11/毛 毫·	터럭. 가는 털. 아주 가늘.
17/言 譓	창피 줄.	10/11 浩·	넓을. 클. 金正浩(김정호, 조선학자)
15/16 濊	물 이름. 물결.	15/16 澔	浩자의 통용어. 鄭澔(정호, 조선학자)

11 12	渼	맑은 모양.
12 13	湖	물. 호수.
14 15	滸	물가. 물가의 평지.
17 18	濠	물 이름.
17 18	濩	퍼질. 은나라 풍류.
24 25	灝	크고 넓을.
08 09	狐	여우. 여우털옷. 姓. 狐假虎威(호가호위)
14 牛	犒	군사 먹일.
12 13	琥	호박. 옥그릇. 姓.
13 14	瑚	산호 陳瑚(진호, 중국학자)
11 瓜	瓠	박. 병. 姓.
12 白	皓	흴. 희게 빛날. 빛날. 尹皓(윤호, 독립운동가)
15 白	皞	밝을. 흴. 하늘.
10 示	祜	복.
15 米	糊	풀. 바를. 끈끈할. 흐릴.
16 糸	縞	명주. 흴. 흰빛. 縞衣綦巾(호의기건)
09 11	胡	오랑캐. 어찌. 멀. 姓.
07 09	芐	지황.

08 10	芦	☞苄자의 통용어.
13 15	葫	마늘. 호리병박. 葫瓜(호과) 葫蘆(호로)
14 16	蒿	쑥. 김오를. 고달플.
08 虍	虎	범. 成虎徵(성호징, 조선문관)
13 虍	號	이름. 부를.
05 口	号	☞號자의 통용어.
15 虫	蝴	나비.
21 言	護	호위. 보호할. 지킬. 도울.
14 豕	豪	호걸. 호협할. 성할. 朴春豪(박춘호, 조선의병)
18 金	鎬	호경. 땅 이름. 金世鎬(김세호, 조선학자)
23 音	頀	풍류.
21 頁	顥	클.
13 17	鄗	땅 이름.
15 火	熩	빛날.
14 女	嫭	아름다울. 예쁜 모양.
08 09	怙	믿을. 怙氣(호기)
10 瓦	瓽	큰 기와. 벽돌.
15 17	薵	채색할.

16 人	儫	호걸(豪傑).
06 氵	冱	찰. 얼다. 막다. 굳다. 冱寒(호한)
15 口	嚛	짖을. 외치다. 울부짖다.
19 髟	鬍	수염. 鬍髯(호염)
14 女	嫮	아름다울. 예쁜 모양.
07 08	冱	冱의 와자(譌字).
13 14	滈	장마. 물이 희게 빛나는 모양.
14 15	滬	강 이름. 어부(漁夫).
12 13	猢	원숭이.
15 白	皜	흴. 흰 모양.
18 食	餬	기식(寄食)할. 죽. 죽을 먹다.
13 耳	聕	귀.
16 酉	醐	제호(醍醐).
06 虍	虎	호피 무늬.
08 日	昈	밝을.
08 木	杲	밝을. 높을. [고]

― 혹

12 心	惑	혹할. 미혹할. 어지러울. 惑世誣民(혹세무민)
08 戈	或	혹.
14 酉	酷	독할. 괴로울. 심할. 심히. 酷毒(혹독) 酷評(혹평)
14 火	熇	불로 뜨거워질.

― 혼

09 人	俒	완전할.
11 女	婚	혼인. 혼인할.
08 日	昏	어두울. 혼미할.
11 12	混	흐릴. 섞일. 申混(신혼, 조선문관)
12 13	渾	흐릴. 후한 모양.
13 14	琿	옥.
14 鬼	魂	혼. 넋.
19 頁	顐	얼굴빛 혼혼할.
10 囗	圂	뒷간. 변소. 돼지우리.
12 13	溷	정해지지 아니할.
13 14	溷	어지러울. 울적할.
12 火	焜	빛날. [곤]
16 門	閽	문지기. 궁문(宮門). 閽禁(혼금)

홀

08 心 忽・ 문득. 소홀히 할.

11/12 惚 황홀(恍惚). 황홀할.

10 竹 笏 홀. [문]

07 囗 囫 온전할. 막연하다.
囫圇(홀륜)

홍

09 口 哄 떠들썩할.

05 弓 弘・ 클. 넓을. 넓힐.
孫弘祿(손홍록, 조선학자)

07 水 汞 수은(水銀).

08/09 泓 깊을.

09/10 洪 넓을. 클. 홍수. 큰물. 姓
申得洪(신득홍, 조선문관)

10 火 烘 비칠. 말릴.

09 糸 紅。 붉을.
紅顏(홍안) 紅草(홍초)

09 虫 虹 무지개.
虹霓(홍예)

10 言 訌 어지러울. 내홍.
內訌(내홍) 兵訌(병홍)

14 金 鉷 쇠뇌고동.

17 鳥 鴻 기러기. 클.
申鴻周(신홍주, 조선무관)

10 日 哄 떠들썩할.

15/16 澒 수은(水銀). 혼돈(混沌)할.
澒洞(홍동)

15 竹 篊 홈통. 통발.

16 門 鬨 싸울. 떠들다. [항]

화

04 匕 化 될. 교화할. 화할. 姓
金化崇(김화숭, 고려문관)

08 口 和 고루. 화할. 화목할. 姓
安鍾和(안종화, 조선학자)

15 女 嬅 고울.

16 木 樺 자작나무.

15/16 澕 물 깊을.

04 火 火 불. 불사를. 급할.

12 田 畫 그림. →畵[속,통용,13획]
畫龍點睛(화룡점정)

13 田 畵 ☞ 畫자의 통용어.

14 示 禍・ 재화. 재앙.
禍從口出(화종구출)

05 禾 禾 벼. 곡식.

08/10 艸 花 꽃. 아름다울. 흐릴. 姓
柳花(유화, 고주몽 母)

12/14 華 빛날. 꽃. 나라 이름.
申儀華(신의화, 조선문관)

13 言 話 말. 이야기. 말할.

19 言 譁 들렐. 떠들썩할. [와]

11 貝	貨 。	재물. 재화. 화폐. 화물.
13 革	靴	가죽신.
10 人	俰	화할.
15 口	嘩	譁와 同字.
22 馬	驊	준마(駿馬). 준마 이름. 驊騮馬(화류마)
22 龠	龢	풍류 소리 조화될.

― 확

14 广	廓	넓을. 클. 넓힐.→곽 [통용] 廓然無聖(확연무성)
18 19	擴 ·	늘릴. 넓힐. 채울. 擴大(확대) 擴散(확산)
23 24	攫	움킬. 움켜쥠. 攫金者不見人(확금자불견인)
15 石	確 ·	확실. 확실할. 굳을. 陳確(진확, 중국학자)
15 石	碻	☞確자의 통용어.
19 禾	穫 ·	벨. 거둘.
20 目	矍	두리번거릴. 기운이 솟는 모양. 矍鑠(확삭)
25 矛	钁	창(槍).
21 石	礭	회초리. 확실하다.
22 金	鑊	가마. 발 없는 큰 솥.

― 환

03 丶	丸 ·	탄자. 알. 둥글. 자루.
12 口	喚	부를.
16 口	圜	두를.
09 大	奐	빛날.
09 宀	宦	벼슬살이.벼슬아치.내시.배울. 宦官(환관) 宦達(환달)
04 幺	幻	변화할. 혹할.
11 心	患 。	근심. 근심할. 재앙.
12 13	換 ·	바꿀. 換骨奪胎(환골탈태)
11 日	晥	밝을. 밝은 모양.
10 木	桓	굳셀. 머뭇거릴. 홀 이름. 安世桓(안세환, 독립운동)
22 欠	歡	즐거울. 기뻐할. 즐길.
12 13	渙	흩어질. 괘 이름. 문채 날.
13 火	煥 ·	빛날. 붉은 모양. 權煥(권환, 조선의인)
17 18	環 ·	고리. 두를. 둥근 구슬. 三浦環(삼포환, 日음악인)
09 糸	紈	고운 명주. 맺을. 겹칠. 紈袴子弟(환고자제)
17 20	還 ·	돌아올. 돌아갈. 돌릴. 金自還(김자환, 조선인)
21 金	鐶	고리.
28 馬	驩	기뻐할. 기쁨.

21 鰥	고기 이름.
12 皢 白	샛별. 현 이름.
09 洹 10	세차게 흐를.
16 寰 宀	기내(畿內). 인간 세상. 寰內(환내) 寰宇(환우)
21 懽 22	기뻐할. 맞다. 합당하다.
16 擐 17	입을. 옷을 입다.
24 瓛 25	옥홀(玉笏).
12 睆 目	가득 찬 모양.
12 綄 糸	끈목. 인끈.
13 豢 豕	기를. 곡식으로 가축을 기름. 芻豢(추환)
20 轘 車	환형(轘刑). 산 이름.
17 鍰 金	무게 단위.
23 鬟 髟	쪽 찐 머리. 산 모양.
13 瑍 14	관모에 붙이는 옥.

── 활

09 活 10	살. 생기 있을. 물소리. 申活(신활, 조선학자)
13 滑 14	미끄러울. 교활할.→골[통용] 滑走(활주) 滑車(활차)
13 猾 14	교활할. 어지러울. 어지럽힐.

17 谿 谷	골짜기. 빌. 넓을. 클. 谿達大度(활달대도)
17 閼 門	넓을. 너그러울. →闊[속,통용,18회]
17 濶 18	☞闊자의 통용어.
12 蛞 虫	괄태충(括胎蟲). 올챙이. 蛞蝓(활유)

── 황

11 凰 几	새. 암봉황. 鳳凰(봉황)
12 堭 土	벽이 없는 집.
12 媓 女	어미. 사람 이름.
13 幌 巾	휘장. 덮개.
13 徨 彳	배회할. 노닐.
09 恍 10	어슴푸레할. 멍할. 恍然(황연) 恍惚(황홀)
12 惶 13	두려워할.
13 慌 14	황홀할. 허겁지겁할. 慌忙(황망) 慌惚(황홀)
13 愰 14	밝을. 들뜰.
10 晃 日	빛날. 밝을. 姜世晃(강세황, 조선서화가)
10 晄 日	☞晃자의 통용어.
13 楻 木	깃대.
14 榥 木	책상.

08 況 ·	하물며. 형편. 모양.
09	況且(황차) 近況(근황)
12 湟	빨리 흐를. 물 이름.
13	湟水(황수) 湟河(황하)
13 滉	깊을. 깊고 넓을.
14	李滉(이황, 조선대학자)
15 潢	못. 깊을. 책 꾸밀. 장황할.
16	
13 煌 火	빛날.
14 熀 火	화광(火光)이 이글거릴. →엽 [통용]
16 璜 17	구슬. 잡패옥.
09 皇 白 °	임금. 클. 비로소 皇帝(황제) 皇考(황고)
15 篁 竹	대 이름. 대숲. 피리. 篁竹(황죽) 絲篁(사황)
18 簧 竹	피리 따위의 혀. 피리. 巧言如簧(교언여황)
10 荒 · 12	거칠. 흉년 들. 荒唐無稽(황당무계)
15 蝗 虫	누리.
13 遑 16	한가할. 허둥지둥할. 遑急(황급) 不遑(불황)
12 隍 17	해자.
12 黃 黃 °	누루. 누를. 姓. 金黃元(김황원, 고려문관)
12 喤 口	어린아이 울음. 많을.
08 怳 09	멍할. 황홀하다. 잠시. 怳惚(황홀)
13 瑝 14	옥 소리. 종소리.

07 肓 09	명치끝. 膏肓(고황)
12 貺 貝	줄. 하사(下賜)하다.
18 鍠 金	종소리.

― 회

13 匯 匚	물 돌아나갈.
06 回 口 °	돌아올. 돌. 간사할. 어길. 李回寶(이회보, 조선문관)
09 廻 夊	돌. 돌아올.
09 徊 彳	노닐. 徘徊(배회) 低徊(저회)
09 恢 10	넓을. 클.
10 悔 · 11	뉘우칠. 한할.
19 懷 · 20	품을. 생각할. 위로할. 韓懷(한회, 조선문관)
11 晦 日	그믐.
13 會 日 °	모일. 모을. 맞춤. 깨달을. 梁會一(양회일, 조선의병)
06 会 人	☞會자의 통용어.
17 檜 木	노송나무. 나라 이름.
11 淮 12	물 이름.
16 澮 17	개천. 두 물 합할.
06 灰 火	재. 석회.

16 犭 17	獪	교활할. 간교할. [쾌]
19 糸	繪	그림. 그릴. 白受繪(백수회, 조선정치가)
12 糸	絵	☞繪자의 통용어.
17 19	膾	회. 회칠. 膾炙人口(회자인구)
10 12	茴	회향풀.
12 虫	蛔	거위.
14 言	誨	가르칠. 가르침. 보일. 誨盜誨淫(회도회음)
13 貝	賄	재물. 뇌물. 선사할. 賄賂公行(회뢰공행)
08 人	佪	어정거릴. 흐리멍텅하다.
09 10	洄	거슬러 올라갈. 어리석다.
11 皿	盔	바리. 투구.
13 言	詼	조롱할. 비웃다. 詼笑(회소) 詼嘲(회조)
10 13	迴	回와 同字.
16 頁	頮	세수할. 얼굴을 씻다.
24 魚	鱠	회(膾).

— 획

| 14 刀 | 劃 | 쪼갤. 그을. |
| 17 18 | 獲 | 얻을. 계집종. |

| 08 田 | 画 | 畫의 속자. |
| 17 口 | 嚄 | 외칠. 말이 많다. |

— 횡

08 宀	宖	집울림. 편안할.
16 木	橫	비낄. 가로. 가로지를.
20 金	鐄	종. 쇠북. 소리.
15 16	潢	물이 빙 돌.
12 金	鈜	鑛의 속자.
25 黃	黌	글방. 黌堂(횡당)

— 효

12 人	傚	본받을.
10 口	哮	으르렁거릴. 哮咆(효포) 哮吼(효후)
17 口	嚆	외칠. 울릴.
07 子	孝	효도. 부모 잘 섬길. 徐孝修(서효수, 조선문관)
10 攴	效	본받을. 힘쓸.→効[통용,8획] 韓效元(한효원, 조선정치가)
08 力	効	☞效자의 통용어.
20 攴	斅	가르칠. 교육함.
16 日	曉	새벽. 깨달을. 타이를. 申曉(신효, 조선문관)

11 木	梟	올빼미. 호용할. 영웅. 어지럽힐. 梟首警衆(효수경중)
14 欠	歊	김오를.
10/11	滧	물 이름.
11/12	淆	흐릴. 어지러울. 어지럽힐.
04 爻	爻	점괘. 본받을.
15 白	皛	나타날.
12 穴	窙	높을. 활달할.
08/10	肴	안주. 술안주. 肴味(효미) 肴核(효핵)
18 言	謼	부르짖을.
14 酉	酵	술밑. 지게미. 술 괼.
22 馬	驍	날랠. 좋은 말. [교]
09/10	洨	강 이름.
10 广	庨	집 높을.
10 虍	虓	울부짖을. 虓呼(효호) 虓虎(효호)
14 火	熇	엄할. 熇熇(효효)
10 火	烋	거들거릴.
11 女	嫆	여자의 마음 영리할.
21 口	嚣	들렐. 소리. 한가하다. 紛嚣(분효)

11 山	崤	산 이름.
12 殳	殽	섞일. 본받을. 어지럽다. 殽亂(효란) 殽核(효핵)
17 食	餚	반찬. 먹다.
09 人	侾	큰 모양.
09/10	恔	유쾌할.

— 후

09 人	侯・	제후. 임금. 과녁. 후작.
10 人	候・	기다릴. 기후. 철. 염탐할.
09 厂	厚。	두터울. 두꺼울. 짙을. 宋基厚(송기후, 조선학자)
09 土	垕	☞厚자의 통용어.
06 口	后	임금. 사직. 왕후. 뒤. 姓 金后稷(김후직, 신라인)
07 口	吼	울. 으르렁거림.
12 口	喉	목구멍. 목. 긴한 곳. 喉頭(후두) 喉舌(후설)
13 口	嗅	냄새 맡을. 嗅覺(후각) 嗅官(후관)
12 土	堠	장승. 봉화지기.
12 巾	帿	과녁. 侯[소]
09 彳	後	뒤. 뒤질. 姜裕後(강유후, 조선정치가)
06 木	朽	썩을. 부패. 썩은 냄새.

13 火	煦	따뜻하게 할. 은혜. 햇빛. 더울. 煦嫗(후구) 煦育(후육)	12 力	勛	☞勳자의 통용어.
10 11	珝	옥 이름. 후옥.	15 力	勲	☞勳자의 통용어.
10 13	逅	만날. 우연히 만날.	17 土	壎	흙. 풍류.
10 欠	欨	즐거워할.	13 土	塤	☞壎자의 통용어.
08 女	姁	할미. 예쁠. 姁姁(후후)	13 日	暈	무리. 햇무리. 현기증 날. 暈輪(훈륜) 暈船(훈선)
07 09	芋	클. 벼슬 이름.	11 火	焄	향기로울.
07 口	吽	짖을. 으르렁거리다.	14 火	熏	더울. 불기운.
12 口	呴	불. 불다. 보호하다.	13 火	熏	☞熏자의 통용어.
09 土	垕	厚의 고자.	18 火	燻	불길 치밀. 연기 낄. 숨막힐. 燻灼(훈작) 燻製(훈제)
12 13	猴	원숭이. 猿猴(원후)	18 20	薰	더울. 향기풀. 許薰(허훈, 한말학자)
15 竹	篌	공후(箜篌).	19 21	蘍	☞薰자의 통용어.
13 言	詡	자랑할. 크다. 두루 미치다.	10 言	訓	가르칠. 훈계할. 주 낼.
19 言	譃	거짓말할.	22 金	鑂	금빛 투색할.
11 酉	酗	주정할. 탐닉하다.	20 糸	纁	분홍빛. 纁黃(훈황) 纁裳(훈상)
18 食	餱	건량(乾糧). 말린 밥. 餱糧(후량)	13 火	煇	구울. 지지다.
09 矢	矦	임금.	17 19	薫	薰의 속자.
			18 日	曛	석양빛. 저녁 해. 曛霧(훈무) 曛日(훈일)
— 훈					
16 力	勳	공.─勛〔통용, 12획〕, 勲〔소〕白光勳(백광훈, 조선시인)	17 18	獯	오랑캐 이름. 獯鬻(훈육)

II 인명용 한자와 그 해설   459

13 葷   매운 채소. 비릿하다.
15   葷菜(훈채)

── 홀

12 欻   문득. 움직이다.
欠   欻然(홀연)

── 훙

17 薨   훙서할. 귀인이 죽음. [횡]
19   薨去(훙거) 薨逝(훙서)

── 훤

12 喧   들렐. 크게 말할.
口

13 暄   더울. 따뜻할.
日   朴暄(박훤, 고려문관)

13 煊   따뜻할.
火

13 萱   풀. 원추리. 망우초.
15   甄萱(견훤, 후백제왕)

12 愃   너그러울.
13

08 昍   밝을.
日

10 烜   마를. 밝다. 빛나다. 姓.
火   烜赫(훤혁)

16 諠   잊을. 시끄럽다. 밝다.
言

16 諼   속일. 잊다. 풀이름.
言

── 훼

06 卉   풀. 초목.
十

05 芔   ☞ 卉자의 통용어.
十

12 喙   부리. 숨쉴. 성급할. [달]
口   喙長三尺(훼장삼척)

13 毀· 헐. 헐어질. 비방할. 야윌.
殳

13 毀   헐. 毁의 속자.
殳

17 燬   불. 타다.
火   燬炎(훼염)

09 芔   풀.
艸

09 虺   살무사. 도마뱀. 우렛소리.
虫

── 휘

13 彙   모을. 무리. 고슴도치.
彐   李彙寧(이휘령, 조선학자)

17 徽   아름다울. 거문고.
彳   李慶徽(이경휘, 조선문관)

12 揮   두를. 휘두를. 뿌릴. 흩을.
13

13 暉   햇빛. 광채.
日

13 輝   빛날. 일광.
火

13 煒   벌건. 밝을. [위]
火

16 諱   꺼릴. 숨길. 휘할. 휘.
言   諱之祕之(휘지비지)

15 輝   빛날. 빛.
車   宋明輝(송명휘, 조선학자)

15 麾   대장기. 가리킬. 부를.
麻

15 撝   찢을. 겸손하다. 손짓하다.
16

15 翬   훨훨 날. 꿩.
羽

― 휴

06 人	休	쉴. 아름다울. 좋을. 張文休(장문휴, 발해장군)
13 14	携	끌. 이끌. 가질. 들.
10 火	烋	아름다울. [효] 金宗烋(김종휴, 조선학자)
11 田	畦	두둑. 밭. 쉰 이랑.
17 虍	虧	이지러질. 덜. 덜릴. 다행히.
09 广	庥	그늘. 쉬다. 좋다.
09 口	咻	떠들. 앓다.
18 23	隳	무너뜨릴. 깨뜨리다. 위태하다. 隳突(휴돌) 隳惰(휴타)
16 髟	髤	髹와 同字.
17 鳥	鵂	수리부엉이.

― 휼

09 10	恤	근심할. 구휼함. 사랑할. 恤救(휼구) 恤問(휼문)
19 言	譎	속일. 거짓. 굽을. 어긋날.
23 鳥	鷸	도요새. 물총새. 鷸蚌之爭(휼방지쟁)
08 卩	卹	가엾이 여길. 적다. 삼가다. 卹匱(휼궤) 卹養(휼양)
16 19	遹	비뚤. 좇을.
20 雨	霱	상서로운 구름. [율]

― 흉

20 金	鐍	고리를 거는 쇠.

― 흉

06 儿	兇	흉악할. 두려워할. 兇器(흉기) 兇漢(흉한)
04 凵	凶	흉할. 언짢을. 흉악할.
06 勹	匈	가슴. 떠들썩할. 흉흉할. 匈詈腹詛(흉리복저)
09 10	洶	용솟음할. 洶急(흉급) 洶溶(흉용)
10 12	胸	가슴. 마음.
09 10	恟	두려워할. 恟恟(흉흉)
10 12	胷	胸과 同字.

― 흑

12 黑	黑	검을. 어두울.

― 흔

07 08	忻	기뻐할.
08 日	昕	해 돋을.
08 欠	欣	기꺼울. 기뻐할. 欣然(흔연) 欣感(흔감)
08 火	炘	더울. 빛 성할.
11 疒	痕	흠. 상처 자국. 자취. 痕迹(흔적) 傷痕(상흔)
09 彳	很	패려궂을. 어기다. 다투다.

Ⅱ 인명용 한자와 그 해설 461

11 12 掀	치켜들. 높은 모양. 〔헌〕 掀舞(흔무)	15 广 廞	진열할. 막힐.
11 12 惞	欣과 同字.	━ 흡	
26 酉 釁	틈. 조짐. 피 바를. 釁隙(흔극) 釁端(흔단)	07 口 吸・	마실. 빨. 숨 들이쉴.
		09 10 恰	흡족할. 적당할.
━ 흘		09 10 洽	합할. 젖을. 화할. 윤택할. 李洽(이흡, 조선문관)
06 口 吃	어눌할. 머뭇거릴. 먹을. 吃水(흘수) 吃人(흘인)	12 羽 翕	모을. 합할.
06 山 屹	높을. 산 우뚝 솟을. 全東屹(전동흘, 조선무관)	15 口 噏	들이쉴. 거두어들이다.
09 糸 紇	묶을. 명주실. 종족 이름. 回紇(회흘)	16 欠 歙	줄일. 잇다. 맞다.
10 言 訖	이를. 〔글〕	15 16 潝	빨리 흐르는 소리.
05 人 仡	날랠. 용감하다. 높다.	12 羽 翖	翕과 同字.
06 07 汔	거의. 물이 마르다.	━ 흥	
08 广 疙	쥐부스럼.	15 臼 興・	일. 흥할. 일으킬. 흥. 牟興甲(모흥갑, 조선인)
07 10 迄	이를. 이르다. 마침내.	━ 희	
18 齒 齕	깨물. 씹다.	09 人 俙	송사할. 소송할. 아첨할. 느낄.
━ 흠		14 人 僖	즐거울.
04 欠 欠	하품. 하품할. 모자랄. 빚. 欠身答禮(흠신답례)	15 氵 凞	화할.
12 欠 欽	공경할. 칙명. 白性欽(백성흠, 우국지사)	12 口 喜・	기꺼울. 기쁠. 좋을. 黃喜(황희, 조선名相)
13 欠 歆	흠향할. 받을. 부러워할. 움직일. 歆嘗(흠상) 歆饗(흠향)	16 口 噫	탄식할.
24 金 鑫	기쁠. 사람 이름.		

22 口	囍	쌍희. [국]
09 女	姬	계집. 아가씨.
09 女	姬	☞姬자의 통용어.
15 女	嬉	아름다울.
07 巾	希	바랄. 드물. 文希舜(문희순, 조선선비)
16 心	憙	기뻐할. 좋아할.
15/16	憘	기뻐할. 좋아할. 憙자의 통용어.
17 戈	戯	희롱. 연극.
16 戈	戲	☞戯자의 통용어.
11 日	晞	마를. 말릴. 밝을. 晞土(희토) 晞和(희화)
16 日	暿	熹와 통용어.
20 日	曦	빛날. 일광.
16 木	橲	나무 이름.
11 火	烯	晞와 통용어.
13 火	熙	밝을. 빛날. 화락할. 넓을. 徐熙(서희, 고려외교가)
13 火	煕	☞熙자의 통용어.
14 火	熙	☞熙자의 통용어.
16 火	熹	밝을.
16 火	熺	☞熹자의 통용어.
20 火	爔	불. 햇빛.
20 牛	犧	희생. 술그릇. [사] 犧牲(희생) 犧尊(희준)
17 示	禧	복. 길할. 金永禧(김영희, 한말의병)
12 禾	稀	드물. 성길. 적을. 稀貴(희귀) 古稀(고희)
16 羊	羲	화할. 기운. 복희씨. 高羲東(고희동, 동양화가)
19 言	譆	감탄할. 뜨겁다.
17 女	嬥	기쁠.
09 口	咥	웃음소리.
10 口	唏	슬퍼할. 한탄하여 울. 唏嘘(희허)
15 口	嘻	웃을. 화락하다. 嘻笑(희소)
10/11	悕	슬퍼할.
11 欠	欷	흐느낄. 두려워하는 모양.
18 火	燹	야화(野火). 맞불 놓다. [선]
14 豕	豨	멧돼지. 큰 멧돼지. 豨勇(희용)
19 食	饎	보낼. 봉록(俸祿). 희생. 饎獻(희헌)
09 己	妃	즐거워할. [이]

— 히

09 尸 屎 끙끙거릴. [시]

── 힐

13 言 詰 힐난. 힐난할. 꾸짖을.

06 07 犵 오랑캐 이름.

21 糸 纈 홀치기 염색. 무늬 있는 비단.
纈文(힐문)

20 21 襭 옷자락 꽂을.

15 頁 頡 곧은 목. 날아오르다. 크다.
頡頏(힐항)

18 黑 黠 약을. 영리하다. 교활하다.

III 인명용 한자의 부수별 색인

1획

一部
一 일(0)
丁 정(1)
七 칠
丈 장(2)
三 삼
上 상
下 하
不 부, 불(3)
丑 축
世 세(4)
且 차
丘 구
丙 병
丞 승(5)
丟 주

｜部
丫 아(2)
中 중(3)
丰 봉
丱 관(4)
串 곶(6)

丶部
丸 환(2)
丹 단, 란(3)
主 주(4)

ノ部
乃 내(1)
乂 예
久 구(2)
之 지(3)
乎 호(4)
乍 사
乏 핍

乖 괴(7)
乘 승(9)

乙部
乙 을(0)
九 구(1)
也 야(2)
乞 걸
乱 울(3)
乢 둘(4)
乭 돌(5)
乫 갈
乬 걸
乷 살(6)
乳 유(7)
乶 볼
乺 솔(8)
乼 줄
乾 건
乿 늘

乾 건(10)
亂 란(12)

｜部
了 료(1)
予 여(3)
事 사(7)

2획

二部
二 이(0)
于 우(1)
云 운(2)
互 호
五 오
井 정
亘 긍, 선(4)
(亙)

些 사(5)
亞 아(6)(亜)
亟 극(7)

亠部
亡 망(1)
亢 항(2)
交 교(4)
亥 해
亦 역
亨 형(5)
享 향(6)
京 경(京)
亭 정(7)
亮 량
亳 박(8)
亹 우(10)
亶 단(11)
亹 미(20)

人部

人 인(0)	任 임	住 주	佰 백	俥 주
仁 인(2)	伊 이	佐 좌	來 래(来,逨)	伜 차
(忌, 忎)	伍 오	何 하	例 례	佪 회
今 금	企 기	佛 불	侊 광	伽 여
介 개	伏 복	作 작	侑 유	俐 리(7)(悧)
什 십, 집	伐 벌	佑 우	侖 륜	侯 후
仄 측	休 휴	伶 령	侍 시	侵 침
仍 잉	价 개	伺 사	供 공	便 변, 편
仇 구	伉 항	佚 일	依 의	係 계
仕 사(3)	伋 급	佇 저	侃 간	俠 협
他 타	份 빈	佃 전	佩 패	促 촉
仔 자	仿 방	佈 포	侈 치	侶 려
付 부	仳 비	征 정	侘 차	俊 준
仙 선	件 오	佞 녕	侄 질	俗 속
代 대	伀 종	估 고	侏 주	侮 모
令 령	仔 여	佝 구	佯 양	俟 사
以 이	优 우	体 분	侁 신	俄 아
仟 천	伯 백(5)	佋 소	佼 교	俉 오
仗 장	伽 가	估 점	侐 혁	俑 용
仞 인	佖 필	佗 타	侎 미	俎 조
仡 흘	伴 반	佟 통	侉 과	保 보
仰 앙(4)	伸 신	伶 령	恬 괄, 활	信 신
伎 기	似 사	佳 가(6)	佹 궤	俙 희
仲 중	但 단	侀 일	侗 동	俓 경
件 건	位 위	使 사	侔 모	俚 리
	低 저	佺 전	侚 순	俌 보
	余 여	佶 길	侂 조	俁 우

俏 초	俺 엄	偉 위	備 비	像 상(12)
俒 혼	倖 행	偏 편	傅 부	僑 교
俅 구	俵 표	停 정	傘 산	僥 요
俛 면	偰 척	健 건	傀 괴	僖 희
俘 부	倡 창	側 측	俗 용	僚 료
俁 오	倪 예	偕 해	傋 강	僞 위
侲 진	俯 부	偶 우	慊 겸	憯 참
倪 탈	倂 병(併)	做 주	傞 사	僧 승
侪 배	俳 배	偃 언	傖 창	僔 준
俲 효	們 문	偵 정	傝 탑	僩 한
修 수(8)(脩)	倦 권	偈 게	傒 혜	僟 기
俸 봉	倨 거	倻 야	催 최(11)	僮 동
俱 구	倓 담	偸 투	傔 선	僢 천
倉 창	侳 공	偲 시	傳 전	僬 초
個 개(箇)	倔 굴	偦 서	債 채	僦 추
倚 의	倘 당	偰 설	傷 상	僎 준
倧 종	倮 라	偘 간	傲 오	價 가(13)
倬 탁	倰 릉	偄 난	傾 경	儀 의
倍 배	倏 숙	偓 악	僉 첨	儁 준
倒 도	俶 숙	偎 외	傭 용	億 억
候 후	倅 쉬	偠 요	僅 근	儉 검
借 차	倀 창	偊 우	傴 구	儌 사
倣 방	倿 천	愀 초	僂 루	僻 벽
値 치	倩 천	偪 핍	傿 언	儆 경
倫 륜	倢 첩	偆 준	偉 장	儇 현
倞 경	俷 화	傍 방(10)	傮 조	僵 강
倆 량	假 가(9)	傑 걸(杰)	僄 표	儂 농

儋 담	儼 엄(20)	全 전(4)	冓 구(8)	湊 주
優 애	戃 당	兩 량(6)	冕 면(9)	澄 의(10)
僮 천	● 儿 部	俞 유(7)(俞)	滄 창
儒 유(14)		● 八 部	● 冖 部	凜 름(13)(凛)
儐 빈	儿 인(0)	八 팔(0)	宂 유(2)	凝 응(14)
億 은, 온	兀 올(1)	公 공(2)	冠 관(7)	凞 희(15)
儕 제	元 원(2)	六 륙	冥 명(8)	
儘 진	允 윤	兮 혜	冤 원(冕)	● 几 部
儜 녕	兄 형(3)	共 공(4)	冢 총(塚)	几 궤(0)
儓 대	充 충	兵 병(5)	取 취	凡 범(1)
儛 무	兆 조(4)	具 구(6)	冪 멱(14)	处 처(3)
儗 의	先 선	其 기		凭 빙(6)
儔 주	光 광(爷 映)	典 전	● 冫 部	凰 황(9)
儫 호	兇 흉	兼 겸(8)	冬 동(3)	凱 개(10)
償 상(15)	克 극(5)	傘 산(10)	冱 호(4)	凳 등(12)
優 우	免 면	冀 기(14)	冶 야(5)	
儡 뢰	兌 태		冷 랭	● 凵 部
儢 려	兒 아(6)(児)	● 冂 部	冽 렬(6)	凶 흉(2)
儥 육	冤 토(兔)	冂 경(0)	冷 협	出 출(3)
儤 포	兜 시	円 엔(2)	逕 경(7)	凹 요
儲 저(16)	充 연(7)(充)	册 책(3)(冊)	凍 동(8)	凸 철
儱 롱	兜 두(9)	冉 염	准 준	函 함(6)
儵 숙(17)	兢 긍(12)	再 재(4)	凄 처	
儳 참		冏 경(5)	凋 조	● 刀 部
儺 나(19)	● 入 部	冒 모(7)	凌 릉	刀 도(0)
儷 려	入 입(0)	胄 주	涸 고	刁 조
儹 찬(儹)	內 내(2)		清 청	刃 인(1)

分 분(2)
切 절, 체
刈 예
刊 간(3)
刑 형(4)
列 렬
刎 문
刓 완
刖 월
初 초(5)
判 판
別 별
刪 산
利 리
刦 겁
刧 겁
到 도(6)
制 제
刷 쇄
券 권
刺 자, 척
刻 각
刹 찰
刮 괄
剀 고
刲 규
刱 창

則 칙(7)
剉 좌
剋 극
前 전
剃 체
剌 랄
剅 라
剄 경
剅 좌
剛 강(8)
剔 척
剝 박
剖 부
剡 섬
剞 기
剕 비
剗 사
剗 잔
剟 철
剩 잉(9)
副 부
剪 전
割 할(10)
創 창
剴 개
剿 초(11)
剽 표

剹 리
剷 산
劃 획(12)
劂 궤
劇 극(13)
劉 류
劈 벽
劍 검(劒)
劑 제(14)
劓 의
劘 마(19)
劚 찬

● 力 部

力 력(0)
功 공(3)
加 가
劣 렬(4)
励 근
助 조(5)
努 노
劫 겁
劭 소
劬 구
勅 칙(7)
勇 용
勁 경

勉 면
勃 발
勋 경(8)
勘 권
動 동(9)
勘 감
務 무
勗 욱
勒 륵
勝 승(10)
勞 로
募 모(11)
勢 세
勤 근
勣 적
勥 륙
勦 초
勳 표
勳 훈(13)
　(勲, 勛)
勵 려(15)
勸 권(17)

● 勹 部

勿 물(2)
勾 구
勻 윤, 균

匀 윤, 균
包 포(3)
匃 개
匈 흉(4)
匊 국(6)
匌 합
匍 포(7)
匏 포(9)
匐 복

● 匕 部

匕 비(0)
化 화(2)
北 배, 북(3)
匙 시(9)

● 匚 部

匜 파(3)
匠 장(4)
匡 광
匣 갑(5)
医 예(5)
匧 협(7)
匪 비(8)
匯 회(11)
匱 궤(12)
匵 구(18)

III 인명용 한자의 부수별 색인   469

ㄷ 部
匹 필(2)
匿 언(7)
區 구(9)
匿 닉
匾 편

十 部
十 십(0)
千 천(1)
卅 입
升 승(2)
午 오
卅 삽
半 반(3)
卍 만(4)
卉 훼(卉)
卑 비(6)
卒 졸
卓 탁
協 협
南 남(7)
博 박(10)

卜 部
卜 복(0)

卞 변(2)
占 점(3)
卡 잡
卦 괘(6)

卩 部
卬 앙(2)
卯 묘(3)
厄 치
印 인(4)
危 위
却 각(5)
卵 란
邵 소
卷 권(6)
卸 사
岬 훌
卽 즉(7)(即)
卻 각
卿 경(9)(卿)

厂 部
厄 액(2)
底 지(5)
厓 애(6)
厚 후(7)
厖 방

原 원(8)
厝 조
厥 궐(10)
厮 시(11)
厭 염(12)
厲 려(13)

ム 部
厺 구(2)
去 거(3)
參 삼, 참(9)

又 部
又 우(0)
叉 차(1)
及 급(2)
友 우
反 반
叔 숙(6)
取 취
受 수
叛 반(7)
叟 수(8)
叡 예(14)
   (睿,叡,壑)
叢 총(16)

3획

口 部
口 구(0)
古 고(2)
句 구
只 지
台 태
叫 규
召 소
可 가
史 사
叱 질
右 우
司 사
叭 팔
叱 질
台 도
叩 령
另 정
叮 협
叶 협
各 각(3)
合 합
吉 길
同 동(소)

名 명
后 후
吏 리
吐 토
向 향
吃 흘
吊 적
吁 우
吋 촌
君 군(4)
囧 경(囧)
吟 음
否 부
吾 오
吞 탄
含 함
呈 정
吳 오
吸 흡
吹 취
告 고
呂 려
吼 후
吠 폐
吩 분
吻 문
呇 린

听 은	咋 사	咥 희	圈 권	喙 훼
呀 하	呃 액	員 원(7)(員)	啣 함	喘 천
吱 지	呦 유	哲 철(喆)	啄 탁	唆 사
吶 눌	呫 첩	哭 곡	唾 타	喀 객
呆 매	呫 첩	唐 당	俺 암	喝 갈
吮 전	咸 함(6)	哺 포	啞 아	喫 끽
吽 후	咤 타	唄 패	啖 담	喇 라
周 주(5)	哈 합	唜 말	啿 어	喃 남
味 미	哀 애	唎 리	唫 금	喨 량
咏 영	品 품	哥 가	吼 누	嗇 시
呼 호	哉 재	哮 효	啗 담	喔 악
命 명	哄 홍	圄 어	唳 려	喑 암
呟 현	咫 지	唇 진	唼 삽	喁 옹
和 화	咨 자	哨 초	售 수	喓 요
咆 포	咽 열, 인	哿 가	啀 애	喟 위
呪 주	咬 교	哦 아	啜 철	喑 음
咀 저	咳 해	唉 애	唻 래	喞 즉
呻 신	咯 각	哽 경	善 선(9)	喋 첩
咐 부	尙 괘	哩 리	喉 후	啾 추
呵 가	哃 동	哱 발	喚 환	喤 황
呱 고	哂 신	唔 오	喜 희	煦 후
咎 구	咢 악	唏 희	喪 상	噅 치(10)
哈 해	哇 와	唯 유(8)	單 단	嗅 후
呿 거	咿 이	唱 창	喬 교	嗚 오
呶 노	咠 집	商 상	喩 유	嗔 진
呢 니	哆 치	問 문	喧 훤	嗣 사
咄 돌	咻 휴	啓 계	喊 함	嗟 차

嗜 기	嘘 허(12)	噪 조	囑 촉(21)	圜 환	
嗇 색	嘲 조	噲 쾌	◦口部	◦土部	
嗣 사	嘴 취	噵 도			
嗃 학	嘶 시	嘷 호(14)	囚 수(2)	土 토(0)	
嗛 겸	噴 분	嚌 제	四 사	在 재(3)	
嗠 락	噉 담	嚇 하	回 회(3)	圭 규	
嗉 소	噁 무	嚀 녕	因 인	地 지	
嗢 올	嘿 묵	嚄 획	囟 신	圩 우	
嗑 합	噎 열	噾 음	困 곤(4)	圪 을	
嘆 탄(11)	噁 오	嚙 교(15)	囮 연	圳 비	
嗾 주	噍 초	囂 은	囦 와	圬 오	
嘉 가	嘬 최	嚬 빈(16)	囫 홀	坐 좌(4)	
嗽 수	噋 돈	嚮 향	固 고(5)	均 균	
嘗 상	嘷 호	嚥 연	囹 령	坊 방	
嘔 구	嘩 화	嚧 로	囷 균	址 지	
嘏 하	噏 흡	嚴 엄(17)(嚴)	囿 유(6)	坑 갱	
嘐 교	嘻 희	嚳 곡	圃 포(7)	坂 판	
噪 교	器 기(13)	嚶 앵	圂 혼	圻 기	
嘍 루	嘯 소	囔 새	國 국(8)(国)	坍 담	
嘎 알	噫 희	嚼 작(18)	圈 권	坎 감	
嗷 오	噭 교	囁 섭	圉 어	圾 은	
嘈 조	噶 갈	囃 잡	圊 청	圾 급	
嘖 책	噤 금	囀 전	圍 위(9)	坏 배	
噉 탐	噥 농	囍 효	園 원(10)	坌 분	
嘌 표	噬 서	囍 희(19)	圓 원	坪 평(5)	
嚖 혜	噩 악	囉 라	圖 도(11)	坤 곤	
嫣 언	噯 애	囐 예	團 단	坦 탄	

垂 수	埃 애	埤 비	墊 무	墁 만
坰 경	垹 각	埽 소	塡 전, 진(10)	墊 점
坵 구	垺 랄	隶 태	塢 오	墀 지
垈 대	埏 연	堇 근	塑 소	增 증(12)
坡 파	垽 은	堤 제(9)	塗 도	墨 묵
坼 탁	埑 철	堪 감	塤 훈	墮 타
坷 가	埉 협	堡 보	塋 영	墳 분
坩 감	域 역(8)	堯 요	塞 새, 색	墩 돈
坮 구	執 집	報 보	塏 개	墡 선
坱 앙	培 배	場 장	塍 승	墟 허
坳 요	埰 채	塊 괴	塐 소	墜 추
坻 지	埡 악	塽 상	塒 시	墊 예
坨 타	基 기	塡 진	堉 척	潭 담
型 형(6)	堂 당	塔 탑	塌 탑	燈 등
垌 동	堅 견	塘 당	境 경(11)	嫽 료
垠 은	堈 강	堰 언	埇 용	撲 복
垣 원	埴 식	壻 서(婿)	墓 묘	墝 요
垞 택	堀 굴	堵 도	墉 용	墫 준
垕 후	埠 부	堨 우	塵 진	墻 장(13)(牆)
垓 해	堉 육	堭 황	墊 숙	壁 벽
垢 구	堆 퇴	堧 연	墐 근	壇 단
垤 질	埼 기	堞 첩	塹 참	甕 옹
垕 후	埻 준	塊 예	塼 전	墾 간
裁 재	埩 정	堦 계	墅 서	墺 오
城 성(7)	埳 감	塌 과	墚 상	壃 강
埋 매	堃 곤	堄 돌	墌 척(坧)	壓 압(14)
垸 완	埲 봉	埋 인	堅 기	壑 학

壕 호
壎 훈
壔 도
壙 광(15)
壘 루
壞 괴(16)
壟 롱
壜 담
壚 로
壝 유
壤 양(17)

● 士 部

士 사(0)
壬 임(1)
壯 장(4)(壮)
壺 호(8)
壹 일(9)
壽 수(11)(寿)

● 夊 部

夆 봉(4)
夏 하(7)(昰)

● 夕 部

夕 석(0)
外 외(2)

多 다(3)(夛)
夙 숙
夜 야(5)
夥 나(7)
夢 몽(11)
夥 과
夤 인

● 大 部

大 대(0)
天 천(1)
太 태
夫 부
夭 요
夬 쾌
央 앙(2)
失 실
夯 항
夷 이(3)
夸 과
会 운(4)
夾 협
奇 기(5)
奈 나
奉 봉
奄 엄
奏 주(6)

奕 혁
奎 규
奐 환
契 계, 글, 설
奔 분
倪 현
奚 해(7)
奘 장
套 투
奜 비(8)
奠 전(9)
奢 사
奧 오(10)
奪 탈(11)
奬 장(奨)
奭 석(12)
齋 윤
奮 분(13)
奱 련(19)
龏 차, 다(21)

● 女 部

女 녀(0)
奴 노(2)
奶 내
好 호(3)
如 여

妃 비
妄 망
奸 간
妙 묘(4)(玅)
妥 타
妨 방
妊 임
妖 요
妓 기
姈 금
妤 여
妧 완
姘 정
妣 비
妝 장
妒 투
妃 파
奾 안
妘 운
妹 매(5)
妸 아
姝 주
妾 첩
妻 처
姉 자(姊)
始 시
姑 고

姓 성
委 위
延 정
姈 령
妬 투
姐 저
姆 모
姐 달
似 사
姍 산
妯 축
妮 니
姁 초
姬 희(6)(姫)
姚 요
姝 주
姻 인
姿 자
威 위
姙 임
姪 질
姦 간
姜 강
妍 연(姸)
妧 항
娃 왜, 와
姨 이

姞 길	婚 혼(8)	媒 매	嫤 근	嬈 요	
姮 항	婦 부	媤 시	嫄 원	嫶 초	
姣 교	婉 완, 원	媞 시, 제	媼 온	嫺 한	
姹 차	婢 비	嬰 이	嫦 항	嬖 폐(13)	
娕 세	婠 완	媚 모	嫡 적	嬴 영	
姲 안	婆 파	媍 부	嫩 눈	嬙 장	
姷 유	婁 루	媟 설	嫝 강	嬪 빈(14)	
姰 이	娶 취	婷 암	嫢 규	嬰 영	
姤 구	娼 창	媛 오	嫣 언	嬭 내	
姥 모	婌 람	媼 온	嬘 예	嬲 뇨	
姺 신	婀 아(娿)	媧 왜	嫗 구	嬷 자	
姟 해	矮 유	嫁 가(10)	嫠 리	嬥 조	
娘 낭, 랑(7)	婇 채	嫌 혐	嫚 만	嬿 연(16)	
娛 오	婋 호	嫉 질	媬 모	嬾 란	
娟 연(姢)	婪 람	嫂 수	嫛 예	孃 양(17)	
娫 연	婭 아	嫐 미	嫥 전	孀 상	
娥 아	婷 안	媽 마	嫖 표	孅 섬	
娜 나	婌 숙	媿 괴	嫣 호	孌 련(19)	
娑 사	媒 와	媾 구	嬃 서		
娠 신	婣 인	嫋 뇨	嬌 교(12)	● 子部	
娍 성	婧 정, 청	嫩 미	嬋 선	子 자(0)	
婉 만	娵 추	嬖 반	嬅 화	孑 혈	
娓 미	媄 미(9)	媳 식	嬉 희	孔 공(1)	
娉 빙	媚 미	婴 앵	嬊 연	孕 잉(2)	
娭 애	媛 원	媼 온	嫺 한	字 자(3)	
娣 제	婷 정	媵 잉	嫣 규	存 존	
娙 형	媓 황	嬁 선(11)	嫽 료	孖 자	

孝 효(4)	完 완(4)	寄 기	寮 료	尙 상(5)
孚 부	宏 굉	寅 인	篤 준(13)	尟 선(10)
孜 자	宋 송	密 밀	寰 환	
孛 패	宗 종(5)	寂 적	寵 총(16)	● 尢 部
季 계(5)	官 관	宋 채	寶 보(17)	尤 우(1)
孤 고	宛 완, 울	寇 구	(宝, 珤)	尨 방(4)
孟 맹	宙 주	富 부(9)		就 취(9)
孥 노	定 정	寒 한	● 寸 部	
怡 태	宜 의	寓 우	寸 촌(0)	● 尸 部
孩 해(6)	宖 횡	寔 식	寺 사(3)	尸 시(0)
孫 손(7)	宕 탕	寐 매	封 봉(6)	尺 척(1)
孰 숙(8)	宓 복	寓 우	射 사(7)	尹 윤
孱 잔(9)	客 객(6)	寘 치(10)	尅 극	尻 고(2)
孳 자(10)	宣 선	寢 침	將 장(8)(将)	尾 미(4)
孵 부(11)	宥 유	察 찰(11)	專 전	局 국
學 학(13)(学)	室 실	寡 과	尉 위	尿 뇨
孺 유(14)	宦 환	寢 침	尊 존(9)	屁 비
孼 얼(16)	宮 궁(7)	實 실, 지(実)	尋 심	居 거(5)
孿 산(19)	宰 재	寧 녕(寗)	尌 주	屈 굴
	害 해	寤 오	對 대(11)	屆 계
● 宀 部	宴 연	寬 막	導 도(13)	屄 전
穴 용(2)(冗)	家 가	廖 료		屋 옥(6)
宁 저	容 용	寨 채	● 小 部	屍 시
宅 댁, 택(3)	宸 신	審 심(12)	小 소(0)	屎 시, 히
宇 우	宵 소	憲 혜	少 소(1)	展 전(7)
守 수	宬 성	寫 사	尔 이(2)	屑 설
安 안	宿 숙(8)	寬 관(寬)	尖 첨(3)	展 극

屏 병(8)
屠 도(9)
屢 루(11)
層 층(12)
履 리
屨 구(14)
屬 속, 촉(17)

• 中部

屯 둔(1)

• 山部

山 산(0)
屳 선(2)
屹 흘(3)
屺 기
岐 기(4)
岳 악
岷 민
岡 강
岸 안
岑 잠
岏 완
島 도(嶋)
岭 겸
岌 급
峀 절

岔 차
岈 하
岵 호(5)
岾 점
岱 대
岬 갑
岭 령(岺)
岫 수(峀)
岩 초
峋 구
岦 립
岪 불
崔 작
岨 저
岥 파
峙 치(6)
峠 상
峒 동
峯 봉(7)(峰)
峽 협
峨 아(峩)
島 도
峻 준
峴 현
猫 노
峭 초
崇 숭(8)

崔 최
崙 륜(崘)
崗 강
崩 붕
崖 애
崑 곤
崍 래
崧 숭
崑 곤
崆 공
崛 굴
崕 애
崦 엄
崟 음
崢 쟁
崤 효
嵯 미(9)
崎 기
嵋 미
嵐 람
嵌 감
崒 률
嵳 감
嵩 암
崴 외
崴 외
嵎 우

崽 재
嵩 숭(10)
嵬 외
嵱 용
嵰 겸
嶇 구(11)
嶁 루
嶂 장
嶄 참
嶝 등(12)
嶠 교
嶢 요
嶔 금
嶙 린
嶒 증
嶕 초
嶪 업(13)
嶪 업
嶧 역
嶰 해
嶮 험
嶺 령(14)
嶼 서
嶸 영
嶽 악
嶼 서
巊 한

嶷 의
巉 참(17)
巍 외(18)
歸 규
巒 민(19)
巑 찬
巓 전
巖 암(20)(岩)
巘 헌

• 巛部

川 천(0)
州 주(3)
巡 순(4)
巢 소(8)

• 工部

工 공(0)
左 좌(2)
巧 교
巨 거
巫 무(4)
差 차(7)

• 己部

己 기(0)
巳 사

已 이
巴 파(1)
巷 항(6)
巹 근
巸 희
巽 손(9)

• 巾部

巾 건(0)
市 시(1)
布 포(2)
帆 범(3)
希 희(4)
帉 분
帛 백(5)
帖 첩
帙 질
帑 탕
帕 말
帚 추
帝 제(6)
帥 수, 솔
師 사(7)
席 석
帨 세
帳 장(8)
帶 대

常 상
幅 폭(9)
幀 정
帿 후
幄 악
幃 위
帽 모
幌 황(10)
幎 멱
幕 막(11)
幔 만
幘 책
幣 폐(12)
幟 치
幢 당
幡 번
幞 복
幨 첨(13)
幫 방(14)(幇)
幪 몽
幬 주
幰 헌(16)
欄 란(17)

• 干部

干 간(0)
平 평(2)

年 년(秊)
幸 행(5)
幷 병(并)
幹 간(10)

• 幺部

幺 요(0)
幻 환(1)
幼 유(2)
幽 유(6)
幾 기(9)

• 广部

广 엄(0)
庀 비(2)
庄 장(3)
序 서
庇 비
庋 기
底 저(5)
店 점
庚 경
府 부
庖 포
度 도, 탁(6)
庠 상

座 좌(7)
庫 고
庭 정
庶 서(8)
康 강
庵 암
庳 비
庾 유(9)
廁 측
廂 상
廇 우
廉 렴(10)
廈 하(厦)
廊 랑
廋 수
廓 곽, 확(11)
廏 구(廐)
廑 근
廕 음
廢 폐(12)
廟 묘
廠 창
廣 광(広)
廛 전
廚 주
廡 무

廝 시
廞 흠
廩 름(13)
廥 괴
廧 장
廨 해
廬 려(16)
廱 옹(18)
廳 청(22)

• 廴部

延 연(4)
廷 정
建 건(6)(建)
廻 회

• 廾部

廾 입(1)(廿)
弁 변(2)
弄 롱(4)
弃 기
弇 감(6)
弈 혁
弊 폐(12)

• 弋部

弋 익(0)

式 식(3)	彌 미(14)(弥)	彼 피(5)	微 미(10)	忕 태
弒 시(10)	彎 만(19)	往 왕	徨 황	忠 충(4)
戳 구(18)	**크部**	征 정	傍 방	忞 민(忟)
弓部	彔 록(6)	彿 불	徭 요	快 쾌
弓 궁(0)	彖 단	徂 조	徯 혜	念 념
弔 조(1)	彗 혜(8)	待 대(6)	徵 징(12)	忽 홀
引 인	彘 체(9)	律 률	德 덕(悳, 徳)	恙 양
弘 홍(2)	彙 휘(10)	後 후	徹 철	忿 분
弗 불	彝 이(15)(彜)	徊 회	徼 요(13)	忻 흔
弛 이(3)	**彡部**	徇 순	徽 휘(14)	忼 강
弟 제(4)		徉 양		忮 기
弦 현(5)	形 형(4)	很 흔		忸 뉴
弧 호	彤 동	徐 서(7)	**4획**	忭 변
弩 노	彦 언(6)(彥)	徑 경	**心部**	忤 오
發 도	彧 욱(7)	徒 도	心 심(0)	忨 완
弭 미(6)	彩 채(8)	得 득(8)	必 필(1)	忝 첨
弱 약(7)	彬 빈	從 종	忉 도(2)	忡 충
張 장(8)	彫 조	御 어	忌 기(3)	忱 침
弸 현	彪 표	徙 사	忍 인	怒 노(5)
弴 돈	彭 팽(9)	徘 배	志 지	恰 령
強 강(9)(强)	彰 창(11)	徠 래	忘 망	怨 원
彌 필	影 영(12)	徜 상	忙 망촌	思 사
彀 구(10)	**彳部**	徣 차	忖 촌	怡 이
彈 탄(12)		復 복, 부(9)	忕 세	怠 급
彆 별	役 역(4)	循 순	忕 탐	急 성
彊 강(13)	彷 방	徧 편	忒 특	性 괴

怖 포	恁 임	悗 문	悱 비	惰 타
怏 앙	恂 순	悁 연	惋 완	惻 측
怰 현	恝 괄	悒 읍	悵 창	惹 야
怩 니	恇 광	悄 초	悄 창	愕 악
怛 달	悴 모	悏 협	惕 척	愆 건
怍 작	恚 에	悕 희	惙 철	偶 우
怔 정	恫 통	悇 여	惉 첨	愔 음
怗 첩	恊 협	悲 비(8)	惆 추	偲 시, 새
怊 초	恟 흉	悽 처	悻 행	惷 준
怕 파	恔 효	情 정	惛 혼	惸 경
怦 평	悅 열(7)	惑 혹	惔 담	愞 난
怳 황	悔 회	惜 석	惀 론	惲 운
恣 자(6)	悌 제	惟 유	惱 뇌(9)	愀 초
恒 항(恆)	悟 오	惠 혜(惠)	愍 민	惴 췌
恐 공	悉 실	惡 악, 오	愉 유	偏 편
恥 치	悠 유	惇 돈	想 상	愜 협
恕 서(恕)	患 환	悰 종	愈 유	慎 진
恨 한	悍 한	惚 홀	愁 수	愼 신, 진(10)
恩 은	悖 패	悴 췌	愚 우	慈 자
恭 공	恩 총	悶 민	意 의	愧 괴
息 식	悛 전	悼 도	愛 애	態 태
恪 각	悚 송	悷 계	感 감	愷 개
恃 시	悆 서, 여	悾 강	愃 서	愿 원
恢 회	恁 철	倦 권	愃 선	愰 황
恰 흡	悧 곤	悠 녁	惺 성	慌 황
恤 휼	悢 량	悇 람	惶 황	慄 률
恍 황	悋 린	惘 망	愎 퍅	慊 겸

愴 창	慼 척(慽)	儳 비	懞 몽	戕 장
愾 개	憁 총	憮 무	懣 문	戚 척(7)
慇 은	慟 통	憧 동	懕 염	戟 극(8)
慂 용	慓 표	恬 념	懗 하	戡 감(9)
愩 명	慪 우	憍 교	懲 징(15)	戢 집
愫 소	慺 루	愁 은	懷 회(16)	截 절(10)
慤 각(愨)	慡 상	憨 감	懸 현	戩 전
愭 기	慳 간	憒 궤	懶 라	戧 창
慆 도	慱 단	憯 참	懺 참(17)	戮 륙(11)
愻 소	慴 습	憔 췌	懼 구(18)	戰 전(12)
慍 온	慠 오	憶 억(13)	懿 의	戲 희(13)(戯)
慕 모(11)	慵 용	憖 무	懱 영	戴 대(14)
慜 민	慂 용	懇 간	懾 섭	戳 착
慘 참	惇 하	應 응	懽 환	
慢 만	憎 증(12)	憾 감	戀 련(19)	• **戶部**
慾 욕	憓 혜	懃 근	戇 당(24)	
慚 참(慙)	憤 분	懊 오		戶 호(0)
慧 혜	憑 빙	懆 리	• **戈部**	戹 액(1)
慮 려	憙 희	懈 해		房 방(4)
慰 위	憘 희	憋 경	戈 과(0)	所 소
慶 경	憩 게	憸 섬	戊 무(1)	戾 려
憂 우	憲 헌	懌 역	戌 술(2)	扁 편(5)
慣 관	憫 민	懆 조	戍 수	肩 경
慷 강	憐 련	懂 탄	戎 융	扇 선(6)
慨 개	憬 경	懦 나(14)	成 성(3)	扈 호(7)
慝 특	憚 탄	憺 담	我 아	扉 비(8)
慫 종	憔 초	懟 대	戒 계	扊 염
			或 혹(4)	

手部

手 수(0)	扼 액	拖 타	拿 나	把 읍	
才 재	抛 포	拌 반	挈 나	捗 척	
扎 찰(1)	抖 두	抹 말	挌 격	捍 한	
打 타(2)	扳 반	拉 랍	挂 괘	捨 사(8)	
扒 배	抃 변	拈 념	挒 렬	捷 첩	
扑 복	抔 부	拐 괴	拽 예	掃 소	
托 탁(3)	找 조	拄 주	拵 존	授 수	
扜 우	抵 지	柄 병	振 진(7)	掌 장	
扛 강	抚 오	抛 포(抛)	捕 포	排 배	
扣 구	抱 포(5)	拑 겸	捉 착	掠 략	
扞 구	拏 나	拊 부	挺 정	掛 괘	
扛 재	拓 탁	拕 타	挾 협	採 채	
扶 부(4)	抵 저	拆 탁	挻 연	探 탐	
扮 분	抽 추	抨 평	挽 만	接 접	
批 비	拂 불	括 괄(6)	捏 날	推 추	
承 승	拍 박	拳 권	捐 연	措 조	
技 기	拒 거	拾 습,십	挫 좌	掩 엄	
抄 초	拓 척	持 지	捌 괄	捧 봉	
把 파	拔 발	指 지	挪 나	控 공	
抑 억	拘 구	挑 도	挪 야(揶)	捺 날	
投 투	拙 졸	拭 식	捏 재	掖 액	
抗 항	招 초	拗 요	捆 곤	掉 도	
折 절	拜 배	拯 증	捄 구	捻 념	
抒 서	拶 진	按 안	捃 군	捲 권	
扱 급	拇 무	拮 길	捎 소	掘 굴	
抉 결	押 압	拱 공	挨 애	据 거	
	披 피	拷 고	捂 오	掬 국	

掎	기	捷	건	撞	당(11)	撒	살	攫	착
掏	도	撲	설	摸	모	撮	찰	擐	환
捩	렬	捱	알	摰	지	撐	탱	擬	의(14)
掄	륜	掾	연	摘	적	撛	린	擡	대(抬)
捫	문	揃	전	摠	총	撟	교	擢	탁
掊	부	揪	추	摩	마	撅	궤	擦	찰
捱	애	揣	췌	摺	접	撩	료	擯	빈
掜	예	損	손(10)	摹	모	撕	서	擱	각
掇	철	搖	요	摞	라	撙	준	擣	도
捶	추	携	휴	摘	리	撑	탱	擠	제
掀	흔	搜	수	摳	구	撝	휘	擴	확(15)
掄	론	搗	도	摻	섬	擁	옹(13)	擺	파
描	묘(9)	搬	반	慒	종	擇	택	擾	요
揀	간	搾	착	摭	척	擊	격	攀	반
提	제	搢	진	摧	최	操	조	擲	척
揚	양	搔	소	摽	표	擔	담	攄	터
換	환	推	각	摟	루	據	거	攂	뢰
揆	규	搰	골	撰	찬(12)	擎	경	擷	력(16)
揮	휘	搆	구	播	파	擒	금	攏	롱
援	원	搪	당	撫	무	撻	달	攇	헌
揭	게	搯	도	撲	박	擄	로	攘	양(17)
揖	읍	擊	반	撤	철	擘	벽	攔	란
揄	유	搒	방	撈	로	擅	천	攙	참
握	악	搤	액	撞	당	撼	감	攝	섭(18)
挿	삽(插)	搶	창	撓	뇨	撿	검	攛	찬
揟	서	搥	추	撚	년	撾	과	攣	련(19)
揩	개	搨	탑	撥	발	擗	벽	攢	찬

攤 탄
攪 각(20)
攫 확
攬 람(21)
　(擎, 擊)

● 支 部
支 지(0)
鼓 기(8)
嶯 리(12)

● 攴 部
收 수(2)
改 개(3)
攸 유
攻 공
放 방(4)
政 정(5)
故 고
敃 민
效 효(6)(効)
敎 교(教)
敏 민
救 구
敗 패
敉 미
條 재

敖 오(7)
敍 서(叙, 敘)
敔 어
敕 칙
敢 감(8)
散 산
敦 돈
敞 창
敝 폐
敬 경(9)
敲 고
敭 양
敵 적(11)
敷 부
數 삭, 수
敻 형
整 정(12)
敾 선
斂 렴(13)
斁 두
斃 폐(14)
斅 효(16)
夔 기

● 文 部
文 문(0)
斌 빈(7)

斑 반(8)
斐 비
爛 란(17)

● 斗 部
斗 두(0)
料 료(6)
斜 사(7)
斛 곡
斝 가(8)
斟 짐(9)
斡 알(10)

● 斤 部
斤 근(0)
斥 척(1)
斧 부(4)
斫 작(5)
斬 참(7)
斯 사(8)
新 신(9)
斮 작
斲 착(10)
斳 린(12)
斷 단(14)

● 方 部

方 방(0)
於 어(4)
施 시(5)
旅 려(6)
旁 방
旂 기
旄 모
旃 전
施 패
旋 선(7)
旌 정
族 족
旗 방
旎 나(8)
旒 류(9)
旗 기(10)

● 无 部
无 무(0)
旣 기(7)

● 日 部
日 일(0)
旦 단(1)
旨 지(2)
早 조
旬 순

旭 욱
曳 예
昃 대, 영(3)
旰 우
旱 한
昕 흔
昇 승(4)
盼 분
昑 금
昌 창
明 명
易 이, 역
旺 왕
昊 호
昏 혼
昒 민
昋 민
昔 석
昂 앙(昻)
昆 곤
昉 방
昈 오
旽 돈
昀 윤
昃 측
昢 시
昈 호

星 성(5)	晌 상	琳 림	暱 닐	矒 연
映 영	哄 홍	晬 수	嘆 한	曨 롱
春 춘	眺 조	晻 암	暶 선	曩 낭(17)
昱 욱	晚 만(7)	暇 가(9)	曆 력(12)	囉 라(19)
昞 병(昺)	晢 절	暑 서	曄 엽	曬 쇄
昨 작	晨 신	暉 휘	曔 경	矗 촉(20)
昭 소	晦 회	暖 난	暹 섬	曮 엄
是 시	晤 오	暗 암	曉 효	矚 촉(21)
昡 현	晙 준	暘 양	瞥 별	
昤 령	晟 성(晠,晠)	暎 영	曇 담	● 日 部
昴 묘	晧 호	暄 훤	曈 동	日 왈(0)
昧 매	晝 주	暈 운, 훈	曦 희	曲 곡(2)
曷 갈	睍 현	暘 양	曁 기	更 갱, 경(3)
昭 조	晥 환	暋 민	瞭 료	書 서(6)
昣 진	晞 희	暌 규	暲 에	曹 조(7)(曺)
昍 단	晡 포	睹 도	暈 엽	曼 만
昍 거	睍 랑	暠 고(10)	遴 린	替 체(8)
昫 구	普 보(8)	暢 창	曖 애(13)	最 최
昵 닐	景 경	暐 위	暴 포	曾 증
時 시(6)	晴 청(晴)	瞑 명	曜 요(14)	會 회(9)(会)
晃 황(晄)	晶 정	瑤 요	曙 서	榊 인(10)(楝)
晉 진(晋)	智 지(㓐)	暝 교	曠 광	揭 갈
晏 안	晳 석(晰)	暫 잠(11)	曘 유	朁 설(11)
昶 창	晫 탁	暮 모	曚 몽	
晁 조	晠 정	暴 포, 폭	曛 훈	● 月 部
昻 앙	晹 역	暲 장	曝 폭(15)	月 월(0)
晈 교	晷 귀	曂 혜	曦 희(16)	有 유(2)

朋 붕(4)	朽 후	果 과	柴 시	柁 타
服 복	机 궤	枝 지	柄 병(棅)	柙 합
肦 반	朶 타	枉 왕	柏 백	枻 설, 예
阮 원	打 정	枓 두	某 모	葉 엽
胎 령(5)	朳 팔	杭 항	染 염	柃 령
朔 삭(6)	李 리(3)	杷 파	柔 유	桄 광(6)
朕 짐	材 재	枋 방	査 사	校 교
朗 랑(7)	村 촌(邨)	槃 반	柱 주	株 주
望 망(朢)	杉 삼	杳 묘	柳 류	栢 백(柏)
朝 조(8)	杓 표	枚 매	枰 평	栗 률
期 기	束 속	枏 뉴	柾 정	核 핵
膠 교	杏 행	枏 남	枇 비	根 근
朞 기	杆 간	杲 고	柝 탁	格 격
朡 영(9)	杠 강	杬 원	柵 책	栽 재
朣 동(12)	杞 기	枸 진	枳 지	桂 계
臘 랍(15)	杜 두	枌 분	柿 시(柹, 枾)	桃 도
朧 롱(16)	机 범	柄 예	柶 사	案 안(桉)
	杖 장	柜 와	柩 구	桓 환
● 木 部	杝 이	杼 저	柑 감	桐 동
木 목(0)	杅 우	杪 초	柬 간	桑 상
未 미(1)	杯 배(4)(盃)	柯 가(5)	枷 가	栓 전
末 말	東 동	枯 고	柅 니	桔 길
本 본	松 송	柖 소	柊 종	栻 식
札 찰	板 판	柚 유	枲 시	栯 욱
朮 출	析 석	架 가	柘 자	桁 항
朱 주(2)	林 림	枸 구	柞 작	桎 질
朴 박	枕 침	柰 내	柢 저	栒 순

486

桀 걸	梳 소	棨 계	楷 해	椵 가
栞 간	梭 사	棍 곤	楊 양	楯 서
栲 고	梶 미	棘 극	楨 정	榻 탑(10)
栱 공	梱 곤	棠 당	楫 즙, 집	榜 방
栝 괄	梏 곡	椅 의	楠 남	榮 영(栄, 榮)
框 광	桿 간	棧 잔	業 업	構 구
栢 이	梃 정	棗 조(枣)	極 극	榕 용
梅 전	梛 나	椎 추	楸 추	榧 비
梵 범(7)	桷 각	棺 관	楡 유	榴 류
梅 매	裙 군	棽 림, 침	楹 영	槁 고
梁 량	椐 려	棐 비	楗 건	槌 퇴
條 조	椥 방	櫻 종	楢 유	槍 창
械 계	桴 부	棌 채	椽 연	槐 괴
梧 오	棄 기(8)	椋 양	椰 야	滕 승
梨 리	棟 동	椁 곽	楯 순	槏 겸
梗 경	棋 기(碁)	棬 권	楣 미	槙 진
梡 관	棲 서(栖, 捿)	棊 기	楾 무	榿 기
桶 통	棒 봉	棻 분	楞 릉(楞)	槀 고
桯 정	植 식	棻 분	楬 갈	榎 가
梓 재	森 삼	椑 비	楏 규	榦 간
梯 제	棹 도	椄 접	椴 단	槊 걸
梟 효	椒 초	椳 정	楝 련	榾 골
梔 치	椀 완	楕 타(9)(橢)	楳 매	槇 공
梢 초	棚 붕	椿 춘	楂 사	權 교
榛 진	棉 면	楔 설	楥 원	榘 구
振 진	棆 명	楮 저	楪 접	榑 부
梡 완	棕 종	楚 초	椹 침	榭 사

槊 삭	樛 규	橅 모, 무	檔 당	樸 박	
榟 재	槭 색	櫽 예	檝 즙	欃 참	
榰 지	槱 소	權 동	檐 첨	櫼 첨	
槎 차	槢 습	橢 타(楕)	檀 단	權 권(18)(権)	
榱 최	樀 적	槖 탁(橐)	櫃 궤(14)	欌 장	
榼 합	樅 종	槾 한	櫂 도	欒 란(19)	
榯 시	槧 참	樻 궤	檳 빈	欑 찬	
概 개(11)	樋 통	榴 류	檻 함	欖 람(21)	
樂 락, 악, 요	樺 혜	橃 벌	檼 은	欗 란	
樓 루	樹 수(12)	橄 산	檮 도	欞 령(24)	
槿 근	橚 숙	橇 취	檿 염		
槦 황	橋 교	樣 나	檽 누	**· 欠 部**	
標 표	樵 초	樐 로	櫛 즐(15)	欠 흠(0)	
樞 추	機 기	橞 혜	欄 려	次 차(2)	
模 모	横 횡	檀 단(13)	櫓 로	欣 흔(4)	
樣 양, 상	橘 귤	檢 검	櫜 고	欥 일	
樟 장	樺 화	橿 강	櫝 독	欬 해(6)	
樑 량	橈 요	檄 격	櫟 력	欲 욕(7)	
槽 조	橓 순	橄 경	櫞 연	欸 애	
樗 저	橡 상	檜 회	櫶 헌(16)	欷 희	
樊 번	樸 박	檣 장	孼 얼	欽 흠(8)	
槨 곽	橲 희	橚 숙	櫪 력	欺 기	
槻 규	樽 준	檗 벽	櫬 친	款 관	
槦 용	樏 운	檍 억	欄 란(17)	歁 감	
榛 다	橙 등	檎 금	櫻 앵	歆 의	
槩 개	橄 감	檉 정	櫽 은	歘 훌	
榭 곡	橤 경	檟 가	欅 섭	歆 흠(9)	

歃 삽		殷 은(6)	毬 구	汁 즙
歈 유	● 歹部	殺 살, 쇄(7)	毯 담(8)	氿 궤
歌 가(10)	死 사(2)	殼 각(8)	毳 취	汃 팔
歊 효	歾 몰(4)	殽 효	毽 시(9)	汗 한(3)
歉 겸	歼 요	毁 훼(9)(毁)	氅 창(12)	汚 오
歎 탄(11)	殃 앙(5)	殿 전	氈 전(13)	汎 범
歐 구	殆 태	毂 격(10)		汝 여
歚 선(12)	殄 진	毅 의(11)	● 氏部	江 강
獻 허	殂 조	毆 구	氏 씨(0)	池 지
歙 흡	殉 순(6)	毊 예(15)	民 민(1)	汐 석
斂 감(13)	殊 수		氐 저	汞 홍
歟 여(14)	殑 긍(7)	● 母部	氓 맹(4)	汕 산
歠 철(15)	殍 표	毋 무(0)		汭 인
歡 환(18)	殖 식(8)	母 모(1)	● 气部	汏 대
	殘 잔	每 매(3)	氛 분(4)	汒 망
● 止部	殞 운(10)	毒 독(4)	氣 기(6)	氾 사
止 지(0)	殤 상(11)	毓 육(10)	氳 인	汛 신
正 정(1)	殢 체		氲 온(10)	汙 오
此 차(2)	殫 탄(12)	● 比部		汋 작
步 보(3)(歩)	殮 렴(13)	比 비(0)	● 水部	汔 흘
武 무(4)	殭 강	毖 비(5)	水 수(0)	決 결(4)
歧 기	殯 빈(14)	毗 비(毘)	氷 빙(1)	沃 옥
歪 왜(5)	殲 섬(17)	毚 참(13)	永 영	汨 골, 율
歲 세(9)			承 승	沔 면
歷 력(12)	● 殳部	● 毛部	求 구(2)	沂 기
歸 귀(14)	殳 수(0)	毛 모(0)	汜 범	汪 왕
	段 단(5)	毫 호(7)	汀 정	沁 심

Ⅲ 인명용 한자의 부수별 색인

汶 문	泄 설	泠 령	洌 렬	浮 부
沈 심, 침	治 치	泔 감	洹 원	浚 준
没 몰	沼 소	泐 륵	洧 유	浣 완
沐 목	沿 연	沫 매	洶 흉	涓 연
沖 충(冲)	況 황	泝 소	洩 설	浹 협
沙 사	泉 천	泗 수	洑 보	浴 욕
沆 항	泊 박	泱 앙	洺 명	海 해(海)
汰 태	泌 필	泑 유	洒 선, 세	浸 침
汲 급	法 법	洗 일	浹 지	消 소
汽 기	波 파	泚 자	洣 미	涉 섭
汾 분	泣 읍	泜 지	浪 은	涇 경
沇 연	泥 니	沱 타	柒 칠	涍 효
沄 운	沮 저	沰 탁	洮 도	涌 용
沅 원	泯 민	迦 가	洬 속	浿 패
沚 지	注 주	洋 양(6)	洼 와	涕 체
沛 패	泰 태	洗 세	洟 이	浙 절
汭 예	泳 영	洸 광	洇 인	涎 연
沕 물	泓 홍	洵 순	洤 천	涑 속
沓 답	泙 평	洽 흡	洫 혁	浜 빈
泜 지	泫 현	洛 락	洄 회	浬 리
沘 비	洞 형	洲 주	絜 결	泣 리
沍 호	泡 포	津 진	洝 안	浯 오
河 하(5)	沾 첨	洪 홍	流 류(7)	浼 세
沫 말	泌 비	洞 동, 통	涏 정	浤 굉
泗 사	沸 비	活 활	浦 포	涂 도
泛 범	泮 반	派 파	浩 호	浡 발
油 유	沽 고	洙 수	浪 랑	浥 읍

涔 잠	淆 효	泲 승	滋 자	溶 용
涘 사	淮 회	減 감(9)	湮 인	滅 멸
涅 녈	淄 치	渣 사	游 유	滄 창
涼 량(8)(凉)	渚 저	渡 도	湲 원	滉 황
涯 애	淹 엄	渫 설	渦 와	溝 구
淋 림	深 보	渠 거	渥 악	溟 명
淞 송	淪 륜	渤 발	湄 미	溥 부, 박
液 액	沌 돈	渙 환	渺 묘	溢 일
淙 종	淘 도	湘 상	湛 담	滋 자
淇 기	淃 권	湜 식	湍 단	滅 재
淑 숙	浡 행	渭 위	湀 규	滑 활
淚 루	淦 감	測 측	湑 서	榮 형
淡 담	漏 굴	港 항	渢 범	滓 재
淨 정	淖 뇨	渴 갈	湅 련	溯 소
深 심	涷 동	湖 호	湎 면	滂 방
淳 순	淶 래	湯 탕	溢 분	溜 류
混 혼	淥 록	渟 정	浣 연	滔 도
淸 청(淸)	淼 묘	湳 남	溾 외	溺 닉
淫 음	涪 부	渼 미	湔 전	滑 골
淺 천	淝 비	湃 배	渝 투	溏 당
淵 연(淵)	浘 비	渲 선	湣 혼	滕 등
添 첨	淬 쉬	渶 영	源 원(10)	溧 률
淅 석	淤 어	湧 용	溦 은	溕 몽
湊 주	减 역	湞 정	準 준(準)	溲 수
涵 함	浣 완	渾 혼	溱 진	滃 옹
淏 호	凄 처	湟 황	溪 계	溽 욕
淀 정	涿 탁	湫 추	溫 온	溘 합

滈 호	漿 장	潛 잠(潜)	漭 망	澧 례
溷 혼	潁 영	潘 반	潸 산	達 달
滾 원	滲 삼	澈 철	濟 산	澪 령
滇 진	漣 련	潤 윤	澌 시	澟 름
漆 태	滾 곤	潮 조	潯 심	潰 분
漠 막(11)	漧 건	潞 호	澆 요	牆 색
漱 수	逢 봉(浲)	澎 팽	潴 저	澁 서
滴 적	漚 구	潭 담	澂 징	澶 전
滿 만	漙 단	澄 징	潢 홍	澡 조
漁 어	滷 로	潼 동	潢 횡	濕 습(14)
漂 표	漉 록	潑 발	瀹 흡	濡 유(渘)
漆 칠	漓 리	潢 황	潗 지	濩 호
漏 루	濫 밀	澐 운	憑 혜	濟 제(済)
演 연	溯 붕	潺 잔	澤 택(13)	濬 준(睿)
漢 한	漼 애	澁 삽	激 격	濫 람
漫 만	漪 의	潗 집(潗)	澮 회	濠 호
漸 점	漼 최	潰 궤	澹 담	濤 도
漑 개	漼 필	潞 로	濁 탁	濯 탁
滸 호	滬 호	澇 열	濃 농	濚 형
漾 양	漊 루	澗 한	濂 렴	濱 빈
漌 근	潔 루	潒 상	潾 린	蕩 탕
漳 장	潔 결(12)(潔)	潏 율	潔 찬	瀰 니, 미
滯 체	潟 석	潷 화	澣 한	濦 은
滌 척	潤 민	澉 감	澱 전	濘 녕
漲 창	潽 보	潙 규	澳 오	濛 몽
漬 지	澍 주	潡 돈	濊 예	濮 복
漕 조	澗 간	潦 료	瀟 숙	濞 비

瀒 색	瀷 익	灾 재	炷 계	焠 쉬	
濚 영	瀟 소	炎 염(4)	烙 락	焯 작	
瀑 폭(15)	瀲 렴	炅 경	炯 동	焜 혼	
瀆 독	瀰 미	炆 문	烊 양	烎 린	
濾 려	瀼 양	炊 취	烜 훤	煥 환(9)	
瀏 류	瀸 첨	炒 초	烍 선	熙 희(凞, 熈)	
瀉 사	灌 관(18)	炙 자, 적	焉 언(7)	輝 휘	
潘 심	瀅 형	炁 기	烽 봉	煌 황	
瀁 양	蘆 로	炕 항	焌 준	煜 욱	
瀇 왕	灄 섭	炔 결	焄 훈	煙 연(烟)	
澂 징	灘 탄(19)	炬 거(5)	煚 경	照 조	
濺 천	灑 쇄	炡 정	烹 팽	煩 번	
潰 유	灓 란	炭 탄	烺 랑	煐 영	
瀞 정	灕 리	炯 형	烆 혁	煖 난	
瀨 뢰(16)	灝 호(21)	炷 주	烯 희	煉 련	
灖 해	灞 파	炳 병	烓 애	煎 전	
濚 영	灣 만(22)	炫 현	烳 보	煮 자	
瀜 융	灩 염(23)	炤 소, 조	焇 소	煬 양	
瀚 한		畑 전	無 무(8)(无)	煞 살	
瀧 롱	●火部	炸 작	焦 초	煤 매	
瀝 력	火 화(0)	炮 포	然 연	煦 후	
濾 로	灰 회(2)	炰 포	焞 순, 돈	煊 훤	
瀕 빈	灯 정	烈 렬(6)	焙 배	煓 단	
瀞 정	災 재(3)	烘 홍	焚 분	煝 미	
瀦 저	灼 작	烏 오	焰 염	煒 휘	
瀾 란(17)	炘 흔	烝 증	焱 혁	煢 경	
瀯 영	灸 구	烋 휴	梵 경	煨 외	

煒 위	燒 소	爍 삭	爽 상(7)	牢 뢰
熊 웅(10)	燕 연	爌 광	爾 이(10)	牣 인
熀 황	燔 번	爐 로(16)	● 爿部	牧 목(4)
熒 형	燉 돈	爔 희		物 물
熏 훈(熏)	燏 율	爗 엽	牀 상(4)	牲 생(5)
煽 선	鴈 안	爛 란(17)	牂 장(6)	牯 고
熄 식	燖 심	爚 약	● 片部	牴 저
熔 용	燋 초	爟 관(18)		特 특(6)
熉 운	燙 탕	爥 촉(21)	片 편(0)	牸 자
熀 엽	燊 신	爨 찬(25)	版 판(4)	牽 견(7)
熅 온	營 영(13)	● 爪部	牌 패(8)	犀 서(8)
熟 숙(11)	燧 수		牋 전	犁 리(犂)
熱 열	燥 조	爪 조(0)	牒 첩(9)	犇 분
熙 희	燭 촉	爭 쟁(4)	牔 박(10)	犍 건(9)
熬 오	燦 찬	爬 파	牓 방	犒 호(10)
熢 봉	燮 섭	爰 원(5)	牖 유(11)	犖 락
頲 경	燠 오,우,욱	爲 위(8)	牘 독(15)	犢 독(15)
熤 익	燬 훼	爵 작(14)	● 牙部	犧 희(16)
熨 위	爀 혁(14)	● 父部		● 犬部
熛 표	燿 요		牙 아(0)	
燃 연(12)	燾 도	父 부(0)	掌 탱(8)	犬 견(0)
燎 료	燻 훈	爸 파(4)	● 牛部	犯 범(2)
燈 등	燼 신	爹 다(6)		犴 안(3)
燐 린	燽 주	爺 야(9)	牛 우(0)	豻 작
熹 희(熺)	燹 희	● 爻部	牟 모(2)	犵 힐
熾 치	燸 유		牝 빈	狀 상, 장(4)
燁 엽	爆 폭(15)	爻 효(0)	牡 모(3)	狄 적

狂 광	猙 쟁	獫 험	玭 빈		珢 은
狗 구(5)	猘 제	獲 획(14)	玩 완		珣 순
狎 압	猶 유(9)	獰 녕	玧 윤, 문		珙 공
狙 저	猥 외	獯 훈	玠 개		珖 광
狐 호	猷 유	獸 수(15)	玫 매		珞 락
沸 비	猩 성	獵 렵	玞 부		珥 이
狂 비	猪 저	獷 광	珍 진(5)		珫 충
狩 수(6)	猱 노	獻 헌(16)	玿 소		珦 향
狡 교	猧 와	獺 달	珉 민(瑉, 硍		珝 후
狨 융	媛 원	獼 미(17)	碈)		珤 보
狢 학	猢 호	獵 험(20)	珌 필		肆 진
狼 랑(7)	猴 후		珇 대		珮 패
狸 리	獄 옥(10)	**5획**	玲 령		現 현(7)
狹 협	猨 원		珀 박		球 구
狽 패	獅 사	• 玉部	珊 산		理 리
狷 견	猾 활		玹 현		珽 정
獀 산	獃 애	玉 옥(0)	珂 가		琉 류(瑠)
猖 은	獐 장(11)	王 왕	珣 구		琁 선
猩 폐	獒 오	玎 정(2)	珒 예		琅 랑
猖 창(8)	獗 궐(12)	玖 구(3)	珆 이, 태		琊 성
猝 졸	獜 린	玗 우	砧 점		琇 수
猊 예	獠 료	玘 기	玻 파		琯 오
猛 맹	獘 폐	玕 간	玿 진		琓 완
猫 묘	獪 회(13)	玔 천	珠 주(6)		珵 정
猜 시	獨 독	玒 강	珗 선		琄 현
猓 과	獮 예	玨 보	班 반		琢 탁(8)
猉 기	獬 해	珏 각(4)	珪 규		琟 유
		玫 민			

III 인명용 한자의 부수별 색인

琛 침	瑟 슬	璁 은	璪 조	旅 로	
琥 호	瑜 유	瑰 괴	璲 수		●瓜部
琮 종	瑗 원	瑭 당	璨 찬	瓜 과(0)	
琦 기	瑣 욱	瑣 쇄	璬 경	瓠 호(6)	
琵 비	瑀 우	瑲 창	璐 로	瓢 표(12)	
琸 탁	瑄 선	璃 리(11)	璫 당	瓣 판(15)	
琠 전	瑅 제	璉 련	璿 선(14)		
琰 염	瑃 춘	璁 종	璵 여	●瓦部	
琫 봉	理 성	璇 선	璹 숙	瓦 와(0)	
琯 관	琿 혼	瑾 근	璽 새	瓮 옹(4)	
珷 무	瑕 하	瑎 기	璸 빈	瓷 자(6)	
琬 완	瑁 모	璡 진	瓀 연	瓶 병(8)	
琨 곤	瑙 노	璣 기(璣)	瓊 경(15)	甄 견(9)	
琡 숙	瑂 미	璋 장	瓆 질	甃 추	
琳 림	瑎 해	璒 진	瓃 신	甌 구(11)	
琴 금	瑝 황	璌 인	瓏 롱(16)	甍 맹	
琶 파	瑗 환	璆 구	瓈 수	甏 전	
琪 기	瑩 영,형(10)	璊 문	瓔 영(17)	甑 증(12)	
琺 법	瑳 차	璀 최	瓓 란	甕 옹(13)	
琗 채	瑥 온	璄 경(12)(璟)	瓘 관(18)	甓 벽	
琲 배	瑨 진(璡)	璘 린	瓚 찬(19)		
琤 쟁	瑱 진	璞 박	瓛 환(20)	●甘部	
琱 조	瑪 마	璜 황		甘 감(0)	
瑞 서(9)	瑯 랑	璝 괴	●玄部	甚 심(4)	
瑛 연	瑤 요	環 환(13)	玄 현(0)	甜 첨(6)(甛)	
瑚 호	瑢 용	璱 슬	玆 자(5)	甞 상(8)	
瑛 영	瑋 위	璧 벽	率 률,솔(6)		

● 生部

生 생(0)
產 산(6)
甥 생(7)
甦 소

● 用部

用 용(0)
甫 보(2)
甬 용

● 田部

田 전(0)
由 유
甲 갑
申 신
男 남(2)
町 정
甸 전
甿 맹(3)
界 계(4)(堺)
畏 외
畓 답
畇 균
畎 견
畊 경

畋 전
留 류(5)
畜 축
畝 묘, 무
畔 반
畛 진
畚 분
略 략(6)
畢 필
畦 휴
畧 략
時 치
番 번(7)
畫 화(畵)
異 이
畯 준
當 당(8)
畺 강
畸 기
畿 기(10)
疇 주(14)
䁖 벽(15)
疊 첩(17)

● 疋部

疋 필(0)
疏 소(7)(疎)

疑 의(9)

● 疒部

疔 정(2)
疝 산(3)
疚 구
疙 흘
疫 역(4)
疥 개
疣 우
疲 피(5)
疾 질
疼 동
疽 저
疹 진
病 병
症 증
疱 포
疸 달
疳 감
痂 가
疵 자
痀 구
痆 아
痃 현
痔 치(6)
痕 흔

痍 이
痒 양
痓 전
痔 치
痎 해
痛 통(7)
痙 경
痘 두
痢 리
痞 비
痧 사
痤 좌
痣 지
痲 마(8)
瘀 어
痼 고
痰 담
痺 비
痳 림
痹 비
痿 위
瘁 췌
瘍 양(9)
瘈 계
瘉 유
瘐 유
瘇 종

瘋 풍
瘕 하
瘠 척(10)
瘡 창
瘢 반
瘤 류
瘙 소
瘦 수
瘟 온
瘧 학
瘻 루(11)
瘱 예
瘰 라
瘴 장
瘯 족
瘳 추
療 료(12)
癌 암
癇 간(癎)
癉 단
癆 로
癃 륭
癈 폐
癖 벽(13)
癒 유
癘 려
癕 옹

III 인명용 한자의 부수별 색인 497

癲 전
癡 치(14)(痴)
癧 력
癤 절(15)
癢 양
癥 징
癩 라(16)
癨 곽
癬 선(17)
癭 영
癮 은
癰 옹(18)
癯 구
癲 전(19)
癱 탄

● 癶部

癸 계(4)
登 등(7)
發 발

● 白部

白 백(0)
百 백(1)
皀 급(2)
皃 모
皁 조

的 적(3)
皆 개(4)
皇 황
皎 교(6)
皐 고(皋)
皓 호(7)
皒 아
皗 주(8)
皞 호(10)
皛 효
皚 애
皜 호
皤 파(12)
皭 학(16)

● 皮部

皮 피(0)
皸 군(9)
皴 사
皺 추(10)

● 皿部

皿 명(0)
盂 우(3)
盆 분(4)
盈 영
益 익(5)

盌 온(盌)
盎 앙
盌 완
盍 합
盒 합(6)
盔 회
盛 성(7)
盜 도
盙 보
盟 맹(8)
盞 잔
盡 진(9)(尽)
監 감
盤 반(10)
盧 로(11)
盥 관
盪 탕(12)
鹽 고(13)

● 目部

目 목(0)
盲 맹(3)
直 직
盱 우
相 상(4)
盾 순
省 생, 성

看 간
眉 미
眈 탐
眄 면
明 명
盷 민
眊 모
眇 묘
盹 순
盼 혜
眞 진(5)(真)
眩 현
眠 면
眐 정
眛 매
眚 생
眦 자
眥 자
眨 잡
際 시
眼 안(6)
眺 조
眸 모
眴 순
眹 양
眾 중

眩 해
睍 현(7)
睃 준
睇 제
睆 환
睡 수(8)
督 독
睦 목
睫 첩
睛 정
睬 채
睢 수(濉)
睟 수
睠 권
睥 비
睒 섬
睚 애
睨 예
睹 도(9)
睾 고
睷 건
睽 규
瞋 진(10)
瞑 명
瞍 수
瞎 할
瞞 만(11)

瞠 당	矜 긍(4)	砧 침	碓 대	磚 전
膜 막	覆 확(20)	砲 포	磋 작	確 최
瞢 몽	● 矢部	砥 지	碧 벽(9)	磵 간(12)
瞖 예		砬 립	碩 석	礁 초
瞬 순(12)	矢 시(0)	砰 팽	碣 갈	磻 반
瞭 료	矣 의(2)	砭 폄	碬 하	磺 광
瞳 동	知 지(3)(矧)	研 연(6)	碟 설	磽 교
瞰 돈	矧 신(4)	硅 규	碤 영	磴 등
瞰 감	矣 후	砾 주	碨 외	磷 린
瞰 철	矩 구(5)	硄 광	碭 탕	磼 잡
瞪 징	短 단(7)	硯 연(7)(硐)	碻 확(10)(礉)	磾 석
瞵 린	矮 왜(8)	硬 경	磁 자	礎 초(13)
瞻 첨(13)	矯 교(12)	硝 초	磐 반	礏 급
瞼 검	矰 증	硫 류	碼 마	磳 당
瞿 구		硨 차	磅 방	磠 뢰
瞽 고	● 石部	硪 아	磊 뢰	礒 의
曖 애	石 석(0)	硜 갱	磋 차	礖 여(14)
矇 몽(14)	矼 강(3)	硠 랑	磕 개	礙 애(碍)
瞋 빈	砂 석	硧 용	碾 년	礫 력(15)
矍 확(15)	砣 탁	确 학	磏 렴	礪 려
矑 로(16)	砂 사(4)	碇 정(8)	磑 애	礬 반
矓 응(17)	砒 비	碑 비	磈 외	礧 뢰
矙 감(20)	砑 아	碗 완	磔 책	礱 롱(16)
矚 촉(21)	砏 분	碎 쇄	磨 마(11)	礭 확
	砌 체	碌 록	磯 기	
● 矛部	破 파(5)	硼 붕	磬 경	● 示部
矛 모(0)	砦 채	碄 림	磧 적	示 시(0)

社 사(3)	桃 조		秬 령	稻 도(10)
祀 사	祵 인	◦ 内部	秣 말	稷 직
祁 기	禁 금(8)	禹 우(4)	秪 지	稿 고
祈 기(4)	祿 록	禺 옹	秫 출	穀 곡
祉 지	祺 기	离 설(7)(离)	移 이(6)	稼 가
祇 기	祼 관	禽 금(8)	秸 갈	穏 온
祅 요	禍 화(9)		稅 세(7)	稹 진
祆 천	禎 정	◦ 禾部	稍 초	積 적(11)
祊 팽	福 복	秀 수(2)	程 정	穎 영
祐 우(5)	禑 우	私 사	稀 희	穆 목
祕 비(秘)	禔 시, 제	禿 독	稈 간	穌 소
祖 조	禊 계	秉 병(3)	稁 고	穅 강
祝 축	禋 인	秄 자	粮 량	穏 온
神 신	禛 진(10)	秆 간	梯 제	穗 수(12)(穂)
秪 지	禩 직	秈 선	稜 릉(8)	穡 색(13)
祜 호	禠 사	秋 추(4)	稚 치(穉)	穢 예
祚 조	禦 어(11)	科 과	稔 임	穠 농
祠 사	禪 선(12)	秒 초	稙 직	穩 온(14)(稳)
祛 거	禧 희	秕 비	稟 품	穫 확
祏 산	禨 기	租 조(5)	稗 패	穦 빈
祢 니	禫 담	秞 유	稠 조	穮 추(16)
祔 부	禮 례(13)(礼)	秩 질	稘 기	穰 양(17)
祓 불	禱 도(14)	秤 칭	稢 욱(稶)	
祟 수	禰 니	秦 진	稞 과	◦ 穴部
祥 상(6)	禳 양(17)	秥 석	種 종(9)	穴 혈(0)
票 표	禴 약	秧 앙	稱 칭	穵 알(1)
祭 제, 태		秬 거	稧 설	究 구(2)

空 공(3)
穹 궁
突 돌(4)
穿 천
穽 정
窀 둔
牢 로
突 요
窈 요(5)
窄 착
窊 와
窅 요
窆 폄
窓 창(6)
窊 조
窒 질
窘 군(7)
窣 다
窔 효
窖 교
窗 창
窟 굴(8)
窠 과
窣 솔
窩 와(9)
窪 와
窬 유

窮 궁(10)
窯 요
寳 운
窳 유
窺 규(11)
竇 구
窸 오
窾 관(12)
窿 륭
竄 찬(13)
竅 규
竇 두(15)
竈 조(16)
竊 절(17)

•立部
立 립(0)
竝 병(5)(並)
站 참
章 장(6)
竟 경
童 동(7)
竣 준
竦 송
竢 사
端 단(9)
竭 갈

尊 준(12)
競 경(15)
競 경(17)

6획

•竹部
竹 죽(0)
竺 축(2)
竿 간(3)
竽 우
笑 소(4)(咲)
笏 홀
笈 원
笒 금
笈 급
笌 아
笊 조
笆 파
笛 적(5)
符 부
笠 립
第 제
笞 태
笹 세
笙 생
答 답

笳 가
筊 노
笵 범
笨 분
笥 사
笘 점
篿 책
筆 필(6)
等 등
筍 순
答 답
筏 벌
筬 식
筌 전
筒 통
筑 축
筋 근
筐 광
筈 괄
筅 선
筵 연(7)
筮 서
筴 성
筼 오
筠 균
筥 거

筧 견
筦 관
筝 부
筱 소
筳 정
筩 통
箕 기(8)
算 산
管 관
箚 차
箔 박
箝 겸
箏 쟁
箋 전
菊 국
籱 고
箜 공
箙 복
箠 추
箱 상(9)
節 절
範 범
篇 편
箴 잠
箭 전
篆 전
箸 저

篁 황	簪 잠	●米部	糠 강	紐 뉴
箭 소	簧 황		糜 미	紙 지
篋 협	簠 보	米 미(0)	糝 삼	級 급
箜 홍	簟 점	粉 분(4)	糨 장	紛 분
箜 후	簿 부(13)	粃 비	糙 조	素 소
築 축(10)	簾 렴	粒 립(5)	糧 량(12)(粮)	索 삭, 색
篤 독	簫 소	粕 박	糯 나(14)	紗 사
篩 사	簽 첨	粘 점	糲 려(15)	紕 비
賛 운(簀)	簷 첨	粗 조	糵 얼(16)(蘗)	紡 방
篹 찬(籑)	簸 파	粟 속(6)	糴 적	紊 문
篙 고	籍 적(14)	粧 장	糶 조(19)	紘 굉
籌 주	籌 주	粥 죽		紕 비
篦 비	籃 람	粵 월	●糸部	紓 서
篛 약	籐 등(15)	粢 자	糸 사(0)	紜 운
篪 지	籔 수	粲 찬(7)	系 계(1)	紫 자(5)
篠 소(11)	籀 주	粳 갱	糾 규(2)(糺)	累 루
簇 족	籠 롱(16)	梁 량	紀 기(3)	細 세
簋 궤	籟 뢰	粺 장	約 약	紳 신
簏 록	籛 전	粹 수(8)	紅 홍	終 종
篾 멸	攛 탁	精 정	紂 주	組 조
蓬 봉	籤 첨(17)	糊 호(9)	紆 우	紹 소
簀 책	籧 거	糅 유	紈 환	絃 현
簉 추	籲 약	糖 당(10)	紇 흘	紺 감
筆 필	籬 리(19)	糕 고	紃 순	絅 경
篷 산	籩 변	糗 구	紋 문(4)	絆 반
簡 간(12)	籲 유(26)	糟 조(11)	納 납	紵 저
簞 단		糞 분	純 순, 준	紬 주

紮 찰	經 경	緄 곤	緦 시	縫 봉
紱 불	綎 정	綰 관	緹 제	繃 붕
絏 설	絿 구	綣 권	緶 편	繽 연
絉 술	紗 섭	綦 기	縣 현(10)	繇 요
結 결(6)	綆 경	綨 기	縝 진	繈 강
絶 절(絶)	絳 봉	緡 민	縊 액	縛 견
絡 락	條 조	絣 병	縛 박	纍 류
給 급	綃 초	綫 선	縕 온	縵 만
統 통	綈 치	綏 유	縟 욕	縻 미
絲 사	綉 수	綧 준	縡 재	繅 소
絢 현	綠 록(8)	緂 담	縉 진	繄 예
絪 인	綵 채	緖 서(9)	縞 호	縹 표
絮 서	維 유	緬 면	縘 계	織 직(12)
綺 기	綱 강	線 선	縠 곡	繞 요
絳 강	網 망	練 련	縑 겸	繕 선
絞 교	綴 철	編 편	縢 등	繪 증
絨 융	綿 면	緡 민	縈 영	繢 궤
絑 주	綜 종	緝 집	縗 최	繚 료
絖 광	綾 릉	緻 치	縋 추	繙 번
絍 임	綸 륜	緘 함	縐 추	繖 산
絩 조	緊 긴	緩 완	縮 축(11)	繐 세
経 질	綻 탄	緯 위	縱 종	繪 회(13)(絵)
絜 혈	緇 치	緞 단	總 총(総)	繩 승
絙 환	綢 주	締 체	績 적	繡 수
絯 해	綽 작	緣 연	繁 번	繹 역
絹 견(7)	綏 수	縣 면	繆 무	繰 조
綏 수	縶 계	紃 상	縷 루	繭 견

繶 억	罅 하	罽 계(12)	羹 갱	翳 예(11)
纈 현	罇 준(12)	罾 증	羶 전	翼 익(12)
繼 계(14)	罋 옹(13)	絹 견(13)		翹 교
纂 찬	罌 앵(14)	羅 라(14)	● 羽部	翶 고
纏 전	罍 뢰(15)	羆 비	羽 우(0)	翾 현(13)
繽 빈	罎 담(16)	羈 기(17)	羿 예(3)	耀 요(14)
纑 견	罐 관(18)	羇 기(18)	翁 옹(4)	
辮 변			翅 시	● 老部
續 속(15)	● 网部	● 羊部	習 습(5)	老 로(0)
纊 광	罔 망(3)	羊 양(0)	翊 익	考 고(2)(攷)
纍 류	罕 한	羌 강(2)	翌 익	耆 기(4)
纈 힐	罘 부(4)	美 미(3)	翎 령	耄 모
纖 섬(17)	罡 강(5)	羔 고(4)	翔 상(6)	耇 구(5)
纓 영	罟 고	羖 고	翕 흡	耈 구
纔 재	罝 저	胖 장	翖 흡	耉 자
纘 찬(19)	罣 괘(6)	羞 수(5)	翛 소(7)	耆 구
羅 라	罦 부(7)	羚 령	翠 취(8)	
纜 람(21)	罪 죄(8)	羝 저	翡 비	● 而部
	置 치	着 착(6)	翟 적	而 이(0)
● 缶部	罫 괘	羨 선	翣 삽	耐 내(3)
缶 부(0)	罨 엄	群 군(7)	翢 시	耑 단
缸 항(3)	罰 벌(9)	義 의	翩 편(9)	
缺 결(4)	署 서	羬 선	甄 완	● 耒部
缿 항(6)	罷 파(10)	羫 강(8)	翦 전	耔 자(3)
缾 병(8)	罵 매	羯 갈(9)	翬 휘	耕 경(4)
罃 앵(10)	罸 벌	義 희(11)	翰 한(10)	耗 모
罄 경(11)	罼 필(11)	臝 리(13)	翮 핵	耘 운

秒 초	聰 총(聰)	肥 비(4)	胸 구	脖 발	
耙 파	聯 련	肩 견	膽 단	脈 신	
耡 가(5)	聳 종	肯 긍	胖 반	腰 최	
耡 서(7)	聱 오	育 육	胕 부, 주	腐 부(8)	
耦 우(9)	職 직(12)	肺 폐	胙 조	腔 공	
機 기(12)	聶 섭	肴 효	胄 주	腑 부	
耰 우(15)	聵 외	肢 지	胸 흉(6)	脾 비	
	聽 청(16)	肱 굉	脂 지	腎 신	
● 耳部	聾 롱	股 고	能 능	腋 액	
耳 이(0)		肪 방	脈 맥	腕 완	
耶 야(3)	● 聿部	肵 기	脅 협(脇)	脹 창	
耿 경(4)	聿 율(0)	胸 눌	脆 취	腒 거	
耽 탐	肅 숙(7)	盼 반	脊 척	腓 비	
聊 료(5)	肆 사	盼 분	胱 광	腊 석	
聆 령	肄 이	肫 순	胲 나	脺 수	
聃 담	肇 조(8)	胃 위(5)	胝 이	腆 전	
聏 유		背 배	胯 고	腰 요(9)	
聒 괄(6)	● 肉部	胡 호	胼 변	腫 종	
聑 이	肉 육(0)	胞 포	胾 자	腸 장	
聖 성(7)	肌 기(2)	胤 윤(胤)	胷 흉	腹 복	
聘 빙	肋 륵	胎 태	脚 각(7)	腦 뇌	
聖 성	肖 초(3)	脯 포	脫 탈	腥 성	
聕 호	肝 간	胥 서(綉)	脘 완	腺 선	
聞 문(8)	肛 항	胴 동	脣 순	腱 건	
聚 취	胚 배	胛 갑	脛 경	殿 단	
聯 주	肚 두	胜 성, 정	脗 민	腭 악	
聲 성(11)	肓 황	肽 거	脬 두	膅 암	

腴 유	膺 응	臬 얼	舛 천(0)	艨 몽(14)	
腠 주	臂 비	● 至部	舜 순(6)	艪 로(15)	
腷 픽	膿 농		舞 무(8)	艫 로(16)	
膀 방(10)	膾 회	至 지(0)	● 舟部	● 艮部	
膊 박	臆 억	致 치(3)			
膈 격	臀 둔	晊 천(6)	舟 주(0)	艮 간(0)	
膏 고	臁 수	臺 대(8)(坮)	舡 강(3)	良 량(1)	
腿 퇴	臊 조	● 臼部	舶 박(4)	艱 간(11)	
膩 니	朦 몽(14)		航 항	● 色部	
膂 려	臍 제	臼 구(0)	般 반		
膋 료	臑 노	臾 유(3)	舫 방	色 색(0)	
膝 소	臏 빈	舁 여(4)	船 선(5)	艴 불(5)	
膄 수	臚 려(16)	舂 용(5)	舷 현	艶 염(18)(艷)	
膃 올	臙 연	舃 석, 작(6)	舶 박	● 艸部	
膣 질(11)	臟 장(18)	舅 구(7)	舵 타		
膚 부	臠 련(19)	與 여(8)	艦 함	艾 애, 예(2)	
膝 슬	● 臣部	興 흥(9)	舳 축	艾 애, 예	
膜 막		擧 거(11)	艕 방(6)	芍 작	
膠 교	臣 신(0)	舊 구(12)	艀 부(7)	芒 망(3)	
膞 전	臥 와(2)	● 舌部	艅 여	芎 궁	
膳 선(12)	臥 진(5)		艇 정	芹 근	
膵 췌	藏 장(8)	舌 설(0)	艑 편(9)	芋 우	
膨 팽	臨 림(11)	舍 사(2)	艙 창(10)	苄 호(芦)	
膴 무	● 自部	舐 지(4)	艘 소	芊 천	
膰 번		舒 서(6)	艚 조(11)	芔 훼	
膹 분	自 자(0)	● 舛部	艟 동(12)	芝 지(4)	
膽 담(13)	臭 취(4)		艤 의(13)	花 화	

芳	방	若	야, 약	莨	민	茛	간	莝	좌
芭	파	苟	구	苻	부	茪	광	莟	함
芙	부	苑	원	茀	불	苘	동	莁	부
芽	아	苦	고	茈	자	莅	채	菊	국(8)
芬	분	苞	포	苴	저	荐	천	萎	위
芮	예	英	영	苫	점	荚	협(7)	菩	보
芷	지	茂	무	萃	평	荻	적	菌	균
芴	잉	苾	필	茶	다, 차(6)	菏	하	萃	췌
芸	운	苗	줄	荃	전	莪	아	菓	과
芯	심	苧	저	草	초(艸)	莊	장(庄)	菜	채
芟	삼	范	범	茸	용	莩	부	華	화
芼	모	苔	태	荒	황	莖	경	萌	맹
苞	둔	茗	초	茫	망	莫	막	萊	래
芩	금	苡	이	茗	명	莉	리	菱	릉
芥	개	茸	염	茱	수	莘	신	菴	암
芒	인	茅	모	茹	여	莞	완	菖	창
茨	검	苽	고(菰)	茵	인	莎	사	菹	저
茇	급	茄	가	荏	임	莿	별	菁	청
茁	기	苛	가	筍	순	莚	연	萍	평
芪	기	芻	추	茴	회	莙	윤	菲	비
苶	부	苺	매	荊	형	莒	거	莽	망(莽)
苉	비	苩	백	荇	행	莨	랑	菉	록
苘	비	苣	거	茨	자	莅	리	荳	두
茅	서	苓	동	萁	이	莓	매	萄	도
荒	원	苓	령	茯	복	莫	오	董	근
苗	묘(5)	苜	목	茜	천	莠	유	菅	관
茉	말	茉	미	蓼	다	莛	정	菰	고

Ⅲ 인명용 한자의 부수별 색인 **507**

荵 숙	董 동	蓍 시	蔑 멸	蕉 초
蔬 울	葛 갈	蓰 시	蔞 루	蕣 순
菡 함	萱 훤	蓀 손	蔯 진	蕙 혜
蒐 도	葰 준	蒜 산	蔗 자	蕎 교
蒑 복	葭 가	蓑 사	蔣 장	蕨 궐
菶 봉	葆 보	蒡 방	蔥 총	蕁 담
萆 비	葚 심	蓂 명	蓼 료	蕪 무
菘 숭	萼 악	蒿 호	蔬 소	蕓 운
莿 자	葊 암	蓁 진	蓬 봉	蔿 위
葰 장	萬 와	蒞 라	蔡 채	蕊 예(蘂)
菂 적	葳 위	蒽 은	蔓 만	蕖 거
萋 처	蒂 체	蔇 은	蓼 삼	蕫 동
菑 치	葱 총	蒹 겸	蔚 울	蕡 분
菠 파	葩 파	蒯 괴	豉 설	蕘 요
萬 만(9)(万)	萹 편	蒟 구	蓺 예	蕕 유
葵 규	葷 훈	蓓 배	蔆 릉	蔵 천
葉 섭,엽	蒙 몽(10)	蒚 비	蔀 부	薄 박(13)
落 락	蒲 포	蒴 사	菴 암	蕭 소
葡 포	蓚 수	蓊 옹	蔪 점	薛 설
著 저	蒐 수	蓐 욕	蔦 조	薦 천
葯 약	蒸 증	蒺 질	蔟 주	薪 신
葬 장	蒼 창	蒨 천	蔕 체	薇 미
葫 호	蓄 축	蒭 추	蓯 총	薔 장
萩 추	蓋 개(盖)	蓮 련(11)	蓱 평	薨 홍
葺 즙	蓆 석	蔭 음	蕐 필	薏 의
葳 유	蓉 용	蓴 순	蔽 폐(12)	薑 강
葦 위	蒻 약	蔔 복	蕃 번	薊 계

薝 담	藥 약	蘪 미	蚪 두	蝨 신
蕾 뢰	藤 등	● 虍部	蚨 부	蜈 오
薆 애	藩 번		蚍 비	蜋 랑(螂)
薉 예	藜 려	虍 호(0)	蚋 예	蛋 단
蘊 온	蓺 설	虎 호(2)	蛋 단(5)	蜊 리
薗 원	蘇 소(16)	虐 학(3)	蛇 사	蜉 부
戳 즙	蔣 장	虔 건(4)	蚯 구	蛻 세
蜀 촉	蘭 란	處 처(5)	蛉 령	蛸 소
薙 치	藺 린	虛 허(6)	蚴 유	蛹 용
薤 해	藿 곽	號 호(7)(号)	蚰 유	蜆 현
薌 향	藷 저	虞 우	蛆 저	蝀 동(8)
薰 훈(14)(熏)	藻 조	虜 로(虏)	蛄 점	蜜 밀
藏 장	蘊 온	虧 휴(11)	跓 주	蜘 지
藍 람	蘄 기		蚱 책	蜚 비
薩 살	蘷 기	● 虫部	蛙 와(6)	蜷 권
藉 자	蘢 롱	虯 규(2)	蛟 교	蜚 기
齊 제	蘋 빈	虱 슬	蛛 주	蜡 사
盡 신	藹 애	虹 홍(3)	蛭 질	蜥 석
薯 서	擇 탁	虻 맹	蛔 회	蜺 예
藁 고	蘚 선(17)	蚜 자	蛤 합	蜿 원
藇 서	蘗 벽	虺 훼	蛋 공	蜨 접
藐 묘	蘟 은	蚣 공(4)	蚕 공	蜩 조
蘭 이	蘧 거	蚓 인	蛣 길	蜴 척
藝 예(15)	蘩 번	蚤 조	蛞 활	蜻 청
(芸, 埶)	蘘 양	蚩 치	蜂 봉(7)	蝶 접(9)
藪 수	蘯 탕	蚊 문	蜀 촉	蝎 갈
藕 우	蘿 라(19)	蚌 방	蛾 아	蝨 슬

蝴 호	蟊 모	蠶 잠(18)	衰 쇠(4)	裕 유(7)	
蝸 와	蟀 솔	蠹 두	衾 금	裏 리(裡)	
蝟 위	蟋 실	蠻 만(19)	袁 원	補 보	
蝦 하	蟊 종	●血部	衿 금	裝 장	
蝗 황	蟄 진		衲 납	裟 사	
蝌 과	蟲 충(12)(虫)	血 혈(0)	袂 몌	裍 곤	
蝥 모	蟯 요	衄 뉵(4)	衷 충	裘 구	
蝠 복	蟬 선	衆 중(6)	忠 충	裒 부	
蝮 복	蟠 반	衊 멸(15)	衽 임	裳 상(8)	
蜎 연	蟣 기	●行部	祇 지	製 제	
蝤 유	蟛 팽		袖 수(5)	裨 비	
蝙 편	蟚 팽	行 행(0)	被 피	裸 라	
融 융(10)	蟾 섬(13)	衍 연(3)	袋 대	裵 배(裴)	
螟 명	蟻 의	衎 간	袗 진	裾 거	
螺 라	蠅 승	術 술(5)	袒 단	裹 과	
螢 형	蟹 해	衒 현	袞 곤(衮)	裯 주	
螣 등	蠍 갈	街 가(6)	袈 가	裱 표	
螞 마	蟷 당	衙 아(7)	袪 거	複 복(9)	
螌 반	蠑 영(14)	衝 충(9)	袢 번	褒 포	
螃 방	蠕 연	衛 위(10)(衞)	袝 부	褌 위	
螳 의	蟿 빈	衡 형	祇 저	褓 보	
蟄 칩(11)	蠢 준(15)	衢 구(18)	裁 재(6)	褙 배	
螗 당	蠟 랍	●衣部	裂 렬	褐 갈	
螺 라	蠣 려		袍 포	褑 원	
螻 루	蠡 려	衣 의(0)	袴 고	褌 곤	
螭 리	蠱 고(17)	衫 삼(3)	裙 군	褕 유	
螯 마	蠲 견	表 표	袵 인	褚 저	

褊 편
褥 욕(10)
褰 건
褧 경
褫 치
襄 양(11)
褻 설
褸 루
褪 퇴
襁 강(襁)
褶 습
褺 첩
襒 별(12)
襍 잡
襟 금(13)
襘 괴
襠 당
襞 벽
襖 오
襜 첨
襤 람(14)
襪 말(15)
襭 힐
襲 습(16)
襯 친
襴 란(17)

● 襾部
西 서(0)
要 요(3)
覃 담(6)
覆 복(12)
覈 핵(13)

7획

● 見部
見 견, 현(0)
規 규(4)
覓 멱
視 시(5)
覗 사
覘 점
覡 격(7)
親 친(9)
覩 도
覭 악
覯 구(10)
覬 기
覲 근(11)
覶 라(12)
覷 처

覺 각(13)
覽 람(15)
覿 적
觀 관(18)

● 角部
角 각(0)
觔 근(2)
觖 결(4)
觚 고(5)
觜 자
觝 저
解 해(6)
觥 굉
觱 필(9)
觳 곡(10)
觴 상(11)
觸 촉(13)

● 言部
言 언(0)
訂 정(2)
計 계
訃 부
訇 굉
討 토(3)
訓 훈

託 탁
記 기
訊 신
訖 흘
訌 홍
訉 범
訕 산
訐 알
訏 은
訑 이
訏 우
訟 송(4)
訝 아
訪 방
設 설
誓 서
許 허
訛 와
訣 결
訴 소
訫 임
訴 우
訴 소(5)
診 진
註 주
詐 사
詔 조

評 평
詞 사
詛 저
詞 가
詁 고
詘 굴
訾 자
詆 저
証 정
說 주
詑 타
詖 피
詗 형
詠 영(6)
試 시
詩 시
話 화
該 해
詳 상
誇 과
詮 전
詰 힐
誅 주
詣 예
詢 순
詭 궤

誆 광	諅 진	諮 자	謌 가	譌 와
詿 괘	課 과(8)	詹 첨	謇 건	譖 참
詬 구	調 조	諜 첩	諑 원	譙 초
誄 뢰	誼 의	諷 풍	謑 혜	譃 후
誂 조	諄 순	謔 학	謹 근(11)	警 경(13)
詫 타	諒 량	諱 휘	謀 모	譜 보
誨 회	諗 론	諡 시	譏 기	譯 역
詡 후	請 청(請)	諶 심	謨 모	議 의
誌 지(7)	談 담	諟 시, 체	慧 혜	譬 비
誨 회	諸 제	諲 인	諦 체	譞 현
認 인	諺 언	諤 악	謫 적	譱 선
誘 유	諾 낙	諳 암	謬 류	譫 섬
語 어	諫 간	諞 편	謳 구	譟 조
誠 성	謁 알	諴 함	諢 효	護 호(14)
誡 계	謂 위	諠 훤	譬 경	譽 예
誤 오	誕 탄	諼 훤	謾 만	譴 견
誦 송	誰 수	謙 겸(10)	警 오	讀 독, 두(15)
誣 무	諏 추	講 강	誘 우	譿 혜
說 설, 세, 열	詔 첨	謝 사	謮 유	譿 현
誓 서	諍 쟁	謠 요	證 증(12)	變 변(16)
誥 고	誹 비	謄 등	識 식, 지	讎 수(讐)
誕 탄	諉 위	謚 익	譚 담	讌 연
訨 광	謂 서(9)(謂)	謎 미	譏 기	譴 유
誚 초	諦 체	謐 밀	譁 화	讓 양(17)
誧 포	誇 정	謗 방	謫 휼	讖 참
說 현	諛 유	謖 속	譓 혜	讒 참
詼 아	諭 유	諧 해	譖 하	讚 찬(19)(贊)

讜 당(20)
讞 언

● 谷部

谷 곡(0)
谿 계(7)(磎)
豁 활(10)

● 豆部

豆 두(0)
豈 개, 기(3)
豇 강
豉 시(4)
豌 완(8)
豎 수(竪)
豐 풍(11)(豊)

● 豕部

豕 시(0)
豖 축(1)
豚 돈(4)
象 상(5)
豢 환(6)
豪 호(7)
豨 희
豫 예, 서(9)
豳 반, 빈(10)

● 豸部

豸 치(0)
豹 표(3)
豺 시
貂 초(5)
貊 맥
貘 맥(6)
貌 모(7)
貍 리
貓 묘(9)
貔 비(10)
貘 맥(11)

● 貝部

貝 패(0)
貞 정(2)
負 부
財 재(3)
貢 공
貤 이
貧 빈(4)
貨 화
貪 탐
販 판
貫 관
責 책

貯 저
貳 이
貴 귀
買 매
貸 대
費 비
貿 무
賀 하
貰 채
貶 폄(5)
貼 첩
貽 이
賁 분
貫 세
賍 성
貯 주
貲 자
貺 황
眨 현
賃 임(6)
資 자
賈 가
賊 적
賄 회
賂 뢰
賆 변
賓 빈(7)

賑 진
賈 가, 고
贐 영
賜 사(8)
賞 상
賢 현
賣 매
賦 부
賤 천
質 질
賰 춘
賠 배
賚 뢰
賥 수
賄 애
賡 갱
賙 주
賴 뢰(9)(頼)
賵 운
賰 춘
賭 도
贓 재
購 구(10)
賽 새
賻 부
贄 지(11)
贅 췌

贈 증(12)
贇 윤, 빈
贊 찬(贊)
贍 섬(13)
贏 영
贓 장(14)
贔 비
贐 신
贛 공(17)

● 赤部

赤 적(0)
赦 사(4)
赧 난(5)
赫 혁(7)
赮 하(9)
赭 자
赬 혁(14)

● 走部

走 주(0)
赴 부(2)
赳 규
起 기(3)
趕 간
超 초(5)
越 월

趁 진	路 로	踶 제	躓 지	載 재	
趎 주(6)	跳 도	蹈 도(10)	躑 척	軾 식	
趐 혈	跣 선	蹇 건	躙 린(16)	輅 로	
趙 조(7)	跨 과	蹉 차	躪 린(20)	軽 전	
趣 취(8)	降 강	蹊 혜		輈 주	
趠 초	跫 공	蹠 제	● 身部	輔 보(7)	
趜 국	跪 궤	蹌 창	身 신(0)	輕 경	
趨 추(10)	跬 규	蹟 적(11)	躬 궁(3)	輓 만	
趫 교(12)	跟 근	蹠 척	躱 타(6)	輒 첩	
趲 찬(19)	跱 치	蹙 축	躯 궁(7)	輐 완	
	踊 용(7)	蹤 종(踪)	軀 구(11)	輝 휘(8)	
● 足部	踘 국	蹣 만		輩 배	
	踉 량	蹈 축	● 車部	輪 륜	
足 족(0)	踆 준	蹕 필	車 거, 차(0)	輧 병	
趾 지(4)	踏 답(8)	蹴 축(12)	軋 알(1)	輜 치	
趺 부	踐 천	蹶 궐	軌 궤(2)	輦 련	
跂 기	踞 거	蹻 교	軍 군	輛 량	
距 거(5)	踔 탁	蹲 준	軒 헌(3)	輞 망	
跛 파	踝 과	躁 조(13)	軟 연(4)(輭)	輸 수(9)	
跏 가	踟 지	躇 저	軸 축(5)	轇 주	
跋 발	踩 유(9)	躉 돈	軫 진	輹 복	
跌 질	踰 유	躅 촉	軻 가	輻 복	
跆 태	蹄 제	躍 약(14)	軨 령	輯 집	
跗 부	踵 종	躊 주	軼 일	輻 폭	
跕 접	踴 용	躋 제	軹 지	躾 미	
跖 척	踽 우	躐 렵(15)	軺 초	轄 헐	
跎 타	踝 접	躑 전	較 교(6)	輰 양	
跡 적(6)					

輿 여(10)
轄 할
轅 원
輾 전
轂 곡
轀 온
轃 진
轉 전(11)
轆 록
轍 철(12)
轎 교
轔 린
轒 분
轗 감(13)
轘 환
轟 굉(14)
轝 여
轞 함
轢 력(15)
轡 비
轣 력(16)
轤 로
蠻 련(19)

● 辛部

辛 신(0)
辜 고(5)

辟 벽(6)
辣 랄(7)
辥 랄
辨 변(9)
辦 판
辭 사(12)
辯 변(14)

● 辰部

辰 신, 진(0)
辱 욕(3)
農 농(6)

● 辵部

迅 신(3)
迂 우
迁 간
迄 오
迆 천
迄 흘
迎 영(4)
近 근
返 반
迍 둔
迓 아
迕 오
迦 가(5)

迪 적
迫 박
述 술
迭 질
迥 준
迂 왕
迤 이
迢 초
迷 미(6)
追 추
退 퇴
送 송
逃 도
逆 역
逅 후
迥 형(迥)
迹 적
适 괄
建 율
酒 내
逬 병
迴 회
透 투(7)
逐 축
途 도
通 통

速 속
造 조
連 련
逢 봉
逕 경
逋 포
逡 준
這 저
逍 소
逝 서
逞 령
逗 두
逑 구
逌 유
逖 적
週 주(8)
進 진
逸 일(逸)
逵 규
逮 체
逶 위
逴 탁
遂 수(9)
遇 우
遊 유
運 운
遍 편

過 과
道 도
達 달
違 위
遒 주(酒)
遁 둔
遑 황
遐 하
遏 알
逍 정
遞 체(10)
遠 원
遜 손
遣 견
遙 요
遡 소
遝 답
遘 구
遛 류
適 적(11)
遲 지
遭 조
遮 차
遯 둔
遫 속
遨 오
遼 료(12)

III 인명용 한자의 부수별 색인 515

遵 준	邦 방(4)	鄦 처	酗 후	醬 장
遷 천	邪 사	棚 침	酢 초(5)	醪 료
選 선	那 나	都 도(9)	酣 감	醱 발(12)
遺 유	邢 형	鄂 악	酤 고	醮 초
遶 요	邠 빈	鄕 향(10)	酥 소	醯 혜
遹 휼	邸 저(5)	鄒 추	酪 락(6)	醴 례(13)
避 피(13)	邵 소	鄙 비(11)	酩 명	醲 농
還 환	邱 구	鄢 언	醵 갹	醺 연(16)
遽 거	邰 태	鄞 은	酬 수	釀 양(17)
邀 요	邳 비	鄣 장	酸 산(7)	釃 시(19)
邁 매	邯 한	鄭 정(12)	酷 혹	釁 흔
邂 해	郁 욱(6)	鄧 등	酵 효	
邅 전	郊 교	鄲 단, 다	醄 도	● 采部
邇 이(14)	邽 규	鄰 린(隣)	醀 뢰	采 변(0)
邈 막	郤 극	鄱 파	醝 매	采 채(1)
邃 수	郅 질	鄴 업(13)	醒 정	釉 유(5)
邊 변(15)	郃 합	鄽 전(15)	醉 취(8)	釋 석(13)
邈 유	郎 랑(7)(郞)	酈 려(19)	醋 초	
邃 려	郡 군		醇 순	● 里部
邏 라(19)	郜 고	● 酉部	醃 엄	里 리(0)
邐 리	郢 영	酉 유(0)	醒 성(9)	重 중(2)
	郝 학	酊 정(2)	醍 제	野 야(4)(埜)
● 邑部	部 부(8)	酌 작(3)	醐 호	量 량(5)
邑 읍(0)	郭 곽	配 배	醜 추(10)	釐 리(11)(厘)
邙 망(3)	郵 우	酒 주	醞 온	
邕 옹	郯 담	酎 주	醢 해	
邗 우	郫 비	酖 탐(4)	醫 의(11)	

8획

● 金部

金 금, 김(0)	釿 근	鈵 병	鋏 협	輪 륜
	鈇 부	鉎 생	銹 수	䥀 완, 원
	鈉 조	鉏 서	銷 소	錏 아
	鈔 초	鉋 포	鋤 서	錪 전
針 침(2)	鈜 횡	銀 은(6)	銷 현	錯 조
釘 정	釰 인	鋮 홍	錢 전	錩 창
	鉛 연(5)	銃 총	鋟 침	錣 철
鉅 거	鉑 박	銖 수	鋧 현	錙 치
釗 쇠	鉍 필	銅 동	鋼 강(8)(鋞)	銲 안
釜 부	鉀 갑	銘 명	錫 석	鍊 련(9)
釣 조(3)	鈴 령	錡 기	錄 록	鍑 복
釵 차	鉢 발	銑 선	錘 추	鍾 종
釬 우	鉐 석	銓 전	錐 추	鍍 도
釧 천	鈺 옥	銜 함	錢 전	鍵 건
釩 범	鈫 술	銳 귀	錦 금	鍛 단
鈔 초	鉞 월	銙 과	錯 착	鍼 침
釭 공	鈿 전	鉸 교	錧 관	錨 묘
釦 구	鉦 정	銛 섬	鋌 정	鍈 영
釤 삼	鉉 현	鉽 임	錠 정	鍮 유
鈍 둔(4)	鉤 구	銚 조	錞 순	鍔 악
鈕 뉴	鉗 겸	銕 철	錕 곤	鍋 과
鈞 균	鉅 거	銳 예(7)	錤 기	鍤 삽
鈗 윤	鈱 민	鋥 정	鉼 병(餠)	鍉 시
鈒 삽	鉒 주	銍 지	錚 쟁	鍢 우
鈐 검	鉁 진	鋒 봉	錟 담	鎞 제
鈑 판	鈷 고	銶 구	錮 고	鍫 초
鈦 태	鈸 발	鋪 포	鋸 거	鏊 오

鍜 하	鏈 련	鐸 탁	長 장(0)	閼 알(8)
鍰 환	鏌 막	鐶 환		閻 염
鍲 민	鏝 만	鐺 당	• 門部	關 한
鎬 호(10)	鏟 산	鐫 전	門 문(0)	閹 엄
鎔 용	鏇 선	鐪 로	閃 섬(2)	閾 역
鎰 일	鰲 오	鑄 주(14)	閉 폐(3)	閶 창
鎭 진	鏊 오	鑂 훈	開 한	閽 혼
鎖 쇄(鎻)	鏘 장	鑑 감(鑒)	開 개(4)	闊 활(9)(濶)
鎌 겸	塹 참	鑌 빈	閑 한(閒)	闕 궐
鎧 개	縱 총	鑊 확	閏 윤(閠, 閨)	闇 암
鎚 추	鏢 표	鑛 광(15)	閔 민	闃 격
鎣 형	鐘 종(12)	鑠 삭	閥 벌	闋 결
鑄 박	鏶 집	鑞 랍	間 간	闍 도
鎊 방	鐺 당	鑢 려	閎 굉	闌 란
鏒 상	鐥 선	鑕 질	閘 갑(5)	闈 위
鏼 자	鐄 횡	鑣 표	閜 하	闔 합(10)
鎗 쟁	鏻 린	鑫 흠(16)	閟 비	闖 틈
鋑 황	鐞 혜	鑪 로	閣 각(6)	巂 준
鏗 결	鐃 뇨	鑰 약(17)	閨 규	闓 개
鏡 경(11)	鐓 대	鑲 양	閥 벌	關 관(11)
鏞 용	鐙 등	鑱 참	閤 합	闚 규
鏋 만	鐐 료	鑵 관(18)	閩 민	闡 천(12)
鏃 족	鐔 심	鑷 섭	閭 려(7)	闠 궤
鏑 적	鏺 강	鑽 찬(20)	閱 열	闞 함
鏤 루	鐠 로	鑿 착	閫 은(閫)	闢 벽(13)
鏗 갱	鐍 훌	• 長部	闉 곤	闥 달
鐺 당	鐵 철(13)(鉄)		閬 랑

阜部

阜 부(0)	陟 척	隙 극	雄 웅(4)	雰 분
阡 천(3)	陝 합, 협	隕 운	雇 고	雯 문
阤 치	陝 섬	隘 기	雅 아	零 령(5)
防 방(4)	陵 준(埈)	隗 외	集 집	雷 뢰
阮 윤	睍 현	際 제(11)	雁 안(鴈)	電 전
阪 판	陡 두	障 장	雌 자(5)	雹 박
阧 두	陘 형	隤 퇴(12)	雋 전, 준	雺 몽
阮 완, 원	陰 음(8)	隨 수(13)	雍 옹	需 수(6)
阨 액	陳 진	隧 수	雉 치	霒 우
阯 지	陵 릉	險 험	雎 저	震 진(7)
附 부(5)	陶 도	隩 오	雕 조(8)	霆 정
阿 아	陷 함	隱 은(14)	雖 수(9)	霉 매
陂 피	陸 륙	隰 습	雙 쌍(10)(双)	雪 삽
阻 조	陪 배	隮 제	雜 잡	霈 패
陀 타	陴 비	隳 휴(15)	雛 추	霖 림(8)
降 강, 항(6)	陲 수	隴 롱(16)	雞 계	霓 예
限 한	陬 추		雚 관	霑 점
陋 루	陽 양(9)(昜)	● 隶部	離 옹	霍 곽
陌 맥	隆 륭	隶 이(0)	韕 한	霎 삽
陔 해	階 계	隸 례(9)	離 리(11)(离)	霔 주
陛 폐(7)	隊 대	隷 례	難 난	霏 주
院 원	隋 수			霜 상(9)
陣 진	隅 우	● 隹部	● 雨部	霞 하
除 제	隍 황	隹 추(0)	雨 우(0)(宋)	霙 영
陞 승(阩)	隋 저	隼 준(2)	雪 설(3)	霣 운(10)
	隄 제	隻 척	雩 우	霧 무(11)
	隔 격(10)	雀 작(3)	雲 운(4)	霦 빈

霄 소(霄)
霪 음
露 로(12)
霰 산
霱 율, 휼
霸 패(13)(覇)
靂 벽
霽 제(14)
靄 애(15)
靈 령(16)
靂 력
靆 체
靉 애(17)
靇 보(19)

• 靑部

靑 청(0)(青)
彭 정(3)
靖 정(5)
靚 정(7)
靜 정(8)(静)
靘 전
靛 천(10)

• 非部

非 비(0)
靠 고(7)

靡 미(11)

9획

• 面部

面 면(0)
靦 전(7)
靨 엽(14)

• 革部

革 혁(0)
靴 화(4)
靭 인
靳 근
靺 말(5)
靼 달
韜 도
鞅 앙
鞄 포
鞍 안
鞆 공
鞘 초
鞠 국(8)
鞫 국(9)

鞭 편
鞨 갈
鞬 건
鞣 유
鞦 추
韜 도(10)
鞴 비
鞹 곽(11)
韠 필
韁 강(13)
韃 달
韉 천(15)

• 韋部

韋 위(0)
韌 인(3)(靭)
韍 불(5)
韓 한(8)
韙 위(9)
韜 도(10)
韝 구
韞 온
韠 필(11)

• 韭部

韭 구(0)
韱 섬(8)

韲 제(10)

• 音部

音 음(0)
韻 운(4)
韶 소(5)
韺 영(9)
韻 운(10)
馨 음(11)
響 향(13)
護 호(14)

• 頁部

頁 혈(0)
頂 정(2)
頃 경
項 항(3)
順 순
須 수
預 예(4)
頌 송
頓 돈
頒 반
頑 완
頍 규
頎 기
頏 항

頗 파(5)
領 령
頤 민
頒 반
頤 이(6)
頻 부
頣 신
頞 알
頰 해
頡 힐
頭 두(7)
頻 빈
頰 협
頹 퇴
頸 경
頷 암
頹 회
頴 정(8)
顆 과
穎 경
顋 자
領 췌
題 제(9)
額 액
顏 안
顎 악
顢 민

顋 시	颲 렬(6)	餃 교	饋 궤		**10획**
顒 옹	颶 구(8)	餉 향	饑 기		
頿 전	颺 양(9)	餓 아(7)	饍 선		● 馬部
願 원(10)	颿 범(10)	餘 여	饐 의		
顚 전	颼 수	餕 준	饗 향(13)	馬 마(0)	
類 류	飄 표(11)	餒 뇌	饔 옹	馮 풍(2)	
顙 상	飇 료	餔 포	饕 도	馭 어	
顧 고(12)	飆 표(12)(颷)	餠 병(8)	饜 염(14)	馳 치(3)	
顥 호	飇 료	餞 전	饞 참(17)	馴 순	
纇 뢰		館 관(舘)		駄 타	
顦 초	● 食部	餧 위	● 首部	駒 적	
顫 전(13)	食 식(0)	餦 장	首 수(0)	駔 일(4)	
顯 현(14)(顕)	飢 기(2)	餚 효	馗 규(2)	駁 박	
顰 빈	飧 손(3)(飱)	餪 난(9)	馘 괵(8)	駃 지	
顱 로(16)	飥 전	餳 당		駐 주(5)	
顴 관(18)	飮 음(4)	餰 전	● 香部	駕 가	
顳 섭	飯 반	饕 철	香 향(0)	駒 구	
	飭 칙	餬 호	馝 별(4)	駑 노	
● 飛部	蝕 식	餱 후	馥 필(5)	駙 부	
飛 비(0)	飫 어	餽 궤(10)	馧 니	駛 사	
飜 번(12)(翻)	飪 임	饁 당	馣 도(7)	駝 타	
	飽 포(5)	饈 수	馣 암(8)	駏 거	
● 風部	飴 이	饋 희	馥 복(9)	駉 경	
風 풍(0)	飾 식	饉 근(11)	馨 형(11)	駟 사	
颯 삽(5)	飼 사	饅 만		馳 타	
颱 태	飻 철	饌 찬(12)		駘 태	
颭 점	養 양(6)	饒 요		駜 필	

駱 락(6)
駭 해
駁 박
騈 변
駒 순
駃 신
駿 준(7)
騁 빙
騂 성
駚 애
駸 침
駻 한
駽 현
騎 기(8)
騏 기
騈 변, 병
騍 과
騋 래
騑 비
騅 추
騙 편(9)
騖 무
騠 비
騤 규
騷 소(10)
騰 등
騫 건

騶 추
騸 선
騵 원
驚 즐
驅 구(11)
驃 표
驀 맥
驎 라
驚 오
驂 참
驄 총
驍 효(12)
驕 교
驎 린
驌 숙
驛 잔
驛 탄
驊 화
驗 험(13)
驚 경
驛 역
贏 라
驟 취(14)
驢 려(16)
驥 기(17)
驤 양
驥 환(18)

驪 려(19)

● 骨部

骨 골(0)
骩 위(3)
骰 투(4)
骸 해(6)
骼 격
骹 교
骿 변
髀 비(8)
髆 박
髏 루(11)
體 체(13)
髓 수
髑 촉
髖 관(15)
髗 로(16)

● 高部

高 고(0)

● 髟部

髟 표(0)
髡 곤(3)
髥 염(4)
髦 모

髣 방
髮 발(5)
髴 불
髭 자
髻 체
髳 초
髮 피
髻 계(6)
髹 휴
髺 괄(7)
髽 좌
髽 붕(8)
鬆 송
鬊 순(9)
鬍 호
鬋 전
鬐 기(10)
鬘 만
鬒 진
鬖 삼(11)
鬚 수(12)
鬟 승
鬢 환(13)
鬢 빈(14)
鬣 렵(15)

● 鬥部

鬧 뇨(5)
鬨 홍(6)
鬩 혁(8)
鬪 투(10)
鬮 구(16)

● 鬯部

鬯 창(0)
鬱 울(19)

● 鬲部

鬲 격(0)
鬺 상(11)

● 鬼部

鬼 귀(0)
魂 혼(4)
魁 괴
魃 발
魅 매(5)
魄 백
魋 소(7)
魏 위(8)
魑 량
魍 망
魑 추
魔 마(11)

魖 리
魘 염(14)

11획

● 魚部

魚 어(0)
魯 로(4)
魴 방
魦 사
鮎 점(5)
鮑 포
鮐 태
鮒 부
鮓 자
鮀 타
鮮 선(6)
鮫 교
鮟 안
鮪 유
鮷 제
鮨 지
鮭 해
鯉 리(7)
鯁 경

鯊 사
鮹 소
鯆 포
鯨 경(8)
鯤 곤
鯖 청
鯢 예
鯛 조
鯔 치
鯡 필
鯹 복(9)
鰐 악
鰕 하
鰍 추
鰊 련
鰓 새
鰈 접
鯷 제
鰥 환(10)
鰭 기
鰤 사
鰻 만(11)
鱇 강
鰹 견
鰱 련
鼈 민
鱉 표

鱗 린(12)
鱓 선
鱘 심
鱒 준
鱧 례(13)
鱣 전
鱠 회
鱸 로(16)
鱻 선(22)

● 鳥部

鳥 조(0)
鳩 구(2)
鳧 부
鳴 명(3)
鳳 봉
鳶 연
鴉 아(4)
鴃 격
鴇 보
鴌 봉
鴆 짐
鴨 압(5)
鴦 앙
鴛 원
鵠 고
鴒 령

鴘 변
鴟 치
鴙 치
鴕 타
鴻 홍(6)
鴯 이
鴰 괄
鴞 교
鴰 알
鵄 치
鵂 휴
鵑 견(7)
鵝 아
鵡 무
鵠 곡
鵓 발
鵞 아
鵔 준
鵬 붕(8)
鵲 작
鵙 경
鵰 명
鶉 수
鵾 곤
鵱 록
鵬 복
鵪 순

鴛 원
鵰 조
鵲 청
雛 추
鶩 목(9)
鶇 곤
鶚 악
鶖 추
鷗 언
鷄 계(10)
鶴 학
鶯 앵
鶻 골
鷇 구
鶹 류
鷃 약
鶸 요
鶲 익
鶬 창
鶵 추
鷗 구(11)
鷖 예
鷹 자
鷟 지
鷺 로(12)
鷲 취

鷸 휼
鷴 고
鷦 초
鵬 한
鷹 응(13)
鷺 벽
鷫 숙
鸇 전
鸑 학
鸏 몽(14)
鷺 로(16)
鸚 앵(17)
鸛 관(18)
鸜 구

● 鹵部

鹵 로(0)
齡 령(5)
鹹 함(9)
鹺 감(10)
鹽 염(13)

● 鹿部

鹿 록(0)
麂 궤(2)
麈 우
麋 미(6)

麇 균(7)
麌 우
麗 려(8)
麒 기
麓 록
麑 예
麝 향(9)
麝 사(10)
羴 장(11)
麟 린(12)(麐)
麤 추(22)

● 麥部

麥 맥(0)
麪 면(4)(麵)
麩 부
麴 국(6)
麯 국(8)

● 麻部

麻 마(0)
麽 마(3)
麾 휘(4)

12획

● 黃部

黃 황(0)
黅 금(4)
黌 횡(13)

● 黍部

黍 서(0)
黎 려(3)
黏 점(5)
黐 리(11)

● 黑部

黑 흑(0)
默 묵(4)
黔 검
點 점(5)
　　(㸃, 点)
黜 출
黛 대
黠 겸
黝 유
黑힐 힐(6)
艶 울
黨 당(8)

黥 경
黜 담(9)
黯 암
黴 미(11)
黲 참
黵 담(13)
黶 염(14)
黷 독(15)

● 黹部

粉 분(4)
黻 불(5)
黼 보(7)

13획

● 黽部

黽 민(0)
黿 원(4)
鼂 조(5)
鼀 축
鼄 주(6)
鼇 오(11)(鰲)
鼈 별(12)(鱉)
鼉 타

鼮 경
鼫 담(9)
黯 암
徽 미(11)
鼝 참
黷 담(13)
黶 염(14)
黷 독(15)

● 鼎部

鼎 정(0)
鼐 내(2)
鼏 벽(13)

● 鼓部

鼓 고(0)
鼕 도(6)
鼙 비(8)

● 鼠部

鼠 서(0)
鼢 분(4)
鼫 석(5)
鼬 유
鼯 오(7)
鼴 언(9)
鼸 겸(10)
鼴 언

14획

● 鼻部

鼻 비(0)
鼾 한(3)

- 齊部

齊 제(0)
齋 재(3)
齎 재(7)

15획

- 齒部

齒 치(0)
齕 흘(3)
齗 은(4)
齡 령(5)
齟 저
齠 초
齧 설(6)
齦 간
齩 교

齱 착(7)
齬 어
齫 곤
齷 악(9)
齶 악
齲 우

16획

- 龍部

龍 룡(0)(竜)
龐 방(3)
龑 엄(4)
龔 룡(5)
龕 감(6)

- 龜部

龜 구,귀,균(0)
(亀)

17획

- 龠部

龠 약(0)
龢 화(5)
龥 유(9)

Ⅳ 주요 인명 한자의 획수별 색인

― 1획
姓 : 乙(을)
名 : 一(일)

― 2획
姓 : 丁(정)　卜(복)　乃(내)
名 : 二(이)　了(료)　人(인)　力(력)　入(입)　又(우)

― 3획
姓 : 千(천)　弓(궁)　大(대)　凡(범)　于(우)　子(자)　干(간)
名 : 三(삼)　上(상)　万(만)　丸(환)　也(야)　丈(장)　土(토)
　　 士(사)　女(녀)　寸(촌)　山(산)　久(구)　己(기)　川(천)

― 4획
姓 : 方(방)　孔(공)　毛(모)　尹(윤)　文(문)　元(원)　片(편)
　　 天(천)　公(공)　斤(근)　太(태)　化(화)　卞(변)　水(수)
　　 夫(부)　王(왕)
名 : 四(사)　丑(축)　中(중)　丹(단·란)　　之(지)　云(운)
　　 井(정)　介(개)　今(금)　仁(인)　允(윤)　內(내)　分(분)
　　 午(오)　升(승)　友(우)　壬(임)　少(소)　引(인)　心(심)

支(지) 斗(두) 日(일) 木(목) 月(월) 曰(왈) 比(비)
及(급) 屯(둔) 巴(파) 夬(쾌) 什(십·집)

─ 5획

姓: 白(백) 田(전) 石(석) 史(사) 申(신) 皮(피) 丘(구)
甘(감) 玉(옥) 占(점) 平(평) 左(좌) 永(영) 玄(현)
乙支(을지)

名: 五(오) 且(차) 世(세) 丙(병) 主(주) 以(이) 仕(사)
仙(선) 代(대) 令(령) 出(출) 加(가) 功(공) 可(가)
司(사) 台(태) 外(외) 央(앙) 巧(교) 巨(거) 市(시)
弘(홍) 必(필) 戊(무) 末(말) 本(본) 正(정) 民(민)
生(생) 用(용) 甲(갑) 立(립) 示(시) 句(구) 由(유)
充(충) 布(포)

─ 6획

姓: 朱(주) 任(임) 朴(박) 安(안) 全(전) 吉(길) 牟(모)
印(인) 米(미) 西(서)

名: 六(륙) 亘(긍) 交(교) 伊(이) 休(휴) 仰(앙) 仲(중)
光(광) 先(선) 共(공) 再(재) 列(렬) 合(합) 向(향)
同(동) 名(명) 回(회) 圭(규) 在(재) 多(다) 好(호)
如(여) 宇(우) 存(존) 守(수) 宅(댁·택) 州(주)
年(년) 式(식) 旭(욱) 旬(순) 有(유) 次(차) 此(차)
求(구) 百(백) 竹(죽) 羊(양) 老(로) 犴(우) 臣(신)
自(자) 考(고) 至(지) 艮(간) 行(행·항) 亥(해)
衣(의) 舟(주) 丞(승) 匡(광) 地(지) 后(후) 戌(술)

─ 7획

姓: 李(리) 吳(오) 呂(려) 辛(신) 余(여) 成(성) 池(지)
宋(송) 杜(두) 延(연) 何(하) 君(군) 車(차·거)

名 : 七(칠) 亨(형) 佑(우) 位(위) 佐(좌) 作(작) 伸(신)
住(주) 伯(백) 克(극) 兵(병) 兌(태) 杓(표) 初(초)
判(판) 利(리) 助(조) 告(고) 吾(오) 呈(정) 坊(방)
壯(장) 妙(묘) 孝(효) 宏(굉) 完(완) 局(국) 希(희)
形(형) 志(지) 忍(인) 我(아) 杏(행) 材(재) 束(속)
江(강) 甫(보) 男(남) 秀(수) 私(사) 究(구) 良(량)
言(언) 谷(곡) 辰(진·신)   里(리) 酉(유) 村(촌)
均(균) 巡(순) 廷(정) 汝(여) 系(계) 岐(기) 豆(두)
邑(읍) 妥(타) 貝(패) 吞(탄) 見(견·현) 更(갱·경)

─ 8획

姓 : 林(림) 孟(맹) 卓(탁) 明(명) 奇(기) 昔(석) 具(구)
舍(사) 周(주) 昌(창) 奉(봉) 宗(종) 房(방) 承(승)
尙(상) 金(김) 沈(심)

名 : 八(팔) 事(사) 享(향) 京(경) 佳(가) 供(공) 侍(시)
使(사) 來(래) 例(례) 兒(아) 兩(량) 其(기) 典(전)
刻(각) 到(도) 制(제) 效(효) 協(협) 卒(졸) 卷(권)
受(수) 和(화) 命(명) 坤(곤) 坪(평) 始(시) 季(계)
宜(의) 官(관) 宙(주) 定(정) 居(거) 岡(강) 岳(악)
岩(암) 幸(행) 庚(경) 府(부) 往(왕) 快(쾌) 忠(충)
念(념) 所(소) 扶(부) 政(정) 昂(앙) 昆(곤) 昇(승)
旻(민) 旺(왕) 枝(지) 松(송) 東(동) 欣(흔) 武(무)
沃(옥) 炎(염) 直(직) 知(지) 虎(호) 采(채) 長(장)
門(문) 雨(우) 靑(청) 秉(병) 杰(걸) 炅(경) 亞(아)
金(금) 沈(심·침)   奈(내) 決(결) 固(고) 果(과)
侊(광) 玖(구) 佶(길) 物(물) 牧(목) 汶(문) 沁(심)
於(어) 汪(왕) 沅(원) 函(함) 昊(호) 易(역·이)
國(국, 國11획)

─ 9획

姓 : 秋(추) 柳(류) 姜(강) 禹(우) 河(하) 表(표) 咸(함)
　　 俞(유) 南(남) 宣(선) 星(성)
名 : 九(구) 亭(정) 炯(형) 亮(량) 信(신) 俊(준) 俗(속)
　　 保(보) 冠(관) 前(전) 勉(면) 勇(용) 厚(후) 哉(재)
　　 品(품) 垠(은) 奎(규) 威(위) 姬(희) 妍(연) 室(실)
　　 帝(제) 波(파) 廻(회) 建(건) 彥(언) 律(률) 思(사)
　　 性(성) 泓(홍) 映(영) 是(시) 春(춘) 昭(소) 查(사)
　　 柱(주) 柄(병) 泳(영) 泉(천) 泰(태) 治(치) 法(법)
　　 炫(현) 炳(병) 癸(계) 皇(황) 省(성·생)　 科(과)
　　 美(미) 計(계) 貞(정) 重(중) 面(면) 革(혁) 飛(비)
　　 香(향) 衍(연) 致(치) 要(요) 風(풍) 泌(필) 玟(민)
　　 泗(사) 珏(각) 昱(욱) 軍(군) 矜(긍) 紀(기) 柏(백)
　　 首(수) 玩(완) 音(음) 怡(이) 姙(임) 祉(지) 峙(치)
　　 則(칙) 度(도·탁)

─ 10획

姓 : 秦(진) 洪(홍) 孫(손) 馬(마) 徐(서) 殷(은) 桂(계)
　　 芮(예) 唐(당) 夏(하) 晋(진) 剛(강)
名 : 十(십) 乘(승) 倉(창) 修(수) 倍(배) 俸(봉) 倫(륜)
　　 兼(겸) 原(원) 哲(철) 城(성) 娥(아) 宮(궁) 宰(재)
　　 素(소) 容(용) 峯(봉) 島(도) 迅(신) 席(석) 庫(고)
　　 庭(정) 徒(도) 恩(은) 恭(공) 晃(황) 時(시) 書(서)
　　 朔(삭) 案(안) 校(교) 桓(환) 根(근) 栽(재) 桑(상)
　　 桃(도) 耿(경) 株(주) 桐(동) 殊(수) 氣(기) 活(활)
　　 津(진) 洛(락) 記(기) 烈(렬) 特(특) 珍(진) 眞(진)
　　 祐(우) 財(재) 祚(조) 秩(질) 笑(소) 粉(분) 純(순)
　　 納(납) 育(육) 肩(견) 肯(긍) 芽(아) 花(화) 芝(지)

芳(방) 起(기) 軒(헌) 益(익) 芙(부) 旅(려) 訓(훈)
洙(수) 洞(동) 洋(양) 祖(조) 效(효) 虔(건) 格(격)
貢(공) 洸(광) 娘(낭) 栗(률) 珉(민) 師(사) 洵(순)
翁(옹) 洲(주) 峻(준) 倬(탁) 珌(필) 恒(항) 核(핵)
玹(현) 峽(협) 娟(연) 者(자) 昶(창) 高(고) 龍(룡, 龍16획)

― 11획

姓: 張(장) 許(허) 康(강) 范(범) 崔(최) 梁(량) 扈(호)
麻(마) 胡(호) 魚(어) 曹(조) 邦(방) 梅(매) 章(장)
國(국) 彬(빈) 海(해) 班(반) 强(강)

名: 乾(건) 偉(위) 健(건) 冕(면) 凰(황) 副(부) 動(동)
務(무) 卿(경, 卿 12획) 唯(유) 啓(계) 商(상) 問(문)
基(기) 執(집) 堂(당) 培(배) 寅(인) 寄(기) 宿(숙)
將(장) 專(전) 崇(숭) 常(상) 庵(암) 庸(용) 旣(기)
彩(채) 御(어) 從(종) 得(득) 悅(열) 悟(오) 振(진)
敎(교) 敏(민) 晧(호) 晚(만) 朗(랑) 梧(오) 浩(호)
涉(섭) 浦(포) 浪(랑) 烽(봉) 珠(주) 產(산) 硏(연)
祥(상) 習(습) 翊(익) 英(영) 苗(묘) 茂(무) 處(처)
術(술) 規(규) 設(설) 貨(화) 貫(관) 近(근) 那(나)
野(야) 雪(설) 頃(경) 鳥(조) 望(망) 晟(성) 胤(윤)
壺(호) 堅(견) 崑(곤) 珖(광) 救(구) 珪(규) 珞(락)
崙(륜) 离(리) 訪(방) 符(부) 崖(애) 婉(완) 苑(원)
浚(준) 參(삼·참) 皐(고) 爽(상) 珥(이) 斌(빈)

― 12획

姓: 黃(황) 程(정) 閔(민) 庾(유) 智(지) 邵(소) 曾(증)
異(이) 彭(팽) 壹(일) 景(경) 雲(운) 東方(동방)

名: 傑(걸) 備(비) 凱(개) 創(창) 勝(승) 勞(로) 博(박)

喜(희) 善(선) 堯(요) 報(보) 堤(제) 富(부) 幾(기)
強(강) 惟(유) 惠(혜) 情(정) 敦(돈) 晶(정) 晴(청)
普(보) 最(최) 替(체) 期(기) 朝(조) 森(삼) 植(식)
棟(동) 琉(류) 欽(흠) 殖(식) 淵(연) 涯(애) 淑(숙)
淳(순) 淸(청) 然(연) 猛(맹) 球(구) 現(현) 理(리)
登(등) 發(발) 皓(호) 盛(성) 竣(준) 童(동) 策(책)
等(등) 筆(필) 統(통) 翔(상) 能(능) 舜(순) 草(초)
茶(다) 街(가) 裁(재) 視(시) 賀(하) 貴(귀) 軫(진)
越(월) 貳(이) 量(량) 開(개) 間(간) 雄(웅) 雅(아)
集(집) 項(항) 須(수) 順(순) 述(술) 喆(철) 媛(원)
結(결) 款(관) 喬(교) 邱(구) 棋(기) 淡(담) 悳(덕)
棹(도) 琅(랑) 脈(맥) 斌(무) 巽(손) 晳(석) 卨(설)
琇(수) 筍(순) 貯(저) 迪(적) 添(첨) 勛(훈) 弼(필)
復(복·부)   卿(경)

─ 13획

姓 : 琴(금) 楊(양) 廉(렴) 楚(초) 莊(장) 睦(목) 溫(온)
阿(아) 賈(가) 司空(사공) 岡田(강전) 小峰(소봉)
名 : 僅(근) 勤(근) 勢(세) 圓(원) 幹(간) 愛(애) 意(의)
感(감) 愚(우) 想(상) 揮(휘) 揚(양) 揆(규) 敬(경)
新(신) 會(회) 極(극) 業(업) 椿(춘) 渾(혼) 湖(호)
湘(상) 熙(희) 煥(환) 照(조) 猶(유) 琪(기) 當(당)
盟(맹) 督(독) 祿(록) 稙(직) 經(경) 義(의) 群(군)
聖(성) 號(호) 荷(하) 補(보) 裕(유) 莫(막) 解(해)
歲(세) 試(시) 資(자) 路(로) 載(재) 農(농) 鉉(현)
頌(송) 鼎(정) 祺(기) 琦(기) 煉(련) 琵(비) 軾(식)
湜(식) 煐(영) 鈺(옥) 郁(욱) 暐(위) 稔(임) 琢(탁)
退(퇴) 琥(호) 湯(탕) 豊(풍, 豐18획)

― 14획
姓 : 愼(신) 連(련) 鳳(봉) 箕(기) 齊(제) 公孫(공손) 西門(서문) 裵(배) 趙(조)
名 : 兢(긍) 嘉(가) 圖(도) 壽(수) 夢(몽) 察(찰) 實(실)
對(대) 僖(희) 彰(창) 慈(자) 暢(창) 榮(영) 溪(계)
源(원) 準(준) 溶(용) 瑟(슬) 瑞(서) 碩(석) 碧(벽)
禎(정) 福(복) 種(종) 端(단) 滉(황) 算(산) 精(정)
綱(강) 維(유) 綠(록) 翠(취) 臺(대) 菊(국) 華(화)
誠(성) 與(여) 豪(호) 赫(혁) 輔(보) 通(통) 郎(랑)
銀(은) 銅(동) 閣(각) 賓(빈) 逢(봉) 監(감) 誡(계)
僑(교) 郡(군) 緊(긴) 寧(녕) 萊(래) 領(령) 銑(선)
瑄(선) 瑛(영) 熊(웅) 誕(탄) 說(설·세·열) 熙(희)

― 15획
姓 : 劉(류) 郭(곽) 董(동) 魯(로) 葛(갈) 漢(한) 慶(경)
萬(만) 司馬(사마) 長谷(장곡)
名 : 億(억) 儀(의) 增(증) 嬉(희) 寬(관) 審(심) 廣(광)
徵(징) 徹(철) 德(덕) 慧(혜) 模(모) 毅(의) 演(연)
滿(만) 熟(숙) 確(확) 節(절) 範(범) 緯(위) 練(련)
興(흥) 衛(위) 調(조) 賢(현) 輝(휘) 逸(일) 部(부)
院(원) 震(진) 養(양) 葉(엽·섭) 價(가) 儉(검)
槿(근) 論(론) 樓(루) 盤(반) 鋒(봉) 奭(석) 醇(순)
樞(추) 嬅(화) 萱(훤) 陣(진) 樂(락·요·악) 瑩(영·형)
贊(찬, 贊19획)

― 16획
姓 : 陳(진) 都(도) 陸(륙) 龍(룡) 盧(로) 錢(전) 潘(반)
陶(도) 諸(제) 道(도) 皇甫(황보)

名:儒(유)　冀(기)　勳(훈)　學(학)　導(도)　憲(헌)　整(정)
　　曉(효)　暻(경)　樹(수)　潤(윤)　潭(담)　燁(엽)　燕(연)
　　熹(희)　澔(호)　篤(독)　翰(한)　蒼(창)　衡(형)　諫(간)
　　運(운)　達(달)　錦(금)　錫(석)　陵(릉)　靜(정)　默(묵)
　　穆(목)　鋼(강)　潔(결)　彊(강)　瑾(근)　璂(기)　燉(돈)
　　歷(력)　憑(빙)　豫(예)　叡(예)　蓉(용)　融(융)　澄(징)
　　錘(추)　熾(치)　親(친)　諧(해)　蒙(몽)　龜(구·균·귀)

– 17획
姓:蔡(채)　韓(한)　鞠(국)　謝(사)　鄒(추)
名:優(우)　勵(려)　應(응)　檀(단)　澤(택)　營(영)　燦(찬)
　　徽(휘)　獨(독)　禧(희)　聲(성)　鍾(종)　聰(총)　臨(림)
　　蓮(련)　謙(겸)　遠(원)　鄉(향)　鍊(련)　陽(양)　鮮(선)
　　點(점)　鴻(홍)　繁(번)　燮(섭)　館(관)　駿(준)　隆(륭)
　　鍵(건)　鍛(단)　彌(미)　甑(증)　璡(진)　穗(수)

– 18획
姓:魏(위)　顏(안)　綱切(강절)
名:戴(대)　曜(요)　濠(호)　濤(도)　環(환)　禮(례)　翼(익)
　　謹(근)　鎭(진)　馥(복)　爵(작)　濬(준)　濟(제)　鎔(용)
　　鎬(호)　繡(수)　燾(도)　謨(모)　璧(벽)　雙(쌍)　彛(이)
　　鎰(일)　璨(찬)　騏(기)　豐(풍)　燻(훈)

– 19획
姓:鄭(정)　南宮(남궁)　魚金(어금)
名:簿(부)　繪(회)　識(식)　證(증)　贊(찬)　鏡(경)　鵬(붕)
　　禱(도)　麗(려)　麒(기)　璿(선)　譚(담)　鏞(용)　關(관)
　　艶(염, 艶24획)

20획
姓 : 羅(라)　嚴(엄)　鮮于(선우)
名 : 寶(보)　瓊(경)　耀(요)　薰(훈)　馨(형)　騰(등)　譯(역)
　　　藏(장)　鐘(종)　競(경)　覺(각)　繼(계)　齡(령)　籍(적)
　　　曦(희)　釋(석)　孃(양)

21획
姓 : 없음
名 : 鐵(철)　鶯(앵)　鶴(학)　藝(예)　鐸(탁)　顧(고)　譽(예)
　　　顥(호)　闢(벽)　饒(요)

22획
姓 : 蘇(소)　權(권)　邊(변)
名 : 隱(은)　讀(독·두)　覽(람)　鑑(감)　灌(관)　鑄(주)
　　　響(향)　歡(환)　讚(찬, 讃26획)

23획
姓 : 없음
名 : 麟(린)　顯(현)　蘭(란)　巖(암)　體(체)　鷺(로)　灘(탄)
　　　瓘(관)　護(호)　鑛(광)　驗(험)

24획
姓 : 없음
名 : 靈(령)　瓚(찬)　讓(양)

25획
姓 : 獨孤(독고)
名 : 觀(관)　纘(찬)　灝(호)　廳(청)

- 26획
  姓 : 없음
  名 : 讚(찬)

- 27획
  姓 : 없음
  名 : 驥(기) 鑽(찬)

- 30획
  姓 : 없음
  名 : 없음

- 31획
  姓 : 諸葛(제갈)
  名 : 없음

주의 : '金'字는 姓에서 '김'으로만 발음이 인정되고 이름에서는 인정하지 않음('금'으로 사용)

姓名學

初版 發行 - 1992년 8월 25일
修訂 增補版 發行 - 2013년 8월 5일
再修訂 增補版 發行 - 2015년 6월 19일
再修訂 增補版 2쇄 發行 - 2022년 11월 15일

著　者 - 南 水 源
發行人 - 金 東 求
發行處 - 명 문 당(창립 1923년 10월 1일)
　　　　서울특별시 종로구 윤보선길 61(안국동)
　　　　우체국 010579-01-000682
　　　　전 화 (02) 733-3039, 734-4798
　　　　FAX (02) 734-9209
　　　　Homepage www.myungmundang.net
　　　　E-mail mmdbook1@hanmail.net
　　　　등록 1977.11.19. 제1-148호

* 낙장 및 파본은 교환해 드립니다.
* 불허 복제
* 정가 20,000원
ISBN 979-11-85704-31-9　　13140